# SECONDE SÉRIE
DE LA
## BIBLIOTHÈQUE
# LATINE-FRANÇAISE

traductions nouvelles
## DES AUTEURS LATINS
AVEC LE TEXTE EN REGARD
DEPUIS ADRIEN JUSQU'A GRÉGOIRE DE TOURS

publiée
PAR C. L. F. PANCKOUCKE
OFFICIER DE LA LÉGION D'HONNEUR

## S. J. FRONTIN
### LES STRATAGÈMES
### AQUEDUCS DE LA VILLE DE ROME

traduction nouvelle
PAR M. CH. BAILLY
Principal du collège de Vesoul

PARIS
C. L. F. PANCKOUCKE, ÉDITEUR
RUE DES POITEVINS, 14
1849

Под
328

# SECONDE SÉRIE

DE LA

## BIBLIOTHÈQUE

# LATINE-FRANÇAISE

DEPUIS ADRIEN JUSQU'A GRÉGOIRE DE TOURS

publiée

## PAR C. L. F. PANCKOUCKE

OFFICIER DE LA LÉGION D'HONNEUR

TYPOGRAPHIE PANCKOUCKE,
rue des Poitevins, 14.

# SEXTUS JULIUS
# FRONTIN

## LES STRATAGÈMES
## AQUEDUCS DE LA VILLE DE ROME

TRADUCTION NOUVELLE
### PAR M. CH. BAILLY
Principal du Collège de Vesoul.

## PARIS
### C. L. F. PANCKOUCKE, ÉDITEUR
OFFICIER DE LA LÉGION D'HONNEUR
RUE DES POITEVINS, 14

**1848**

# NOTICE
# SUR FRONTIN
### ET SUR SES ÉCRITS.

Frontin [*Sextus Julius Frontinus*] était préteur à Rome (*prætor urbanus*) l'an 70 de l'ère chrétienne, sous le règne de Vespasien, 823 ans après la fondation de la ville. Telle est, dans l'ordre chronologique, la première donnée qui s'offre à nos recherches sur la vie de l'auteur dont nous publions la traduction, et nous en sommes redevables à Tacite. Toute la vie antérieure de Frontin reste ignorée, même la date et le lieu de sa naissance. Sur la foi du titre manuscrit[1] d'un ouvrage qui lui a été attribué, des critiques ont été tentés de croire qu'il était né en Sicile; mais de pareils documents, qui n'ont pas la moindre valeur historique, ne sauraient fixer un instant l'attention. Un point qui a encore exercé les critiques, est celui de savoir si Frontin, en vertu de son nom de *Julius*, appartenait à cette grande famille *Julia*, qui faisait remonter son origine jusqu'à Iule, petit-fils d'Énée; ou si, ne pouvant le rattacher à cette illustre race, on serait du moins fondé à le comprendre dans les familles anoblies par les empereurs. Le savant Poleni surtout, qui a commenté avec tant de soin le *de Aquæductibus* de Frontin, paraît tenir beaucoup à ce que son auteur ait été patricien. *Verum nil tanti est*, dirons-nous avec Horace : nous nous contenterons d'avancer, sur de valides témoignages, qu'il a été un des hommes les plus distingués de son temps; et nous le reprendrons où nous l'avons d'abord trouvé, c'est-à-dire au moment de sa préture.

On ignore depuis combien de temps il exerçait cette magistrature, lorsque, en l'absence des deux consuls T. Fl. Vespasien et Titus César, il convoqua le sénat aux calendes de janvier de l'an de Rome 823. Il abdiqua peu de temps après, mais à une époque qu'on ne saurait préciser, et Domitien lui

---

[1] *Julii Frontini Siculi..... de coloniis Italiæ.*

succéda : « Kalendis januariis in senatu, quem Julius Frontinus, prætor urbanus, vocaverat, legatis exercitibusque ac regibus, laudes gratesque decretæ.... Et mox, ejurante Frontino, Cæsar Domitianus præturam cepit[1]. » Nous n'avons rien de certain sur les causes de cette abdication. Les circonstances étaient difficiles : les révoltes récentes des Gaulois et des Bataves n'étaient point apaisées ; le parti des Vitelliens remuait encore ; d'un autre côté, on craignait l'ambition du proconsul Pison, qui, gouvernant en Afrique, eût volontiers émancipé à son profit cette province, d'où le peuple romain tirait une grande partie de son approvisionnement. Frontin, sur qui pesait toute la responsabilité des affaires, puisque les consuls étaient loin de Rome, a-t-il reculé devant cette grave situation ? ou bien a-t-il, dans le but de complaire à Vespasien, résigné ses fonctions en faveur de Domitien, second fils de l'empereur ? Ce dernier motif nous paraît le plus probable. Il est même permis de conjecturer que Domitien convoitait cette dignité : car, aussitôt que le poste fut vacant, *il s'en empara*, selon l'expression de Tacite ; et, au dire de Suétone[2], il se fit donner en même temps la puissance consulaire : « Honorem præturæ urbanæ cum potestate consulari suscepit. »

Tout porte à croire que quelques années après, vers 827, Frontin reçut le titre, sinon de consul ordinaire, du moins de consul remplaçant, ou subrogé (*suffectus*). Son nom, il est vrai, ne figure point dans les fastes ; mais on sait que de tous les consuls, dont le nombre dépendait souvent du caprice de l'empereur, les deux premiers seuls donnaient leur nom à l'année, et étaient inscrits sur ces monuments chronologiques. Élien le tacticien, contemporain de notre auteur, lui donne, dans la préface de son livre, le titre de *personnage consulaire*. D'ailleurs, il fut envoyé en Bretagne comme gouverneur. Or Petilius Cerialis, son prédécesseur immédiat dans ce gouvernement, et Julius Agricola, son successeur également immédiat, avaient tous deux été consuls avant d'être mis à la tête des armées romaines dans cette province[3] ; et leurs noms ne sont pas non plus dans les fastes. Il est donc naturel de penser que Frontin, avant de recevoir la même charge, avait été, lui aussi, promu à la dignité de consul[4]. Selon le calcul des chronologistes, Cerialis serait allé en Bretagne en 824, et Frontin lui aurait succédé

---

[1] Tacitus, *Hist.* lib. iv, c. 39. — [2] *Vie de Domitien*, ch. i. — [3] Tacite, *Vie d'Agricola*, ch. viii et ix. — [4] Voyez l'opinion de Tillemont, t. ii, p. 209.

en 828. Voici comment Tacite s'exprime sur ces deux personnages : « Dès qu'avec le reste du monde la Bretagne eut reconnu Vespasien, de grands généraux, d'excellentes armées parurent, les espérances des ennemis diminuèrent, et aussitôt Petilius Cerialis les frappa de terreur en attaquant la cité des Brigantes, qui passe pour la plus populeuse de toute la Bretagne : il livra beaucoup de combats, et quelquefois de très-sanglants; la victoire ou la guerre enchaîna la plus grande partie de cette cité. Et lorsque Cerialis eût dû accabler par ses services et sa renommée son successeur, Julius Frontinus en soutint le fardeau : grand homme autant qu'on pouvait l'être alors, il subjugua, par les armes, la nation vaillante et belliqueuse des Silures, après avoir, outre la valeur des ennemis, triomphé des difficultés des lieux[1]. » Ce passage est assez explicite sur le mérite de notre auteur comme homme de guerre, pour nous dispenser de toute réflexion.

Remplacé en Bretagne par Agricola, vers 831, Frontin était sans doute de retour à Rome depuis cette époque, et, mettant à profit l'expérience qu'il avait acquise dans ses récentes expéditions, il écrivait sur l'art militaire, lorsque l'empire échut à Domitien, en 834. Sous ce règne parut le recueil des *Stratagèmes* : la preuve en est dans la complaisance avec laquelle il signale, en termes louangeurs, les excursions de ce prince sur les frontières des Germains, et ses prétendues victoires[2]. Mais, avant de mettre au jour cet ouvrage, il en avait publié d'autres où étaient exposés les principes de l'art militaire : sa pensée, qui avait été de justifier ultérieurement chacune de ses théories par une série de faits analogues, est nettement exprimée par les premiers mots de sa préface. Dans le *Mémoire sur les Aqueducs*[3], il rappelle encore qu'il est auteur de plusieurs ouvrages : « In aliis autem libris, quos post experimenta et usum composui, antecedentium res acta est. » Végèce et Élien nous fournissent des indications tout aussi précises. Le premier, après avoir parlé de l'art et de la discipline militaires, qui ont assuré aux Romains la conquête du monde, ajoute : « Necessitas compulit, evolutis auctoribus, ea me in hoc opusculo fidelissime dicere, quæ Cato ille Censorius de disciplina militari scripsit, quæ Cornelius Celsus, quæ Frontinus perstringenda duxerunt[4]. » On ne saurait trouver un éloge plus complet en

---

[1] *Vie d'Agricola*, ch. xvii, trad. de C. L. F. Panckoucke. — [2] *Voyez* liv. i, ch. i, § 8 ; liv. ii. ch. 3, § 23. — [3] Ch. ii. — [4] Liv. i. ch. 8.

peu de mots, que dans cet autre passage du même écrivain[1] :
« Unius ætatis sunt, quæ fortiter fiunt; quæ vero pro utilitate
reipublicæ scribuntur, æterna sunt. Idem fecerunt alii complures, sed præcipue Frontinus, divo Trajano ab ejusmodi
comprobatus industria. » Élien, dans son épître dédicatoire à
l'empereur Adrien, rapporte « qu'il a passé quelques jours à
Formies, auprès de Nerva, et que là il s'est entretenu avec
Frontin, homme très-versé dans la science des armes, s'ap-
pliquant également à la tactique des Grecs et à celle des Romains. » On lit encore quelques lignes plus bas[2] : « L'art
d'ordonner les troupes suivant les préceptes tracés par Homère,
est le sujet des ouvrages de Stratoclès, d'Hermias, et de Frontin, personnage consulaire de notre temps. »

Pline le Jeune[3], en rendant compte d'un procès important,
dit que Frontin était savant jurisconsulte, et qu'il lui demanda
des avis : « Adhibui in consilium duos, quos tunc civitas nostra
spectatissimos habuit, Cornelium et Frontinum. »

Tant que régna Domitien, alors qu'un homme distingué ne
se mettait pas impunément en lumière, Frontin vécut dans la
retraite, partageant son temps entre le séjour de Rome et celui
d'une villa qu'il possédait à Anxur (*Terracine*), lieu charmant,
si nous en croyons Martial, dont les vers suivants nous apprennent que notre auteur n'était point étranger au culte des
muses :

> Anxuris æquorei placidos, Frontine, recessus,
>   Et propius Baias, litoreamque domum,
> Et quod inhumanæ Cancro fervente cicadæ
>   Non novere nemus, flumineosque lacus ;
> Dum colui, doctas tecum celebrare vacabat
>   Pieridas : nunc nos maxima Roma terit.
>
>                         ( Lib. X, epigr. 58.)

Grâce au même poëte, nous savons que Frontin a été une
seconde fois consul :

> De Nomentana vinum sine fæce lagena,
>   Quæ bis Frontino consule plena fuit.
>                         (Ibid., epigr. 48.)

Poleni conjecture que ce fut sous Nerva, en 850; il ne doute
même pas que Frontin n'ait obtenu une troisième fois cette
dignité, sous Trajan, et alors comme consul ordinaire, l'an 853.
Il fonde son opinion sur une dissertation du philologue et mé-

---

[1] Liv. ii, ch. 3. — [2] Ch. i. — [3] Liv. v, lett. i.

decin Morgagni, son collègue dans le professorat, à Padoue, qui s'est livré aux plus laborieuses recherches pour prouver que dans les fastes consulaires, au lieu de *M. Cornelius Fronto*, placé après Ulp. Trajanus Augustus, on devrait lire *Sex. J. Frontinus*. Tillemont, qui a lu et pesé les raisons et arguments contradictoires du cardinal Noris et du P. Pagi sur ce sujet, a laissé la question indécise[1]. Nous ferons comme lui ; car nous avons hâte d'arriver aux derniers documents biographiques.

Nommé intendant des eaux (*curator aquarum*) par Nerva, Frontin s'acquitta consciencieusement de sa charge, et améliora cette partie du service public par la répression des abus et des fraudes. Ce fut alors, sans doute, qu'il rédigea le *Mémoire sur les Aqueducs*, dont nous offrons la traduction à la suite de celle des *Stratagèmes*. On ignore s'il conserva longtemps ces fonctions sous Trajan, et s'il les réunit à celles d'augure, dans lesquelles il fut remplacé par Pline le Jeune, qui rend ainsi hommage au mérite de son prédécesseur[2] : « Gratularis mihi, quod acceperim auguratum; mihi vero illud gratulatione dignum videtur, quod successi Julio Frontino, principi viro : qui me nominationis die per hos continuos annos inter sacerdotes nominabat, tanquam in locum suum cooptaret. »

Les fonctions, ou tout au moins les prérogatives des augures étaient perpétuelles : « Hoc sacrum plane et insigne est, quod non adimitur viventi[3]. » Il est donc certain que l'époque de l'entrée de Pline dans ce collège sacerdotal, est celle de la mort de Frontin. On s'accorde à la fixer à l'année 859 de Rome, 106 ans après J.-C.

Il avait défendu qu'on lui élevât un tombeau : « La dépense d'un monument est superflue, dit-il; la mémoire de mon nom durera, si ma vie en a été digne. » Nous devons encore cette particularité à Pline le Jeune[4], qui, en la rapportant, loue, mais avec restriction, la modestie qu'elle fait paraître.

Poleni a trouvé dans les *Mélanges d'antiquités* de Jacob Spon une petite médaille présentant une tête d'homme à longue barbe, et à l'exergue de laquelle on lit ΦΡΟΝΤΕΙΝΟΣ ΑΝΘΥ (c'est-à-dire ἀνθύπατος) et d'autres mots grecs qui sembleraient indiquer que Frontin a été proconsul à Smyrne, sous les ordres d'un certain Myrtus. Mais ce n'est point là un document au-

---

[1] Voyez *Hist. des emp.*, t. II, note 8, p. 494. — [2] Liv. IV. lett. 8.
[3] Plinius Jun., lib. IV, ep. 8. — [4] Liv. IX, lett. 19.

thentique : Poleni, Spon lui-même, n'osent rien en affirmer ; Facciolati fait observer que les Romains n'ont commencé à porter de la barbe que sous Adrien ; enfin, bien que Gronovius ait foi en cette médaille, Oudendorp, qui la reproduit, comme ornement, au frontispice de son édition des *Stratagèmes,* pense que cette tête est celle de Jupiter, ou d'Hercule, mais non celle de Frontin ; et il déclare que telle est l'opinion des plus célèbres numismates.

Si l'on veut apprécier à leur valeur les ouvrages de Frontin, il faut se pénétrer de l'idée qu'il n'a nullement songé à se créer une réputation d'écrivain. Homme de guerre et d'administration, il a écrit dans l'unique but d'être utile à ceux qui suivraient la même carrière que lui. Être lu, être consulté avec profit au point de vue pratique des sciences qui ont occupé sa vie, c'est toute la gloire qu'il ambitionne : il le déclare lui-même. Ce qui le recommande surtout, c'est la netteté de ses idées, et l'ordre méthodique auquel il sait les plier toutes. Ainsi, pour commencer par ses *Stratagèmes,* l'antiquité ne nous a légué aucun monument plus logique dans son ensemble. Recueillir dans l'histoire un nombre aussi prodigieux de faits ; les réunir selon leurs analogies, et les séparer par leurs différences, abstraction faite des personnages, des temps et des lieux ; en un mot, se former un plan au milieu de ce dédale, et y rester fidèle jusqu'à entier épuisement des matériaux, voilà qui atteste une certaine puissance d'analyse, de la justesse et de la profondeur dans les conceptions. Quant au style, il a ses mérites et ses défauts. Quoique Frontin appartienne à l'époque de la décadence, l'expression, chez lui, porte presque toujours le cachet de la bonne latinité. Habituellement même sa phrase a du nombre et de l'harmonie ; mais elle se présente trop souvent sous la même forme : il y a de longues séries de faits dont les récits, composés chacun de quelques lignes, commencent et finissent par les mêmes constructions, et très-souvent par des termes identiques, ce qui en rend la lecture fastidieuse. Un autre reproche qu'on peut lui faire, c'est qu'il affecte une brièveté qui va parfois jusqu'à la sécheresse. Mais, nous le répétons, il n'a point visé à la phrase ; et on lui doit cette justice, que la concision l'a rarement empêché d'être clair. Une fois qu'il s'est emparé d'un fait, il veut que deux mots suffisent pour que ses lecteurs en saisissent comme lui toute la portée, et qu'ils en fassent leur profit. Enfin, on trouve dans ce livre de nombreuses erreurs à l'endroit de l'histoire et de la géographie. Mais la plupart de ces fautes sont si grossières, qu'on ne peut raisonnablement les attribuer qu'à l'ignorance des copistes, gens qui n'ont épargné à notre auteur ni omissions, ni transpositions, ni interpolations. C'est ce que n'a pas observé Schœll[1], quand il a prétendu que l'ouvrage qui nous occupe était « une compilation faite avec assez de négligence, surtout dans la partie historique. »

A ce jugement d'un érudit, nous opposerons avec confiance celui d'un savant[2] : « Un contemporain des deux Pline, Jules Frontin composa quatre livres de stratagèmes militaires : c'est un tissu d'exemples fournis par les grands capitaines grecs, gaulois, carthaginois, romains, et qui correspondent aux différentes branches de l'administration et de la direction des armées. L'art de cacher ses entreprises et de découvrir celles de l'ennemi, de choisir et de disputer les postes, de dresser des embûches et d'y échapper, d'apaiser les séditions et d'enflammer le courage, de se ménager les avantages du temps et du lieu, de ranger les troupes en bataille et de déconcerter les dispositions prises par son adversaire, de dissimuler ses propres revers et de les réparer ; l'habileté nécessaire dans les retraites, dans les assauts, dans les siéges, dans le passage des fleuves, dans les approvisionnements ; la conduite à tenir à l'égard des transfuges et des traîtres ; enfin le maintien de la discipline, et la pratique des plus rigoureuses vertus, justice, modération et constance, au sein des camps, des combats, des désastres et des triomphes : tel est le plan de ce recueil. On a douté aussi de son authenticité ; mais Poleni a exposé les raisons de croire que Jules Frontin l'a réellement rédigé sous le règne de Domitien. Dans tous les cas, il serait fort préférable à celui de Valère Maxime, et par la méthode, quoiqu'elle ne soit pas toujours parfaite, et par la précision des idées, et surtout par le choix des faits. C'est l'ouvrage d'un bien meilleur esprit : en général, Frontin puise aux sources historiques les plus recommandables ; et lorsqu'il ajoute quelques notions à celles que renferment les grands corps d'annales, elles sont claires, instructives, propres à compléter ou à enrichir l'histoire militaire de l'antiquité. »

Le recueil des *Stratagèmes*, malgré quelques récits invraisemblables et même absurdes qu'il renferme, et dont la plupart

---

[1] *Hist. abr. de la litt. rom.*, t. ii, p. 454. — [2] Daunou, *Cours d'études d'hist.*, t. 1ᵉʳ, p. 431.

tiennent aux superstitions des anciens, restera comme une œuvre utile. Nous pourrions dire tout le parti qu'en ont tiré les écrivains militaires des temps modernes, Machiavel, Feuquières, Folard, Cessac, Santa-Cruz, Jomini, etc. Le colonel Carion-Nisas, qui a fait une consciencieuse étude de l'art stratégique chez les anciens, dit[1] que Frontin est, comme écrivain, généralement homme de grand sens, quelquefois homme de génie; et, ainsi que Daunou, il le place bien au-dessus de Polyen, qui ne soumet à aucun ordre méthodique les huit cent trente-trois faits qu'il rapporte, et n'offre à ses lecteurs aucun enseignement, pas une seule induction.

Pour donner une idée juste du traité *des Aqueducs* dans son ensemble, et du but que se proposait l'auteur, nous ne pouvons mieux faire que d'emprunter quelques lignes à un mémoire publié par M. Naudet *sur la Police chez les Romains*. Après avoir dit dans quelle circonstance le premier aqueduc fut établi à Rome, le savant académicien ajoute[2] : « Cette création fut un trait de lumière pour les Romains, qui eurent toujours, depuis, un soin particulier de l'aménagement des eaux. J. Frontinus nous épargnera toute recherche à ce sujet. Nerva[3] l'avait nommé intendant général des eaux de la ville; le nouveau magistrat jugea qu'il était de son devoir de se mettre en état de conduire ses subalternes, au lieu de s'abandonner à leur conduite, et qu'ils deviendraient tous des instruments utiles, s'il était lui-même l'ordonnateur de fait, comme de nom. Pour cela, il voulut s'instruire à fond de la matière ; il l'étudia dans son état actuel, il remonta aux origines, il recueillit les lois et les usages, et de ce travail consciencieux et éclairé il résulta un petit traité plein de curieux documents, un des livres les plus précieux que l'antiquité nous ait laissés. Quels avantages dans la pratique, et quelles richesses pour l'histoire, si les magistrats avaient toujours pensé comme J. Frontinus! »

Frontin ayant lui-même exposé le plan de son livre[4], nous n'essayerons pas d'en donner l'analyse. Nous dirons seulement, sans nous prendre d'un fol enthousiasme pour notre auteur, que cet ouvrage offre de l'intérêt, même dans les parties purement statistiques, telles que l'indication des distances entre chaque prise d'eau et la ville, le dénombrement des canaux,

---

[1] *Essai sur l'hist. de l'art militaire*, t. 1er, p. 288. — [2] *Mémoires de l'Académie des sciences morales et politiques*, t. iv, p. 839. — [3] Le texte de M. Naudet porte *Néron*, sans doute par la faute du typographe. — [4] *Voyez* ch. iii.

l'évaluation des divers modules en usage pour la mesure des eaux à distribuer, la désignation de la quantité accordée régulièrement tant aux travaux publics, aux spectacles, aux bassins, qu'au nom du prince, et pour l'usage des particuliers. Toutefois, là où il n'y a que supputation ou nomenclature, il ne faut pas s'attendre à trouver un langage orné et attrayant; mais, n'en déplaise encore à Schœll, le reste de l'ouvrage n'est pas entièrement dépourvu d'élégance : ainsi, l'exposé des motifs de son entreprise, l'histoire de la construction des aqueducs, la révélation des fraudes qu'il a découvertes dans a conduite et la distribution des eaux, l'indication des moyens propres à prévenir ou à réprimer les abus, offrent des passages d'un style formé, nourri, et harmonieusement périodique. Mais ce n'est point là le principal mérite de ce traité ; il faut surtout le considérer comme un monument précieux pour l'histoire, et surtout pour l'archéologie : plusieurs sénatus-consultes, qui y sont rapportés dans leur entière teneur, ainsi qu'une loi présentée par le consul T. Quinctius Crispinus, et adoptée dans une assemblée du peuple, sont encore pour lui autant de titres à l'estime des savants.

Divers commentateurs, entre autres Scriverius, Tennulius et Keuchen, ont pensé que Frontin était encore l'auteur d'un petit traité *de Re agraria* ou *de Qualitate agrorum*, et de quelques fragments intitulés *de Coloniis* et de *Limitibus;* mais le contraire a été démontré jusqu'à l'évidence par de Goes (Gœsius). Nous n'avons donc point à nous occuper de ces ouvrages.

---

#### PRINCIPALES ÉDITIONS DE FRONTIN.

1474. Selon le célèbre bibliographe Laire, l'édition princeps des *Stratagèmes* aurait paru à Rome, à cette époque, dans le format in-4°.
1478. Rome, in-4°. Réimpression de la précédente, avec Végèce et Élien ; citée par le même bibliographe.
..... L'édition princeps du *Mémoire sur les Aqueducs* a été donnée à la suite de Vitruve, in-f°, par Pomponius Lætus et Sulpitius Verulanus, sans indication de date ni de lieu. Elle a pour titre : *Sex. Julii Frontini, viri consularis, de aquis, quæ in Urbem influunt, libellus mirabilis*. Laire pense qu'elle parut en 1484 ; Maittaire, de 1484 à 1492 ; M. Brunet, en 1486.
1486. Bologne, in-f°. *Les Stratagèmes*. Édition donnée par Phil. Beroaldo, et que Maittaire regardait comme l'édition princeps.

1487. Rome, in-4°. *Les Stratagèmes*, avec Végèce et Élien, par Euch. Silber, dans la collection intitulée *Veteres de re militari scriptores*; réimprimée en 1494.

1495. Bologne, in-f°. *Les Stratagèmes*. Réimpression de celle de 1486; on y a réuni Végèce, Élien et Modeste.

1496. Florence, in-f°. *Les Aqueducs*, sans nom d'imprimeur, avec Vitruve, et un opuscule d'Ange Politien, qui a pour titre *Panepistemon*.

1513. Florence, in-8°. *Les Aqueducs*, de l'imprimerie de Ph. Junte, avec Vitruve, édition donnée par Joconde, et bien meilleure que les précédentes, quoiqu'il y ait encore de nombreuses imperfections.

1515. Paris, in-4°. *Les Stratagèmes*, avec Végèce et Solin

1524. Cologne, in-8°. *Les Stratagèmes*, avec Végèce, Élien et Modeste.

1532. Paris, in-f°. *Les mêmes*, édition donnée par Guill. Budé, et réimprimée en 1535.

1543. Strasbourg, in-4°. *Les Aqueducs*, de l'imprimerie de Knobloch. C'est, à quelques corrections près, l'édition de Joconde.

1585. Anvers, in-4°. *Les Stratagèmes*, de l'imprimerie de Plantin, avec les notes de Modius et de Stewechius. On y a réuni Végèce, Élien et Modeste.

1588. Paris, in-8°. *Les Aqueducs*, édition d'Onuphre Panvinio, avec les notes d'Opsopæus.

1607. Anvers, in-4°. *Les Stratagèmes, et autres ouvrages de Frontin*, avec Végèce, etc., et les notes de Modius et de Stewechius. Édition de Scriverius, qui a mieux profité des manuscrits que ses devanciers, et a le premier recueilli *les lois ou constitutions impériales sur les aqueducs*.

1661. Amsterdam, in-8°. *Sexti Julii Frontini V. C. quæ exstant*. Édition de Robert Keuchen, qui a reproduit les notes de Scriverius, en y ajoutant les siennes.

1675. Leyde et Amsterdam, in-12. *Les Stratagèmes*, édition de Sam. Tennulius, dont les notes sont estimées.

1697. Le *De aquæ ductibus* a été imprimé dans le t. IV du *Thesaurus antiquitatum Romanarum* de J.-G. Grave (Grævius). C'est la reproduction du texte de l'édition Keuchen.

1722. Padoue, in-4°. *Les Aqueducs*, belle et excellente édition donnée par Poleni, ornée de cartes et de figures, et suivie des *Constitutions impériales*.

1731. Leyde, in-8°. *Les Stratagèmes*. Notes réunies de Modius, de Stewechius, de Scriverius et de Tennulius; très-bonne édition, due aux soins de Fr. Oudendorp, qui l'a enrichie de notes pleines d'érudition.

1763. Paris, in-12. *Les Stratagèmes*, édition de Jos. Valart, sans autres notes que des variantes de texte.

1772. Leipzig, in-8°. *Les Stratagèmes*, édition de N. Schwebel, qui a ajouté ses notes à celles qu'il a choisies dans les commentateurs précédents; observations critiques de J.-Fr. Herelius.

1779. Leyde, in-8°. Réimpression de l'édition de 1731, avec quelques notes de plus, par Corn. Oudendorp.
1788. Deux-Ponts, in-8°. *Les Stratagèmes et les Aqueducs*, édition qui réunit les textes d'Oudendorp et de Poleni, sans autres notes que les restitutions souvent contestables de Corradino d'All' Aglio, qui avaient été imprimées séparément du texte, à Venise, en 1742, in-4°.
1792. Altona, in-8°. *Les Aqueducs*, par G.-Ch. Adler, qui a reproduit une partie des notes de Poleni et des autres commentateurs, et en a donné lui-même quelques-unes.
1798. Gœttingue, in-8°. *Les Stratagèmes*, édition de Ge.-Frid. Wiegmann, destinée aux écoles.
1841. Vesel, in-8°. *Les Aqueducs*, belle édition, due aux soins de M. André Dederich, qui y a joint une traduction allemande. A l'aide des travaux d'un savant allemand, Chr.-Lud.-Frid. Schultz, travaux basés sur la collation des manuscrits, M. Dederich a donné une édition qui peut, en plusieurs endroits, soutenir la comparaison avec celle de Poleni. Il faut cependant reconnaître que ses restitutions de texte, bien qu'elles prouvent une rare sagacité, sont souvent trop hardies.

### TRADUCTIONS.

Les *Stratagèmes* ont été traduits en italien par Durantino, Venise, 1536, in-8°; et par Ant. Gandini, Venise, 1574, in-4°; — en espagnol, par de Avila, Salamanque, 1516, in-4°; — en anglais, Londres, 1539, in-8°; — en allemand par Schœffer, en 1532; par Fronsperg, Francfort, 1578, in-f°; et par Kind, avec Polyen, Leipzig, in-8°.

Les traductions françaises du même ouvrage sont : 1° celle d'Émery de Sainte-Rose, citée par Remy Rousseau, auteur, ou plutôt éditeur d'un ouvrage intitulé *Ruses et cautelles de guerre*, Paris, in-8°, 1514; 2° celle de Perrot d'Ablancourt, Paris, 1770, in-18, reproduite, à peu de chose près, dans le tome III° de la *Biblioth. historique militaire*, publiée par MM. Liskenne et Sauvan, Paris, 1840, gr. in-8°; elle justifie pleinement le malicieux propos des contemporains de d'Ablancourt sur ses traductions; 3° enfin celle de 1772, par un ancien officier, précédée de recherches sur Frontin, Paris, chez Didot, 1772, in-8°. Celle-ci est faite avec soin, et, quoiqu'elle ne soit pas toujours élégante, que la langue française y soit même parfois maltraitée, on doit du moins reconnaître qu'elle est bien supérieure à la précédente, sous le rapport de la fidélité.

Le *Mémoire sur les Aqueducs* a été traduit en italien par Balthasar Orsini, Pérouse, 1805, in-8°, avec le texte latin d'après Poleni, des notes et des figures; en allemand, par M. Dederich (*voyez* l'édition de 1841).

Il n'a été imprimé de cet ouvrage qu'une seule traduction en français, celle de M. Rondelet, architecte, membre de l'Institut; elle est précédée d'une notice sur Frontin, de notions préliminaires sur les poids, les mesures, les monnaies, et la manière de compter des Romains; suivie de la description des principaux aqueducs construits jusqu'à nos jours; des lois ou constitutions impériales sur les aqueducs, et d'un précis d'hydraulique, avec 30 planches. Paris, 1820, in-4°. M. Quatremère de Quincy en a fait un éloge mérité dans le Journal des Savants (janvier 1821). Si M. Rondelet eût laissé moins d'incorrections dans le texte; s'il eût fait quelques notes sur les passages qui présentent des difficultés ou de l'incertitude; si, à l'avantage que lui donnaient ses connaissances en mathématiques, en architecture et en hydraulique, il eût réuni une plus grande habitude de la langue latine, et évité plus souvent le contre-sens, nous n'aurions pas osé prendre la plume après lui.

M. de Prony avait préparé, en même temps que M. Rondelet, une traduction de ce traité; mais il a laissé à son collègue l'honneur de la publication, en se bornant à insérer un extrait de son travail dans un mémoire sur l'*Once d'eau romaine* (Voyez les *Mémoires de l'Académie des sciences*, t. II, année 1817, p. 439). Il existe même, parmi les papiers que M. de Prony a légués à l'École des ponts et chaussées, un manuscrit contenant la traduction entière; mais c'est une œuvre tellement inférieure à l'*extrait* qui a vu le jour, et même si défectueuse, tant sous le rapport du style, que du côté de l'intelligence et de l'interprétation du texte, que nous n'avons pas hésité à la regarder comme un essai de quelque secrétaire ou employé de l'illustre ingénieur.

Quant à la traduction que nous publions aujourd'hui des deux ouvrages de Frontin, nous nous abstiendrons d'en parler, ainsi que des notes qui l'accompagnent. Nous ne pouvons que réclamer l'indulgence du public en faveur de ce fruit de veilles dérobées à l'exercice de nos fonctions universitaires.

Nous avons suivi le texte de l'édition de Deux-Ponts, c'est-à-dire celui d'Oudendorp pour les *Stratagèmes*, et celui de Poleni pour les *Aqueducs*. Nous l'avons revu avec soin; et, quand il nous est arrivé d'y apporter des modifications, lesquelles, du reste, sont toutes très-légères, nous en avons rendu compte dans les notes.

Ch. BAILLY.

# LES STRATAGÈMES.

# PRÆFATIO
## IN TRES LIBROS PRIORES.

Quum ad instruendam rei militaris scientiam [1] unus ex numero studiosorum ejus accesserim, eique destinato [2], quantum cura nostra valuit, satisfecisse visus sim, deberi adhuc institutæ arbitror operæ, ut sollertia ducum facta, quæ a Græcis una στρατηγηματικῶν appellatione comprehensa sunt, expeditis amplectar commentariis. Ita enim consilii quoque et providentiæ exemplis succincti duces erunt: unde illis excogitandi gerendique similia facultas nutriatur. Præterea continget, ne de eventu trepidet inventionis suæ, qui probatis eam experimentis comparabit. Illud neque ignoro, neque infitior etiam, rerum gestarum scriptores indagine operis sui hanc quoque partem esse complexos, et ab auctoribus exemplorum quidquid insigne aliquo modo fuit, traditum; sed, ut opinor, occupatis velocitate consuli debet: longum est enim singula et sparsa per immensum corpus historiarum persequi: et hi, qui notabilia excerpserunt, ipso velut acervo rerum confuderunt legentem. Nostra sedulitas [3] impendet operam, ut, quemadmodum res poscet, ipsum, quod exigitur, quasi

# PRÉFACE

## SUR LES TROIS PREMIERS LIVRES.

Puisque j'ai entrepris d'établir les principes de l'art militaire, étant du nombre de ceux qui en ont fait une étude, et que ce but a paru atteint, autant que ma bonne volonté pouvait y réussir, je crois devoir, pour compléter mon œuvre, former un recueil, en récits sommaires, des ruses de guerre que les Grecs désignaient par le nom générique de στρατηγηματικά[1]. Ce sera fournir aux généraux des exemples de résolution et de prévoyance, sur lesquels ils s'appuieront, et qui nourriront en eux la faculté d'inventer et d'exécuter de semblables choses. D'ailleurs, celui qui aura imaginé un expédient, pourra en attendre l'issue sans inquiétude, s'il se trouve semblable à ceux dont l'expérience a démontré le mérite. Je sais, et ne veux point le nier, que les historiens ont compris dans leur travail la partie que je traite, et que tous les exemples frappants ont été rapportés par les auteurs; mais il est utile, selon moi, d'abréger les recherches des hommes occupés : il faut, en effet, un temps bien long pour trouver des faits isolés, et dispersés dans le corps immense de l'histoire. Or, ceux même qui en ont extrait ce qu'il y a de plus remarquable, n'ont donné qu'un amas de choses sans ordre, où se perd le lecteur. Je m'appliquerai à présenter, selon le besoin, le fait même que l'on demandera, de manière qu'il réponde, pour ainsi dire, à l'appel : car,

---

[1] Opérations de stratégie et de tactique, en général.

ad interrogatum exhibeat : circumspectis enim generibus, præparavi opportuna exemplorum veluti consilia. Quo magis autem discreta ad rerum varietatem apte collocarentur, in tres libros ea diduximus[4] : in primo erunt exempla, quæ competant prœlio nondum commisso; in secundo, quæ ad prœlium et confectam pacationem[5] pertineant; tertius inferendæ solverdæque obsidionis habebit στρατηγήματα : quibus deinceps generibus suas species attribui. Huic labori non injuste veniam paciscar, ne me pro incurioso reprehendat, qui præteritum aliquod a nobis repererit exemplum : quis enim ad percensenda omnia monumenta, quæ utraque lingua[6] tradita sunt, sufficiat ? Unde multa transire mihi ipse permisi : quod me non sine causa fecisse scient, qui aliorum libros, eadem promittentium, legerint. Verum facile erit, sub unaquaque specie suggerere : nam quum hoc opus, sicut cetera, usus potius aliorum, quam meæ commendationis causa aggressus sim, adjuvari me ab his, qui aliquid illi adstruent, non argui credam. Si qui erunt, quibus volumina hæc cordi sint, meminerint, στρατηγηματικῶν et στρατηγημάτων perquam similem naturam discernere[7] : nam tum omnia, quæ a duce provide, utiliter, magnifice, constanter fiunt, στρατηγηματικὰ habebuntur, si in specie eorum sunt στρατηγήματα. Horum proprie vis in arte sollertiaque posita proficit, tam, ubi cavendus, quam, ubi opprimendus hostis sit. Qua in re quum verborum quoque illustris exstiterit

en ramenant ces exemples à des genres déterminés, j'en ai fait comme un répertoire de conseils pour toutes les circonstances ; et afin qu'ils fussent classés d'après la différence des matières, et disposés dans l'ordre le plus convenable, je les ai partagés en trois livres : dans le premier seront réunis les exemples de ce qu'il convient de faire avant le combat; dans le second, ceux qui regardent le combat et la terminaison de la guerre; le troisième présentera les *stratagèmes* qui intéressent l'attaque ou la défense des places : à chacun de ces genres sont rapportées les espèces qui leur appartiennent. Je réclamerai, non sans quelque droit, de l'indulgence pour ce travail, ne voulant pas être taxé de négligence par ceux qui découvriront des faits que je n'aurai pas mentionnés : car qui pourrait suffire à passer en revue tous les monuments qui nous ont été laissés dans les deux langues? Si donc je me suis permis quelques omissions, la cause en sera appréciée par quiconque aura lu d'autres ouvrages dont les auteurs avaient pris les mêmes engagements que moi. Au reste, il sera facile d'ajouter des faits à chacune de mes catégories : ayant entrepris cet ouvrage, ainsi que d'autres encore, plutôt pour me rendre utile que pour me donner du relief, je regarderai toute addition comme un aide, et non comme une critique. Ceux qui accueilleront favorablement ce livre, voudront bien faire distinction entre les mots στρατηγηματικά et στρατηγήματα, quoiqu'ils expriment des choses de même nature : tous les actes que la prévoyance, la sagesse, la grandeur d'âme et la fermeté ont inspirés aux généraux seront appelés στρατηγηματικά; et ceux qu'on entend par στρατηγήματα[1] ne sont qu'une espèce des premiers. Le mérite particulier de ceux-ci est dans la ruse et l'habileté, quand il s'agit d'éviter ou de surprendre l'ennemi. Comme, en guerre, certaines paroles ont pro-

---

[1] Stratagèmes, ruses de guerre proprement dites.

effectus, ut factorum, ita dictorum exemp a posuimus.

Species eorum quæ instruant ducem in his quæ ante prœlium gerenda sunt :

Cap. I. De occultandis consiliis.
    II. De explorandis consiliis hostium.
    III. De constituendo statu belli.
    IV. De transducendo exercitu per loca hosti insessa.

    V. De evadendo ex locis difficillimis.
    VI. De insidiis in itinere factis.
    VII. Quemadmodum ea, quibus deficimur, videantur non deesse, aut usus eorum expleatur.
    VIII. De distringendis hostibus.
    IX. De seditione militum compescenda.
    X. Quemadmodum intempestiva postulatio pugræ inhibeatur.
    XI. Quemadmodum incitandus sit ad prœlium exercitus.
    XII. De dissolvendo metu, quem milites ex adversis ominibus conceperint.

duit aussi de mémorables effets, j'en ai cité des exemples, comme j'ai fait pour les actions.

Voici les espèces de faits qui peuvent instruire un général de ce qui doit se pratiquer avant le combat :

Chap. I. Cacher ses desseins.
 II. Épier les desseins de l'ennemi.
 III. Adopter une manière de faire la guerre.
 IV. Faire passer son armée à travers des lieux occupés par l'ennemi.
 V. S'échapper des lieux désavantageux.
 VI. Des embuscades dressées dans les marches.
 VII. Comment on paraît avoir ce dont on manque, et comment on y supplée.
 VIII. Mettre la division chez les ennemis.
 IX. Apaiser les séditions dans l'armée.
 X. Comment on refuse le combat aux soldats, quand ils le demandent intempestivement.
 XI. Comment l'armée doit être excitée au combat.
 XII. Rassurer les soldats, quand ils sont intimidés par de mauvais présages.

# STRATEGEMATICON

## LIBER PRIMUS.

**I.** De occultandis consiliis.

1. Marcus Porcius Cato devictas ab se Hispaniæ civitates existimabat in tempore rebellaturas, fiducia murorum. Scripsit itaque singulis, ut diruerent munimenta, minatus bellum, nisi confestim obtemperassent: epistolasque universis civitatibus eodem die reddi jussit. Unaquæque urbium sibi soli credidit imperatum. Contumaces conspiratio potuit facere[1], si omnibus idem denuntiari notum fuisset.

2. Himilco, dux Pœnorum, ut in Siciliam inopinatus appelleret classem, non pronuntiavit quo proficisceretur[2]; sed tabellas, in quibus scriptum erat, quam partem peti vellet, universis gubernatoribus dedit signatas; præcepitque ne quis legeret, nisi vi tempestatis a cursu prætoriæ navis abductus.

3. Caius Lælius ad Syphacem[3] profectus legatus, quosdam ex tribunis et centurionibus per speciem servitutis et ministerii exploratores secum duxit, ex quibus L. Statorium, quem, quia sæpius in eisdem castris fuerat, quidam ex hostibus videbantur agnoscere, occul-

# LES STRATAGÈMES.

## LIVRE PREMIER.

#### I. Cacher ses desseins.

1. MARCUS PORCIUS CATON, soupçonnant que les villes soumises par lui en Espagne se révolteraient dans l'occasion, sur la confiance qu'elles avaient en leurs murailles, leur prescrivit, à chacune en particulier, de démolir leurs fortifications, les menaçant de la guerre si elles n'obéissaient pas sur-le-champ ; et il eut soin que ses lettres leur fussent remises à toutes le même jour. Chacune des villes crut que cet ordre n'était donné qu'à elle seule. Elles auraient pu s'entendre et résister, si elles avaient su que c'était une mesure générale.

2. Himilcon, chef d'une flotte carthaginoise, voulant aborder inopinément en Sicile, ne fit point connaître le lieu de sa destination ; mais il remit à tous les pilotes des tablettes cachetées portant l'indication de la partie de l'île où il voulait qu'on se rendît ; et il leur défendit de les ouvrir, à moins que la tempête ne les éloignât de la route du vaisseau amiral.

3. Caïus Lélius, allant en ambassade près de Syphax, emmena avec lui des centurions et des tribuns qui, sous l'habit d'esclaves et de valets, lui servaient d'espions, entre autres L. Statorius, que quelques-uns des ennemis semblaient reconnaître, parce qu'il était venu souvent dans leur camp. Lélius, pour déguiser la condition de

tandæ conditionis ejus causa baculo, ut servum, castigavit.

4. Tarquinius Superbus pater principes Gabinorum [4] interficiendos arbitratus, quia hoc nemini volebat commissum, nihil nuntio respondit, qui ad eum a filio erat missus; tamen virga eminentia papaverum capita, quum forte in horto ambularet, decussit. Nuntius sine responso reversus, renuntiavit adolescenti Tarquinio, quid agentem patrem vidisset; ille intellexit, idem eminentibus esse faciendum.

5. C. Cæsar, quod suspectam habebat Ægyptiorum fidem, per speciem securitatis, inspectione urbis atque operum, ac simul licentioribus conviviis deditus, videri voluit captum sese gratia locorum, ut ad mores Alexandrinos vitamque deficeret; atque inter eam dissimulationem præparatis subsidiis, occupavit Ægyptum.

6. Ventidius Parthico bello adversus Pacorum regem, non ignarus, Pharnæum [5] quemdam, natione Cyrresten [6], ex iis, qui socii videbantur, omnia, quæ apud ipsos agebantur, nuntiare Parthis, perfidiam barbari ad utilitates suas convertit. Nam quæ maxime fieri cupiebat, ea vereri se, ne acciderent; quæ timebat, ea ut evenerint, optare simulabat. Sollicitus itaque, ne Parthi ante transirent Euphratem, quam sibi supervenirent legiones, quas in Cappadocia trans Taurum habebat, studiose cum proditore egit, uti solemni perfidia Parthis suaderet, per Zeugma [7] trajicerent exercitum, qua et brevissimum iter est, et omisso alveo Euphrates decur-

cet officier, lui donna des coups de bâton comme à un esclave.

4. Tarquin le Superbe, jugeant qu'il fallait mettre à mort les principaux citoyens de Gabies, et ne voulant confier ses ordres à personne, ne fit aucune réponse au messager que son fils lui avait envoyé à ce sujet; mais, comme il se promenait alors dans son jardin, il abattit avec une baguette les têtes des pavots les plus élevés. L'émissaire, congédié sans réponse, rendit compte au jeune Tarquin de ce que son père avait fait en sa présence; et le fils comprit qu'il devait immoler les premiers de la ville.

5. C. César, suspectant la fidélité des Égyptiens, visita avec une feinte sécurité la ville d'Alexandrie et ses fortifications, se livra en même temps à de voluptueux festins, et voulut paraître épris des charmes de ces lieux, au point de s'abandonner aux habitudes et au genre de vie des Alexandrins; et, tout en dissimulant ainsi, il fit venir des renforts et s'assura de l'Égypte.

6. Ventidius, dans la guerre contre les Parthes, qui avaient pour chef Pacorus, n'ignorant pas qu'un certain Pharnée, de la ville de Cyrrhus, et du nombre de ceux qui passaient pour alliés des Romains, informait l'ennemi de tout ce qui se passait dans leur camp, sut mettre à profit la perfidie de ce barbare. Il feignit de craindre les événements qu'il désirait le plus, et de désirer ceux qu'il redoutait. Ainsi, craignant que les Parthes ne franchissent l'Euphrate avant qu'il eût reçu les légions qu'il avait en Cappadoce, au delà du Taurus, il agit si habilement avec ce traître, que celui-ci, avec sa perfidie accoutumée, alla conseiller aux ennemis de faire passer leur armée par Zeugma, comme par le chemin le plus court, et parce que l'Euphrate y coulait paisiblement, n'étant plus encaissé dans ses rives. Ventidius lui avait

rit. Namque si illac venirent, asseverabat, se opportunitate collium usurum, ad eludendos sagittarios; omnia autem vereri, si se in patentes campos projecissent. Inducti hac affirmatione barbari, inferiore itinere per circuitum adduxerunt exercitum; dumque fusiores ripas, et ob hoc operosiores pontes jungunt, instrumentaque moliuntur, quadraginta amplius dies impenderunt : quo spatio Ventidius ad contrahendas usus est copias; eisque triduo ante, quam Parthus adveniret, receptis acie commissa, vicit Pacorum, et interfecit.

7. Mithridates, circumvallante Pompeio, fugam in proximam diem moliens, hujus consilii obscurandi causa, latius et usque ad applicitas hosti valles pabulatus, colloquia quoque cum pluribus, avertendæ suspicionis causa, in posterum constituit. Ignes etiam frequentiores per tota castra fieri jussit. Secunda deinde vigilia, præter ipsa hostium castra agmen eduxit.

8. Imperator Cæsar Domitianus Augustus Germanicus [8], quum Germanos, qui in armis erant, vellet opprimere, nec ignoraret, majore bellum molitione inituros, si adventum tanti ducis præsensissent, profectionem suam censu obtexuit Galliarum. Sub quibus inopinato bello affusus, contusa immanium ferocia nationum, provinciis consuluit.

9. Claudius Nero, quum cuperet Hasdrubalem copiasque ejus, antequam Hannibali fratri jungerentur, excidi; idcircoque festinaret, se Livio Salinatori, collegæ suo, cui bellum mandatum fuerat (parum fidens

affirmé, disait-il, que si les Parthes se dirigeaient de son côté, il gagnerait les hauteurs, pour éviter leurs archers, tandis qu'il aurait tout à craindre s'ils se jetaient dans le plat pays. Trompés par cette assurance, les barbares descendent dans la plaine, et, par un long détour, arrivent à Zeugma. Là, les rives du fleuve étant plus écartées, et rendant plus pénible la construction des ponts, ils perdent plus de quarante jours à en établir, ou à mettre en œuvre les machines nécessaires à cette opération. Ventidius profita de ce temps pour rassembler ses troupes, qui le rejoignirent trois jours avant l'arrivée des Parthes, et, la bataille s'étant engagée, Pacorus la perdit avec la vie.

7. Mithridate, cerné par Pompée, et se disposant à fuir le lendemain, alla, pour cacher son projet, faire un fourrage au loin, jusque dans les vallées voisines du camp des ennemis; et, afin d'écarter tout soupçon, il fixa au jour suivant des pourparlers avec plusieurs d'entre eux. Il fit encore allumer dans tout son camp des feux plus nombreux qu'à l'ordinaire. Puis, dès la seconde veille, passant sous les retranchements mêmes des Romains, il s'échappa avec son armée.

8. L'empereur César Domitien Auguste Germanicus, voulant surprendre les Germains, qui étaient en révolte, et n'ignorant pas que ces peuples feraient de plus grands préparatifs de défense, s'ils se doutaient de l'approche d'un si grand capitaine, partit sous le prétexte de régler le cens dans les Gaules. Et bientôt, fondant à l'improviste sur ces peuples farouches, il réprima leur insolence et assura le repos des provinces.

9. Claudius Néron, désirant que l'armée d'Asdrubal fût détruite avant que celui-ci pût opérer sa jonction avec son frère Annibal, se hâta d'aller se réunir à son collègue Livius Salinator, qui était opposé à Asdrubal, et dans les forces duquel il n'avait pas assez de con-

viribus, quæ sub ipso erant), adjungere, neque tamen discessum suum ab Hannibale, cui oppositus erat, sentiri vellet, decem millia fortissimorum militum delegit, præcepitque legatis, quos relinquebat, ut eædem stationes vigiliæque agerentur, totidem ignes arderent, eademque facies castrorum servaretur, ne quid Hannibal suspicatus, auderet adversus paucitatem relictorum. Quum deinde in Umbria, occultatis itineribus, collegæ se junxisset, vetuit castra ampliari, ne quod signum adventus sui Pœno daret, detractaturo pugnam, si consulum junctas vires intellexisset [9]. Igitur inscium duplicatis aggressus copiis superavit, et velocius omni nuntio rediit ad Hannibalem. Ita ex duobus callidissimis ducibus Pœnorum, eodem consilio alterum celavit, alterum oppressit.

10. Themistocles exhortans suos ad suscitandos festinanter muros, quos jussu Lacedæmoniorum dejecerant [10], legatis Lacedæmone missis, qui interpellarent, respondit, venturum se ad diluendam hanc existimationem : et pervenit Lacedæmonem. Ibi simulato morbo aliquantum temporis extraxit, et postquam intellexit, suspectam esse tergiversationem suam, contendit, falsum ad eos rumorem; et rogavit ut mitterent aliquos ex principibus, quibus crederent de munitione Athenarum. Suis deinde clam scripsit, ut eos, qui venissent, retinerent, donec, refectis operibus, confiteretur Lacedæmoniis, munitas esse Athenas, neque aliter principes eorum redire posse, quam ipse remissus foret : quod

fiance; mais, afin de cacher son départ à Annibal, qu'il avait lui-même en tête, il prit dix mille hommes d'élite, et ordonna aux lieutenants qu'il laissait d'établir les mêmes postes et les mêmes gardes, d'allumer autant de feux, et de donner au camp la même physionomie que de coutume, de peur qu'Annibal, concevant des soupçons, ne fît quelque tentative contre le peu de troupes qui restaient. Ensuite, étant arrivé par des chemins détournés en Ombrie, près de son collègue, il défendit d'étendre le camp, pour ne donner aucun indice de son arrivée au général carthaginois, qui eût évité le combat, s'il se fût aperçu de la réunion des consuls. Ses forces ayant donc été doublées à l'insu d'Asdrubal, il attaqua celui-ci, le défit, et, plus prompt qu'aucun courrier, revint en présence d'Annibal. Ainsi, des deux généraux les plus rusés de Carthage, le même stratagème trompa l'un et anéantit l'autre.

10. Thémistocle avait exhorté ses concitoyens à reconstruire promptement leurs murailles, que les Spartiates les avaient obligés à démolir. Ceux-ci ayant envoyé des députés pour s'opposer à l'exécution d'un tel dessein, il leur répondit qu'il irait lui-même à Sparte, pour détruire leurs soupçons, et il s'y rendit. Là, il simula une maladie, dans le but de gagner un peu de temps; et, lorsqu'il s'aperçut qu'on se défiait de ses lenteurs, il soutint aux Spartiates qu'on leur avait apporté un faux bruit, et les pria d'envoyer à Athènes quelques-uns de leurs principaux citoyens, auxquels ils pussent s'en rapporter sur l'état des fortifications. Puis il écrivit secrètement aux Athéniens de retenir les envoyés de Sparte jusqu'à ce que, les travaux terminés, il pût déclarer aux Lacédémoniens qu'Athènes était en état de défense, et que leurs députés ne pourraient revenir qu'autant qu'il

facile præstiterunt Lacedæmonii, ne unius interitum multorum morte pensarent.

11. L. Furius, exercitu producto in locum iniquum, quum constituisset occultare sollicitudinem suam, ne reliqui trepidarent, paulatim se inflectens, tanquam circuitu majore hostem aggressurus, converso agmine, ignarum rei, quæ agebatur, exercitum incolumem reduxit.

12. Metellus Pius in Hispania interrogatus quid postera die facturus esset, « Tunicam meam, si id eloqui posset, inquit, comburerem [11]. »

13. M. Licinius Crassus percontanti, quo tempore castra moturus esset, respondit : « Vereris ne tubam non exaudias [12]? »

### II. De explorandis consiliis hostium.

1. Scipio Africanus, capta occasione [13] mittendæ ad Syphacem legationis, cum Lælio servorum habitu tribunos et centuriones electissimos ire jussit, quibus curæ esset, perspicere regias vires. Hi, quo liberius castrorum positionem scrutarentur, equum de industria dimissum, tanquam fugientem persectati, maximam partem munimentorum circuierant. Quæ quum nuntiassent, incendio confectum est bellum.

2. Q. Fabius Maximus bello Hetrusco, quum adhuc incognitæ forent Romanis ducibus sagaciores explorandi viæ, fratrem Fabium Cæsonem, peritum linguæ He-

serait lui-même rendu à sa patrie. Les Spartiates acceptèrent facilement cette condition, pour ne pas payer par la mort d'un grand nombre celle du seul Thémistocle.

11. L. Furius, s'étant engagé dans un lieu désavantageux, et voulant cacher son inquiétude, pour ne point jeter l'alarme parmi ses troupes, se détourna peu à peu en feignant de s'étendre pour envelopper l'ennemi; puis, par un changement de front, il ramena son armée intacte, sans qu'elle eût connu le danger qu'elle avait couru.

12. Pendant que Metellus Pius était en Espagne, on lui demanda un jour ce qu'il ferait le lendemain; il répondit: « Si ma tunique pouvait le dire, je la brûlerais. »

13. Quelqu'un priait M. Licinius Crassus de dire quand il lèverait le camp: « Craignez-vous, répondit-il, de ne pas entendre la trompette? »

## II. Épier les desseins de l'ennemi.

1. Scipion l'Africain, ayant saisi l'occasion d'envoyer une ambassade à Syphax, députa Lélius, et le fit accompagner de tribuns et de centurions d'élite, qui, déguisés en esclaves, étaient chargés de reconnaître les forces du roi. Afin d'examiner plus facilement la situation du camp, ils laissèrent à dessein échapper un cheval, et, sous prétexte de chercher à l'atteindre, parcoururent la plus grande partie des retranchements. D'après le rapport qu'ils firent, on incendia le camp, et la guerre fut ainsi terminée.

2. Pendant la guerre d'Étrurie, au temps où les généraux romains ne connaissaient pas encore de moyens plus adroits pour observer l'ennemi, Q. Fabius Maximus donna l'ordre à son frère Fabius Céson, qui parlait

truscæ, jussit Tusco habitu penetrare Ciminiam silvam, intentatam ante militi nostro. Quod is adeo prudenter atque industrie fecit, ut, transgressus silvam, Umbros Camertes, quum animadvertisset non alienos nomini Romano, ad societatem compulerit [14].

3. Carthaginienses quum animadvertissent Alexandri ita magnas opes, ut Africæ quoque immineret, unum ex civibus, virum acrem, nomine Hamilcarem Rhodinum [15], jusserunt simulato exsilio ire ad regem, omnique studio in amicitiam ejus pervenire : qua is potitus, consilia ejus nota civibus suis faciebat.

4. Iidem Carthaginienses miserunt qui, per speciem legatorum, longo tempore Romæ morarentur, exciperentque consilia nostrorum.

5. M. Cato in Hispania, quia ad hostium consilia alia via pervenire non poterat, jussit trecentos milites simul impetum facere in stationem hostium, raptumque unum ex his in castra perferre incolumem. Tortus ille, omnia suorum arcana confessus est.

6. C. Marius consul bello Cimbrico et Teutonico, ad excutiendam Gallorum et Ligurum fidem, litteras eis misit, quarum pars prior præcipiebat, ne interiores, quæ præsignatæ erant, ante certum tempus aperirentur : easdem postea ante præstitutam diem repetiit, et quia resignatas repererat, intellexit, hostilia agitari [16].

Est et aliud explorandi genus, quo ipsi duces nullo extrinsecus adjutorio per se provident. Sicut :

la langue des Étrusques, de prendre le costume de ce peuple, et de s'avancer dans la forêt Ciminia, où nos soldats n'avaient point encore pénétré. Il s'acquitta de sa mission avec tant de prudence et d'habileté, que, parvenu de l'autre côté de la forêt, il sut amener à une alliance les Camertes Ombriens, ayant reconnu qu'ils n'étaient pas ennemis du nom romain.

3. Les Carthaginois ayant remarqué que la puissance d'Alexandre s'était accrue au point de devenir inquiétante même pour l'Afrique, un des leurs, homme résolu, nommé Hamilcar Rhodinus, alla, d'après leurs ordres, se réfugier auprès de ce roi, comme s'il était exilé, et mit tous ses soins à gagner sa confiance. Aussitôt qu'il y eut réussi, il fit connaître à ses concitoyens les projets du monarque.

4. Les Carthaginois eurent à Rome des émissaires qui, sous le prétexte d'une ambassade, devaient y séjourner longtemps et surprendre nos desseins.

5. En Espagne, M. Caton, ne pouvant pénétrer les desseins de l'ennemi par un autre moyen, ordonna à trois cents soldats de se précipiter ensemble sur un poste espagnol, d'en enlever un homme, et de l'amener au camp sain et sauf. Le prisonnier, mis à la torture, révéla tous les secrets des siens.

6. Lors de la guerre des Cimbres et des Teutons, le consul C. Marius, voulant éprouver la fidélité des Gaulois et des Liguriens, leur envoya des lettres dont la première enveloppe leur défendait d'ouvrir, avant une époque déterminée, l'intérieur, qui était scellé; puis il réclama ces mêmes dépêches avant ce temps, et les ayant trouvées décachetées, il comprit que ces peuples fomentaient des projets hostiles.

Il y a encore, pour pénétrer les desseins de l'ennemi, des moyens que les généraux emploient par eux-mêmes, sans aucun secours étranger. En voici des exemples :

7. Æmilius Paullus [17] consul bello Hetrusco apud oppidum Poploniam demissurus exercitum in planitiem, contemplatus procul avium multitudinem citatiore volatu ex silva consurrexisse, intellexit, aliquid illic insidiarum latere, quod et turbatæ aves, et plures simul evolaverant. Præmissis igitur exploratoribus, comperit, decem millia Boiorum excipiendo ibi Romanorum agmini imminere; eaque alio, quam exspectabatur, latere missis legionibus, circumfudit.

8. Similiter Tisamenus [18], Orestis filius, quum audisset, jugum ab hostibus natura munitum teneri, præmisit sciscitaturos, quid rei foret: ac referentibus eis, non esse verum, quod opinaretur, ingressus iter, ubi vidit, ex suspecto jugo magnam vim avium simul evolasse, neque omnino residere, arbitratus est, latere illic agmen hostium: itaque circumducto exercitu elusit insidiatores.

9. Hasdrubal, frater Hannibalis, junctum Livii et Neronis exercitum [19], quanquam hoc illi non duplicatis castris dissimularent, intellexit, quod ab itinere strigosiores notabat equos, et coloratiora hominum, ut ex via, corpora.

---

III. De constituendo statu belli [20].

1. Alexander Macedo, quum haberet vehementem exercitum, semper eum statum belli elegit, ut acie confligeret.

2. C. Cæsar bello civili quum veteranum exercitum

7. Pendant la guerre d'Étrurie, le consul Émilius Paullus allait faire descendre son armée dans une plaine, près de Poplonie, lorsqu'il vit de loin une multitude d'oiseaux s'élever d'une forêt, en précipitant leur vol. Il pensa qu'il y avait là quelque embuscade, parce que les oiseaux s'étaient envolés effarouchés et en grand nombre. Des espions qu'il envoya lui apprirent, en effet, que dix mille Boïens s'y disposaient à surprendre l'armée romaine. Alors, tandis qu'il était attendu d'un côté, il fit passer ses légions de l'autre, et enveloppa l'ennemi.

8. De même Tisamène, fils d'Oreste, averti que le sommet d'une montagne fortifiée par la nature était occupé par l'ennemi, envoya reconnaître les lieux. Ses éclaireurs lui ayant affirmé qu'il se trompait, il se mettait déjà en marche, quand il vit que de cette hauteur, dont il se méfiait, une grande quantité d'oiseaux s'étaient envolés à la fois, et ne s'y reposaient pas. Il en conclut qu'une troupe ennemie y était cachée. Il tourna donc la montagne avec son armée, et évita ainsi l'embuscade.

9. Asdrubal, frère d'Annibal, s'aperçut de la réunion des armées de Livius et de Néron, malgré la précaution qu'ils avaient prise de ne point étendre leur camp. Il avait remarqué de leur côté des chevaux plus efflanqués, et des hommes dont le teint était plus hâlé que de coutume, comme il arrive après une marche.

### III. Adopter une manière de faire la guerre.

1. Alexandre, roi de Macédoine, ayant une armée pleine d'ardeur, préféra toujours, comme manière de faire la guerre, la bataille rangée.

2. Pendant la guerre civile, C. César, ayant une armée

haberet, hostium autem tironem esse sciret, acie semper decertare statuit.

3. Fabius Maximus adversus Hannibalem, successibus proeliorum insolentem, recedere ab ancipiti discrimine, et tueri tantummodo Italiam constituit, Cunctatorisque nomen [21], et per hoc summi ducis meruit.

4. Byzantii adversus Philippum omne proeliandi discrimen evitantes, omissa etiam finium tutela, intra munitiones oppidi se receperunt, assequutique sunt, ut Philippus obsidionalis moræ impatiens [22] recederet.

5. Hasdrubal, Gisgonis filius, secundo Punico bello, in Hispaniam victum exercitum, quum P. Scipio instaret, per urbes divisit [23]. Ita factum est, ut Scipio, ne oppugnatione plurium oppidorum distringeretur, in hiberna suos reduceret.

6. Themistocles, adventante Xerxe [24], quia neque proelio pedestri, neque finium tutelæ, neque obsidioni credebat sufficere Athenienses, auctor fuit eis, liberos et conjuges in Trœzena, et in alias urbes emittendi, relictoque oppido, statum belli ad navale proelium transferendi.

7. Idem fecit in eadem civitate Pericles [25] adversum Lacedæmonios.

8. Scipio, manente in Italia Hannibale, transmisso in Africam exercitu [26], necessitatem Carthaginiensibus imposuit revocandi Hannibalem. Sic a domesticis finibus in hostiles transtulit bellum.

9. Athenienses [27], quum Deceliam castellum ipsorum

de vétérans, et sachant que celle de l'ennemi était composée de recrues, s'attacha continuellement à livrer des batailles.

3. Fabius Maximus, envoyé contre Annibal, que ses victoires avaient enorgueilli, résolut d'éviter les chances des combats, et de mettre seulement à couvert l'Italie, ce qui lui valut le surnom de Temporiseur et, par cela même, la réputation de grand capitaine.

4. Les Byzantins, pour éviter les hasards des combats contre Philippe, renoncèrent à la défense de leurs frontières, se retirèrent dans l'enceinte fortifiée de leur ville, et réussirent ainsi à éloigner ce roi, qui ne put supporter les lenteurs du siége.

5. Dans la seconde guerre Punique, Asdrubal, fils de Gisgon, étant vaincu en Espagne, et poursuivi par P. Scipion, partagea son armée entre différentes villes. Il en résulta que Scipion, pour ne point occuper ses troupes à faire plusieurs siéges à la fois, les ramena dans leurs quartiers d'hiver.

6. A l'approche de Xerxès, Thémistocle, pensant que les Athéniens ne pourraient ni livrer bataille, ni défendre leurs frontières, pas même leurs remparts, leur conseilla d'envoyer leurs enfants et leurs femmes à Trézène et dans d'autres villes, d'abandonner Athènes, et de se disposer à combattre sur mer.

7. Périclès en fit autant, dans la même république, contre les Lacédémoniens.

8. Tandis qu'Annibal s'obstinait à rester en Italie, Scipion, en faisant passer son armée en Afrique, mit les Carthaginois dans la nécessité de rappeler leur général. Par ce moyen Scipion transporta la guerre du territoire romain sur celui de l'ennemi.

9. Les Athéniens, souvent inquiétés par les Lacédé-

Lacedæmonii communissent, et frequentius vexarentur, classem, qua Peloponnesum infestarent, miserunt; consequutique sunt, ut exercitus Lacedæmoniorum, qui erat Deceliæ, revocaretur.

10. Imperator Cæsar Domitianus Augustus, quum Germani more suo e saltibus et obscuris latebris subinde impugnarent nostros, tutumque regressum in profunda silvarum [28] haberent, limitibus per centum viginti millia passuum actis, non mutavit tantum statum belli, sed subjecit ditioni suæ hostes, quorum refugia nudaverat [29].

---

### IV. De transducendo exercitu per loca hosti insessa.

1. Æmilius Paullus consul quum in Lucanos juxta litus angusto itinere exercitum duceret, et Tarentini ei classe insidiati, agmen ejus scorpionibus aggressi essent [30], captivis latera euntium prætexuit, quorum respectu hostes inhibuere tela.

2. Agesilaus Lacedæmonius, quum præda onustus ex Phrygia rediret, insequerenturque hostes, et ad locorum opportunitatem lacesserent agmen ejus, ordinem captivorum ab utroque latere exercitus sui explicuit: quibus dum parcitur ab hoste, spatium transeundi habuerunt Lacedæmonii.

3. Idem, tenentibus angustias Thebanis, per quas transeundum habebat, flexit iter, quasi Thebas contenderet. Exterritis Thebanis, digressisque ad tutanda mœ-

moniens, qui leur avaient enlevé le château de Décélie, et s'y étaient fortifiés, envoyèrent une flotte pour ravager le Péloponnèse, et réussirent à faire rappeler l'armée lacédémonienne qui était à Décélie.

10. L'empereur César Domitien Auguste, voyant que du sein des bois et de retraites cachées, les Germains, par une tactique qu'ils avaient adoptée, venaient fréquemment assaillir nos troupes, et trouvaient ensuite un refuge assuré dans la profondeur de leurs forêts, recula de cent vingt milles les limites de l'empire; par là, non-seulement il changea la situation de la guerre, mais il réduisit sous sa puissance ces ennemis, dont les retraites furent mises à découvert.

**IV.** Faire passer son armée à travers des lieux occupés par l'ennemi.

1. Pendant que le consul Émilius Paullus conduisait son armée en Lucanie, par un chemin resserré le long du rivage, la flotte des Tarentins, qui s'était mise en embuscade, lui lançait des flèches empoisonnées : il couvrit le flanc de sa troupe avec des prisonniers, et l'ennemi, craignant de les atteindre, cessa de tirer.

2. Agésilas, roi de Lacédémone, revenant de Phrygie chargé de butin, et poursuivi par les ennemis, qui le harcelaient partout où le terrain leur donnait l'avantage, étendit de chaque côté de ses troupes une file de prisonniers ; et les ennemis, en épargnant ceux-ci, donnèrent aux Lacédémoniens le temps de s'éloigner.

3. Le même roi, ayant à franchir un défilé qu'il trouva occupé par les Thébains, changea de route, et feignit de se diriger sur Thèbes. Les ennemis, effrayés, étant accourus à la défense de leur ville, Agésilas reprit le chemin

nia, repetitum iter, quo destinaverat, emensus est, nullo obsistente.

4. Nicostratus, dux Ætolorum adversus Epirotas, quum ei aditus in fines eorum angusti fierent, per alterum locum irrupturum se ostendens, omni illa ad prohibendum occurrente Epirotarum multitudine, reliquit suos paucos, qui speciem remanentis exercitus præberent; ipse cum cetera manu, qua non exspectabatur, aditum intravit.

5. Autophradates Perses, quum in Pisidiam exercitum duceret, et angustias quasdam Pisidæ occuparent, simulata vexatione trajiciendi, instituit reducere: quod quum Pisidæ credidissent, ille noctu validissimam manum ad eumdem locum occupandum præmisit, ac postero die totum trajecit exercitum.

6. Philippus, Macedonum rex [31], Græciam petens, quum Thermopylas occupatas audiret, et ad eum legati Ætolorum venissent acturi de pace, retentis eis, ipse magnis itineribus ad angustias pertendit, securisque custodibus, et legatorum reditus exspectantibus, inopinatus Thermopylas trajecit.

7. Iphicrates, dux Atheniensium adversus Anaxibium Lacedæmonium in Hellesponto contra Abydon, quum transducendum exercitum haberet per loca, quæ stationibus hostium tenebantur, alterum autem latus ejus transitus abscisi montes premerent, alterum mare allueret, aliquandiu moratus, quum incidisset frigidior solito dies, et ob hoc nemini suspectus, delegit firmis-

qu'il avait d'abord résolu de suivre, et passa le défilé sans obstacle.

4. Nicostrate, général des Étoliens, marchant contre les Épirotes, et ne pouvant entrer sur leur territoire que par deux passages étroits, se présenta comme dans l'intention d'en forcer un. Tous les Épirotes étant accourus pour le défendre, il laissa sur ce point un détachement, pour faire croire que toute son armée y était arrêtée; et il alla lui-même, avec le reste de ses troupes, passer par l'autre défilé, où il n'était point attendu.

5. Le Perse Autophradate, conduisant son armée en Pisidie, et trouvant un défilé gardé par les troupes de ce pays, feignit de craindre la difficulté du passage, et commença à faire retraite. Les Pisidiens s'étant fiés à cette manœuvre, il envoya pendant la nuit une troupe d'élite pour s'emparer du lieu, et le lendemain il y fit passer toute son armée.

6. Philippe, roi de Macédoine, se dirigeant vers la Grèce, et apprenant que les Thermopyles étaient occupées par les Étoliens, retint leurs députés, qui étaient venus pour traiter de la paix; puis, marchant lui-même à grandes journées vers les Thermopyles, dont les gardiens, en pleine sécurité, attendaient le retour de leur ambassade, il franchit inopinément le défilé.

7. Iphicrate, commandant l'armée athénienne contre le Lacédémonien Anaxibius, près d'Abydos, sur l'Hellespont, avait à traverser avec son armée des lieux occupés par des postes ennemis. Le passage était, d'un côté, bordé de montagnes escarpées, et de l'autre, baigné par la mer. Il s'arrêta quelque temps; et, profitant d'un jour où il faisait plus froid qu'à l'ordinaire, ce qui inspirait moins de méfiance à l'ennemi, il prit les soldats les plus robustes, les échauffa en les faisant frotter d'huile et en

simos quosque, quibus, oleo ac mero calefactis, præcepit, ipsam oram maris legerent, abruptiora tranarent: atque ita custodes angustiarum inopinatus oppressit a tergo.

8. Cn. Pompeius, quum flumen transire propter oppositum hostium exercitum non posset, assidue producere et reducere in castra instituit; deinde, in eamdem persuasionem hoste perducto, ne ullam viam ad progressum Romanorum tenerent, repente impetu facto, transitum rapuit.

9. Alexander Macedo, prohibente rege Indorum Poro trajici exercitum per flumen Hydaspen [32], adversus aquam assidue procurrere jussit suos; et, ubi eo more exercitationis assequutus est, qui a Poro adversa ripa caveretur, per superiorem partem subitum transmisit exercitum.

Idem, quia Indi fluminis trajectu prohibebatur ab hoste, diversis locis in flumine equites instituit immittere, et transitum minari; quumque exspectatione barbaros intentos teneret, insulam paulo remotiorem, primum exiguo, deinde majore præsidio occupavit, atque inde in ulteriorem ripam transmisit. Ad quam manum opprimendam quum universi se hostes effudissent, ipse libero vado transgressus, omnes copias conjunxit.

10. Xenophon [33], ulteriorem ripam Armeniis tenentibus, duos jussit quæri aditus; et quum a citeriore repulsus esset, transiit ad superiorem. Inde quoque prohibitus hostium occursu, repetiit vadum inferius; jussa

leur donnant du vin, et leur ordonna de suivre l'extrémité même du rivage, en passant à la nage les endroits impraticables. Au moyen de cette ruse, il fondit à l'improviste, et par derrière, sur les troupes qui gardaient ce défilé.

8. Cn. Pompée, ne pouvant traverser un fleuve dont l'autre rive était gardée par l'ennemi, faisait continuellement sortir ses troupes du camp, et les y ramenait; quand il eut par là persuadé aux ennemis qu'ils n'avaient aucun mouvement à faire à l'approche des Romains, il s'élança tout à coup vers le fleuve et le traversa.

9. Alexandre le Grand, arrêté par Porus, qui lui disputait le passage de l'Hydaspe, donna l'ordre à une partie de ses troupes de se porter sans cesse vers le fleuve; et lorsqu'il eut réussi, par cette manœuvre, à fixer les craintes de Porus sur ce point de la rive opposée, il fit subitement passer son armée plus haut.

Empêché par l'ennemi de traverser l'Indus, Alexandre fit entrer sa cavalerie en différents endroits du fleuve, comme pour forcer le passage; et pendant qu'il tenait les barbares dans cette attente, il fit passer dans une île peu éloignée un détachement faible d'abord, mais qui, bientôt renforcé, gagna de là l'autre rive. A la vue de cette troupe, tous les ennemis s'élancèrent à la fois pour l'anéantir; Alexandre eut alors le gué libre, passa le fleuve, et réunit toute son armée.

10. Xénophon, voyant que les Arméniens occupaient l'autre rive d'un fleuve qu'il devait traverser, fit chercher deux gués; et, se voyant repoussé de celui du dessous, il gagna le gué supérieur. Également chassé de celui-ci, où l'ennemi était accouru, il revint au gué

ibidem militum parte subsistere, ex qua, quum Armenii ad inferioris vadi tutelam rediissent, per superius transgrederetur. Armenii credentes, decursuros omnes, decepti sunt a remanentibus. Hi quum, resistente nullo, vadum superassent, transeuntium suorum fuere propugnatores.

11. Ap. Claudius consul primo bello Punico, quum a Rhegio Messanam trajicere militem nequiret, custodientibus fretum Poenis, sparsit rumorem, quasi bellum injussu populi inceptum gerere non posset, classemque in Italiam versus se agere simulavit. Digressis deinde Poenis, qui profectioni ejus habuerant fidem, circumactas naves appulit Siciliae.

12. Lacedaemoniorum duces [34], quum Syracusas navigare destinassent, et Poenorum dispositam penitus classem timerent, decem Punicas naves, quas captivas habebant, veluti victrices, primas jusserunt agi, aut a latere junctis, aut puppe religatis aliis. Qua specie deceptis Poenis, transierunt.

13. Philippus, quum angustias maris, quae Cyaneae [35] appellantur, transnavigare propter Atheniensium classem, quae opportunitatem loci custodiebat, non posset, scripsit Antipatro, Thraciam rebellare, praesidiis, quae ibi reliquerat, interceptis, ut sequeretur omnibus omissis: quae epistolae ut interciperentur ab hoste curavit. Athenienses arcana Macedonum excepisse visi, classem abduxerunt. Philippus, nullo prohibente, angustias freti liberavit.

inférieur, laissant vers l'autre une partie de ses soldats, avec ordre de traverser par là, pendant que l'ennemi retournerait à la défense du gué inférieur. Persuadés que l'armée entière de Xénophon redescendrait le fleuve, les Arméniens ne prirent point garde aux troupes qui restaient sur l'autre point; alors celles-ci, ayant traversé sans obstacle, vinrent protéger le passage des autres.

11. Lors de la première guerre Punique, le consul Ap. Claudius, étant dans l'impossibilité de faire passer son armée de Rhegium à Messine, parce que les Carthaginois gardaient le détroit, répandit le bruit qu'il ne pouvait continuer une guerre commencée sans l'ordre du peuple, et feignit de ramener sa flotte du côté de l'Italie. Les Carthaginois se retirèrent, croyant au départ du consul, et celui-ci, revenant sur ses pas, aborda en Sicile.

12. Des généraux lacédémoniens, faisant voile pour Syracuse, et redoutant la flotte des Carthaginois, qui était en croisière devant cette ville, firent marcher à leur tête, comme en triomphe, des vaisseaux carthaginois qu'ils avaient capturés, et au flanc ou à l'arrière desquels ils avaient attaché leurs propres navires. Trompés par cette apparence, les Carthaginois les laissèrent passer.

13. Philippe, arrêté au détroit de Cyanée par la flotte athénienne, qui lui fermait le passage, écrivit à Antipater de tout quitter pour le suivre chez les Thraces, qui étaient en insurrection, et avaient fait prisonnières les garnisons laissées dans leur pays; et il eut soin que sa lettre fût interceptée par les Athéniens. Ceux-ci croyant avoir surpris les secrets des Macédoniens, retirèrent leur flotte; et Philippe franchit le détroit sans trouver de résistance.

Idem, quia Cherronesum, quæ juris Atheniensium erat, occupare prohiberetur, tenentibus transitum non Byzantiorum tantum, sed Rhodiorum quoque, et Chiorum navibus, conciliavit animos eorum reddendo naves, quas ceperat, quasi sequestres [36] futuras ordinandæ pacis inter se atque Byzantios, qui causa belli erant : tractaque per magnum tempus postulatione, quum de industria subinde aliquid in conditionibus retexeret, classem per id tempus præparavit, eaque in angustias freti, imparato hoste, subitus evasit.

14. Chabrias Atheniensis, quum adire portum Samiorum, obstante navali hostium præsidio, non posset, paucas e suis navibus, præter portum missas, jussit transire, arbitratus, qui in statione erant, persequuturos : iisque per hoc consilium avocatis, nullo obstante, portum cum reliqua adeptus est classe.

V. De evadendo ex locis difficillimis.

1. Q. Sertorius, in Hispania, quum, a tergo instante hoste, flumen trajicere haberet, vallum in ripa ejus in modum cavæ lunæ duxit, et oneratum materiis incendit : atque ita, exclusis hostibus, flumen libere transgressus est.

2. Similiter Pelopidas Thebanus bello Thessalico transitum quæsivit : namque castris ampliorem locum supra ripam complexus, vallum cervulis, et alio materiæ genere constructum incendit; dumque ignibus submoventur hostes, ipse fluvium superavit [37].

Ce roi, ne pouvant s'emparer de la Chersonèse, alors au pouvoir des Athéniens, parce que le passage de la mer lui était fermé, tant par la flotte de Byzance que par celle des Rhodiens et des habitants de Chio, sut gagner ces deux derniers peuples en leur rendant les vaisseaux qu'il leur avait pris, comme si cette restitution devait être un motif de médiation de leur part, pour conclure la paix entre lui et les Byzantins, seuls auteurs de la guerre. Puis traînant en longueur cette négociation, et apportant toujours à dessein quelques changements aux conditions du traité, il eut le temps de préparer sa flotte, qui passa le détroit sans que l'ennemi s'y attendît.

14. Chabrias, général athénien, qu'une flotte ennemie empêchait d'entrer dans le port de Samos, envoya quelques-uns de ses vaisseaux en vue de ce port, avec ordre de prendre le large, persuadé que les navires en station se mettraient à leur poursuite. Cette ruse, en effet, ayant éloigné l'ennemi, Chabrias ne trouva plus d'obstacle, et fit entrer dans le port le reste de sa flotte.

**V. S'échapper des lieux désavantageux.**

1. Q. Sertorius, serré de près par l'ennemi en Espagne, et devant traverser une rivière, creusa sur le bord un fossé en forme de demi-lune, le remplit de bois, auquel il mit le feu; et, arrêtant ainsi l'ennemi, il passa librement la rivière.

2. Pélopidas, général thébain, recourut à un semblable artifice, dans la guerre de Thessalie, pour franchir une rivière. Ayant donné à son camp une vaste étendue sur la rive, il fit son retranchement avec des troncs d'arbres garnis de leurs branches, et avec d'autres pièces de bois; puis il y mit le feu. Pendant que les flammes tenaient l'ennemi à distance, il traversa la rivière.

3. Q. Lutatius Catulus, quum, a Cimbris pulsus, unam spem salutis haberet, si flumen liberasset, cujus ripam hostes tenebant, in proximo monte copias ostendit, tanquam ibi castra positurus; ac præcepit suis ne sarcinas solverent, aut onera deponerent, ne quis ab ordinibus signisque discederet; et quo magis persuasionem hostium confirmaret, pauca tabernacula in conspectu erigi jussit, ignesque fieri, et quosdam vallum struere, quosdam in lignationem, ut conspicerentur, exire : quod Cimbri vere agi existimantes, et ipsi castris delegerunt locum; dispersique in proximos agros ad comparanda ea quæ mansuris necessaria sunt, occasionem dederunt Catulo non solum flumen trajiciendi, sed etiam castra eorum infestandi.

4. Crœsus [38], quum Halyn vado transire non posset, neque navium aut pontis faciendi copiam haberet, fossa superiori parte post castra deducta, alveum fluminis a tergo exercitus sui reddidit.

5. Cn. Pompeius Brundisii [39], quum excedere Italia, et transferre bellum, proposuisset, instante a tergo Cæsare, conscensurus classem, quasdam obstruxit vias, alias parietibus intersepsit, alias intercidit fossis, easque, sudibus erectis præclusas, operuit cratibus, humo aggesta; quosdam aditus, qui ad portum ferebant, trabibus transmissis, et in densum ordinem structis, ingenti mole tutatus. Quibus perpetratis, ad speciem retinendæ urbis raros pro mœnibus sagittarios reliquit, ceteras copias sine tumultu ad naves deduxit : navigan-

3. Q. Lutatius Catulus, poursuivi par les Cimbres, et n'espérant leur échapper qu'en passant un fleuve dont ils occupaient le bord, fit paraître ses troupes sur une montagne voisine, comme dans l'intention d'y camper; et il défendit aux soldats de délier les bagages, de décharger les fardeaux, et de s'écarter des rangs et des enseignes. Pour mieux tromper les ennemis, il fit dresser quelques tentes qu'ils pussent apercevoir, allumer des feux, construire le retranchement par quelques hommes, tandis que d'autres allaient à la provision de bois, toujours à la vue des Cimbres. Ceux-ci, croyant à la réalité de ce qu'ils voyaient, choisirent aussi un lieu pour leur camp; et, pendant qu'ils se dispersaient dans les environs pour se procurer les choses nécessaires au séjour, Catulus, saisissant l'occasion, traversa le fleuve, et dévasta même leur camp.

4. Crésus, ne pouvant passer à gué l'Halys, et n'ayant aucun moyen de construire des bateaux ou un pont, fit creuser un canal qui, de la partie supérieure du rivage, suivit la ligne de son camp, et donna au fleuve un nouveau lit derrière l'armée.

5. Cn. Pompée, vivement poursuivi par César, et voulant transporter la guerre hors de l'Italie, était à Brindes, sur le point de s'embarquer. Il obstrua quelques rues, en mura d'autres, en coupa quelques-unes par des fossés, qu'il couvrit en y dressant des pieux qui supportaient des claies chargées de terre. Les avenues qui menaient au port furent interceptées par des poutres serrées les unes contre les autres et formant une puissante barrière. Ces travaux terminés, il feignit de vouloir défendre la ville, en laissant çà et là quelques archers sur les remparts. Ses troupes s'embarquèrent sans bruit; et, dès qu'il fut en mer, les archers, se retirant par des chemins qui

tem eum mox sagittarii quoque, per itinera nota digressi, parvis navigiis consequuti sunt.

6. C. Duilius consul in portu Syracusano [40], quem temere intraverat, objecta ad ingressum catena clausus, universos in puppim retulit milites, atque ita resupina navigia magna remigantium vi concitavit. Levatae prorae super catenam processerunt : qua parte superata, transgressi rursus milites proras presserunt, in quas versum pondus decursum super catenam dedit navibus.

7. Lysander Lacedaemonius, quum in portu Atheniensium cum tota classe obsideretur, obrutus hostium navibus, ab ea parte, qua faucibus angustissimis influit mare, milites suos clam in litus egredi jussit, et subjectis rotis naves ad proximum portum Munychiam trajecit.

8. Hirtuleius, legatus Sertorii, quum in Hispania inter duos montes abruptos longum et angustum iter ingressus, paucas duceret cohortes, comperissetque, ingentem manum hostium adventare, fossam transversam inter montes pressit, vallumque materia exstructum incendit, atque ita intercluso hoste evasit.

9. C. Caesar, bello civili, quum adversus Afranium copias educeret, et recipiendi se sine periculo facultatem non haberet; in armis permanente [41], sicut constiterat, prima et secunda acie, furtim tertia a tergo ad opus applicata, quindecim pedum fossam fecit, intra quam sub occasum solis armati se milites ejus receperunt.

10. Pericles Atheniensis, a Peloponnesiis in eum

leur étaient connus, le rejoignirent à l'aide de petites embarcations.

6. Le consul C. Duilius, ayant pénétré imprudemment dans le port de Syracuse, et s'y voyant enfermé par une chaîne tendue à l'entrée, fit passer tous ses soldats à la poupe de ses vaisseaux, qui, ayant par cette manœuvre l'arrière incliné et la proue relevée, furent lancés à force de rames, et s'engagèrent sur la chaîne. Après quoi, les soldats s'étant portés vers la proue, leur poids entraîna les vaisseaux de l'autre côté de l'obstacle.

7. Lysandre, de Lacédémone, enfermé avec toute sa flotte dans le port d'Athènes, dont les étroites issues étaient gardées par les vaisseaux ennemis, débarqua secrètement ses troupes sur le rivage, et fit passer, à l'aide de rouleaux, ses vaisseaux dans le port de Munychie, voisin de celui d'Athènes.

8. En Espagne, Hirtuleius, lieutenant de Sertorius, s'étant engagé entre deux montagnes escarpées, dans un long et étroit défilé, et n'ayant qu'un petit nombre de cohortes, apprit que l'ennemi approchait avec des forces considérables. Aussitôt il fit creuser un fossé d'une montagne à l'autre, le surmonta d'une palissade à laquelle il mit le feu, et s'échappa en arrêtant ainsi l'ennemi.

9. Pendant la guerre civile, C. César, s'étant avancé avec ses troupes pour présenter la bataille à Afranius, s'aperçut qu'il ne pourrait se retirer sans danger. Il fit rester la première et la seconde ligne sous les armes, dans l'ordre primitif de la bataille, pendant que la troisième, travaillant derrière les deux autres, à l'insu de l'ennemi, creusait un fossé de quinze pieds, dans l'enceinte duquel ses soldats se retirèrent, au coucher du soleil, et restèrent sous les armes.

10. Périclès, général athénien, poussé par les trou-

locum compulsus, qui undique abruptis cinctus, duos tantum exitus habebat, ab altera parte fossam ingentis latitudinis duxit, velut hostis excludendi causa; ab altera limitem agere coepit, tanquam per eum erupturus. Ii, qui obsidebant, quum per fossam, quam ipse fecerat, exercitum Periclis non crederent evasurum, universi a limite obstiterunt. Pericles pontibus, quos præparaverat, fossæ injectis, suos, qua non resistebatur, emisit.

11. Lysimachus, ex his unus, in quos opes Alexandri transierunt, quum editum collem castris destinasset, imprudentia autem suorum in inferiorem deductus, vereretur ex superiore hostium incursum, triplices fossas intra vallum objecit; deinde similibus fossis circa omnia tentoria ductis, tota castra confodit; et intersepto hostium aditu, simul humo quoque, et frondibus, quas fossis superjecerat, facto ponte, impetu in superiora evasit.

12. T. Fonteius Crassus, in Hispania, cum tribus millibus hominum prædatum profectus, [locoque iniquo circumventus] ab Hasdrubale, ad primos tantum ordines relato consilio, incipiente nocte, quo tempore minime exspectabatur, per stationes hostium prorupit.

13. L. Furius[42], exercitu perducto in locum iniquum, quum constituisset occultare sollicitudinem suam, ne reliqui trepidarent, paulatim inflexit iter, tanquam circuitu majore hostem aggressurus; conversoque agmine, ignarum rei, quæ agebatur, exercitum incolumem reduxit.

pes du Péloponnèse dans un lieu entouré de rochers escarpés qui n'offraient que deux issues, coupa l'une par un fossé très-large, comme pour la fermer à l'ennemi, et étendit son camp vers l'autre, feignant de vouloir sortir de ce côté. Les troupes qui le tenaient investi, loin de croire que son armée s'échapperait par le fossé qu'elle avait creusé elle-même, accoururent toutes en tête de l'autre passage. Alors Périclès, qui avait préparé des ponts, les jeta sur le fossé, et fit sortir ses soldats sans éprouver aucune résistance.

11. Lysimaque, un des généraux qui se partagèrent l'empire d'Alexandre, avait dessein de camper sur une haute colline; mais, conduit sur une autre moins élevée, par la faute de ses guides, et craignant que les ennemis, qui étaient postés plus haut, ne vinssent fondre sur lui, il établit son retranchement, et fit creuser en deçà trois fossés, ainsi que d'autres encore autour des tentes, de sorte que le camp tout entier en était sillonné. Puis, quand il eut ainsi coupé le passage à l'ennemi, il se fit des ponts sur les fossés avec de la terre et des branchages, et gagna en toute hâte des lieux plus élevés.

12. En Espagne, T. Fonteius Crassus, étant allé faire du butin avec trois mille hommes, se trouva enfermé par Asdrubal dans une position dangereuse. A l'entrée de la nuit, n'ayant fait part de sa résolution qu'aux premiers rangs, il s'échappa en traversant les postes ennemis, au moment où l'on s'y attendait le moins.

13. L. Furius, s'étant engagé dans un lieu désavantageux, et voulant cacher son inquiétude, afin de ne pas jeter l'alarme parmi ses troupes, se détourna peu à peu, en feignant de s'étendre pour attaquer l'ennemi; puis, par un changement de front, il ramena son armée intacte, sans qu'elle eût connu le danger qu'elle avait couru.

14. P. Decius tribunus[43] bello Samnitico, Cornelio Cosso consuli, iniquis locis deprehenso ab hostibus, suasit ut ad occupandum collem, qui erat in propinquo, modicam manum mitteret; seque ducem is, qui mittebantur, obtulit. Avocatus in diversum hostis dimisit consulem, Decium autem cinxit, obseditque. Illas quoque angustias, noctu eruptione facta, quum eluctatus esset Decius, incolumis cum militibus consuli accessit.

15. Idem fecit sub Atilio Calatino consule is cujus varie traditur nomen : alii Laberium, nonnulli Q. Cæditium, plurimi Calpurnium Flammam[44] vocitatum scripserunt. Hic, quum demissum in eam vallem videret exercitum, cujus latera omnia superiora hostis insederat, depoposcit, et accepit trecentos milites; quos adhortatus, ut virtute sua exercitum servarent, in mediam vallem decucurrit; et ad opprimendos eos undique descendit hostis, longoque et aspero prœlio retentus, occasionem consuli ad extrahendum exercitum dedit.

16. L. Minucius[45] consul in Liguria, demisso in angustias exercitu, quum jam omnibus obversaretur Caudinæ cladis exemplum, Numidas auxiliares, tam propter ipsorum, quam propter equorum deformitatem despiciendos, jussit adequitare faucibus, quæ tenebantur. Primo intenti hostes, ne lacesserentur, stationem objecerunt. De industria Numidæ ad augendum sui contemptum, labi equis, et per ludibrium spectaculo esse affectaverunt. Ad novitatem rei laxatis ordinibus, barbari in spectaculum usque resoluti sunt. Quod ubi

14. Pendant la guerre contre les Samnites, le consul Cornelius Cossus étant surpris par l'ennemi dans un lieu où il courait du danger, le tribun P. Decius lui conseilla de faire occuper une hauteur qui était près de là, par un détachement qu'il s'offrit à commander. L'ennemi, attiré sur ce point, laissa échapper le consul, mais enveloppa Decius, et le tint assiégé. Celui-ci triompha encore de cette difficulté par une sortie nocturne, et revint auprès du consul, sans avoir perdu un seul homme.

15. Une action semblable a été faite, sous le consulat d'Atilius Calatinus, par un chef dont le nom nous a été diversement transmis : les uns l'appellent Laberius, quelques autres Q. Céditius, la plupart Calpurnius Flamma. Voyant que les troupes étaient entrées dans une vallée dont toutes les hauteurs étaient occupées par l'ennemi, il demande et obtient trois cents hommes, qu'il exhorte à sauver l'armée par leur courage, et s'élance avec eux au milieu de cette vallée. Les ennemis descendent de toutes parts pour les tailler en pièces ; mais, arrêtés par un combat long et acharné, ils laissent au consul le temps de s'échapper avec son armée.

16. En Ligurie, l'armée du consul L. Minucius s'étant engagée dans un défilé qui rappelait aux soldats le désastre des Fourches Caudines, ce général donna l'ordre aux Numides, ses auxiliaires, qui, ainsi que leurs chevaux, inspiraient le mépris par leur mauvaise mine, d'aller caracoler vers les issues occupées par les ennemis. Ceux-ci, craignant une surprise, établirent des avant-postes. De leur côté, les Numides, pour se faire mépriser davantage, se laissaient à dessein tomber de cheval, se donnant en spectacle et excitant la risée. Cette étrange manœuvre mit le désordre chez les barbares, qui abandonnèrent leurs rangs pour regarder. Aussitôt que les

animadverterunt Numidæ, paulatim succedentes, additis calcaribus per intermissas hostium stationes eruperunt; quorum deinde quum proximos irruerent [46] agros, necesse Liguribus fuit avocari ad defendenda sua, inclusosque Romanos emittere.

17. L. Sulla [47], bello Sociali, apud Æserniam inter angustias deprehensus, ad exercitum hostium, cui Mutilus præerat, colloquio petito, de conditionibus pacis agitabat sine effectu; hostem tamen propter inducias negligentia resolutum animadvertens, nocte profectus, relicto buccinatore, qui vigilias ad fidem remanentium divideret, et, quarta vigilia commissa, consequeretur, incolumes suos cum omnibus impedimentis tormentisque in tuta perduxit.

18. Idem adversus Archelaum præfectum Mithridatis in Cappadocia, iniquitate locorum et multitudine hostium pressus, fecit pacis mentionem, interpositoque tempore etiam induciarum, et per hæc avocata intentione, adversarium evasit.

19. Hasdrubal [48], frater Hannibalis, quum saltum evadere non posset, faucibus ejus obsessis, egit cum Claudio Nerone, accepitque, dimissum se Hispania excessurum; cavillatus deinde conditionibus dies aliquot extraxit; quibus omnibus non omisit per angustos tramites, et ob id neglectos, dimittere per partes exercitum. Ipse deinde cum reliquis expeditis facile effugit.

Numides s'en aperçurent, ils approchèrent peu à peu ; puis, donnant de l'éperon, ils passèrent à travers les postes mal gardés de l'ennemi, firent irruption dans les campagnes voisines, et forcèrent par là les Liguriens à courir à la défense de ce qui leur appartenait, et à laisser échapper les Romains, qu'ils tenaient enfermés.

17. Pendant la guerre Sociale, L. Sylla, surpris dans un défilé voisin d'Ésernia, se rendit près de l'armée ennemie, commandée par Mutilus, et, dans une entrevue qu'il avait demandée, il discuta sans succès les conditions de la paix ; mais, s'étant aperçu que les ennemis se tenaient peu sur leurs gardes, à cause de la suspension des hostilités, il sortit de son camp pendant la nuit, et, pour faire croire que son armée y était restée, il y laissa un trompette avec ordre de sonner chacune des veilles, et de le rejoindre après avoir annoncé la quatrième. Grâce à cette ruse, il put conduire en des lieux sûrs ses troupes, tous ses bagages et ses machines de guerre.

18. Le même général, faisant la guerre contre Archelaüs, lieutenant de Mithridate dans la Cappadoce, et ayant à lutter à la fois contre la difficulté des lieux et contre un grand nombre d'ennemis, fit des propositions de paix, conclut même une trêve, et, quand il eut par là trompé la vigilance de l'ennemi, il s'échappa.

19. Asdrubal, frère d'Annibal, ne pouvant sortir d'un défilé dont les issues étaient gardées par Claudius Néron, prit avec celui-ci l'engagement de quitter l'Espagne, si on lui laissait la retraite libre. Puis, chicanant sur les conditions du traité, il gagna quelques jours, qu'il mit tous à profit pour faire échapper son armée par détachements, à travers des sentiers étroits, que l'ennemi avait négligé d'occuper. Après quoi il s'enfuit aisément lui-même avec ses troupes légères.

20. Spartacus fossam, qua erat a M. Crasso circumdatus, cæsis captivorum pecorumque corporibus[49] noctu replevit, et supergressus est.

21. Idem in Vesvio obsessus[50], ea parte, qua mons asperrimus erat, ideoque incustoditus, ex vimine silvestri catenas conseruit : quibus demissus non solum evasit, verum etiam ex alio latere Clodium ita terruit, ut aliquot cohortes gladiatoribus quatuor et septuaginta cesserint.

22. Idem, quum a P. Varinio proconsule præclusus esset, palis per modica intervalla fixis ante portam, erecta cadavera, adornata veste atque armis, alligavit, ut procul intuentibus stationis species esset, ignibus per tota castra factis. Imagine vana deluso hoste, copias silentio noctis eduxit.

23. Brasidas[51], dux Lacedæmoniorum, circa Amphipolin ab Atheniensium multitudine numero impar deprehensus, claudendum se præstitit, ut per longum coronæ ambitum extenuaret hostilem frequentiam; quaque rarissimi obstabant, erupit.

24. Iphicrates[52] in Thracia quum depresso loco castra posuisset, explorasset autem ab hoste proximum teneri collem, ex quo unus ad opprimendos ipsos descensus erat, nocte paucis intra castra relictis, imperavit multos ignes facerent; eductoque exercitu, et disposito circa latera prædictæ viæ, passus est transire barbaros: locorumque iniquitate, in qua ipse fuerat,

20. Spartacus, que M. Crassus tenait enfermé par un fossé, fit tuer des prisonniers et des bestiaux, combla le fossé avec leurs corps, pendant la nuit, et passa par-dessus.

21. Ce même chef, assiégé sur le Vésuve, fit des liens de vigne sauvage, à l'aide desquels il descendit la montagne du côté le plus escarpé, et par cela même le moins gardé ; et non-seulement il s'échappa, mais encore il alla par un autre côté jeter une telle épouvante dans l'armée de Clodius, que plusieurs cohortes plièrent devant soixante-quatorze gladiateurs.

22. Le même Spartacus, enveloppé par l'armée du proconsul P. Varinius, planta devant la porte de son camp, et à de faibles intervalles les uns des autres, des pieux auxquels furent attachés des cadavres vêtus et armés, qu'on devait prendre de loin pour un avant-poste, et alluma des feux dans toute l'étendue du camp. Ayant trompé l'ennemi par cette fausse apparence, il emmena ses troupes pendant le silence de la nuit.

23. Brasidas, général lacédémonien, surpris dans les environs d'Amphipolis par les Athéniens, qui lui étaient supérieurs en nombre, se laissa entourer, afin que les rangs de l'ennemi s'affaiblissent en formant une longue enceinte, et s'ouvrit un passage par l'endroit le plus éclairci.

24. Iphicrate, dans une expédition en Thrace, ayant établi son camp dans un lieu bas, et s'étant aperçu que les ennemis occupaient une hauteur voisine, d'où ils ne pouvaient descendre que par un seul passage pour le surprendre, laissa dans le camp pendant la nuit quelques soldats auxquels il donna l'ordre d'allumer un grand nombre de feux ; et son armée, qu'il avait fait sortir, s'étant postée de chaque côté de cette issue, laissa passer les barbares. Puis, tournant contre ceux-ci la diffi-

in illos conversa, parte exercitus terga eorum cecidit, parte castra fecit [53].

25. Darius, ut falleret Scythas discessu, canes atque asinos in castris reliquit [54] : quos quum latrantes rudentesque hostis audiret, remanere Darium credidit.

26. Eumdem errorem objecturi nostris Ligures, per diversa loca buculos laqueis ad arbores alligaverunt, qui diducti frequentiori mugitu speciem remanentium præbebant hostium.

27. Hanno, ab hostibus clausus, locum eruptioni maxime aptum, aggestis levibus materiis incendit; tum hoste ad ceteros exitus custodiendos avocato, milites per ipsam flammam eduxit, admonitos ora scutis, crura veste contegere.

28. Hannibal, ut iniquitatem locorum, et inopiam, instante Fabio Maximo, effugeret, noctu boves, cuibus ad cornua fasciculos alligaverat sarmentorum [55], subjecto igne, dimisit; quumque ipso motu adolescente flamma turbaretur pecus, magna discursatione montes, in quos actum erat, collustravit. Romani, qui ad speculandum concurrerant, primo prodigium opinati sunt; deinde, quum certa Fabio renuntiassent, ille de insidiarum metu suos castris continuit: barbari, obsistente nullo, profecti sunt.

culté que le terrain lui avait présentée à lui-même, Iphicrate, avec une partie des siens, les chargea en queue et les tailla en pièces, tandis que le reste de son armée s'emparait de leur camp.

25. Darius, pour cacher sa retraite aux Scythes, laissa des chiens et des ânes dans son camp. Les ennemis, entendant aboyer et braire ces animaux, ne se doutèrent point du départ de Darius.

26. Les Liguriens employèrent un moyen analogue pour tromper la vigilance des Romains : ils attachèrent à des arbres, en différents endroits de leur camp, de jeunes bœufs qui, ainsi séparés les uns des autres, redoublèrent leurs mugissements, et firent croire par là que l'armée était toujours présente.

27. Hannon, cerné par des troupes ennemies, amoncela sur le lieu par où il pouvait le plus facilement s'échapper, une grande quantité de menu bois auquel il mit le feu. Les ennemis ayant abandonné cette position pour aller garder les autres issues, il fit passer ses soldats à travers les flammes, après leur avoir recommandé de se couvrir le visage avec leurs boucliers, et les jambes avec des vêtements.

28. Annibal, voulant sortir d'un lieu désavantageux où il était menacé de la disette, et serré de près par Fabius Maximus, chassa de côté et d'autre, pendant la nuit, des bœufs aux cornes desquels il avait attaché des faisceaux de sarment, qui furent allumés. Ces animaux, effrayés par la flamme que leurs mouvements excitaient encore, se répandirent au loin sur les montagnes, et firent paraître en feu tous les lieux qu'ils parcouraient. Les soldats romains, qui étaient venus en observation, crurent d'abord que c'était un prodige; mais quand Fabius fut informé de la réalité, il craignit que ce ne fût un piége, et retint ses troupes dans le camp : alors les barbares s'échappèrent de ce lieu sans rencontrer aucun obstacle.

### VI. De insidiis in itinere factis.

1. Fulvius Nobilior quum ex Samnio in Lucanos exercitum duceret, et cognovisset a perfugis, hostes novissimum agmen ejus aggressuros, fortissimam legionem primo ire, ultima sequi jussit impedimenta. Ita factum pro occasione amplexi hostes, diripere sarcinas cœperunt. Fulvius legionem, de qua supra dictum est, quinque cohortes in dextram viæ partem direxit, quinque ad sinistram; atque ita prædationi intentos hostes, explicato per utraque latera milite, clausit, ceciditque.

2. Idem, hostibus tergum ejus in itinere prementibus, dum, flumine interveniente, non ita magno ut transitum prohiberet, moraretur tamen rapiditate, alteram legionem in occulto citra flumen collocavit, ut hostes, paucitate contempta, audacius sequerentur Quod ubi factum est, legio, quæ ob hoc disposita erat, ex insidiis hostem aggressa vastavit.

3. Iphicrates in Thraciam [56] quum propter conditionem locorum longum agmen deduceret, et nuntiatum ei esset hostes summum id aggressuros, cohortes in utraque latera secedere, et consistere jussit, ceteros suffugere, et iter maturare. Transeunte autem toto agmine, lectissimos quosque retinuit; et ita passim circa prædam occupatos hostes, jam etiam fatigatos, ipse requietis et ordinatis suis aggressus, fudit, exuitque præda.

4. Boii in silva Litana [57], qua transiturus erat noster exercitus, succiderant arbores, ita ut ex parte exigua

**VI.** Des embuscades dressées dans les marches.

1. Fulvius Nobilior, conduisant son armée du Samnium dans la Lucanie, et apprenant par des déserteurs que l'ennemi devait attaquer son arrière-garde, donna l'ordre à sa meilleure légion de marcher en tête, et plaça en queue les équipages. L'ennemi, profitant de cette disposition comme d'une occasion favorable, se jeta sur le bagage. Alors Fulvius rangea à sa droite cinq cohortes de la légion dont on vient de parler, et les cinq autres à sa gauche; puis, étendant ses deux lignes du côté de l'ennemi, que le pillage occupait, il l'enveloppa et le tailla en pièces.

2. Le même Fulvius, vivement pressé par l'ennemi dans une marche, et rencontrant une rivière qui était trop peu considérable pour lui fermer le passage, mais assez rapide pour le retarder, embusqua en deçà une de ses deux légions, afin que les ennemis, ne craignant pas le petit nombre des soldats qu'ils verraient, le poursuivissent avec plus de témérité. Le fait ayant répondu à son attente, la légion qu'il avait postée sortit du lieu de l'embuscade, fondit sur eux, et les mit en déroute.

3. Iphicrate marchait vers la Thrace, forcé par la nature des lieux d'étendre son armée en longueur, lorsqu'il apprit que l'ennemi avait dessein d'attaquer son arrière-garde. Il ordonna à ses cohortes d'ouvrir leurs rangs en appuyant de chaque côté du chemin, et de s'arrêter; et aux autres troupes, de hâter le pas comme dans une fuite. A mesure qu'elles défilaient devant lui, il retenait les hommes d'élite; et quand il vit les ennemis pêle-mêle, échauffés au pillage, et déjà fatigués, il fondit sur eux avec ses soldats reposés et en bon ordre, les tailla en pièces, et leur enleva le butin.

4. Sur le passage de l'armée romaine, qui devait traverser la forêt Litana, les Boïens avaient scié les arbres

sustentatæ starent, donec impellerentur: delituerant deinde ad extremas ipsi Boii, ingressoque silvam hoste, in proximas ulteriores impulerunt. Eo modo propagata pariter supra Romanos ruina, magnam manum eliserunt.

**VII.** Quemadmodum ea, quibus deficimur, videantur non deesse, aut usus eorum expleatur.

1. L. Cæcilius Metellus, quia usu navium, quibus elephantos transportaret [58], deficiebatur, junxit dolia, constravitque tabulamentis, ac super ea positos per Siculum fretum transmisit.

2. Hannibal, quum in præalti fluminis transitum [59] elephantos non posset compellere, neque navium, aut materiarum, quibus rates contexerentur, copiam haberet, jussit ferocissimum elephantum sub aure vulnerari, et eum, qui vulnerasset, transnato statim flumine, procurrere. Elephantus exasperatus, ad persequendum doloris sui auctorem, transnavit amnem, et reliquis idem audendi fecit exemplum.

3. Carthaginiensium duces, instructuri classem, quia sparto deficiebantur [60], crinibus tonsarum mulierum ad funes efficiendos usi sunt.

4. Idem Massilienses et Rhodii fecerunt.

5. M. Antonius, a Mutina profugus, cortices pro scutis militibus suis dedit.

de telle manière que, soutenus par une très-faible partie de leurs troncs, ils devaient céder au moindre choc ; puis ils s'étaient embusqués à l'extrémité de la forêt. Dès que les Romains s'y furent engagés, les Boïens donnèrent l'impulsion aux arbres qui étaient le plus près d'eux : ceux-ci déterminant la chute des autres sur l'armée romaine, un grand nombre de soldats furent écrasés.

**VII.** Comment on paraît avoir ce dont on manque, et comment on y supplée.

1. L. Cécilius Metellus, n'ayant pas de vaisseaux propres à transporter ses éléphants, joignit ensemble des tonneaux qu'il couvrit de planches, embarqua les éléphants sur ce radeau, et leur fit passer le détroit de Sicile.

2. Annibal, ne pouvant contraindre ses éléphants à traverser un fleuve très-profond, et n'ayant pas de bateaux, ni de bois pour construire des radeaux, ordonna qu'on blessât au-dessous de l'oreille le plus méchant de ces animaux, et que celui qui l'aurait frappé se jetât aussitôt à la nage, et traversât le fleuve en fuyant. L'éléphant, que la blessure rendit furieux, voulant poursuivre l'auteur de son mal, franchit le fleuve, et les autres n'hésitèrent plus à en faire autant.

3. Des généraux carthaginois, devant équiper une flotte, et manquant de sparte pour faire des cordages, y suppléèrent avec les cheveux des femmes.

4. Les Marseillais et les Rhodiens recoururent au même expédient.

5. M. Antoine, fuyant après sa défaite à Mutine, donna des écorces à ses soldats pour se faire des boucliers.

6. Spartaco, copiisque ejus, scuta ex vimine [61] fuerunt, quæ coriis tegebantur.

7. Non alienus, ut arbitror, hic locus est, referendi factum Alexandri [62] Macedonis illud nobile, qui per deserta Africæ itinera, gravissima siti cum exercitu affectus, oblatam sibi a milite in galea aquam, spectantibus universis, effudit; utilior exemplo temperantiæ, quam si communicare potuisset.

### VIII. De distringendis hostibus [63].

1. Coriolanus [64], quum ignominiam damnationis suæ bello ulcisceretur, populationem patriciorum agrorum inhibuit, deustis vastatisque plebeiorum, ut discordiam moveret, qua consensus Romanorum distringeretur.

2. Hannibal Fabium, cui neque virtute, neque artibus bellandi par erat, ut infamia destringeret, agris ejus abstinuit, ceteros populatus. Contra ille, ne suspecta civibus fides esset, magnitudine animi effecit, publicatis possessionibus suis [65].

3. Q. Fabius Maximus quinto consul, quum Gallorum, Umbrorum, Hetruscorum, Samnitiumque adversus populum Romanum exercitus coissent, contra quos et ipse trans Apenninum in Sentinate castra communiebat, scripsit Fulvio et Postumio, qui in præsidio urbi erant, copias ad Clusium [66] moverent. Quibus assequutis, ad sua defendenda Hetrusci Umbrique descenderunt. Re-

6. Spartacus et ses soldats avaient des boucliers d'osier recouverts de peaux.

7. Il n'est pas hors de propos, ce me semble, de rapporter ici cette belle action d'Alexandre le Grand. Lorsque, traversant les déserts de l'Afrique, il était, comme toute son armée, en proie à une soif brûlante, un soldat lui présenta de l'eau dans un casque. Il la répandit à terre, à la vue de tous. Par cet exemple de tempérance il produisit plus d'effet sur ses soldats, que s'il eût pu partager avec eux cette eau.

### VIII. Mettre la division chez les ennemis.

1. Lorsque Coriolan se vengeait, les armes à la main, de son ignominieuse condamnation, il préserva du ravage les propriétés des patriciens, tandis qu'il brûlait et dévastait celles des plébéiens, voulant par là rompre l'accord qui régnait entre les Romains.

2. Annibal, ayant dessein de faire noter d'infamie Fabius, qui lui était supérieur en vertu, comme en talents militaires, épargna ses propriétés tout en ravageant celles des autres Romains. Mais la grandeur d'âme de Fabius mit sa fidélité à l'abri de tout soupçon : il vendit ses biens au profit de l'État.

3. Q. Fabius Maximus, étant consul pour la cinquième fois, lorsque les Gaulois, les Ombriens, les Étrusques et les Samnites réunirent leurs forces contre le peuple romain, s'avança à leur rencontre au delà de l'Apennin; et, pendant qu'il fortifiait son camp près de Sentinum, il écrivit à Fulvius et à Postumius, qui gardaient Rome, de diriger leurs troupes sur Clusium. Cet ordre exécuté, les Étrusques et les Ombriens accoururent à la défense de leur territoire; alors, comme il ne restait plus que

lictos Samnites Gallosque Fabius et collega Decius aggressi, vicerunt.

4. M'. Curius adversus Sabinos, qui ingenti exercitu conscripto, relictis finibus suis nostros occupaverant, occultis itineribus, manum misit, quæ desolatos agros eorum, vicosque per diversa incendit. Sabini ad arcendam domesticam vastitatem recesserunt. Curio contigit et vacuos infestare hostium fines, et exercitum sine prœlio avertere, sparsumque cædere.

5. T. Didius, paucitati suorum diffidens, quum in adventum earum legionum quas exspectabat, traheret bellum, et occurrere eis hostem comperisset, concione advocata, aptari jussit milites ad pugnam, ac de industria negligentius custodiri captivos; ex quibus pauci, qui profugere, nuntiaverunt suis, pugnam imminere. At illi, ne suspectione prœlii diducerent vires, omiserunt occurrere eis, quibus insidiabantur. Legiones tutissime, nullo excipiente, ad Didium pervenerunt.

6. Bello Punico quædam civitates, quæ a Romanis deficere ad Pœnos destinaverant, quum obsides dedissent, quos recipere, antequam desciscerent, studebant, simulaverunt seditionem inter finitimos ortam, quam Romanorum legati dirimere deberent, missosque eos, velut contraria pignora, retinuerunt, nec ante reddiderunt, quam ipsi recuperarent suos.

7. Legati Romanorum, quum missi essent ad Antio-

les Samnites et les Gaulois, Fabius et son collègue Decius les attaquèrent et les défirent.

4. Les Sabins ayant levé une grande armée, et quitté leur territoire pour se jeter sur celui de Rome, M'. Curius envoya, par des chemins détournés, un détachement qui ravagea leurs terres, et incendia leurs bourgades dans plusieurs directions. Les Sabins rentrèrent chez eux pour arrêter cette dévastation; en sorte que Curius eut le triple avantage de saccager le pays ennemi alors sans défense, de mettre en fuite une armée sans avoir livré bataille, et de la tailler en pièces après l'avoir dispersée.

5. T. Didius, ne trouvant pas son armée assez nombreuse, différait la bataille jusqu'à l'arrivée des légions qu'il attendait, lorsqu'il apprit que l'ennemi allait marcher à leur rencontre. Il convoqua l'assemblée, ordonna aux soldats de se préparer au combat, et fit à dessein négliger la garde des prisonniers. Il s'en échappa quelques-uns, qui annoncèrent aux leurs que les Romains se disposaient à les attaquer. Alors, dans l'attente du combat, l'ennemi craignit de diviser ses forces, et renonça à marcher contre les légions qu'il voulait surprendre. Celles-ci arrivèrent près de Didius sans avoir été inquiétées.

6. Dans une des guerres Puniques, quelques villes, ayant dessein de passer du parti des Romains dans celui des Carthaginois, et désirant, avant de rompre avec les premiers, retirer les otages qu'elles leur avaient donnés, feignirent d'avoir querelle avec des peuples voisins, demandèrent des Romains pour médiateurs, et, quand ceux-ci furent arrivés, elles les retinrent comme otages équivalents, et ne les rendirent qu'après avoir reçu les leurs.

7. Les Romains ayant envoyé une ambassade au roi

chum regem, qui secum Hannibalem victis jam Carthaginiensibus habebat, consiliumque ejus adversus Romanos instruebat, crebris cum Hannibale colloquiis[67] effecerunt, ut is regi fieret suspectus, cui gratissimus alioquin et utilis erat propter calliditatem et peritiam bellandi.

8. Q. Metellus, adversus Jugurtham bellum gerens, missos ad se legatos ejus corrupit[68], ut sibi proderent regem. Quum et alii venissent, idem fecit. Eodem consilio usus est et adversus tertios. Sed de captivitate Jugurthæ res parum processit, vivum enim tradi sibi volebat; plurimum tamen consequutus est : nam quum interceptæ fuissent epistolæ ejus ad regios amicos scriptæ, in omnes eos rex animadvertit, spoliatusque consiliis, amicos postea parare non potuit.

9. C. Cæsar, quum per exceptum quemdam aquatorem[69] comperisset, Afranium Petreiumque castra noctu moturos, ut citra vexationem suorum hostilia impediret consilia, initio statim noctis vasa conclamare milites, et præter adversariorum castra agi mulos cum fremitu, et sonum continuare jussit, quo retentos volebat arbitrari, castra Cæsarem movere.

10. Scipio Africanus ad excipienda auxilia cum commeatibus, Hannibali venientia, M. Thermum dimisit, ipse subventurus[70].

11. Dionysius, Syracusanorum tyrannus, quum Afri ingenti multitudine[71] trajecturi essent in Siciliam, ad eum oppugnandum, castella pluribus locis communiit,

Antiochus, qui, après la défaite des Carthaginois, avait auprès de lui Annibal, dont il mettait les conseils à profit contre Rome; les députés eurent de fréquents entretiens avec Annibal, dans le but de le rendre suspect au roi, à qui sa présence était agréable, et même utile, à cause de son caractère rusé et de ses talents militaires.

8. Q. Metellus, faisant la guerre contre Jugurtha, gagna les députés que ce prince lui avait envoyés, et obtint d'eux qu'ils le lui livreraient. Il arrêta le même projet avec une seconde ambassade, puis avec une troisième; mais il ne réussit pas à s'emparer de Jugurtha, parce qu'il voulait qu'on le lui amenât vivant. Toutefois il résulta de cette machination un grand avantage : des lettres qu'il écrivait aux confidents du roi furent interceptées; et celui-ci, ayant immolé à sa colère tous ces personnages, demeura privé de conseillers, et ne put se faire dans la suite aucun ami.

9. C. César, informé par un prisonnier qu'Afranius et Petreius devaient lever le camp la nuit suivante, résolut de les en empêcher sans fatiguer ses troupes. Il ordonna, quand la nuit fut venue, que l'on criât de plier bagage, que l'on conduisît à grand bruit les bêtes de somme le long des retranchements des ennemis, et que l'on continuât le tumulte, afin que ce départ simulé les retînt dans leur camp.

10. Scipion l'Africain, voulant surprendre des renforts et des convois qui allaient rejoindre Annibal, envoya à leur rencontre M. Thermus, se disposant lui-même à le suivre pour l'appuyer.

11. Denys, tyran de Syracuse, informé qu'une nombreuse armée de Carthaginois devait débarquer en Sicile pour l'attaquer, fortifia plusieurs châteaux, et donna l'ordre aux troupes qu'il y laissa de les abandon-

custodibusque præcepit, ut ea advenienti hosti dederent, dimissique Syracusas occulte redirent. Afris necesse fuit, capta castella præsidio ibi tenere; quos Dionysius, redactos ad quam voluerat paucitatem, pæne jam par numero aggressus vicit, quum suos contraxisset, et adversarios sparsisset.

12. Agesilaus Lacedæmonius, quum inferret bellum Tissaphernæ [72], Cariam se petere simulavit, quasi aptius locis montuosis, adversus hostem equitatu prævalentem, pugnaturus. Per hanc consilii ostentationem advocato in Cariam Tissapherne, ipse Lydiam, ubi caput hostium regni erat, irrupit; oppressisque, qui illic agebant, pecunia regia potitus est.

---

### IX. De seditione militum compescenda.

1. A. Manlius consul, quum comperisset conjurasse milites in hibernis Campaniæ, ut, jugulatis hospitibus, ipsi res eorum invaderent, rumorem spargit eodem loco hibernaturos [73]; atque ita conjuratorum consilio turbato, Campaniam periculo liberavit, et ex occasione nocentes punivit.

2. L. Sulla, quum legiones civium Romanorum perniciosa seditione furerent, consilio restituit sanitatem efferatis. Propere enim annuntiari jussit, hostem adesse, et ad arma vocantium clamorem tolli, signa canere. Discussa seditio est, universis adversus hostem consentientibus.

ner à l'approche de l'ennemi, et de s'échapper en se repliant secrètement vers Syracuse. Les Carthaginois, une fois maîtres de ces forts, se virent dans la nécessité d'y placer des garnisons; et Denys, ayant réduit, autant qu'il le désirait, les forces de l'ennemi en les disséminant, tandis qu'en réunissant les siennes il s'était fait une armée presque aussi nombreuse que la leur, prit l'offensive et les défit.

12. Agésilas, roi de Lacédémone, allant faire la guerre à Tissapherne, feignit de se diriger sur la Carie, comme devant combattre avec plus de succès dans ce pays montueux, contre un ennemi qui lui était supérieur en cavalerie. Cette démonstration ayant fait passer Tissapherne lui-même en Carie, Agésilas fit irruption en Lydie, où était la capitale du royaume; et, prenant au dépourvu les habitants, il s'empara des trésors du roi.

### IX. Apaiser les séditions dans l'armée.

1. Le consul A. Manlius, ayant appris que les soldats avaient conspiré dans leurs quartiers d'hiver, en Campanie, pour égorger leurs hôtes et s'emparer de leurs richesses, répandit le bruit qu'ils auraient encore les mêmes quartiers l'hiver suivant. Il sauva la Campanie en déjouant ainsi le complot, et saisit toutes les occasions de sévir contre ceux qui l'avaient tramé.

2. Une sédition dangereuse s'étant élevée parmi des légions romaines, la prudence de Sylla sut en calmer la fureur. Annonçant tout à coup l'approche de l'ennemi, il fit crier aux armes, et donner le signal. Marcher contre l'ennemi fut la pensée de tous les soldats, et l'émeute fut apaisée.

3. Cn. Pompeius, trucidato ab exercitu Mediolani senatu, ne tumultum moveret, si solos evocasset nocentes, mixtos eis qui extra delictum erant venire jussit [74]. Ita et noxii minore cum metu, quia non segregati, ideoque non ex causa culpæ videbantur arcessiri, comparuerunt, et illi, quibus integra erat conscientia, custodiendis quoque nocentibus attenderunt, ne illorum fuga inquinarentur.

4. C. Cæsar, quum quædam legiones ejus seditionem movissent [75], adeo ut in perniciem quoque ducis viderentur consurrecturæ, dissimulato metu, processit ad milites, postulantibusque missionem, ultro minaci vultu dedit. Exauctoratos pœnitentia coegit satisfacere imperatori, obsequentioresque in reliquum operas edere.

### X. Quemadmodum intempestiva postulatio pugnæ inhibeatur.

1. Q. Sertorius, quod experimento didicerat, imparem se universo Romanorum exercitui, ut barbaros quoque, inconsulte pugnam exposcentes, doceret [76], adductis in conspectum duobus equis, altero prævalido, altero admodum exili, duos admovit juvenes similiter affectos, robustum et gracilem; et robustiori imperavit, equo exili universam caudam abrumpere; gracili autem, valentiorem per singula vellere. Quumque gracilis fecisset quod imperatum erat, validissimus quum infirmi equi cauda sine effectu luctaretur : « Naturam, inquit Sertorius, Romanarum cohortium per hoc vobis exemplum

3. Le sénat de Milan ayant été massacré par des soldats, Cn. Pompée, qui craignait de donner lieu à une rébellion en n'appelant que les coupables, les fit venir indistinctement avec ceux qui n'avaient pris aucune part à cette action. N'étant point séparés des autres, par conséquent ne se croyant pas appelés à cause de leur crime, les coupables comparurent avec moins de méfiance; et ceux qui n'avaient rien à se reprocher, veillèrent à la garde des coupables, de peur d'être taxés de complicité s'ils les laissaient fuir.

4. Des légions de l'armée de C. César s'étant révoltées, au point de manifester l'intention d'attenter à la vie de leur chef, il dissimula sa crainte, s'avança vers les soldats, et, comme ils demandaient leur congé, il le leur donna sur-le-champ, d'un air menaçant. A peine l'eurent-ils obtenu, que le repentir les força de faire leur soumission à leur général, auquel ils furent dès lors plus dévoués qu'auparavant.

### X. Comment on refuse le combat aux soldats, quand ils le demandent intempestivement.

1. Q. Sertorius, sachant par expérience qu'il ne pouvait résister aux forces réunies des Romains, et voulant le prouver aux barbares ses alliés, qui demandaient témérairement le combat, fit amener en leur présence deux chevaux, l'un plein de vigueur, l'autre extrêmement faible, auprès desquels il plaça deux jeunes gens qui offraient le même contraste, l'un robuste, l'autre chétif; et il ordonna au premier d'arracher d'un seul coup la queue entière du cheval faible, au second de tirer un à un les crins du cheval vigoureux. Le jeune homme chétif s'étant acquitté de sa tâche, tandis que l'autre s'épuisait à force de tirer la queue du cheval faible : « Soldats, s'écrie Sertorius, je vous ai montré par cet exemple ce que sont les légions romaines; invinci-

ostendi, milites : insuperabiles sunt universas aggredientibus; easdem lacerabit et carpet, qui per partes attentaverit. »

2. Idem, quum videret suos pugnæ signum inconsulte flagitantes, crederetque rupturos imperium, nisi congrederentur, permisit turmæ equitum ad lacessendos hostes ire; laborantique submisit alias, et sic recepit omnes. Tum utrisque et sine noxa ostendit quis exitus flagitatam pugnam mansisset. Obsequentissimis inde eis usus est.

3. Agesilaus Lacedæmonius, quum adversus Thebanos castra super ripam posuisset, multoque majorem hostium manum esse intelligeret, et ideo suos arcere a cupiditate decernendi vellet, dixit, responso deum se ex collibus pugnare jussum : et ita, exiguo præsidio ad ripam posito, accessit in colles. Quod Thebani pro metu interpretati, transierunt flumen, ex quum facile depulissent præsidium, ceteros insequuti avidius, iniquitate locorum a paucioribus victi sunt.

4. Scorylo, dux Dacorum, quum sciret dissociatum armis civilibus populum Romanum, neque tamen tentandum arbitraretur, quia externo bello posset concordia in cives coalescere, duos canes in conspectu popularium commisit, iisque, acerrime inter ipsos pugnantibus, lupum ostendit, quem protinus canes, omissa

bles quand on les prend en masse, elles seront bientôt affaiblies et taillées en pièces, si elles sont attaquées séparément. »

2. Ce même chef, à qui les soldats demandaient inconsidérément le combat, craignant qu'ils n'enfreignissent ses ordres, s'il refusait plus longtemps, permit à un détachement de cavalerie d'aller attaquer l'ennemi ; et, quand il vit cette troupe plier, il en envoya successivement d'autres pour la soutenir, puis il les fit rentrer toutes dans le camp. Alors il montra à l'armée entière, sans avoir essuyé de perte, quel pouvait être le résultat de la bataille qu'elle avait demandée. Elle eut désormais pour lui la plus grande soumission.

3. Agésilas, roi de Lacédémone, dont le camp était placé sur le bord d'une rivière, en face de celui des Thébains, s'étant aperçu que l'armée ennemie était beaucoup plus nombreuse que la sienne, et voulant ôter à ses soldats le désir de livrer bataille, leur annonça que les réponses des dieux lui ordonnaient de combattre sur les hauteurs. Alors il laissa une faible troupe vers le fleuve, et gagna la colline. Les Thébains, prenant cette manœuvre pour un effet de la crainte, traversent la rivière, mettent facilement en fuite ceux qui en défendaient le passage; mais, s'étant élancés avec trop d'ardeur vers le reste de l'armée, ils ont le désavantage du terrain, et sont défaits par des troupes inférieures en nombre.

4. Scorylon, général des Daces, sachant bien qu'une guerre civile divisait les Romains, mais ne jugeant pas à propos de les attaquer, parce qu'une guerre étrangère pouvait rétablir la concorde entre les citoyens, mit aux prises deux chiens en présence de ses compatriotes ; et, tandis que ces animaux se battaient avec le plus d'acharnement, il leur montra un loup, sur lequel ils se jetè-

inter se ira, aggressi sunt. Quo exemplo prohibuit barbaros ab impetu, Romanis profuturo.

### XI. Quemadmodum incitandus sit ad prœlium exercitus.

1. M. Fabius et Cn. Manlius consules adversus Hetruscos, propter seditiones detrectante prœlium exercitu [77], ultro simularunt cunctationem, donec milites, probris hostium coacti, pugnam deposcerent, jurarentque se ex ea victores redituros.

2. Fulvius Nobilior, quum adversus Samnitium numerosum exercitum, et successibus tumidum, parvis copiis necesse haberet decertare, simulavit unam legionem hostium a se corruptam ad proditionem; imperavitque ad ejus rei fidem tribunis, et primis ordinibus, et centurionibus, quantum quisque numeratæ pecuniæ, aut auri argentique haberet, conferret, ut repræsentari merces proditoribus posset : se autem his qui contulissent pollicitus est, consummata victoria, ampla insuper præmia daturum. Quæ sua persuasio Romanis alacritatem attulit et fiduciam : unde etiam præclara victoria, commisso statim bello, patrata est.

3. C. Cæsar adversus Germanos et regem Ariovistum pugnaturus, confusis suorum animis [78], pro concione dixit, nullius se eo die opera, nisi decimæ legionis, usurum : quo consequutus est, ut decimani tanquam præcipuæ fortitudinis testimonio cogerentur, et ceteri pudore, ne penes alios gloria virtutis esset.

rent aussitôt, déposant leur animosité réciproque. Par cet apologue, il dissuada les barbares d'opérer une attaque qui aurait tourné au profit des Romains.

**XI.** Comment l'armée doit être excitée au combat.

1. Pendant la guerre contre les Étrusques, l'armée des consuls M. Fabius et Cn. Manlius s'étant mutinée, et se refusant à combattre, ces chefs affectèrent eux-mêmes de temporiser, jusqu'à ce que les soldats, irrités des insultes de l'ennemi, eurent demandé le combat, et juré d'en revenir victorieux.

2. Fulvius Nobilior, étant dans la nécessité de livrer bataille, avec peu de monde, à une armée de Samnites, nombreuse et fière de ses succès, feignit d'avoir gagné une des légions ennemies; et, pour en convaincre ses troupes, il prescrivit aux tribuns, aux premiers officiers et aux centurions, de lui apporter tout ce qu'ils avaient d'argent comptant, ou d'objets d'or et d'argent, pour payer les transfuges, promettant d'ajouter, après la victoire, d'amples récompenses au remboursement des sommes prêtées. Les Romains le crurent, engagèrent sur-le-champ le combat avec autant d'ardeur que de confiance, et remportèrent une éclatante victoire.

3. C. César, étant sur le point de combattre les Germains commandés par Arioviste, et voyant le courage de ses troupes abattu, les rassembla et leur dit que dans cette circonstance la dixième légion seule marcherait à l'ennemi. Par là, il stimula cette légion, en lui rendant le témoignage qu'elle était la plus brave, et fit craindre aux autres de lui laisser à elle seule cette glorieuse renommée.

4. Q. Fabius, qui egregie sciebat, et Romanos ejus esse libertatis, quæ contumelia exasperaretur, et a Pœnis nihil justum aut moderatum exspectabat, misit legatos [79] Carthaginem de conditionibus pacis: quas quum illi iniquitatis et insolentiæ plenas retulissent, exercitus Romanorum ad pugnandum concitatus est.

5. Agesilaus [80], Lacedæmoniorum dux, quum prope ab Orchomeno, socia civitate, castra haberet, comperissetque, plerosque ex militibus pretiosissima rerum deponere intra munimenta, præcepit oppidanis, ne quid ad exercitum suum pertinens reciperetur, quo ardentius dimicaret miles, qui sciret, sibi pro omnibus suis pugnandum.

6. Epaminondas, dux Thebanorum, adversus Lacedæmonios dimicaturus, ut non solum viribus milites sui, verum etiam affectibus, adjuvarentur, pronuntiavit in concione, destinatum Lacedæmoniis, si victoria potirentur, omnes virilis sexus interficere, uxoribus autem eorum et liberis in servitutem abductis, Thebas diruere: qua denuntiatione concitati, primo impetu Thebani Lacedæmonios expugnaverunt.

7. Leutychidas, dux Lacedæmoniorum, pugnaturus eodem die, quo classe [81] vicerant socii, quamvis ignarus actæ rei, vulgavit nuntiatam sibi victoriam partium, quo constantiores ad pugnam milites haberet.

8. A. Postumius prœlio [82], quo cum Latinis conflixit, oblata specie duorum in equis juvenum animos suorum erexit, Pollucem et Castorem adesse dicens, ac sic prœlium restituit.

4. Q. Fabius, convaincu que les Romains avaient trop de fierté pour ne pas s'irriter d'un affront, et n'attendant rien de juste ni de modéré de la part de Carthage, envoya des députés dans cette ville pour proposer la paix. Ils en rapportèrent des conditions pleines d'injustice et d'insolence; et dès lors l'armée romaine ne respira plus que le combat.

5. Agésilas, ayant établi son camp près d'Orchomène, ville alliée de Lacédémone, et apprenant que la plupart de ses soldats allaient déposer dans cette place ce qu'ils avaient de plus précieux, défendit aux habitants de rien recevoir de ce qui appartenait à son armée : il pensait que le soldat combattrait avec plus d'ardeur, quand il se verrait dans la nécessité de défendre tout ce qu'il possédait.

6. Épaminondas, général des Thébains, étant sur le point de livrer bataille aux Lacédémoniens, et voulant tirer parti, non-seulement de la vigueur, mais encore de toutes les affections de ses soldats, leur annonça en pleine assemblée que les Lacédémoniens avaient résolu, s'ils étaient vainqueurs, de massacrer les hommes à Thèbes, d'emmener comme esclaves les femmes et les enfants, et de raser la ville. Cette nouvelle exaspéra les Thébains, qui, au premier choc, mirent les Lacédémoniens en déroute.

7. Leutychidas, général lacédémonien, étant sur le point de combattre, le jour même que ses alliés gagnaient une bataille navale, déclara à ses soldats, pour leur inspirer plus d'ardeur, et bien qu'il l'ignorât encore, qu'on venait de lui annoncer la victoire des alliés.

8. Dans un combat contre les Latins, A. Postumius, voyant apparaître deux jeunes hommes à cheval, releva le courage des siens en disant que c'étaient Castor et Pollux qui venaient à leur secours, et rétablit ainsi le combat.

9. Archidamus Lacedæmonius, adversus Arcadas bellum gerens, arma [83] in castris statuit, et circa ea duci equos noctu clam imperavit: quorum vestigia mane, tanquam Castor et Pollux perequitassent, ostendens, adfuturos eosdem ipsis prœliantibus persuasit.

10. Pericles, dux Atheniensium, initurus prœlium, quum animadvertisset lucum, ex quo utraque acies conspici poterat, densissimæ opacitatis, vastum alioquin et Diti patri sacrum, ingentis illic staturæ hominem, altissimis cothurnis, et veste purpurea, ac coma venerabilem, in curru candidorum equorum sublimem constituit, qui, dato signo pugnæ, proveheretur, et voce Periclen nomine appellans, cohortaretur eum, diceretque, deos Atheniensibus adesse. Quo pæne ante conjectum teli hostes terga verterunt.

11. L. Sulla, quo paratiorem militem ad pugnandum haberet, prædici sibi a diis futura simulavit. Postremo etiam in conspectu exercitus, priusquam in aciem descenderet, signum modicæ amplitudinis, quod Delphis sustulerat [84], orabat petebatque promissam victoriam maturaret.

12. C. Marius sagam quamdam ex Syria habuit [85], a qua se dimicationum eventus prædiscere simulabat.

13. Q. Sertorius, quum barbaro et rationis indocili milite uteretur, cervam candidam [86] insignis formæ per Lusitaniam ducebat, et ab ea, quæ agenda aut vitanda essent, prænoscere se asseverabat, ut barbari ad omnia, tanquam divinitus imperata, obedirent.

9. Archidamus, de Lacédémone, étant en guerre avec les Arcadiens, plaça au milieu de son camp des armes autour desquelles il fit secrètement marcher des chevaux pendant la nuit. Le lendemain il montra les pas à ses soldats, et leur persuada que Castor et Pollux étaient venus à cheval dans ce lieu pour les soutenir pendant le combat.

10. Périclès, général athénien, aperçut, au moment de livrer bataille, un bois d'où l'on pouvait être en vue des deux armées, bois très-épais, vaste et consacré à Pluton. Il y aposta un homme d'une grande taille, augmentée encore par de très-hauts cothurnes, et dont le manteau de pourpre et la chevelure inspiraient de la vénération. Debout sur un char attelé de chevaux blancs, cet homme devait, au signal du combat, s'avancer, appeler Périclès par son nom, l'encourager, et lui annoncer que les dieux étaient du côté des Athéniens. A la vue de ce prodige, les ennemis prirent la fuite avant même qu'on lançât le javelot.

11. L. Sylla, voulant inspirer du courage à ses troupes, leur fit croire que les dieux lui révélaient l'avenir. En présence même de toute l'armée, et au moment de sortir du camp pour combattre, il adressait des prières à une petite statue, qu'il avait enlevée à Delphes, et la suppliait de hâter la victoire qu'elle lui avait promise.

12. C. Marius avait auprès de lui une prophétesse de Syrie, dont il feignait de recevoir les prédictions sur l'issue des combats.

13. Q. Sertorius, qui avait une armée de barbares, sans raison et sans discipline, menait à sa suite, dans la Lusitanie, une biche blanche d'une beauté remarquable; et, afin que ses ordres fussent observés comme s'ils émanaient du ciel, il assurait que cette biche l'avertissait de ce qu'il devait faire et de ce qu'il devait éviter.

Hoc genere strategematon [87] ea tantum parte utendum est, qua imperitos existimabimus esse, apud quos his utemur; sed multo magis ea, quæ talia erunt, excogitabuntur, ut a diis monstrata credantur.

14. Alexander Macedo sacrificaturus [88] inscripsit medicamento haruspicis manum, quam ille extis erat suppositurus. Litteræ significabant, victoriam Alexandro dari: quas quum jecur calidum rapuisset, et a rege militi esset ostensum, auxit animum, tanquam deo spondente victoriam.

15. Idem fecit Sudines haruspex, prœlium Eumene [89] cum Gallis commissuro.

16. Epaminondas Thebanus, adversus Lacedæmonios fiduciam suorum religione adjuvandam ratus, arma, quæ ornamentis affixa in templis erant, nocte subtraxit [90], persuasitque militibus, deos iter suum sequi, ut prœliantibus ipsis adessent.

17. Agesilaus Lacedæmonius, quum quosdam Persarum cepisset [91], quorum habitus multum terroris præfert, quoties veste tegitur, nudatos militibus suis, ut alba corpora et umbratica contemnerent, ostendit.

18. Gelo, Syracusanorum tyrannus, bello adversus Pœnos suscepto, quum multos cepisset, infirmissimum quemque præcipue ex auxiliaribus, qui nigerrimi erant, nudatum in conspectu suorum produxit, ut persuaderet contemnendos.

19. Cyrus, rex Persarum, ut concitaret animos [92] popularium, tota die in excidenda quadam silva eos

Les ruses de ce genre ne peuvent être employées que lorsqu'on connaît l'ignorance et la superstition des hommes auxquels on s'adresse; mais il est bien préférable d'en imaginer qui soient de nature à pouvoir être prises réellement pour des manifestations divines.

14. Alexandre le Grand, au moment d'offrir un sacrifice, se servit d'une teinture pour tracer dans la main que l'aruspice allait porter sur les entrailles des victimes, certaines lettres qui signifiaient qu'il serait vainqueur. Le foie, encore chaud, ayant reçu promptement ces caractères, Alexandre les fit voir aux soldats, et accrut par là leur courage, comme si un dieu lui eût promis la victoire.

15. L'aruspice Sudinès en fit autant, lorsqu'Eumène était sur le point de livrer bataille aux Gaulois.

16. Épaminondas, général thébain, persuadé que ses troupes marcheraient avec plus de confiance contre les Lacédémoniens, si un motif religieux les animait, enleva pendant la nuit les armes suspendues en trophées dans les temples, et fit entendre aux soldats que les dieux les suivaient pour les secourir dans le combat.

17. Agésilas, roi de Lacédémone, ayant fait quelques prisonniers aux Perses, dont l'aspect est effrayant quand ils ont leur costume de guerre, les mit à nu, et montra leurs corps blancs et délicats à ses troupes, afin qu'elles n'eussent que du mépris pour de pareils soldats.

18. Gélon, tyran de Syracuse, ayant fait dans une guerre contre les Carthaginois, un grand nombre de prisonniers, choisit les plus faibles, surtout parmi les auxiliaires, qui étaient très-noirs, et les fit paraître nus en présence de ses soldats, pour exciter leur mépris.

19. Cyrus, roi de Perse, voulant donner du courage à ses sujets, les fatigua toute une journée à couper une

fatigavit; deinde postridie præstitit eis liberalissimas epulas, et interrogavit, utro magis gauderent. Quumque ei præsentia probassent : « Atqui per hæc, inquit, ad illa perveniendum est : nam liberi beatique esse, nisi Medos viceritis, non potestis. » Atque ita eos ad cupiditatem prœlii concitavit.

20. L. Sulla, quia adversus Archelaum, præfectum Mithridatis, apud Piræa pigrioribus ad prœlium militibus utebatur, opere eos fatigando compulit ad poscendum ultro pugnæ signum.

21. Fabius Maximus, veritus ne qua fiducia navium, ad quas refugium erat, minus constanter pugnaret exercitus, incendi eas, priusquam iniret prœlium, jussit [93].

**XII.** De dissolvendo metu, quem milites ex adversis ominibus conceperint.

1. Scipio, ex Italia in Africam transportato exercitu, quum egrediens navem prolapsus esset, et ob hoc attonitos milites cerneret, id, quod trepidationem afferebat, constantia et magnitudine animi, in hortationem convertit, et, « Ludite, inquit, milites : Africam oppressi ! »

2. C. Cæsar, quum forte conscendens navem lapsus esset, «Teneo te, terra mater [94] ! » inquit; qua interpretatione effecit, ut repetiturus illas, a quibus proficiscebatur, terras videretur.

3. T. Sempronius Gracchus [95] consul acie adversus Picentes directa, quum subitus terræ motus utrasque

forêt; puis, le lendemain, il leur fit préparer un festin somptueux, et leur demanda laquelle de ces deux journées ils préféraient. Tous s'étant prononcés pour le plaisir présent : « Eh bien, dit-il, c'est par la première des deux conditions que vous parviendrez à celle-ci ; car vous ne pouvez être libres et heureux qu'après avoir vaincu les Mèdes. » Ce fut ainsi qu'il leur inspira le désir de combattre.

20. L. Sylla, devant livrer bataille, près du Pirée, à Archelaüs, général de Mithridate, et voyant que ses troupes manquaient d'ardeur, les contraignit, en les fatiguant par des travaux, à demander elles-mêmes le signal du combat.

21. Fabius Maximus, qui craignait que ses soldats ne combattissent pas avec assez d'ardeur, dans l'espoir de trouver un refuge sur leurs vaisseaux, y fit mettre le feu avant d'engager l'action.

**XII.** Rassurer les soldats, quand ils sont intimidés par de mauvais présages.

1. Scipion, arrivant d'Italie en Afrique avec son armée, tomba au sortir de son vaisseau, et, voyant ses soldats effrayés de cet événement, sut, par son courage et sa présence d'esprit, trouver dans cette circonstance un motif d'exhortation : « Soldats, s'écria-t-il, réjouissez-vous : je tiens sous moi l'Afrique ! »

2. C. Cesar, étant tombé au moment où il montait sur son navire, s'écria : « O terre, ma mère, je te tiens ! » voulant faire entendre par là qu'il reviendrait dans ce pays dont il s'éloignait.

3. Le consul T. Sempronius Gracchus s'avançait en bataille contre les Picentins, lorsqu'un tremblement de

partes confudisset, exhortatione confirmavit suos, et impulit ut consternatum superstitione invaderent hostem, adortusque devicit.

4. Sertorius, quum equitum scuta extrinsecus, equorumque pectora cruenta [96] subito prodigio apparuissent, victoriam portendi interpretatus est, quoniam illæ partes solerent hostili cruore respergi.

5. Epaminondas Thebanus, contristatis militibus [97], quod ex hasta ejus ornamentum, infulæ more dependens, ventus ablatum in sepulcrum Lacedæmonii cujusdam depulerat : « Nolite, inquit, milites trepidare; Lacedæmoniis significatur interitus : sepulcra enim funeribus ornantur. »

6. Idem, quum fax de cœlo nocte delapsa, eos, qui adverterunt, terruisset : « Lumen, inquit, hoc numina ostendunt. »

7. Idem, instante adversus Lacedæmonios pugna, quum sedile, in quo resederat, succubuisset, et id vulgo pro tristi significatione confusi milites interpretarentur : « Immo, inquit, vetamur sedere. »

8. C. Sulpicius Gallus defectum lunæ [98] imminentem, ne pro ostento exciperent milites, prædixit futurum, additis rationibus causisque defectionis.

9. Agathocles Syracusanus, adversus Pœnos, simili ejusdem sideris [99] deminutione, qua sub diem pugnæ, ut prodigio, milites sui consternati erant, ratione, qua id acciderit, exposita, docuit, quidquid illud foret, ad

terre jeta tout à coup l'épouvante dans les deux armées. Il exhorta les siens, les rassura; et, les ayant déterminés à fondre sur l'ennemi, que la superstition tenait abattu, il donna l'attaque, et fut vainqueur.

4. Dans l'armée de Sertorius, les boucliers de la cavalerie, par un prodige soudain, parurent ensanglantés à l'extérieur, ainsi que le poitrail des chevaux. Ce général déclara que c'était un présage de victoire, parce que ces objets se couvrent ordinairement du sang de l'ennemi.

5. Épaminondas, voyant ses troupes effrayées de ce qu'une banderole, qui était suspendue à sa lance comme ornement, avait été enlevée par le vent et jetée sur le tombeau d'un Lacédémonien, leur dit : « Soldats, cessez de craindre ; voilà qui annonce la mort des Lacédémoniens : nous parons les tombeaux pour leurs funérailles. »

6. Un météore enflammé, tombé du ciel pendant la nuit, effrayait les soldats qui l'avaient aperçu : « C'est, leur dit Épaminondas, une lumière que la bonté des dieux nous envoie. »

7. Le même général était au moment d'en venir aux mains avec les Lacédémoniens, lorsque le siége sur lequel il était assis se brisa, ce qui fut, pour le commun des soldats, un événement de sinistre présage : « Allons, s'écria-t-il, nous ne pouvons plus rester assis. »

8. C. Sulpicius Gallus, craignant qu'une éclipse, qui était prochaine, ne fût considérée par les soldats comme un mauvais présage, la leur prédit, et leur expliqua les causes et les lois de ce phénomène.

9. Pendant qu'Agathocle, de Syracuse, faisait la guerre aux Carthaginois, il y eut une semblable éclipse de lune, dont les soldats furent effrayés comme d'un prodige. Il leur expliqua cet événement, et leur apprit à le considérer, quel qu'il fût, comme un phé-

rerum naturam, non ad ipsorum propositum pertinere.

10. Pericles, quum in castra ejus fulmen decidisset [100], terruissetque milites, advocata concione, lapidibus in conspectu omnium collisis ignem excussit, sedavitque conturbationem, quum docuisset, similiter nubium attritu excuti fulmen.

11. Timotheus Atheniensis, adversus Corcyræos [101] navali prœlio decertaturus, gubernatori suo, qui proficiscenti jam classi signum receptui cœperat dare, quia ex remigibus quemdam sternutantem audierat, «Miraris, inquit, ex tot millibus unum perfrixisse?»

12. Chabrias Atheniensis classe dimicaturus, excusso ante navem ipsius fulmine, exterritis per tale prodigium militibus, «Nunc, inquit, potissimum ineunda pugna est, quum deorum maximus Jupiter adesse numen suum classi nostræ ostendit.»

nomène naturel, qui n'avait aucun rapport avec leurs desseins.

10. La foudre était tombée dans le camp de Périclès et avait effrayé ses soldats. Il convoqua l'assemblée, puis, en présence de tous, il choqua des pierres l'une contre l'autre, en fit jaillir du feu, et mit fin à l'épouvante, en montrant que la foudre s'élance de la même manière du sein des nuages en conflit.

11. Timothée, général athénien, était sur le point d'engager un combat naval avec les Corcyréens, et déjà sa flotte se mettait en mouvement, lorsque son pilote donna le signal de la retraite, pour avoir entendu un des rameurs éternuer : « Tu es étonné, lui dit Timothée, que parmi tant de milliers d'hommes, il y en ait un qui soit enrhumé? »

12. Un autre Athénien, Chabrias, vit, au moment de combattre sur mer, la foudre tomber devant son navire, ce qui fut un prodige effrayant aux yeux de ses soldats : « Profitons de cet instant, leur dit-il, pour commencer le combat : car Jupiter, le plus grand des dieux, nous montre que sa puissance vient au secours de notre flotte. »

# STRATEGEMATICON

## LIBER SECUNDUS.

### PRÆFATIO.

Dispositis primo libro exemplis, instructuris (ut mea fert opinio) ducem in his, quæ ante commissum prœlium agenda sunt, deinceps reddemus pertinentia ad ea quæ in ipso prœlio agi solent, et deinde ea quæ post prœlium.

Eorum quæ ad prœlium pertinent species sunt:

Cap. I. De tempore ad pugnam eligendo.
  II. De loco ad pugnam eligendo.
  III. De acie ordinanda.
  IV. De acie hostium turbanda.
  V. De insidiis.
  VI. De emittendo hoste, ne clausus prœlium ex desperatione redintegret.
  VII. De dissimulandis adversis.
  VIII. De restituenda per constantiam acie.

Eorum deinde, quæ post prœlium agenda sunt, has esse species existimaverim:

  IX. Si res prospere cesserint, de consummandis reliquiis belli.
  X. Si res durius cesserit, de adversis emendandis

# LES STRATAGÈMES.

## LIVRE SECOND.

### PRÉFACE.

Après avoir mis en ordre, dans le premier livre, les exemples qui peuvent, à mon avis, éclairer un général sur ce qu'il doit faire avant le combat, je vais donner maintenant ceux qui se rapportent à l'action elle-même, et enfin ceux qui en concernent les suites.

Les exemples relatifs au combat se divisent comme il suit :

Chap. I. Choisir le moment pour combattre.
  II. Choisir le lieu pour le combat.
  III. De l'ordre de bataille.
  IV. Déconcerter les dispositions de l'armée ennemie.
  V. Des embûches.
  VI. Laisser fuir l'ennemi, de peur que, se voyant enfermé, il ne rétablisse le combat par désespoir.
  VII. Cacher les événements fâcheux.
  VIII. Rétablir le combat par un acte de fermeté.

Voici maintenant, selon moi, ce qu'il convient de faire après le combat :

  IX. Si les débuts de la guerre ont été heureux, il faut achever la victoire.
  X. Si l'on a essuyé des revers, il faut y remédier.

XI. De dubiorum animis in fide retinendis.

XII. Quæ facienda sunt pro castris, si satis fiduciæ in præsentibus copiis non habeamus.

XIII. De effugiendo.

---

**I. De tempore ad pugnam eligendo.**

1. P. Scipio in Hispania, quum comperisset Hasdrubalem, Pœnorum ducem, jejuno exercitu mane processisse in aciem, continuit in horam septimam suos, quibus præceperat ut quiescerent et cibum caperent: quumque hostes inedia, siti, mora sub armis fatigati, repetere castra cœpissent, subito copias eduxit [1], et, commisso prœlio, vicit.

2. Metellus Pius in Hispania adversus Hirtuleium, quum ille, oriente protinus die, instructam aciem vallo ejus admovisset, fervidissimo tunc tempore anni, intra castra suos continuit in horam diei sextam, atque ita fatigatos æstu, facile integris et recentibus suorum vicit viribus.

3. Idem, junctis cum Pompeio castris adversus Sertorium in Hispania, quum sæpe instruxisset aciem, hoste, qui imparem se duobus credebat, pugnam detrectante, quodam deinde tempore, quum Sertorianos milites animadvertisset magno impetu instinctos, deposcentes pugnam, humerosque exserentes, et lanceas vibrantes, existimavit, ardori cedendum in tempore,

XI. Maintenir dans le devoir ceux dont la fidélité est douteuse.

XII. Ce qu'il faut faire pour la défense du camp, lorsqu'on n'a pas assez de confiance en ses forces.

XIII. De la retraite.

---

#### I. Choisir le moment pour combattre.

1. P. Scipion, en Espagne, ayant appris qu'Asdrubal, général des Carthaginois, s'avançait contre lui en bataille, dès le matin, avec des troupes qui étaient à jeun, retint les siennes dans le camp jusqu'à la septième heure, leur fit prendre du repos et de la nourriture ; puis, quand l'ennemi, pressé par la faim et la soif, et fatigué d'avoir été longtemps sous les armes, se mit à regagner son camp, Scipion fit tout à coup sortir son armée, engagea le combat, et remporta la victoire.

2. Metellus Pius, ayant affaire à Hirtuleius, en Espagne, et voyant que celui-ci s'était approché de ses retranchements dès la pointe du jour, avec son armée rangée en bataille, dans le temps le plus chaud de l'été, se tint renfermé dans le camp jusqu'à la sixième heure du jour; et, avec ses troupes ainsi ménagées et fraîches, il défit aisément un ennemi que l'ardeur du soleil avait abattu.

3. Le même chef, après avoir combiné ses forces avec celles de Pompée contre Sertorius, en Espagne, avait souvent offert la bataille à ce dernier, qui la refusait parce qu'il se croyait trop faible contre deux. Quelque temps après, s'étant aperçu que les soldats de Sertorius manifestaient un violent désir de combattre, élevant les bras et agitant leurs lances, il pensa qu'il ne devait pas, pour le moment, s'exposer à tant d'ar-

recepitque exercitum, et Pompeio idem faciendi auctor fuit.

4. Postumius consul in Sicilia, quum castra ejus a Punicis trium millium passuum spatio distarent, et dictatores Carthaginiensium[2] quotidie ante ipsa munimenta Romanorum dirigerent aciem, exigua manu levibus assidue prœliis pro vallo resistebat : quam consuetudinem contemnente jam Pœno, reliquis omnibus per quietem intra vallum præparatis, ex more pristino, cum paucis sustentavit incursum adversariorum, ac solito diutius detinuit : quibus fatigatis, post sextam horam, et jam se recipientibus, quum et inedia quoque laborarent, per recentes suos hostem, quem prædicta profligaverant incommoda, fugavit.

5. Iphicrates[3] Atheniensis, quia exploraverat, eodem assidue tempore hostes cibum capere, maturius vesci suos jussit, et eduxit in aciem, aggressusque hostem ita detinuit, ut ei neque confligendi, neque abeundi daret facultatem. Inclinato deinde jam die, reduxit suos, et nihilominus in armis retinuit. Fatigati hostes non statione magis, quam inedia, statim ad corporis curam et cibum capiendum festinaverunt : Iphicrates rursus eduxit, et incompositi hostis aggressus est castra.

6. Idem[4], quum adversus Lacedæmonios pluribus diebus castra cominus haberet, et utraque pars certis temporibus assidue pabulatum lignatumque procederet, quodam die militum habitu servos lixasque dimisit ad

deur : il fit retirer ses troupes, et conseilla à Pompée d'en faire autant.

4. Le consul Postumius avait, en Sicile, son camp à trois milles de celui des Carthaginois, et chaque jour les généraux ennemis se présentaient avec leur armée jusque sous ses retranchements, dont il leur défendait l'approche en ne leur opposant jamais que de faibles détachements. Déjà cette habitude excitait le mépris des Carthaginois, lorsque Postumius, retenant au camp ses troupes reposées et prêtes à combattre, soutint comme auparavant, avec un petit nombre de soldats, l'incursion des ennemis, et les arrêta même plus longtemps qu'à l'ordinaire. Puis, au moment où ceux-ci, fatigués et pressés par la faim, commençaient à se retirer, vers la sixième heure, le consul, avec ses troupes fraîches, mit en déroute cette armée déjà épuisée, comme nous l'avons dit.

5. Iphicrate, général athénien, étant informé que les ennemis prenaient leur repas tous les jours à la même heure, ordonna à ses troupes d'avancer le leur, puis il les rangea en bataille. Il prit ainsi l'ennemi à jeun, et le tint en échec sans engager le combat, et sans lui permettre de se retirer. Enfin, au déclin du jour, il fit rentrer ses troupes, mais les retint sous les armes. Les ennemis, fatigués d'avoir été sur pied, et souffrant de la faim, coururent aussitôt prendre du repos et de la nourriture ; et, au moment où ils n'étaient plus sur leurs gardes, Iphicrate sortit de nouveau, et alla les surprendre dans leur camp.

6. Le même, faisant la guerre aux Lacédémoniens, avait depuis plusieurs jours son camp tout près du leur, et les deux armées allaient habituellement, à de certaines heures, chercher du fourrage et du bois. Il y envoya un jour les esclaves, ainsi que les valets d'armée,

munera, milites retinuit; et quum hostes dispersi issent ad similia munera, expugnavit castra eorum, inermesque, cum fasciculis passim ad tumultum recurrentes, facile aut cecidit, aut cepit.

7. Virginius[5] consul in Volscis, quum procurrere hostes effusos ex longinquo vidisset, quiescere suos, ac defixa tenere pila jussit. Tunc anhelantem integris viribus exercitus sui aggressus avertit.

8. Fabius Maximus, non ignarus, Gallos et Samnites[6] primo impetu praevalere, suorum autem infatigabiles spiritus inter moras decertandi etiam incalescere, imperavit militibus, contenti essent primo congressu sustinere, ut hostem mora fatigarent : quod ubi successit, admoto etiam subsidio suis, in prima acie universis viribus oppressum fudit hostem.

9. Philippus ad Chaeroniam[7], memor, sibi esse militem longo usu duratum, Atheniensibus acrem quidem, sed inexercitatum, et impetu tantum violentum, ex industria proelium traxit : moxque languentibus jam Atheniensibus, concitatius intulit signa, et ipsos cecidit.

10. Lacedaemonii, certiores ab exploratoribus facti, Messenios in eam exarsisse rabiem, ut in proelium cum conjugibus ac liberis descenderent, pugnam distulerunt.

11. C. Caesar, bello civili[8], quum exercitum Afra-

déguisés en soldats, et retint les soldats dans ses retranchements. Lorsque les ennemis se furent dispersés pour faire de semblables approvisionnements, il s'empara de leur camp; et tandis que, sans armes et chargés de fardeaux, ils revenaient attirés par le bruit, il les tua ou les prit facilement.

7. Le consul Virginius, dans la guerre contre les Volsques, voyant ceux-ci fondre sur lui de loin et en confusion, ordonna à ses soldats de s'arrêter et de tenir le javelot en terre. Les Volsques, arrivant hors d'haleine, furent bientôt mis en déroute par les troupes reposées du consul.

8. Fabius Maximus, sachant que les Gaulois et les Samnites excellaient au premier choc, tandis que le courage de ses soldats était infatigable, et s'échauffait même dans la durée du combat, prescrivit à ceux-ci de se borner à soutenir la première attaque, et de fatiguer l'ennemi en traînant l'action en longueur. Ce moyen ayant réussi, il fit avancer les réserves; et, reprenant l'offensive avec toutes ses forces, il mit en fuite l'ennemi dès la première charge.

9. A la bataille de Chéronée, Philippe, se rappelant qu'il avait des troupes endurcies par une longue expérience de la guerre, tandis que celles des Athéniens, braves mais peu exercées, n'avaient de force que dans la première attaque, fit à dessein prolonger le combat; et, aussitôt qu'il vit les Athéniens se ralentir, il fondit sur eux avec plus de vigueur, il les tailla en pièces.

10. Les Lacédémoniens, avertis par des espions que les Messéniens étaient enflammés de fureur, à tel point qu'ils descendaient dans la plaine pour livrer bataille, suivis de leurs femmes et de leurs enfants, différèrent d'en venir aux mains.

11. Pendant la guerre civile, C. César tenait l'ar-

nii et Petreii circumvallatum siti angeret, isque ob hoc exasperatus, interfectis omnibus impedimentis, ad pugnam descendisset, continuit suos, arbitratus alienum dimicationi tempus, quo adversarios et ira et desperatio incenderat.

12. Cn. Pompeius, fugientem Mithridatem cupiens ad prœlium compellere [9], elegit tempus dimicationi nocturnum, ut abeunti se opponeret: atque ita præparatus, subitam hostibus necessitatem decernendi injecit. Præterea sic constituit aciem, ut Ponticorum quidem oculos adversa luna præstringeret, suis autem illustrem et conspicuum præberet hostem.

13. Jugurtham autem constat, memorem virtutis Romanorum, semper inclinato die committere prœlia solitum, ut, si fugarentur sui, opportunam noctem haberent ad delitescendum.

14. Lucullus adversus Mithridatem [10] et Tigranem, in Armenia Majore apud Tigranocertam, quum ipse non amplius quindecim millia armatorum haberet, hostis autem innumerabilem multitudinem, eoque ipso inhabilem, usus hoc ejus incommodo, nondum ordinatam hostium aciem invasit, atque ita protinus dissipavit, ut ipsi quoque reges, abjectis insignibus, fugerent.

15. Tiberius Nero adversus Pannonios, quum barbari feroces in aciem, oriente statim die, processissent, continuit suos, passusque est, hostem nebula et imbribus, qui forte illo die crebri erant, verberari ac de-

mée d'Afranius et de Petreius assiégée, sans qu'elle pût avoir de l'eau. Exaspérée dans sa détresse, elle avait tué toutes ses bêtes de charge, et était descendue dans la plaine pour offrir la bataille. César retint ses troupes, jugeant défavorable le moment où l'ennemi était poussé par la colère et par le désespoir.

12. Cn. Pompée, voulant faire accepter la bataille à Mithridate, qui fuyait devant lui, choisit la nuit pour lui couper la retraite et pour combattre. Il fit à cet effet ses dispositions, et mit tout à coup l'ennemi dans la nécessité d'en venir aux mains. Il eut même la précaution de disposer ses troupes de manière que celles du roi de Pont fussent éblouies par la clarté de la lune, qu'elles avaient en face, et qui les faisait voir à découvert.

13. On sait que Jugurtha, qui avait éprouvé le courage des Romains, ne leur livrait bataille que vers le déclin du jour, afin que, si les siens étaient mis en fuite, ils pussent, à la faveur de la nuit, se dérober à la poursuite de l'ennemi.

14. Lucullus, ayant en tête Mithridate et Tigrane, près de Tigranocerte, dans la Grande Arménie, ne comptait pas plus de quinze mille combattants dans son armée, tandis que les troupes ennemies étaient innombrables, mais, par cela même, difficiles à faire manœuvrer. Profitant de cet inconvénient, Lucullus les attaqua avant qu'elles fussent rangées en bataille, et les mit si promptement en déroute, que les deux rois eux-mêmes prirent la fuite, après s'être dépouillés de leurs insignes.

15. Dans une guerre contre les Pannoniens, Tibère Néron, ayant vu les barbares s'avancer fièrement au combat dès la pointe du jour, retint ses troupes au camp, laissant les ennemis à la merci du brouillard et de la pluie, qui, ce jour-là, tombait en abondance.

mum, ubi fessum stando et pluvia non solum animo, sed et lassitudine deficere animadvertit, signo dato, adortus superavit.

16. C. Caesar in Gallia, quia compererat, Ariovisto, Germanorum regi, institutum, et quasi legem esse militibus non pugnandi, decrescente luna [11], tum potissimum acie commissa, impeditos religione hostes vicit.

17. Divus Augustus Vespasianus Judaeos Saturni die [12], quo eis nefas est, quidquam seriae rei agere, adortus superavit.

18. Lysander Lacedaemonius adversus Athenienses apud Aegospotamos [13] instituit certo tempore infestari naves Atheniensium, deinde revocare classem. Ea re in consuetudinem perducta, quum Athenienses post digressum ejus ad contrahendas copias dispergerentur, extendit ex consuetudine classem, et recepit. Tum hostium maxima parte ex more dilapsa, reliquos adortus cecidit, et universas naves cepit.

---

II. De loco ad pugnam eligendo.

1. M. Curius, quia phalangi regis Pyrrhi [14] explicitae resisti non posse animadvertebat, dedit operam ut in angustiis confligeret, ubi conferta sibi ipsa esset impedimento.

2. Cn. Pompeius in Cappadocia elegit castris locum

Enfin, quand il jugea qu'ils étaient fatigués d'être sur
pied, et que cette fatigue même, aussi bien que la
pluie, avait abattu leur courage, il donna le signal,
les chargea et les défit.

16. C. César, pendant la guerre des Gaules, informé
qu'Arioviste, roi des Germains, observant une coutume
qui était comme une loi aux yeux de ses soldats, s'abste-
nait de combattre pendant le décours de la lune, choisit
ce moment pour l'attaquer, et défit cet ennemi enchaîné
par la superstition.

17. L'empereur Auguste Vespasien livra bataille aux
Juifs le jour du sabbat, pendant lequel il leur est défendu de rien faire d'important, et les vainquit.

18. Lysandre, commandant les Spartiates contre les
Athéniens à Ægos-Potamos, allait souvent, à certaine
heure, inquiéter la flotte ennemie, et faisait ensuite
retirer la sienne. Cette manœuvre étant devenue tout
à fait habituelle, les Athéniens, après sa retraite, se
dispersaient à terre pour leur approvisionnement. Un
jour Lysandre fit, comme de coutume, avancer et revenir ses vaisseaux; et, quand la plupart des Athéniens
se furent séparés, il retourna sur ceux qui restaient, les
tailla en pièces, et s'empara de tous leurs navires.

---

### II. Choisir le lieu pour le combat.

1. M. Curius, voyant l'impossibilité de résister à la
phalange de Pyrrhus, quand elle était déployée, fit en
sorte de la combattre dans un lieu étroit, où les rangs
trop pressés devaient s'embarrasser eux-mêmes.

2. Cn. Pompée, en Cappadoce, choisit pour son

editum : unde, adjuvante proclivio impetum militum, facile ipso decursu Mithridatem superavit.

3. C. Caesar adversus Pharnacem [15], Mithridatis filium, dimicaturus, in colle instruxit aciem : quae res expeditam ei fecit victoriam. Nam pila, ex edito in subeuntes barbaros emissa, protinus eos averterunt.

4. Lucullus, adversus Mithridatem et Tigranem in Armenia Majore apud Tigranocertam dimicaturus, collis proximi planum verticem raptim cum copiarum parte adeptus, in subjectos hostes decucurrit, et equitatum eorum a latere invasit, aversumque, et eorumdem partem pedites proturbantem insequutus, clarissimam victoriam retulit.

5. Ventidius adversus Parthos non ante militem eduxit, quam illi quingentis non amplius passibus abessent; atque ita procursione subita adeo se admovit, ut sagittas, quibus ex longinquo usus est, cominus applicitus eluderet : quo consilio, quia quamdam fiduciae etiam speciem ostentaverat, celeriter barbaros debellavit.

6. Hannibal, apud Numistronem contra Marcellum pugnaturus, cavas et praeruptas vias [16] objecit a latere; ipsaque loci natura pro munimentis usus, clarissimum ducem vicit.

7. Idem apud Cannas, quum comperisset, Volturnum [17] amnem, ultra reliquorum naturam fluminum, ingentes auras mane proflare, quae arenarum et pulveris vertices agerent, sic direxit aciem, ut tota vis a

camp une hauteur, d'où ses troupes, secondées dans leur élan par la pente du terrain, fondirent sur l'armée de Mithridate, et remportèrent facilement la victoire.

3. C. César, ayant à combattre Pharnace, fils de Mithridate, rangea son armée sur une colline, ce qui lui valut une prompte victoire : car les javelots, lancés d'en haut sur les barbares, qui montaient à l'attaque, leur firent sur-le-champ prendre la fuite.

4. Lucullus, au moment de livrer bataille à Mithridate et à Tigrane près de Tigranocerte, dans la Grande Arménie, se hâta d'occuper, avec une partie de ses troupes, un plateau couronnant une hauteur voisine, d'où il fondit sur les ennemis, qui étaient plus bas. Il prit en flanc leur cavalerie, la mit en déroute, et, l'ayant culbutée sur leur infanterie, qu'elle écrasa, il obtint une éclatante victoire.

5. A l'approche des Parthes, Ventidius ne fit sortir son armée du camp que lorsque ces barbares ne furent plus qu'à cinq cents pas de lui. Alors, courant soudainement à leur rencontre, il s'approcha tellement, que les flèches, qui ne peuvent servir que de loin, leur furent inutiles, et que l'on combattit corps à corps. Cet artifice, joint à l'assurance qu'il avait montrée dans l'attaque, lui donna bientôt la victoire sur ces barbares.

6. Annibal, sur le point d'en venir aux mains avec Marcellus, près de Numistron, couvrit son flanc de chemins creux et escarpés ; et, profitant de la disposition du terrain comme d'un retranchement, il vainquit cet illustre capitaine.

7. Près de Cannes, le même général, ayant observé que du lit du Vulturne, plus que de tout autre fleuve, il se lève le matin un grand vent qui lance des tourbillons de sable et de poussière, rangea son armée de manière que toute la violence de ce vent, qu'elle recevait

tergo suis, Romanis in ora et oculos incideret. Quibus incommodis mire hosti adversantibus, illam memorabilem adeptus est victoriam.

8. Marius adversus Cimbros ac Teutonos constituta die pugnaturus, firmatum cibo militem ante castra collocavit, ut per aliquantum spatii, quo adversarii dirimebantur, exercitus hostium potius labore itineris profligaretur : fatigationi deinde eorum incommodum aliud objecit, ita ordinata suorum acie, ut adverso sole [18], et vento, et pulvere, barbarorum occuparetur exercitus.

9. Cleomenes Lacedæmonius, adversus Hippiam Atheniensem, qui equitatu prævalebat, planitiem, in qua dimicaturus erat, arboribus prostratis impedivit [19], et inviam equiti fecit.

10. Hiberi in Africa [20] ingenti hostium multitudine excepti, timentesque ne circuirentur, applicuerunt se flumini, quod altis in ea regione ripis profluebat : qui ita a tergo amne defensi, et subinde, quum virtute præstarent, incursando in proximos, omnem hostium exercitum straverunt.

11. Xanthippus Lacedæmonius sola loci commutatione, fortunam Punici belli convertit : nam quum a desperantibus jam Carthaginiensibus mercede sollicitatus, animadvertisset, Afros quidem, qui equitatu et elephantis præstabant, colles sectari, a Romanis autem, quorum robur in pedite erat, campestria teneri, Pœnos in plana deduxit : ubi per elephantos dissipatis ordini-

par derrière, donnât dans le visage et dans les yeux des Romains. Admirablement secondé par un désavantage qu'il tournait ainsi contre l'ennemi, il remporta une victoire mémorable.

8. Marius, se disposant à livrer bataille aux Cimbres et aux Teutons le jour qui avait été fixé, fit prendre de la nourriture à ses troupes pour leur donner des forces, et les plaça devant son camp, afin que l'armée ennemie, plutôt que la sienne, se fatiguât en parcourant l'espace qui les séparait. Il mit encore un autre désavantage du côté des Cimbres : d'après la disposition de sa ligne de bataille, les barbares recevaient en face le soleil, le le vent et la poussière.

9. Cléomène, roi de Sparte, ayant en tête Hippias, général athénien, qui lui était supérieur en cavalerie, joncha d'arbres coupés la plaine dans laquelle il voulait combattre, et la rendit inaccessible aux chevaux.

10. Les Ibères, surpris par une armée nombreuse, en Afrique, et craignant d'être enveloppés, s'adossèrent à un fleuve qui, en cet endroit, coulait entre des rives élevées. Ainsi défendus d'un côté par le fleuve, étant d'ailleurs les plus braves, ils firent successivement des charges sur les troupes qui s'approchaient le plus, et détruisirent ainsi toute l'armée ennemie.

11. Le Lacédémonien Xanthippe, en choisissant d'autres lieux pour combattre, changea par cela seul la fortune de la première guerre Punique. En effet, étant appelé comme mercenaire à Carthage, où l'on perdait déjà tout espoir, et sachant que les Africains, dont la cavalerie et les éléphants faisaient la principale force, recherchaient les hauteurs, tandis que l'armée romaine, supérieure en infanterie, se tenait en rase campagne, il y conduisit aussi les Carthaginois ; et là, ayant, au moyen

bus Romanorum, sparsos milites per Numidas persequutus, eorum exercitum fudit, in illam diem terra marique victorem.

12. Epaminondas [21], dux Thebanorum, adversus Lacedæmonios directurus aciem, pro fronte ejus decurrere equitibus jussis, quum ingentem pulverem oculis hostium objecisset, exspectationemque equestris certaminis prætendisset, circumducto pedite ab ea parte, ex qua decursus in aversam hostium aciem ferebat, inopinantium terga adortus cecidit.

13. Lacedæmonii trecenti [22] contra innumerabilem multitudinem Persarum, Thermopylas occupaverunt, quarum angustiæ non amplius, quam parem numerum cominus pugnaturum, poterant admittere : eaque ratione, quantum ad congressus facultatem, æquati numero barbarorum, virtute autem præstantes, magnam eorum partem ceciderunt : nec superati forent, nisi per proditorem Ephialten Trachinium circumductus hostis, a tergo eos oppressisset.

14. Themistocles, dux Atheniensium, quum videret utilissimum Græciæ, adversus multitudinem Xerxis navium [23], in angustiis Salaminiis decernere, idque persuadere civibus non posset, sollertia effecit, ut a barbaris ad utilitates suas Græci compellerentur : simulata namque proditione, misit ad Xerxen, qui indicaret, populares suos de fuga cogitare, difficilioremque ei rem futuram, si singulas civitates obsidione aggrederetur. Qua ratione effecit, ut exercitus barbarorum primum

des éléphants, jeté le désordre dans les rangs des Romains, il les dispersa, mit à leur poursuite la cavalerie numide, et tailla en pièces une armée jusqu'alors victorieuse sur terre et sur mer.

12. Épaminondas, général thébain, prêt à s'avancer en bataille contre les Lacédémoniens, fit courir sur le front de son armée des cavaliers qui élevèrent un nuage immense de poussière devant les yeux de l'ennemi ; et, pendant que celui-ci s'attendait à un engagement de cavalerie, Épaminondas, faisant un circuit avec son infanterie, se posta de manière à pouvoir prendre à dos les Lacédémoniens, fondit sur eux à l'improviste, et les tailla en pièces.

13. Contre l'armée innombrable des Perses, trois cents Spartiates défendirent le pas des Thermopyles, défilé où seulement un pareil nombre d'ennemis pouvaient les combattre de près. Ainsi égaux en nombre aux barbares, quant à la facilité d'en venir aux mains, mais plus braves qu'eux, ils en tuèrent une grande partie ; et ils n'auraient pas été vaincus, si les Perses, guidés par le traître Éphialte, de Trachinie, ne les eussent pas surpris par derrière.

14. Thémistocle, général athénien, voyant que le parti le plus utile à prendre, de la part des Grecs, contre la flotte immense de Xerxès, était de livrer bataille dans le détroit de Salamine, et ne pouvant y déterminer ses concitoyens, amena les barbares, au moyen d'une ruse, à mettre les Grecs dans la nécessité de profiter de leurs avantages. Par une trahison simulée, il envoya un messager à Xerxès, pour l'avertir que les Grecs alliés songeaient à se retirer, et qu'il rencontrerait trop de difficultés s'il fallait qu'il assiégeât leurs villes l'une après l'autre. Ce stratagème réussit d'abord à ôter le

inquietaretur, dum tota nocte in statione custodia est :
deinde, ut sui mane integris viribus, quum dictis barbaris, vigilia marcentibus, confligerent, loco, ut voluerat, arcto, in quo Xerxes multitudine, qua præstabat, uti non posset.

### III. De acie ordinanda.

1. Cn. Scipio in Hispania, adversus Hannonem ad oppidum Intibilim [24], quum animadvertisset Punicam aciem ita directam, ut in dextro cornu Hispani constituerentur, robustus quidem miles, sed qui alienum negotium ageret, in sinistro autem Afri, miles viribus infirmior, sed animi constantioris ; reducto sinistro latere suorum, dextro cornu, quod validissimis militibus exstruxerat, obliqua acie [25] cum hoste conflixit. Deinde, fusis fugatisque Afris, Hispanos, qui in recessu spectantium more steterant, facile in deditionem compulit.

2. Philippus, Macedonum rex, adversus Illyrios gerens bellum, ut animadvertit frontem hostium stipatam electis de toto exercitu viris, latera autem infirmiora, fortissimis suorum in dextro cornu collocatis, sinistrum latus hostium invasit, turbataque tota acie, victoriam profligavit.

3. Pammenes Thebanus, conspecta Persarum acie, quæ robustissimas copias in dextro cornu collocatas habebat, simili ratione et ipse suos ordinavit, omnemque equitatum et fortissimum quemque peditum in dextro cornu, infirmissimos autem contra fortissimos

repos aux barbares, qui furent pendant toute la nuit sur leurs gardes et en observation ; puis à obliger les Grecs, dont les forces étaient entières, à combattre avec les barbares, fatigués de leur veille, dans un lieu étroit, comme il le désirait, où Xerxès ne pouvait tirer avantage des nombreux vaisseaux qui faisaient sa force.

### III. De l'ordre de bataille.

1. Cn. Scipion, prêt à en venir aux mains avec Hannon, devant Intibili, en Espagne, s'aperçut que l'armée carthaginoise était rangée de manière que l'aile droite se composait d'Espagnols, soldats vigoureux, mais étrangers à la cause qu'ils défendaient, tandis qu'à la gauche étaient les Africains, hommes moins robustes, mais d'un courage plus ferme. Il ramena en arrière son aile gauche; puis avec la droite, où se trouvaient ses meilleures troupes, il attaqua obliquement l'ennemi, et quand il eut défait et mis en fuite les Africains, il obligea facilement les Espagnols, qui s'étaient tenus en arrière comme spectateurs, à capituler.

2. Philippe, roi de Macédoine, faisant la guerre aux Illyriens, et s'étant aperçu qu'ils avaient réuni leurs meilleurs soldats au centre de leur armée, et que les ailes étaient plus faibles, plaça à sa droite l'élite de ses troupes, fondit sur l'aile gauche des ennemis, jeta le désordre dans toute leur armée, et remporta la victoire.

3. Pamménès, de Thèbes, ayant observé l'armée des Perses, dont l'aile droite était composée de leurs troupes les plus vigoureuses, rangea la sienne de la même manière, en mettant à droite toute sa cavalerie avec l'élite de l'infanterie, et en opposant aux meilleurs soldats de l'ennemi les plus faibles des siens, auxquels il donna

hostium posuit, præcepitque ut ad primum impetum eorum sibi fuga consulerent, et in silvestria confragosaque loca se reciperent. Ita frustrato robore exercitus, ipse optima parte virium suarum [dextro cornu], totam circuit aciem hostium, et avertit.

4. P. Cornelius Scipio, cui postea Africano cognomen fuit, adversus Hasdrubalem, Pœnorum ducem, in Hispania bellum gerens, ita per continuos dies ordinatum produxit exercitum, ut media acies fortissimis fundaretur : sed quum hostes quoque eadem ratione assidue ordinati procederent, Scipio eo die, quo statuerat decernere, commutavit instructionis ordinem, et firmissimos, id est legionarios, in cornibus collocavit, ac levem armaturam in media acie, sed retractam. Ita cornibus, quibus ipse prævalebat, infirmissimas hostium partes lunata acie aggressus [26], facile fudit.

5. Metellus in Hispania, eo prœlio, quo Hirtuleium devicit, quum comperisset, cohortes ejus, quæ validissimæ vocabantur, in media acie locatas, ipse mediam suorum aciem reduxit, ne ea parte ante cum hoste confligeret, quam cornibus confligatis medios undique circumvenisset.

6. Artaxerxes adversus Græcos, qui Persiden intraverant, quum multitudine superaret, latius, quam hostes, acie instructa, in fronte equitem, levemque armaturam in cornibus collocavit, atque, ex industria lentius procedente media acie, copias hostium cinxit, ceciditque.

l'ordre de lâcher pied dès la première attaque, et de se retirer dans des lieux couverts de bois et peu accessibles. Ayant ainsi rendu inutiles les principales forces des Perses, lui-même, avec ses meilleures troupes placées à l'aile droite, enveloppa leur armée et la mit en déroute.

4. P. Cornelius Scipion, qui depuis fut surnommé l'Africain, soutenant la guerre en Espagne contre Asdrubal, général des Carthaginois, sortit du camp plusieurs jours de suite, avec son armée rangée de manière que l'élite en occupait le centre. Mais, comme l'ennemi se présentait aussi constamment dans ce même ordre de bataille, Scipion, le jour où il avait résolu d'en venir aux mains, changea cette disposition en plaçant aux ailes ses plus vaillants soldats, c'est-à-dire les légionnaires, et au centre ses troupes légères, qu'il retint en arrière des autres. Ainsi disposées en forme de croissant, les ailes, où étaient ses principales forces, attaquèrent l'armée ennemie par les parties les plus faibles, et la mirent facilement en déroute.

5. Metellus, lors de la bataille qu'il gagna en Espagne sur Hirtuleius, ayant appris que celui-ci avait mis au centre ses cohortes les plus vigoureuses, ramena en arrière le milieu de son armée, afin qu'il n'y eût aucun engagement sur ce point, avant que les ailes de l'ennemi fussent défaites, et le centre enveloppé de toutes parts.

6. Artaxerxès, opposant aux Grecs, qui étaient entrés dans la Perse, une armée plus nombreuse que la leur, la rangea de manière à les déborder, mettant sur son front de bataille la cavalerie, aux ailes les troupes légères; et, retardant à dessein la marche du centre, il enveloppa les ennemis et les tailla en pièces.

7. Contra Hannibal ad Cannas reductis cornibus [27], productaque media acie, nostros primo impetu protrusit. Idem conferto prœlio, paulatim invicem sinuantibus, procedentibusque ad præceptum cornibus, avide insequentem hostem in mediam aciem suam recepit, et ex utraque parte compressum cecidit, veterano et diu edocto usus exercitu. Hoc enim genus ordinationis exsequi, nisi peritus, et ad omne momentum respondens miles, vix potest.

8. Livius Salinator [28] et Claudius Nero, quum Hasdrubal bello Punico secundo decertandi necessitatem evitans, in colle confragoso post vineas aciem direxisset, ipsi diductis in latera viribus, vacua fronte ex utraque parte circumvenerunt eum, atque ita aggressi superaverunt.

9. Hannibal, quum frequentibus prœliis a Claudio Marcello superaretur, novissime sic castra metabatur, ut aut montibus, aut paludibus, aut simili locorum aliqua opportunitate adjutus, aciem eo modo collocaret, ut, vincentibus quidem Romanis, pæne indemnem recipere posset intra munimenta exercitum, cedentibus autem, instandi liberum haberet arbitrium.

10. Xanthippus Lacedæmonius in Africa adversus M. Attilium Regulum levem armaturam in prima acie [29] collocavit, in subsidio autem robur exercitus: præcepitque auxiliaribus, ut excussis telis cederent hosti; et quum se intra suorum ordines recepissent, confestim in latera discurrerent, et a cornibus rursus erumpe-

7. Annibal, au contraire, à la bataille de Cannes, ayant d'abord ramené les ailes en arrière, et fait avancer le centre, repoussa notre armée dès le premier choc; et, quand la mêlée fut engagée, tandis que ses ailes, selon l'ordre qu'elles avaient reçu, s'avançaient en se rapprochant l'une de l'autre, il recevait sur le centre la téméraire impétuosité des Romains, qui furent investis et taillés en pièces, résultat dû à la valeur éprouvée des vieux soldats d'Annibal : car cette ordonnance n'est guère praticable qu'avec des troupes que l'expérience a formées à tous les incidents des combats.

8. Pendant la seconde guerre Punique, Livius Salinator et Claudius Néron, voyant qu'Asdrubal, pour échapper à la nécessité de combattre, avait posté son armée derrière des vignes, sur une colline de difficile accès, dirigèrent leurs forces vers les deux ailes, laissant le milieu dégarni, enveloppèrent l'ennemi en l'attaquant des deux côtés, et le défirent.

9. Annibal, à qui Claudius Marcellus faisait essuyer de fréquentes défaites, avait pris le parti, dans les derniers temps, de camper soit sur les montagnes, soit près des marais, soit dans d'autres lieux favorables, où son armée occupait de si bonnes positions pour combattre, qu'elle pouvait, si les Romains avaient le dessus, rentrer au camp presque sans perte, et, s'ils lâchaient pied, se mettre selon son gré à leur poursuite.

10. Le Lacédémonien Xanthippe, livrant bataille à M. Attilius Regulus, en Afrique, plaça à la première ligne ses troupes légères, et au corps de réserve l'élite de son armée ; puis il donna l'ordre aux auxiliaires de se retirer aussitôt qu'ils auraient lancé le javelot, et, une fois rentrés dans l'intérieur des lignes, de courir promptement aux deux ailes, et d'en sortir pour envelopper

rent, exceptumque jam hostem a robustioribus et ipsi circuirent.

11. Sertorius idem in Hispania adversus Pompeium fecit.

12. Cleandridas Lacedæmonius adversus Lucanos densam instruxit aciem, ut longe minoris exercitus speciem præberet. Securis deinde hostibus, in ipso certamine diduxit ordines, et a lateribus circumventos eos fudit.

13. Gastron Lacedæmonius, quum in auxilium Ægyptiis adversus Persas venisset, et sciret firmiorem esse Græcum militem, magisque a Persis timeri, commutatis armis, Græcos in prima posuit acie, et quum illi æquo Marte pugnarent, submisit Ægyptiorum manum. Persæ, quum Græcis, quos Ægyptios opinabantur, restitissent, superveniente multitudine, quam ut Græcorum expaverant, cesserunt.

14. Cn. Pompeius in Albania, quia hostes innumero equitatu prævalebant, juxta collem in angustiis protegere galeas, ne fulgore earum conspicui fierent, jussit [milites]; equites deinde in æquum procedere, ac velut prætendere militibus : præcepitque eis ut ad primum impetum hostium refugerent; et, simul ad pedites ventum esset, in latera discederent. Quod ubi explicitum est, patefacto loco subita peditum consurrexit acies, invectosque temere hostes, inopinato interfusa prœlio cecidit [30].

eux-mêmes les Romains, qui alors seraient aux prises avec ses troupes les plus fortes.

11. Sertorius en fit autant en Espagne contre Pompée.

12. Cléandridas, commandant l'armée lacédémonienne contre les Lucaniens, serra son front de bataille afin que son armée parût beaucoup moins nombreuse ; et quand il vit, à cet égard, la confiance de l'ennemi, il étendit ses lignes, l'enveloppa et le mit en déroute.

13. Gastron, général lacédémonien, était venu au secours des Égyptiens contre les Perses. Sachant que les Grecs étaient meilleurs soldats, et inspiraient plus de crainte aux Perses que les Égyptiens, il leur donna les armes de ceux-ci et les plaça aux premiers rangs ; et, comme les Grecs combattaient sans que la victoire se prononçât, il envoya des Égyptiens pour les appuyer. Les Perses, après avoir soutenu l'effort de troupes qu'ils prenaient pour des Égyptiens, lâchèrent pied à la vue d'une armée qui leur semblait être celle des Grecs, dont ils redoutaient l'approche.

14. Cn. Pompée, faisant la guerre en Albanie, et voyant que l'avantage de l'ennemi était dans une cavalerie innombrable, embusqua son infanterie dans un lieu étroit, près d'une colline, et voulut qu'elle couvrît ses armes, dont l'éclat pouvait la trahir. Ensuite il fit avancer sa cavalerie dans la plaine, comme si elle était suivie du reste de l'armée, avec ordre de faire retraite dès la première attaque de l'ennemi, et de se ranger aux deux ailes lorsqu'on arriverait près de l'infanterie mise en embuscade. Cette manœuvre exécutée, les cohortes, ayant le passage libre, sortirent tout à coup de leur retraite, se jetèrent au milieu des ennemis, qui s'étaient imprudemment avancés, et les taillèrent en pièces.

15. M. Antonius adversus Parthos, qui infinita multitudine sagittarum exercitum ejus obruebant, subsidere suos, et testudinem facere jussit [31] : supra quam transmissis sagittis, sine militum noxa exhaustus est hostis.

16. Hannibal adversus Scipionem in Africa [32], quum haberet exercitum ex Poenis et auxiliaribus, quorum pars non solum ex diversis partibus, sed etiam ex Italicis constabat, post elephantos octoginta, qui in prima fronte positi hostium turbarent aciem, auxiliares Gallos, et Ligures, et Baleares, Maurosque posuit, ut non fugere possent, Poenis a tergo stantibus, et hostem oppositi si non infestarent, at certe fatigarent : tum suis et Macedonibus, qui jam fessos Romanos integri exciperent, in secunda acie collocatis, novissimos Italicos constituit, quorum et timebat fidem, et segnitiem verebatur, quoniam plerosque eorum ab Italia invitos extraxerat. Scipio adversus hanc formam, robur legionis, triplici acie in fronte ordinatum per hastatos et principes et triarios opposuit : nec continuas construxit cohortes, sed manipulis inter se distantibus spatium dedit, per quod elephanti ab hostibus acti facile transmitti sine perturbatione ordinum possent. Ea ipsa intervalla expeditis velitibus implevit, ne interluceret acies : dato iis præcepto, ut ad impetum elephantorum, vel retro, vel in latera concederent. Equitatum deinde in cornua divisit, et dextro Romanis equitibus Lælium, sinistro Numidis Masinissam præposuit : quæ tam prudens ordinatio non dubie causa victoriæ fuit.

15. M. Antoine, ayant affaire aux Parthes, qui accablaient son armée d'une grêle de flèches, ordonna à ses soldats de s'arrêter et de former la tortue. Les traits glissèrent par-dessus, et l'ennemi s'épuisa en vains efforts contre les Romains.

16. Annibal, ayant à combattre Scipion en Afrique, avec une armée composée de Carthaginois et d'auxiliaires, parmi lesquels étaient des soldats de diverses nations, même des Italiens, avait mis devant son front de bataille quatre-vingts éléphants, pour jeter le désordre dans l'armée ennemie, et derrière eux les auxiliaires gaulois, liguriens, baléares et maures. Ces troupes, qui ne pouvaient prendre la fuite parce que les Carthaginois se tenaient derrière elles, devaient, sinon faire éprouver des pertes aux ennemis, du moins les harceler. Les Carthaginois formaient la seconde ligne, pour tomber, encore frais, sur les Romains déjà fatigués. En dernier lieu venaient les Italiens, dont Annibal suspectait la fidélité et le courage, attendu que la plupart avaient été amenés malgré eux de leur pays. A cette ordonnance de bataille, Scipion opposa ses formidables légions, qu'il rangea sur trois lignes, hastats, princes et triaires; et, au lieu de les disposer par cohortes entières, il laissa entre les manipules des intervalles par lesquels les éléphants, poussés par l'ennemi, devaient franchir les lignes sans rompre les rangs. Afin que l'armée ne présentât pas de vides, ces intervalles étaient remplis par des vélites armés à la légère, auxquels on avait ordonné de se retirer, soit en arrière, soit de côté, à l'approche des éléphants. Enfin la cavalerie était répartie entre les deux ailes : à droite celle des Romains, sous les ordres de Lélius; à gauche celle des Numides, commandée par Masinissa. Ce fut sans doute à cette sage disposition que Scipion dut la victoire.

17. Archelaus adversus L. Sullam [33], in fronte ad perturbandum hostem falcatas quadrigas locavit, in secunda acie phalangem Macedonicam, in tertia, Romanorum more, armatos auxiliares, mixtis fugitivis Italicæ gentis, quorum pervicaciæ plurimum fidebat; levem armaturam in ultimo statuit. In utroque dein latere equitatum, cujus amplum numerum habebat, circueundi hostis causa, posuit. Contra hæc Sulla fossas amplæ latitudinis in utroque latere duxit, et capitibus earum castella communiit : qua ratione, ne circuiretur ab hoste, et peditum numero, et maxime equitatu superante, consequutus est. Triplicem deinde peditum aciem ordinavit, relictis intervallis, per levem armaturam, et equitem, quem in novissimo collocaverat, ut, quum res exegisset, emitteret. Tum postsignanis, qui in secunda acie erant, imperavit, ut densos numerosque palos firme in terram defigerent : intraque eos, appropinquantibus quadrigis, antesignanorum aciem recepit. Tum demum, sublato universorum clamore, velites et levem armaturam ingerere tela jussit. Quibus factis quadrigæ hostium aut implicitæ palis, aut exterritæ clamore telisque, in suos conversæ sunt, turbaveruntque Macedonum instructuram. Qua cedente quum Sulla staret, et Archelaus equitem opposuisset, Romani equites subito emissi, averterunt eos, consummaruntque victoriam.

18. C. Cesar Gallorum falcatas quadrigas eadem ratione palis defixis excepit, inhibuitque.

17. Archelaüs, voulant jeter le désordre dans l'armée de L. Sylla, forma sa première ligne avec des chars armés de faux, la seconde avec la phalange macédonienne, et mit à la troisième les auxiliaires, armés à la manière des Romains, et mêlés à des déserteurs italiens dont la résolution lui inspirait beaucoup de confiance ; enfin les troupes légères furent placées à la réserve. Sa cavalerie, qui était très-nombreuse, se rangea aux deux ailes, pour envelopper l'ennemi. De son côté, Sylla couvrit ses deux flancs de larges fossés, aux extrémités desquels il établit des redoutes, et, par là, réussit à ne pas être cerné par l'ennemi, qui avait plus d'infanterie, et surtout plus de cavalerie que lui. Il disposa son infanterie sur trois lignes, entre lesquelles il ménagea des intervalles pour ses troupes légères et pour sa cavalerie, qu'il avait placée la dernière, afin de pouvoir la lancer selon le besoin. Puis il ordonna à ceux de la seconde ligne de ficher solidement en terre un grand nombre de pieux rapprochés les uns des autres, en deçà desquels devait rentrer, à l'approche des chars, la première ligne des combattants. Enfin, toute l'armée ayant à la fois poussé un grand cri, il commanda aux vélites et aux troupes légères de lancer leurs flèches. Aussitôt les chars de l'ennemi, soit parce qu'ils s'embarrassaient dans les pieux, soit que les chevaux fussent épouvantés par les cris et par les flèches, retournèrent sur eux-mêmes, et rompirent l'ordre de bataille des Macédoniens. Sylla, les voyant plier, fondit sur eux ; mais Archelaüs lui opposa sa cavalerie : alors celle des Romains s'élança, mit l'ennemi en fuite, et acheva la victoire.

18. C. César arrêta de même, à l'aide de pieux, et rendit inutiles les chars à faux des Gaulois.

19. Alexander ad Arbela [34] quum hostium multitudinem vereretur, virtuti autem suorum fideret, aciem in omnem partem spectantem ordinavit, ut circumventi undique pugnare possent.

20. Paullus adversus Persen [35], Macedonum regem, quum is phalangem suorum duplicem, mediam in partem direxisset, eamque levi armatura cinxisset, et equitem in utroque cornu collocasset, triplicem aciem cuneis instruxit, inter quos subinde velites emisit. Quo genere quum profligari nihil videret, cedere instituit, ut hac simulatione perduceret hostes in confragosa loca, quæ ex industria captaverat. Quum sic quoque suspecta calliditate recedentium, ordinata sequeretur phalanx, equites a sinistro cornu præter ora phalangis jussit transcurrere, citatis equis actos, ut objectis armis ipso impetu præfringerent hostium spicula: quo genere telorum exarmati Macedones solverunt aciem, et terga verterunt.

21. Pyrrhus pro Tarentinis apud Asculum, secundum Homericum versum [36], quo pessimi in medium recipiuntur, dextro cornu Samnitas Epirotasque, sinistro Bruttios atque Lucanos cum Sallentinis, in media acie Tarentinos collocavit, equitatum et elephantos in subsidiis esse jussit. Contra consules, aptissime divisis in cornua equitibus, legiones in prima acie et in subsidiis locaverunt, et iis immiscuerunt auxilia. Quadraginta millia utrimque fuisse constat. Pyrrhi dimidia pars exercitus amissa, apud Romanos quinque millia desiderata sunt.

19. Alexandre, à la bataille d'Arbelles, craignant le grand nombre des ennemis, mais se fiant au courage de ses troupes, les rangea de manière que, faisant front de toutes parts, elles pouvaient combattre de quelque côté qu'elles fussent attaquées.

20. Paul Émile, livrant bataille à Persée, roi de Macédoine, qui avait formé son centre d'une double phalange flanquée de troupes légères, et mis sa cavalerie aux deux ailes, disposa son armée sur trois lignes, par détachements formant le coin, et laissant des intervalles d'où il lançait de temps en temps ses vélites. Voyant que cette ordonnance ne lui donnait aucun avantage, il simula une retraite pour attirer l'ennemi dans des lieux inégaux, dont il avait eu soin de s'assurer l'avantage. Mais comme les Lacédémoniens, se méfiant de cette manœuvre, le suivaient en bon ordre, il fit courir à toute bride ses cavaliers de l'aile gauche le long du front de la phalange, afin que, par leur impétuosité même, ils pussent, en présentant leurs armes, abattre les lances des ennemis. Se voyant ainsi désarmés, les Macédoniens quittèrent leurs rangs et prirent la fuite.

21. Pyrrhus, combattant pour les Tarentins, près d'Asculum, suivit le précepte d'Homère, qui met au centre les plus mauvais soldats : il plaça à l'aile droite les Samnites et les Épirotes, à la gauche les Bruttiens, les Lucaniens et les Sallentins, au centre les Tarentins, et fit de la cavalerie et des éléphants son corps de réserve. De leur côté, les consuls distribuèrent sagement leur cavalerie aux deux ailes, et rangèrent les légions au front de bataille et à la réserve, en y mêlant les auxiliaires. Il y avait, le fait est constant, quarante mille hommes de part et d'autre. Pyrrhus eut la moitié de son armée détruite, et du côté des Romains la perte ne fut que de cinq mille hommes.

22. Cn. Pompeius adversus C. Cæsarem, Palæpharsali triplicem instruxit aciem [37], quarum singulæ denos ordines in latitudinem habuerunt. Legiones, secundum virtutem cujusque, firmissimas in cornibus, et in medio collocavit; spatia his interposita tironibus supplevit, dextro latere sexcentos equites, propter flumen Enipea, quod et alveo suo et alluvie regionem impedierat, reliquum equitatum in sinistro cornu cum auxiliis omnibus locavit, ut inde Julianum exercitum circuiret. Adversus hanc ordinationem Julius Cæsar et ipse triplici acie, dispositis in fronte legionibus, sinistrum latus, ne circuiri posset, admovit paludibus. In dextro cornu equitem posuit, cui velocissimos miscuit peditum, ad morem equestris pugnæ exercitatos. Sex deinde cohortes in subsidio retinuit, ad res subitas; sed dextro latere conversas in obliquum, unde equitatum hostium exspectabat, collocavit. Nec ulla res eo die plus ad victoriam Cæsari contulit : effusum namque Pompeii equitatum inopinato excursu averterunt, cædendumque tradiderunt.

23. Imperator Cæsar Augustus Germanicus, quum subinde Catti equestre prœlium, in silvas refugiendo, diducerent, jussit suos equites, simul atque ad impedita ventum esset, equis desilire, pedestrique pugna confligere. Quo genere consequutus est, ne quis non locus ejus victoriam miraretur [38].

24. C. Duilius, quum videret graves suas naves mobilitate Punicæ classis eludi, irritamque virtutem mi-

22. Cn. Pompée, rangeant son armée en bataille contre C. César, à Pharsale, la mit sur trois lignes, dont chacune avait dix rangs de profondeur. Il plaça les légions, chacune selon sa valeur, aux ailes et au centre, et remplit avec les recrues les intervalles qu'elles présentaient. A droite, six cents cavaliers étaient postés sur l'Énipée, dans un lieu défendu par le lit et par les eaux débordées de la rivière; et tout le reste de la cavalerie, réunie aux troupes auxiliaires, composait l'aile gauche, et devait envelopper l'ennemi. Contre cette ordonnance, Jules César disposa également son armée sur trois lignes, les légions au centre ; et, pour n'être point tourné, il appuya son aile gauche contre des marais. A l'aile droite était la cavalerie, mêlée à une infanterie fort agile, qu'on avait exercée, pour combattre, aux mêmes manœuvres que les cavaliers. Enfin il mit à la réserve six cohortes pour les cas imprévus, rangées obliquement sur la droite, par où il attendait la cavalerie de l'ennemi; et c'est ce qui, dans cette journée, contribua le plus au succès de César. En effet, la cavalerie de Pompée s'étant élancée de ce côté, ces mêmes cohortes la chargèrent tout à coup, la mirent en fuite, et la rejetèrent sur les légions, qui en firent un grand carnage.

23. L'empereur César Auguste Germanicus, ne pouvant mettre fin aux combats de sa cavalerie avec les Cattes, parce que ceux-ci se réfugiaient à chaque instant dans leurs forêts, donna l'ordre à ses soldats, aussitôt qu'ils seraient arrêtés par la difficulté des lieux, de sauter à bas de cheval, et d'engager des combats d'infanterie. Cette manœuvre lui assura une victoire qui fut partout admirée.

24. C. Duilius, voyant que la flotte légère et exercée des Carthaginois se jouait de ses pesants navires, et ren-

litum fieri, excogitavit manus ferreas [39] : quæ ubi hostilem apprehenderunt navem, superjecto ponte, transgrediebatur Romanus, et in ipsorum ratibus cominus eos trucidabat.

### IV. De acie hostium turbanda.

1. Papirius Cursor filius, consul, quum æquo Marte adversus obstinatos Samnites concurreret, ignorantibus suis, præcepit Spurio Nautio, ut pauci alares, et agasones mulis insidentes, ramosque per terram trahentes [40], a colle transverso magno tumultu decurrerent: quibus prospectis, proclamavit, victorem adesse collegam; occuparent ipsi præsentis prœlii gloriam. Quo facto, et Romani fiducia concitati sunt, et Samnites præ pulvere perculsi terga vertere.

2. Fabius Rullus Maximus quarto consulatu in Samnio, omni modo frustra conatus aciem hostium perrumpere, novissime hastatos subduxit ordinibus, et cum Scipione, legato suo, circummisit, jussitque collem capere [41], ex quo decurri poterat in hostium terga. Quod ubi factum est, Romanis crevit animus, et Samnites perterriti, fugam molientes, cæsi sunt.

3. Minucius Rufus imperator, quum a Scordiscis Dacisque premeretur, quibus impar erat numero, præmisit fratrem, et paucos equites una cum æneatori-

dait inutile la valeur de ses soldats, imagina des mains de fer qui accrochaient les vaisseaux ennemis; alors les Romains, jetant des ponts, allaient combattre corps à corps, et taillaient en pièces les Carthaginois sur leurs propres bâtiments.

**IV.** Déconcerter les dispositions de l'armée ennemie.

1. Papirius Cursor le fils, étant consul, et combattant les Samnites, dont la résistance opiniâtre rendait la victoire incertaine, chargea, à l'insu de ses soldats, Spurius Nautius de conduire sur une colline qui regardait le flanc de la bataille, quelques cavaliers auxiliaires, et des valets d'armée montés sur des mulets, puis de les en faire descendre à grand bruit, et en traînant par terre des branches d'arbres. Aussitôt que ce détachement fut en vue, Papirius cria à ses troupes que son collègue arrivait victorieux, et qu'elles devaient, de leur côté, conquérir la gloire du présent combat. Cet incident ranima l'ardeur des Romains; et, quand les Samnites aperçurent la poussière, ils furent saisis d'épouvante, et prirent la fuite.

2. Fabius Rullus Maximus, consul pour la quatrième fois, ayant tenté par tous les moyens, mais en vain, de rompre la ligne de bataille des Samnites, prit enfin le parti de retirer des rangs les hastats, et de les envoyer avec Scipion, son lieutenant, s'emparer d'une colline d'où ils pouvaient fondre sur les derrières de l'ennemi. Le succès de cette manœuvre vint accroître le courage des Romains, et les Samnites, effrayés et cherchant à fuir, furent taillés en pièces.

3. Minucius Rufus, serré de près par les Scordisques et les Daces, qui lui étaient supérieurs en nombre, détacha quelques cavaliers et des trompettes, sous la conduite de son frère, avec ordre, aussitôt que le com-

bus; præcepitque, ut, quum vidisset contractum prœlium, subitus ex diverso se ostenderet, juberetque æneatores concinere. Sonantibus montium jugis, species ingentis multitudinis offusa est hostibus, qua perterriti dedere terga.

4. Acilius Glabrio consul adversus Antiochi regis aciem, quam is in Achaiam pro angustiis Thermopylarum direxerat, iniquitatibus loci non irritus tantum, sed cum jactura quoque repulsus esset, nisi circummissus ab eo Porcius Cato, qui tum, jam consularis, tribunus militum a populo factus in exercitu erat, dejectis jugis Callidromi Ætolis, qui ea præsidio tenebant, super imminentem castris regiis collem, a tergo subitus apparuisset [42]. Quo facto perturbatis Antiochi copiis, utrinque irrupere Romani, et fusis fugatisque castra ceperunt.

5. C. Sulpicius Peticus consul contra Gallos [43] dimicaturus, jussit muliones clam in montes proximos cum mulis abire, et indidem conserto jam prœlio, velut equis insidentes, ostentare se pugnantibus : quare Galli, existimantes adventare auxilia Romanis, cessere jam pæne victores.

6. Marius, circa Aquas Sextias [44], quum in animo haberet postera die depugnare adversus Teutonos, Marcellum cum parva manu equitum peditumque noctu post terga hostium misit, et ad implendam multitudinis speciem, agasones lixasque armatos simul ire jussit,

bat serait engagé, de se montrer tout à coup sur un autre point, et de faire sonner la charge. Au bruit des trompettes, qui était augmenté par l'écho des montagnes, l'ennemi, persuadé qu'il arrivait des forces considérables, fut effrayé et se retira.

4. Le consul Acilius Glabrion, ayant engagé un combat près des Thermopyles, contre le roi Antiochus, qui se rendait en Achaïe avec son armée, lutta en vain contre le désavantage des lieux, et eût été même repoussé avec perte, si Porcius Caton, alors consulaire, et nommé par le peuple tribun des soldats, n'eût fait un détour pour aller débusquer les Étoliens des sommets du Callidrome, où ils avaient pris position, et ne se fût montré tout à coup sur une colline qui dominait le camp du roi. Les troupes d'Antiochus en prirent l'épouvante : attaquées des deux côtés à la fois, elles furent mises en déroute, et leur camp resta au pouvoir des Romains.

5. Le consul C. Sulpicius Peticus, sur le point d'en venir aux mains avec les Gaulois, envoya secrètement les valets de l'armée, avec des mulets, sur des hauteurs voisines, d'où ils devaient, une fois l'action engagée, se mettre en vue des combattants comme un corps de cavalerie. Les Gaulois, croyant que des renforts arrivaient aux Romains, se retirèrent au moment où ils étaient presque victorieux.

6. Marius, ayant dessein de livrer bataille aux Teutons le jour suivant, près d'Aquæ Sextiæ, envoya, pendant la nuit, Marcellus prendre position de l'autre côté de l'armée ennemie, avec un petit détachement de cavaliers et de fantassins, qu'il fit paraître plus nombreux en y joignant des valets et des vivandiers armés, avec la plus grande partie des bêtes de somme, équipées de ma-

jumentorumque magnam partem instratorum centunculis, ut per hoc facies equitatus objiceretur; præcepitque ut, quum animadvertissent committi prœlium, ipsi in terga hostium descenderent. Qui apparatus tantum terroris intulit, ut asperrimi hostes in fugam versi sint.

7. Licinius Crassus, fugitivorum bello, apud Calamarcum educturus militem, adversus Castum et Gannicum, duces Gallorum, duodecim cohortes cum C. Pomptinio et Q. Marcio Rufo legatis, post montem circummisit: quæ quum, commisso jam prœlio, a tergo clamore sublato decucurrissent, ita fuderunt hostes, ut ubique fuga, nusquam pugna capesseretur.

8. M. Marcellus, quum vereretur ne paucitatem ejus militum clamor detegeret, simul lixas calonesque, et omnis generis sequelas conclamare jussit [45]: atque ita hostem magni exercitus specie exterruit.

9. Valerius Lævinus, adversus Pyrrhum, occiso quodam gregali, tenens gladium cruentum, utrique exercitui persuasit Pyrrhum interemptum. Quamobrem hostes destitutos se ducis morte credentes, consternati a mendacio, se pavidi in castra receperunt [46].

10. Jugurtha, in Numidia, adversus C. Marium, quum Latinæ quoque linguæ usum ei conversatio pristina castrorum dedisset, in primam aciem procucurrit, et occisum ab se C. Marium [47] tum Latine clare prædicavit, atque ita multos nostrorum avertit.

11. Myronides Atheniensis, dubio prœlio adversus

nière qu'on pût les prendre pour de la cavalerie. Cette troupe, qui avait l'ordre de descendre dans la plaine derrière l'ennemi, aussitôt qu'elle verrait commencer le combat, inspira une telle frayeur aux Teutons par son apparition soudaine, que ces ennemis si redoutables prirent la fuite.

7. Dans la guerre des fugitifs, Licinius Crassus, au moment de ranger son armée en bataille, près de Calamarque, contre Castus et Gannicus, généraux des Gaulois, fit passer de l'autre côté d'une montagne ses lieutenants C. Pomptinius et Q. Marcius Rufus, avec douze cohortes. Quand le combat fut engagé, ces troupes descendirent derrière l'armée ennemie, en poussant de grands cris, et y jetèrent un tel désordre, qu'elle prit la fuite sur tous les points, sans pouvoir se reformer.

8. M. Marcellus, craignant que l'on ne jugeât par les cris des soldats qu'ils étaient en petit nombre, ordonna aux valets de troupes, aux esclaves, et aux gens de toute espèce qui le suivaient, de crier en même temps. Cette apparence d'une grande armée épouvanta l'ennemi.

9. Valerius Lévinus, ayant tué un simple soldat dans un combat qu'il livrait à Pyrrhus, leva son épée ensanglantée, et fit croire aux deux armées qu'il avait tué le roi. Aussitôt les ennemis, persuadés qu'ils avaient perdu leur chef, et consternés par cette imposture, rentrèrent avec effroi dans leur camp.

10. Dans un combat contre C. Marius, en Numidie, Jugurtha, qui avait appris la langue latine en séjournant dans les camps romains, courut devant sa première ligne, et cria en latin qu'il venait de tuer C. Marius, ce qui fit prendre la fuite à un grand nombre des nôtres.

11. Myronide, général athénien, ayant livré bataille

Thebanos rem gerens, repente in dextrum suorum cornu prosiluit, et exclamavit, sinistro jam se vicisse. Qua re et suis alacritate, et hostibus metu injecto, vicit.

12. Crœsus [48] prævalido hostium equitatui camelorum gregem opposuit : quorum novitate et horrore consternati equi, non solum insidentes præcipitaverunt, sed peditum quoque suorum ordines protriverunt, vincendosque hosti præbuerunt.

13. Pyrrhus, Epirotarum rex, pro Tarentinis adversus Romanos, eodem modo elephantis ad perturbandam aciem usus est.

14. Pœni quoque adversus Romanos idem fecerunt frequenter.

15. Volscorum castra quum prope virgulta silvasque posita essent, Camillus ea omnia, quæ conceptum ignem usque in vallum perferre poterant, incendit : et sic adversarios exuit castris [49].

16. P. Crassus, bello Sociali, eodem modo prope cum copiis omnibus interceptus est.

17. Hispani contra Hamilcarem boves vehiculis adjunctos in prima fronte constituerunt, vehiculaque tædæ, sebi et sulphuris plena, signo pugnæ dato, incenderunt : actis deinde in hostem bubus, consternatam aciem perruperunt.

18. Falisci et Tarquinienses [50], compluribus suorum in habitum sacerdotum subornatis, faces et angues

aux Thébains, et voyant que le succès était douteux, s'élança tout à coup vers l'aile droite de son armée, et s'écria que l'aile gauche était déjà victorieuse. Cette nouvelle donna de l'ardeur aux Athéniens, et épouvanta l'ennemi, qui perdit la victoire.

12. Crésus fit marcher une troupe de chameaux contre la cavalerie ennemie, qui était plus forte que la sienne; les chevaux, effrayés de l'aspect et de l'odeur de ces animaux, renversèrent leurs cavaliers et allèrent se rejeter sur l'infanterie, dont ils causèrent aussi la défaite.

13. Pyrrhus, roi d'Épire, combattant en faveur des Tarentins, trouva un semblable avantage dans ses éléphants, pour mettre le désordre dans l'armée romaine.

14. Les Carthaginois ont souvent fait usage de ce moyen contre les Romains.

15. Les Volsques étant campés dans un lieu environné de broussailles et de bois, Camille incendia tout ce qui pouvait communiquer le feu jusqu'à leurs retranchements, et les obligea ainsi d'abandonner leur camp.

16. P. Crassus, pendant la guerre Sociale, fut surpris de la même manière avec toute son armée.

17. Les Espagnols, dans un combat contre Amilcar, placèrent à leur front de bataille des chariots attelés de bœufs et chargés de bois résineux, de suif et de soufre, et y mirent le feu quand on donna le signal de l'attaque. Les bœufs, dirigés contre l'armée ennemie, y jetèrent l'épouvante et le désordre.

18. Les Falisques et les Tarquiniens revêtirent d'habits sacerdotaux un certain nombre des leurs, qui

furiali habitu præferentibus, aciem Romanorum turbaverunt.

19. Idem Veientes et Fidenates [51] facibus arreptis fecerunt.

20. Atheas, rex Scytharum, quum adversus ampliorem Triballorum exercitum confligeret, jussit a feminis et pueris, omnique imbelli turba, greges asinorum ac boum ad postremam hostium aciem admoveri, et erectas hastas præferre. Famam deinde diffudit, tanquam auxilia sibi ab ulterioribus Scythis adventarent: qua asseveratione avertit hostem.

### V. De insidiis.

1. Romulus [52], per latebras copiarum parte disposita, quum ad Fidenas accessisset, simulata fuga temere hostes insequutos eo perduxit, ubi occultos habebat milites : qui undique adorti effusos et incautos ceciderunt.

2. Q. Fabius Maximus consul auxilio Sutrinis missus adversus Hetruscos, omnes hostium copias in se convertit; deinde, simulato timore, in superiora loca, velut fugiens, recessit, effuseque subeuntes aggressus, non acie tantum superavit, sed etiam castris exuit [53].

3. Sempronius Gracchus [54] adversus Celtiberos, metu simulato, continuit exercitum. Emissa deinde armatura levi, quæ hostem lacesseret, ac statim pedem referret,

s'avancèrent, semblables à des furies, agitant des torches et des serpents, et épouvantèrent l'armée romaine.

19. Les Véiens et les Fidénates eurent le même succès, en s'armant de torches enflammées.

20. Athéas, roi des Scythes, combattant l'armée des Triballiens, qui était plus nombreuse que la sienne, ordonna aux femmes, aux enfants, et à tous ceux qui étaient peu propres au combat, d'aller, avec des troupeaux d'ânes et de bœufs, derrière l'armée ennemie, et de se montrer lances dressées; puis il répandit le bruit que c'étaient des renforts venus des extrémités de la Scythie. L'ennemi le crut, et prit la fuite.

### V. Des embûches.

1. Romulus s'étant approché des murs de Fidènes, après avoir embusqué une partie de ses troupes, simula une retraite, et attira ainsi à sa poursuite les Fidénates jusqu'au lieu où étaient cachés les siens. Ceux-ci, voyant leurs ennemis en désordre et sans méfiance, fondirent sur eux de toutes parts, et les taillèrent en pièces.

2. Le consul Q. Fabius Maximus, envoyé au secours des Sutriens contre les Étrusques, attira sur lui toutes les forces de l'ennemi, et bientôt, feignant d'avoir peur et de prendre la fuite, il gagna des hauteurs, d'où il retomba sur les Étrusques, qui montaient pêle-mêle derrière lui; et non-seulement il fut vainqueur, mais encore il s'empara de leur camp.

3. Sempronius Gracchus, ayant à combattre les Celtibériens, feignit de les redouter, et se tint dans son camp. Il fit ensuite sortir ses troupes légères, qui, après

evocavit hostem; deinde inordinatos aggressus, usque eo cecidit, ut etiam castra caperet.

4. Metellus consul, in Sicilia bellum adversus Hasdrubalem gerens, ob ejus ingentem exercitum et centum triginta elephantos intentior, simulata diffidentia, intra Panormum copias tenuit, fossamque ingentis magnitudinis ante se duxit. Conspecto deinde exercitu Hasdrubalis, qui in prima acie elephantos habebat, præcepit hastatis, tela in belluas jacerent, protinusque se intra munimenta reciperent. Ea ludificatione rectores elephantorum concitati, in ipsam fossam elephantos egerunt [55] : quo ut primum illaqueati sunt, partim magnitudine telorum confecti, partim retro in suos acti, totam aciem turbaverunt. Tunc Metellus, hanc operiens occasionem, cum toto exercitu erupit, et aggressus a latere Pœnos cecidit, ipsisque et elephantis potitus est.

5. Tomyris[56], Scytharum regina, Cyrum, Persarum ducem, æquo marte certantem, simulato metu elicuit ad notas militi suo angustias, atque ibi, repente converso agmine, natura loci adjuta, devicit.

6. Ægyptii, conflicturi acie in eis campis, quibus junctæ paludes erant, alga eas contexerunt, commissoque prœlio, fugam simulantes, in insidias hostes evocaverunt : qui rapidius vecti per ignota loca, limo inhæserunt, circumventique sunt.

7. Viriathus, ex latrone dux Celtiberorum, cedere

avoir harcelé les ennemis, lâchèrent pied tout à coup, et réussirent à les éloigner de leurs retranchements. Alors Sempronius, les voyant accourir confusément, prit l'offensive, et les battit à tel point, que leur camp tomba en son pouvoir.

4. Le consul Metellus, faisant la guerre en Sicile contre Asdrubal, et observant l'armée ennemie avec d'autant plus de soin qu'elle était très-nombreuse et renforcée de cent trente éléphants, affecta de la crainte, tint ses troupes renfermées dans Panorme, et fit creuser un large fossé en avant de la place ; puis, voyant arriver cette armée, avec les éléphants à la première ligne, il ordonna à ses hastats d'aller lancer des flèches contre ces animaux, et de se réfugier aussitôt dans le retranchement. Irrités de cette bravade, ceux qui conduisaient les éléphants les firent descendre jusque dans le fossé même, et, quand ils s'y furent engagés, une partie de ces animaux fut accablée d'une grêle de traits, et les autres, se retournant contre les Carthaginois, mirent le désordre dans leur armée. Alors Metellus, qui n'attendait que l'occasion, s'élança avec toutes ses troupes, attaqua en flanc les ennemis, les tailla en pièces, et les prit avec leurs éléphants.

5. Tomyris, reine des Scythes, combattant contre Cyrus, roi de Perse, sans résultat décisif, l'attira, par une fuite simulée, dans un défilé bien connu des Scythes ; là, se retournant tout à coup, et secondée par la nature du lieu, elle remporta la victoire.

6. Les Égyptiens couvrirent d'herbes aquatiques certains marais voisins d'une plaine où ils devaient combattre ; et, l'action engagée, ils attirèrent, par une feinte retraite, les ennemis dans le piége. Ceux-ci, s'élançant avec trop d'ardeur sur un terrain qu'ils ne connaissaient pas, s'enfoncèrent dans la vase, et furent enveloppés.

7. Viriathe, qui de brigand était devenu chef des

se Romanis equitibus simulans, usque ad locum voraginosum et præaltum eos perduxit; et, quum ipse per solidos ac notos sibi transitus evaderet, Romanos ignaros locorum, immersosque limo, cecidit.

8. Fulvius imperator, Celtiberico bello, collatis cum hoste castris, equites suos jussit succedere ad munitiones eorum, lacessitisque barbaris, simulata fuga recedere. Hoc quum per aliquot dies fecisset, avide insequentibus Celtiberis, animadvertit, castra eorum solita nudari : itaque per partem exercitus custodita consuetudine, ipse cum expeditis post castra hostium consedit occultus, effusisque eis ex more, repente adortus, et desertum proruit vallum, et castra cepit [57].

9. Cn. Fulvius, quum in finibus nostris exercitus Faliscorum, longe nostro major, castra posuisset, per suos milites quædam procul a castris ædificia succendit, ut Falisci, suos id fecisse credentes, spe prædæ diffunderentur.

10. Alexander, rex Epirotarum [58], adversus Illyrios, collocata in insidiis manu, quosdam ex suis habitu Illyriorum instruxit, et jussit vastare suam [id est Epiroticam] regionem. Quod quum Illyrii viderent fieri, ipsi passim prædari cœperunt, eo securius, quod præcedentes veluti pro exploratoribus habebant : a qui-

Celtibériens, feignant de lâcher pied devant la cavalerie romaine, l'amena jusque dans des fondrières et des ravins; et, tandis qu'il s'échappait lui-même par des chemins solides qu'il connaissait, les Romains, auxquels les lieux étaient inconnus, s'embourbèrent et furent taillés en pièces.

8. Fulvius, commandant une armée romaine contre les Celtibériens, établit son camp à proximité du leur, et ordonna à sa cavalerie de s'avancer jusque sous les retranchements de ces barbares, de les harceler, et de se replier par une retraite simulée. Il renouvela cette provocation pendant quelques jours, et s'aperçut que les Celtibériens, en poursuivant avec ardeur sa cavalerie, laissaient leur camp sans défense. Alors, ayant donné l'ordre à une partie de ses troupes d'exécuter encore la même manœuvre, lui-même, avec ses troupes légères, alla, sans être aperçu, prendre position derrière les ennemis; et, quand ceux-ci furent sortis comme à l'ordinaire, il accourut soudainement, abattit les palissades abandonnées, et se rendit maître du camp.

9. Une armée de Falisques, plus nombreuse que la nôtre, étant venue camper sur nos frontières, Cn. Fulvius fit mettre le feu par ses soldats à des maisons éloignées de son camp, dans l'espoir que les Falisques, attribuant à quelques-uns des leurs cette dévastation, se disperseraient pour aller au pillage.

10. Alexandre, roi d'Épire, étant en guerre avec les Illyriens, plaça des troupes en embuscade; puis, ayant fait prendre à quelques soldats le costume des ennemis, il leur donna l'ordre de commettre des ravages sur le territoire même de l'Épire. Dès que les Illyriens les aperçurent, ils se répandirent de tous côtés pour faire du butin, avec d'autant plus de sécurité, qu'ils prenaient pour leurs éclaireurs ceux qu'ils voyaient en

bus ex industria in loca iniqua deducti, cæsi fugatique sunt.

11. Leptines quoque Syracusanus, adversus Carthaginienses, vastari suos agros, et incendi villas castellaque quædam imperavit. Carthaginienses ab suis id fieri rati, et ipsi tanquam in adjutorium exierunt, exceptique ab insidiatoribus, fusi sunt.

12. Maharbal, missus a Carthaginiensibus adversus Afros rebellantes, quum sciret gentem avidam esse vini, magnum ejus modum mandragora permiscuit, cujus inter venenum ac soporem media vis est. Tunc, prœlio levi commisso, ex industria cessit: nocte deinde intempesta, relictis intra castra quibusdam sarcinis, et omni vino infecto, fugam simulavit: quumque barbari, occupatis castris, in gaudium effusi, medicatum avide merum hausissent, et in modum defunctorum strati jacerent, reversus aut cepit eos, aut trucidavit.

13. Hannibal, quum sciret sua et Romanorum castra in eis locis esse, quæ lignis deficiebantur, ex industria in regione deserta plurimos armentorum greges intra vallum reliquit: qua velut præda Romani potiti, in summis lignationis angustiis, insalubribus se cibis onerarunt. Hannibal, reducto nocte exercitu, securos eos et semicruda graves carne, majorem in modum vexavit.

14. Tiberius Gracchus, in Hispania, certior factus, hostem inopem commercio laborare, instructissima castra omnibus esculentis deseruit: quæ adeptum ho-

avant. Ainsi attirés sur le lieu de l'embuscade, ils furent taillés en pièces et mis en fuite.

11. Leptine, commandant l'armée des Syracusains contre les Carthaginois, fit aussi ravager son propre pays, et brûler des maisons de campagnes et quelques châteaux. Les Carthaginois, croyant que c'était l'œuvre des leurs, sortirent du camp pour les soutenir, et tombèrent dans une embuscade, où ils trouvèrent leur défaite.

12. Maharbal, envoyé de Carthage contre les Africains révoltés, et connaissant le goût passionné de ce peuple pour le vin, mélangea une grande quantité de cette boisson avec du suc de mandragore, plante qui tient le milieu entre le poison et les narcotiques; et après un léger engagement avec l'ennemi, il se replia à dessein : puis, au milieu de la nuit, laissant dans son camp quelques bagages et tout le vin mélangé, il feignit de s'enfuir. Les barbares s'emparent de son camp, se livrent à la joie, boivent avidement ce vin pernicieux, et bientôt, étendus à terre comme s'ils étaient morts, ils sont, au retour de Maharbal, tous pris ou massacrés.

13. Annibal, sachant que son camp et celui des Romains étaient dans un lieu où le bois manquait, abandonna de nombreux troupeaux de bœufs dans ses retranchements, au milieu de ce pays désert. Les Romains s'emparèrent de ce butin, et, se trouvant dans une grande disette de bois, se gorgèrent de viande mal cuite. Tandis qu'ils se croyaient en sûreté, et qu'ils étaient incommodés par cette viande à demi crue, Annibal ramena son armée pendant la nuit, et leur fit beaucoup de mal.

14. En Espagne, Tiberius Gracchus, informé que l'ennemi, ne pouvant se procurer des vivres, était dans la détresse, abandonna son camp, où il laissa en abon-

stem, et repertis intemperanter repletum gravemque, reducto exercitu, subito oppressit.

15. Chii[59], qui adversus Erythræos bellum gerebant, speculatorem eorum, in loco edito deprehensum, occiderunt, et vestem ejus suo militi dederunt : qui ex eodem jugo Erythræos signo dato in insidias evocavit.

16. Arabes, quum esset nota consuetudo eorum, qua de adventu hostium interdiu fumo, nocte igne significare instituerant, ut sine intermissione ea fierent, præceperunt, adventantibus autem adversariis intermitterentur. Qui quum, cessantibus luminibus, existimarent ignorari adventum suum, avidius ingressi, oppressique sunt.

17. Alexander Macedo, quum hostis in saltu editiore castra communisset, seducta parte copiarum, præcepit his, quos relinquebat, ut ex more ignes excitarent, speciemque præberent totius exercitus : ipse autem, per avias regiones circumducta manu, hostem superiore aggressus loco depulit.

18. Memnon Rhodius[60], quum equitatu prævaleret, et hostem in collibus se continentem in campos vellet deducere, quosdam ex militibus suis, sub specie perfugæ, misit in hostium castra, qui affirmarent, exercitum Memnonis tam perniciosa seditione furere, ut et subinde aliqua pars ejus dilaberetur. Huic affirmationi ut fidem faceret, passim in conspectu hostium jussit

dance des provisions de toute espèce. Les ennemis s'en emparent, se gorgent de la nourriture qu'ils trouvent; et, tandis qu'ils souffrent de cet excès, Tiberius revient avec son armée, les surprend et les taille en pièces.

15. Les habitants de Chio, faisant la guerre à ceux d'Érythrée, leur enlevèrent un éclaireur sur une éminence, le tuèrent, et revêtirent de ses habits un de leurs propres soldats. Celui-ci, par les signaux qu'il fit du même lieu aux Érythréens, les attira dans une embuscade.

16. Les Arabes, sachant que l'on connaissait leur habitude d'annoncer l'arrivée de l'ennemi, le jour avec de la fumée, et la nuit avec du feu, donnèrent l'ordre d'entretenir continuellement ces signaux, et de ne les interrompre, au contraire, qu'à l'approche des ennemis. Ceux-ci croyant, d'après l'absence des feux, que les Arabes ignoraient leur arrivée, s'avancèrent avec plus de précipitation, et furent défaits.

17. Alexandre, roi de Macédoine, voyant que les ennemis étaient campés dans un bois situé sur une hauteur, partagea ses troupes en deux corps, ordonna à celui qu'il laissait au camp d'allumer autant de feux qu'à l'ordinaire, pour faire croire à la présence de l'armée entière; et, conduisant lui-même l'autre corps par des chemins détournés, il alla fondre d'un lieu plus élevé sur l'ennemi, et le débusqua.

18. Memnon de Rhodes, dont la principale force était dans la cavalerie, ayant affaire à des troupes qui se tenaient sur les hauteurs, et qu'il voulait attirer dans la plaine, envoya dans leur camp plusieurs de ses soldats, chargés de jouer le rôle de transfuges, et de faire croire que son armée était en proie à une si forte sédition, qu'il en désertait à chaque instant une partie. Pour accréditer ce mensonge, Memnon fit établir çà et là, sous les yeux de l'ennemi, quelques petits forts qui sem-

parva castella muniri, velut in ea se recepturi essent, qui dissidebant. Hac persuasione sollicitati, qui in montibus se continuerant, in plana descenderunt, et, dum castella tentant, ab equitatu circumventi sunt.

19. Arybas, rex Molossorum, bello petitus ab Ardie Illyrico, majorem aliquanto exercitum habente, amolitus imbelles suorum, in vicinam regionem Ætoliæ famam sparsit, tanquam urbes ac res suas Ætolis concederet. Ipse cum iis, qui arma ferre poterant, insidias in montibus et locis confragosis distribuit. Illyrii timentes ne, quæ Molossorum erant, ab Ætolis occuparentur, velut ad prædam festinantes, neglectis ordinibus, accelerare cœperunt : quos dissipatos, nihil tale exspectantes, Arybas ex insidiis fudit fugavitque.

20. T. Labienus, C. Cæsaris legatus, adversus Gallos, ante adventum Germanorum, quos auxilio his venturos sciebat, confligere cupiens, diffidentiam simulavit, positisque in diversa ripa castris [61], profectionem edixit in posterum diem. Galli credentes eum fugere, flumen, quod medium erat, instituerunt transmittere. Labienus, circumacto exercitu, inter ipsas superandi amnis difficultates eos cecidit.

21. Hannibal, quum explorasset, negligenter castra Fulvii Romani ducis munita, ipsum præterea multa temere audere, prima luce, quum densiores nebulæ præstarent obscuritatem, paucos equites munitionum nostrarum vigilibus ostendit : quo Fulvius repente mo-

blaient être l'ouvrage des prétendus déserteurs, pour leur servir de retraite. Dans cette confiance, les ennemis, abandonnant les collines, descendent en rase campagne, et, tandis qu'ils s'attaquent aux forts, Memnon les enveloppe avec sa cavalerie.

19. Arybas, roi des Molosses, ayant à soutenir une une guerre contre Ardys, roi d'Illyrie, qui avait une armée plus forte que la sienne, envoya dans une province d'Étolie, voisine de ses États, ceux de ses sujets qui ne pouvaient se défendre, et répandit le bruit qu'il abandonnait aux Étoliens ses villes et toutes ses possessions ; puis, se mettant à la tête de ceux qui étaient capables de porter les armes, il plaça des embuscades sur les montagnes et dans des lieux de difficile accès. Les Illyriens, craignant que les richesses des Molosses ne tombassent au pouvoir des Étoliens, accoururent au pillage avec précipitation et en désordre ; et quand Arybas les vit dispersés et en pleine sécurité, il sortit d'embuscade, tomba sur eux, et les mit en déroute.

20. T. Labienus, lieutenant de C. César, désirant livrer bataille aux Gaulois avant l'arrivée des Germains, qu'il savait devoir venir à leur secours, feignit de se défier de ses forces ; et, après avoir assis son camp près d'un fleuve, sur la rive opposée à celle que l'ennemi occupait, il donna l'ordre du départ pour le lendemain. Les Gaulois, croyant qu'il fuyait, se mirent en devoir de franchir le fleuve ; mais, au moment même où ils luttaient contre les difficultés du passage, l'armée de Labienus fit volte-face, et les tailla en pièces.

21. Annibal, s'étant aperçu que Fulvius, général romain, avait mal fortifié son camp, et agissait souvent avec peu de prudence, envoya dès la pointe du jour, au moment où d'épais brouillards obscurcissaient le temps, quelques cavaliers se montrer aux sentinelles qui gardaient nos retranchements. Aussitôt Fulvius fit

vit exercitum. Hannibal per diversam partem castra ejus occupavit: et illa in tergum Romanorum effusus, octo millia fortissimorum militum cum ipso duce trucidavit [62].

22. Idem Hannibal, quum inter Fabium dictatorem, et Minucium magistrum equitum, divisus esset exercitus, et Fabius occasionibus immineret, Minucius pugnandi cupiditate flagraret, castra in campo, qui medius inter hostes erat, posuit; et, quum partem peditum in confragosis rupibus celasset, ipse ad evocandum hostem misit, qui proximum tumulum occuparent. Ad quos opprimendos, quum eduxisset copias Minucius, insidiatores, ab Hannibale dispositi, subito consurrexerunt, et delessent Minucii exercitum, nisi Fabius periclitantibus subvenisset [63].

23. Idem Hannibal, quum ad Trebiam [64] in conspectu haberet Sempronii Longi consulis castra, medio amne interfluente, sævissima hieme Magonem et electos in insidiis posuit. Deinde Numidas equites, ad eliciendam Sempronii credulitatem, adequitare vallo ejus jussit: quibus præceperat, ut ad primum nostrorum incursum per nota refugerent vada. Hos consul et adortus temere, et sequutus, jejunum exercitum in maximo frigore transitu fluminis rigefecit. Mox torpore et inedia affectis Hannibal suum militem opposuit, quem ad id ignibus, oleoque, et cibo foverat: nec vero defuit partibus Mago, quin terga hostium in hoc ordinatus cæderet.

sortir son armée. Annibal, venant par un autre côté, s'empara du camp, et de là tombant sur les derrières des Romains, il leur tua huit mille des meilleurs soldats, et leur général lui-même.

22. L'armée romaine ayant été partagée entre Fabius le dictateur, et Minucius, maître de la cavalerie, le premier sachant attendre les occasions, l'autre ne respirant que le combat, Annibal s'établit dans une plaine qui séparait les deux camps; et, après avoir caché une partie de son infanterie dans des anfractuosités de rochers, il voulut provoquer l'ennemi en envoyant des troupes occuper une éminence voisine. Minucius sortit de ses retranchements pour les charger; alors, celles qui avaient été embusquées par Annibal, s'élançant tout à coup, auraient détruit l'armée de Minucius, si Fabius, qui s'était aperçu du danger, ne fût arrivé à son secours.

23. Annibal, étant campé près de la Trebia, qui séparait son camp de celui du consul Sempronius Longus, mit en embuscade Magon, avec des troupes d'élite, par un froid très-vif; puis, afin d'attirer au combat le confiant Sempronius, il envoya des cavaliers numides voltiger près du camp romain, avec ordre de lâcher pied dès notre première charge, et de revenir par des gués qu'ils connaissaient. Le consul s'élança témérairement à leur poursuite; et ses soldats, encore à jeun, furent, dans cette saison rigoureuse, saisis par le froid en passant la rivière. Bientôt, quand ils furent engourdis, et épuisés de faim, Annibal dirigea sur eux ses troupes, qui avaient pris à dessein leur repas, et s'étaient frottées d'huile auprès du feu. Magon, de son côté, fidèle aux ordres qu'il avait reçus, prit les ennemis en queue et en fit un grand carnage.

24. Idem ad Thrasymenum[65], quum arcta quædam via in radice montis in campos patentes duceret, simulata fuga per angustias ad patentia evasit, ibique castra posuit, ac nocte dispositis militibus, et per collem, qui imminebat, et in lateribus angustiarum, prima luce, nebula quoque adjutus, aciem direxit. Flaminius velut fugientem insequens, quum angustias esset ingressus, non ante providit insidias, quam simul a fronte, lateribus, tergo circumfusus, ad internecionem cum exercitu cæderetur.

25. Idem Hannibal, adversus Junium dictatorem[66], nocte intempesta sexcentis equitibus imperavit, ut in plures turmas segregati, per vices sine intermissione circa castra hostium se ostentarent. Ita tota nocte Romanis in vallo, statione ac pluvia, quæ forte continua fuerat, inquietatis confectisque, quum receptui signum jam Junius dedisset, Hannibal suos requietos eduxit, et castra ejus invasit.

26. Epaminondas Thebanus, in eumdem modum, quum Lacedæmonii ad Isthmum[67] vallo ducto Peloponneson tuerentur, paucorum opera levis armaturæ, tota nocte inquietavit hostem; ac deinde prima luce vocatis suis, quum Lacedæmonii se recepissent, subito universum exercitum, quem quietum habuerat, admovit, et per ipsa munimenta, destituta propugnatoribus, irrupit.

27. Hannibal, directa acie ad Cannas, sexcentos equites Numidas transfugere jussit[68] : qui ad fidem faciendam gladios et scuta nostris tradiderunt, et in ulti-

24. Comme le lac de Thrasymène était séparé du pied d'une montagne par un chemin étroit qui conduisait dans le plat pays, Annibal, simulant une retraite, franchit le passage et alla camper dans cette plaine ; ensuite il embusqua des troupes, pendant la nuit, sur une colline qui dominait le défilé, et sur les côtés du chemin ; et, au point du jour, profitant d'un brouillard qui le cachait, il rangea en bataille le reste de son armée. Flaminius, qui croyait l'ennemi en fuite, se mit à le poursuivre, s'engagea dans le défilé, et n'aperçut le piége qu'au moment où, attaqué à la fois de front, en flanc et par derrière, il périt avec toute son armée.

25. Le même Annibal, ayant en tête le dictateur Junius, donna l'ordre à six cents cavaliers de se partager en plusieurs petites troupes, et d'aller, à la faveur de la nuit, alternativement et sans interruption, se présenter autour du camp de l'ennemi. Ainsi harcelés pendant la nuit entière, les Romains gardèrent leurs retranchements sans quitter leurs armes, battus par une pluie continuelle ; et quand, accablés de fatigue, ils eurent reçu de Junius l'ordre de se retirer, Annibal, sortant de son camp avec des troupes fraîches, s'empara de celui du dictateur.

26. Un semblable artifice réussit à Épaminondas, général thébain, contre les Lacédémoniens, qui avaient creusé des fossés à l'isthme de Corynthe, pour défendre l'entrée du Péloponnèse. Pendant toute la nuit il inquiéta l'ennemi avec quelques troupes légères, qu'il rappela vers la pointe du jour ; et, quand les Lacédémoniens se furent aussi retirés, il fit soudainement avancer toute son armée, qui avait pris du repos, et fit irruption par les fossés mêmes, restés sans défense.

27. Annibal, ayant rangé son armée en bataille près de Cannes, fit passer du côté des Romains six cents cavaliers numides, qui, pour inspirer moins de mé-

mum agmen recepti, ubi primum concurri cœpit, strictis minoribus, quos occultaverant, gladiis, scutis jacentium assumptis, Romanorum aciem ceciderunt.

28. Iapydes P. Licinio proconsuli pagos quoque sub specie deditionis obtulerunt : qui recepti, et in postrema acie collocati, terga Romanorum ceciderunt.

29. Scipio Africanus[69], quum adversa haberet bina hostium castra, Syphacis et Carthaginiensium, statuit Syphacis, ubi multa incendiis alimenta erant, aggredi nocte, ignemque injicere, ut ea re Numidas quidem ex suis castris trepidantes cæderet; Pœnos autem, quos certum erat ad succurrendum sociis procursuros, insidiis dispositis, exciperet. Utrumque ex sententia cessit.

30. Mithridates, a Lucullo virtute frequenter superatus, insidiis eum appetiit, Adathante[70] quodam, eminente viribus, subornato, ut transfugeret, et fide parta hostis, facinus perpetraret. Quod is strenue quidem, sed sine eventu conatus est. Receptus enim a Lucullo in gregem equitum, non sine tacita custodia habitus est : quia nec credi subito transfugæ, nec inhiberi reliquos oportebat. Quum dein, frequentibus excursionibus, promptam et enixam operam exhiberet, fide acquisita, tempus elegit, quo missa principia quietem omnibus castrensibus dabant, prætoriumque secretius præstabant. Casus adjuvit Lucullum. Nam qui ad vigilantem usque admitteretur, fatigatum nocturnis

fiance, livrèrent leurs épées et leurs boucliers. Ils furent placés à la dernière ligne de l'armée; mais, aussitôt que l'action fut engagée, ils tirèrent des épées courtes, qu'ils avaient cachées sous leurs cuirasses, prirent les boucliers des morts, et tombèrent sur l'armée romaine.

28. Les Iapydes envoyèrent de même au proconsul P. Licinius des paysans qui feignirent de se rendre à lui. Ayant été reçus, et placés vers les derniers rangs, ils chargèrent en queue les Romains.

29. Scipion l'Africain, ayant devant lui deux camps ennemis, celui de Syphax et celui des Carthaginois, résolut d'attaquer pendant la nuit le premier, qui contenait beaucoup de matières combustibles, et d'y mettre le feu, dans le but de tailler en pièces les Numides à mesure que l'épouvante les ferait sortir de leur camp, et d'amener en même temps dans une embuscade disposée à cet effet, les Carthaginois, qui ne manqueraient pas d'accourir au secours de leurs alliés. Un double succès couronna son entreprise.

30. Mithridate, dont le talent de Lucullus avait souvent triomphé, voulut se défaire de celui-ci par trahison, en subornant un certain Adathante, homme d'une force extraordinaire, qui, passant comme transfuge dans le camp des Romains, devait capter sa confiance et l'assassiner. L'entreprise fut conduite avec courage, mais sans succès. Reçu dans la cavalerie de Lucullus, cet homme fut l'objet d'une secrète surveillance, parce qu'il ne fallait ni se fier tout d'abord à un transfuge, ni en empêcher d'autres de déserter comme lui. Plus tard, lorsque, s'étant signalé par des services dans de fréquentes expéditions, il eut inspiré de la confiance à Lucullus, il choisit le moment où le conseil, congédié, laissait tout le camp dans le repos, et rendait le prétoire plus solitaire. Le hasard sauva Lucullus : car le traître, qui avait ordinairement un

cogitatibus illo tempore quiescentem invenit. Quum deinde, tanquam nuntiaturus aliquid subitum ac necessarium, intrare vellet, et pertinaciter a servis, valetudini domini consulentibus, excluderetur, veritus ne suspectus esset, equis, quos ante portam paratos habebat, ad Mithridatem refugit irritus.

31. Sertorius, in Hispania, quum apud Lauronem oppidum vicina castra Pompeii castris haberet, et duæ tantummodo regiones essent, ex quibus pabulum peti posset, una in propinquo, altera longius sita, eam, quæ in propinquo erat, subinde ab levi armatura infestari, ulteriorem autem vetuit ab ullo armato adiri, donec persuasit adversariis tutiorem esse, quæ erat remotior. Quam quum petiissent Pompeiani, Octavium Græcinum cum decem cohortibus in morem Romanorum armatis, et decem Hispanorum levis armaturæ, et Tarquitium Priscum cum duobus millibus equitum ire jubet ad insidias tendendas pabulatoribus. Illi strenue imperata faciunt. Explorata enim locorum natura, in vicina silva nocte prædictas copias abscondunt, ita ut in prima parte leves Hispanos, aptissimos ad furta bellorum, ponerent; paulo interius scutatos; in remotissimo equites, ne fremitu equorum cogitata proderentur. Quiescere omnes silentio servato in horam tertiam diei jubet. Quum deinde Pompeiani securi curvatique pabulo de reditu cogitarent, et ii quoque, qui

libre accès auprès du général quand celui-ci ne dormait pas, se présenta au moment où, accablé de veilles et de travaux, il venait de céder au sommeil. Quoiqu'il insistât pour entrer, ayant, disait-il, à lui communiquer une affaire importante et pressée, les esclaves, attentifs à la santé de leur maître, lui refusèrent obstinément la porte. Alors, craignant que sa démarche n'éveillât les soupçons, il alla vers la porte du camp, où l'attendaient des chevaux tout prêts, et retourna vers Mithridate, sans avoir pu accomplir son dessein.

31. En Espagne, Sertorius, ayant établi son camp près de Lauron, en face de celui de Pompée, et voyant qu'on ne pouvait aller au fourrage dans deux cantons, l'un voisin, l'autre éloigné des camps, voulut que ses troupes légères fissent de continuelles incursions dans le premier, et que pas un homme armé ne parût dans l'autre, jusqu'à ce que l'ennemi fût convaincu que le lieu le plus éloigné était le plus sûr. Aussitôt que les soldats de Pompée y furent allés, Sertorius, pour tendre des embûches aux fourrageurs, y envoya Octavius Grécinus, avec dix cohortes armées à la romaine, dix mille hommes de troupes légères, et deux mille cavaliers commandés par Tarquitius Priscus. Ces chefs s'acquittèrent habilement de leur mission : car, après avoir reconnu les lieux, ils embusquèrent leurs troupes, pendant la nuit, dans une forêt voisine, ayant soin de placer en première ligne les Espagnols, soldats agiles, et excellents pour les coups de main ; plus avant dans la forêt, l'infanterie armée de boucliers, et plus loin encore la cavalerie, afin que le hennissement des chevaux ne trahît pas le piége. Ils reçurent tous l'ordre de rester en repos et de garder le silence jusqu'à la troisième heure du jour. Déjà les soldats de Pompée, en pleine sécurité et chargés de provisions, songeaient à s'en retourner, et ceux qui avaient fait le guet, séduits par cette sûreté

in statione fuerant, quiete invitati ad pabulum colligendum dilaberentur, emissi primum Hispani, velocitate gentili in palantes effunduntur, et convulnerant confunduntque nihil tale exspectantes; prius deinde, quam resisti his inciperet, scutati erumpunt e saltu, et redeuntes in ordinem consternunt, vertuntque: fugientibus equites immissi, toto eos spatio, quo redibatur in castra, persequuti cædunt : curatum quoque, ne quis effugeret. Nam reliqui ducenti et quinquaginta equites, præmissi facile per compendia itinerum effusis habenis, antequam ad castra Pompeii perveniretur, conversi, occurrunt eis qui primi fugerant. Ad cujus rei sensum Pompeio emittente legionem cum D. Lælio in præsidium suorum, subducti in dextrum latus velut cesserunt equites ; deinde, et quum ita legionem hanc a tergo infestarent, quum jam etiam a fronte, qui pabulatores persequuti erant, incursarent, sic legio quoque inter duas acies hostium cum legato suo elisa est : ad cujus præsidium Pompeio totum educente exercitum, Sertorius quoque e collibus suos instructos ostendit, effecitque ne Pompeio expediret. Ita præter duplex damnum, eadem sollertia illatum, spectatorem quoque eum cladis suorum continuit. Hoc primum prœlium inter Sertorium et Pompeium fuit : decem millia hominum de Pompeii exercitu amissa, et omnia impedimenta, Livius auctor est [71].

32. Pompeius, in Hispania, dispositis ante, qui ex occulto aggrederentur, simulato metu deduxit instantem

apparente, se dispersaient pour fourrager eux-mêmes, lorsque les Espagnols, s'élançant avec l'impétuosité qui leur est naturelle, font main basse sur ces hommes épars, qui n'appréhendaient rien de semblable, et les mettent en désordre; puis, avant qu'ils aient commencé à se défendre, l'infanterie armée de boucliers sort de la forêt, culbute et dissipe ceux qui cherchent à se rallier. La cavalerie, alors, partit à leur poursuite, et joncha de morts tout le terrain qui conduisait au camp. On eut même soin de n'en laisser échapper aucun : car le reste des cavaliers, au nombre de deux cent cinquante, prirent facilement les devants du côté du camp de Pompée, en allant à toute bride par les chemins les plus courts, et se retournèrent sur ceux qui fuyaient les premiers. Aussitôt que Pompée s'aperçut de ce qui se passait, il envoya au secours des siens une légion commandée par D. Lélius; mais la cavalerie, faisant un mouvement vers la droite, feignit d'abord de se retirer, et revint charger en queue la légion, dont la tête était déjà aux prises avec ceux qui avaient poursuivi les fourrageurs. Pressée entre deux troupes ennemies, elle fut exterminée avec le lieutenant. Pompée avait voulu la dégager en faisant sortir du camp son armée entière; mais Sertorius, lui faisant voir la sienne rangée sur les hauteurs, le fit renoncer au combat. Outre cette double perte, résultat du même artifice, Pompée eut la douleur de rester spectateur du massacre de ses soldats. Tel fut le premier engagement entre Sertorius et Pompée. Celui-ci, au rapport de Tite-Live, perdit dix mille six cents hommes et tous ses bagages.

32. Pompée, en Espagne, ayant dressé une embuscade, feignit, en fuyant, de craindre les ennemis, les

hostem in loca insessa; deinde ubi res poposcit, conversus, et in fronte et utrisque lateribus ad internecionem cecidit, capto etiam duce eorum Perpenna.

33. Idem adversus Mithridatem, in Armenia, numero et genere equitum prævalentem, tria millia levis armaturæ, et quingentos equites nocte in valle sub virgultis, quæ inter bina castra erant, disposuit; prima deinde luce in stationem hostium emisit equites ita formatos, ut, quum universus cum exercitu hostium equitatus prœlium inisset, servatis ordinibus, paulatim cederent, donec spatium darent consurgendi a tergo ob hoc dispositis. Quod postquam ex sententia contigit, conversis, qui terga dedisse videbantur, medium hostem trepidantem cecidit; ipsos etiam equos, pedite cominus accedente, confodit: eoque prœlio fiduciam regi, quam in equestribus copiis habebat, detraxit.

34. Crassus, bello fugitivorum, apud Cathenam [72] bina castra cominus cum hostium castris vallavit; nocte deinde commutatis copiis, manente prætorio in majoribus castris, ut fallerentur hostes, ipse omnes copias eduxit, et in radicibus prædicti montis constituit; divisoque equitatu, præcepit L. Quinctio, partem Spartaco objiceret, pugnaque eum frustraretur; parte alia Gallos Germanosque ex factione Casti et Gannici eliceret ad pugnam, et pugna simulata deduceret, ubi ipse aciem instruxerat. Quos quum barbari insequuti essent, equite recedente in cornua, subito acies Ro-

attira vers le piége ; et, quand il vit le moment favorable, il se retourna, les attaqua de front et sur les deux flancs, les tailla en pièces, et fit même prisonnier Perpenna, leur chef.

33. Le même, faisant la guerre en Arménie contre Mithridate, dont la cavalerie était plus nombreuse et meilleure que la sienne, plaça, pendant la nuit, trois mille fantassins armés à la légère, et cinq cents cavaliers, dans une vallée couverte de bois, et située entre les deux camps; puis, à la pointe du jour, il fit avancer sa cavalerie vers les avant-postes ennemis, avec ordre, lorsqu'elle serait tout entière aux prises avec celle de Mithridate, de se retirer peu à peu, sans quitter les rangs, jusqu'à ce que les troupes embusquées fussent à portée de tomber sur les derrières de l'ennemi. L'événement ayant rempli son attente, la cavalerie, qui semblait fuir, tourna bride ; et les ennemis, enveloppés, et frappés d'épouvante, furent taillés en pièces : leurs chevaux mêmes tombèrent sous les coups d'épée que venaient leur porter les fantassins. Ce combat fit perdre au roi la confiance qu'il avait en sa cavalerie.

34. Crassus, dans la guerre des esclaves fugitifs, s'était retranché près du mont Cathena, dans deux camps fort rapprochés de celui de l'ennemi. Après avoir fait passer, pendant la nuit, ses troupes du plus grand dans le plus petit, laissant dans le premier sa tente prétorienne, pour donner le change à l'ennemi, il conduisit lui-même toute son armée au pied de la montagne, où il prit position. Il partagea en deux corps sa cavalerie, et chargea L. Quinctius d'en opposer une partie à Spartacus, pour le tenir en échec, puis de provoquer, avec le reste, les Gaulois et les Germains, commandés par Castus et Gannicus, afin de les attirer, par une fuite simulée, jusqu'à l'endroit où il se tenait lui-même avec son armée rangée en bataille. Aussitôt

mana adaperta cum clamore procurrit. Triginta quinque millia armatorum eo proelio interfecta cum ipsis ducibus Livius tradit [73], receptas quinque Romanas aquilas, signa sex et viginti, multa spolia, inter quæ quinque fasces cum securibus.

35. C. Cassius in Syria adversus Parthos ducens aciem, equitem ostendit a fronte, quum ab tergo peditem in confragoso loco occultasset; dein, cedente equitatu, et per nota se recipiente, in præparatas insidias perduxit exercitum Parthorum, et cecidit.

36. Ventidius, Parthos et Labienum alacres successibus victoriarum, dum suos ipse per simulationem metus continet, evocavit, et in loca iniqua deductos, aggressus per obreptionem, adeo debellavit, ut, destituto Labieno [74], provincia excederent Parthi.

37. Idem adversus Pharnastanis [75] Parthos, quum ipse exiguum numerum militum haberet, illis autem fiduciam ex multitudine videret increscere, ad latus castrorum octodecim cohortes in obscura valle posuit, equitatu post terga peditum collocato. Tum paucos admodum milites in hostem misit: qui ubi simulata fuga hostem effuse sequentem ultra locum insidiarum perduxere, coorta a latere acies, præcipitatis in fugam Parthis, in his Pharnastanem interfecit.

38. C. Cæsar, suis et Afranii castris contrarias te-

qu'elle se vit chargée par les barbares, la cavalerie se retira vers les deux ailes, et tout à coup l'infanterie romaine, mise à découvert, s'élança en poussant de grands cris. Tite-Live rapporte que trente-cinq mille combattants périrent avec leurs chefs dans cette journée, et que l'on reprit cinq aigles romaines, vingt-six enseignes et beaucoup de butin, parmi lequel se trouvaient cinq faisceaux avec leurs haches.

35. En Syrie, C. Cassius, s'avançant contre les Parthes, ne présenta sur son front de bataille que sa cavalerie, derrière laquelle il cacha l'infanterie dans les inégalités du terrain; ensuite, faisant lâcher pied à sa cavalerie, qui s'écoula par des chemins qu'elle connaissait, il attira les Parthes dans le piége, et les tailla en pièces.

36. Ventidius, ayant affaire aux Parthes et à Labienus, que leurs victoires avaient enhardis, feignit de les craindre, en tenant son armée inactive; et, les ayant par là déterminés à l'attaquer, il les attira dans des lieux désavantageux, tomba sur eux inopinément, et les battit à tel point, qu'ils abandonnèrent Labienus et sortirent de la province.

37. Le même, n'ayant qu'une petite armée à opposer au Parthe Pharnastane, et voyant que celui-ci se fiait de plus en plus sur le grand nombre de ses soldats, embusqua dans une vallée couverte, à côté de son camp, dix-huit cohortes, derrière lesquelles il rangea sa cavalerie; ensuite, quelques hommes lancés contre les Parthes ayant à dessein pris la fuite, ceux-ci les poursuivirent en désordre, et dépassèrent le lieu de l'embuscade : aussitôt l'armée de Ventidius, se jetant sur leur flanc, les mit en déroute, et Pharnastane resta parmi les morts.

38. Le camp de C. César et celui d'Afranius occu-

nentibus planities, quum utriusque partis plurimum interesset, colles proximos occupare, idque propter saxorum asperitatem esset difficile, tanquam Ilerdam repetiturum retro agmen ordinavit, faciente inopia fidem destinationi. Intra brevissimum deinde spatium, exiguo circuitu flexit repente ad montes occupandos. Quo visu perturbati Afraniani, velut captis castris, et ipsi effuso cursu eosdem montes petiere: quod futurum quum praedivinasset Caesar [76], partim peditatu, quem praemiserat, partim ab tergo submissis equitibus, inordinatos est adortus.

39. Antonius, apud Forum Gallorum [77], quum Pansam consulem adventare comperisset, insidiis per silvestria Aemiliae viae dispositis, agmen ejus excepit, fuditque, et ipsum eo vulnere affecit, quo intra paucos dies exanimaretur.

40. Juba rex, in Africa, bello civili, Curionis animum simulato regressu [78] impulit in vanam alacritatem: cujus spei vanitate deceptus Curio, dum tanquam fugientem Saburam, regium praefectum, persequitur, devenit in patentes campos: ubi Numidarum circumventus equitatu, perdito exercitu [79], cecidit.

41. Melanthus, dux Atheniensium, quum, provocatus a rege hostium Xantho Boeotio, descendisset ad pugnam, ut primum cominus stetit, « Inique, inquit, Xanthe, et contra pactum facis: adversus solum enim cum altero processisti. » Quumque admiratus ille, quis-

paient deux côtés opposés d'une plaine, et chacun de ces chefs avait grand intérêt à s'emparer de hauteurs voisines dont l'accès était défendu par des rochers escarpés. César mit ses troupes en marche comme pour opérer une retraite sur Ilerda, ce que le manque de vivres pouvait faire supposer; puis, après un court chemin, il fit un léger détour, et se dirigea brusquement vers les hauteurs afin de s'en rendre maître. A cette vue, les troupes d'Afranius, aussi en peine que si leur camp eût été pris, coururent en désordre vers ces mêmes montagnes. César, qui avait prévu ce mouvement, profita de leur confusion pour les attaquer de front avec de l'infanterie qu'il avait envoyée en avant, tandis que sa cavalerie les chargeait par derrière.

39. Antoine, informé de l'approche du consul Pansa, lui dressa une embuscade dans les bois qui bordent la voie Émilienne, près de Forum Gallorum, le surprit ainsi avec son armée, et le mit en déroute. Le consul lui-même reçut une blessure dont il mourut peu de jours après.

40. En Afrique, pendant la guerre civile, le roi Juba causa une fausse joie à Curion par une retraite simulée. Celui-ci, séduit par l'espoir de vaincre, se mit à la poursuite de Sabura, lieutenant du roi, qui semblait fuir devant lui, et s'avança dans une plaine où, enveloppé par la cavalerie numide, il périt avec toute son armée.

41. Mélanthe, général athénien, provoqué à un combat singulier par Xanthus, roi de Béotie, contre lequel il soutenait la guerre, se rendit sur le champ de bataille, et quand il fut tout près de son ennemi : « Xanthus, lui dit-il, tu agis contre la justice et contre nos conventions : je suis seul, et tu amènes un second. »

nam se comitaretur, respexisset, aversum uno ictu confecit [80].

42. Iphicrates Atheniensis, ad Cherronesum, quum sciret, Lacedæmoniorum ducem Anaxibium exercitum pedestri itinere ducere, firmissimam manum militum eduxit e navibus, et in insidiis collocavit: naves autem omnium, tanquam onustas milite, palam transnavigare jussit[81]. Ita securos, et nihil exspectantes Lacedæmonios a tergo aggressus in itinere, oppressit, fuditque.

43. Liburni, quum vadosa loca obsedissent, capitibus tantum eminentibus, fidem fecerunt hosti alti maris, ac triremem, quæ eos persequebatur, implicatam vado ceperunt.

44. Alcibiades, dux Atheniensium, in Hellesponto adversus Mindarum[82], Lacedæmoniorum ducem, quum amplum exercitum, et plures naves haberet, nocte expositis in terram quibusdam militum suorum, parte quoque navium post quædam promontoria occultata, ipse cum paucis profectus, ita ut contemptu sui hostem invitaret, eumdem insequentem fugit, donec in præparatas insidias perduceret. Aversum deinde, et egredientem in terram, per eos, quos ad hoc ipsum exposuerat, cecidit.

45. Idem, navali prœlio decertaturus, constituit malos quosdam in promontorio, præcepitque his, quos ibi relinquebat, ut, quum commissum prœlium sensissent, panderent vela. Quo facto consequutus est, ut ho-

Tandis que le roi, étonné, se retournait pour voir qui l'accompagnait, Mélanthe le tua d'un seul coup.

42. Iphicrate, général athénien, étant près de la Chersonèse, et apprenant qu'Anaxibius conduisait son armée par terre, débarqua ses troupes les plus vigoureuses et les plaça en embuscade; puis il ordonna à sa flotte de se mettre en vue et de gagner le large comme si elle portait toute son armée. Les Lacédémoniens, continuant leur marche sans crainte ni soupçon, furent attaqués en queue par les troupes de l'embuscade, qui les taillèrent en pièces.

43. Des Liburniens, s'étant assis dans la mer sur un bas-fond, et ne montrant que la tête au-dessus de l'eau, trompèrent l'ennemi sur la profondeur de cet endroit, et se rendirent maîtres d'une galère qui, lancée à leur poursuite, s'embarrassa dans le sable.

44. Alcibiade, commandant les Athéniens dans l'Hellespont contre Mindare, général lacédémonien, avait une grande armée et plus de vaisseaux que celui-ci. Après avoir déposé à terre quelques troupes pendant la nuit, et caché une partie de sa flotte derrière des promontoires, il partit lui-même avec un petit nombre de voiles, pour se faire mépriser et attaquer par les ennemis. Aussitôt qu'il les vit à sa poursuite, il se retira jusqu'à ce qu'il les eût amenés dans le piége; puis, lorsque, fuyant à leur tour, ils eurent gagné le rivage, ils furent taillés en pièces par les troupes qu'il avait disposées à cet effet.

45. Le même, étant sur le point de livrer bataille sur mer, dressa quelques mâts sur un promontoire, et donna l'ordre aux soldats qu'il y laissait de déployer les voiles aussitôt qu'ils verraient l'action engagée. Cet artifice eut pour résultat de faire prendre la fuite à l'en-

stes, aliam classem in auxilium supervenire ei arbitrati, verterentur.

46. Memnon Rhodius, navali proelio, quum haberet ducentarum navium classem, et hostium naves elicere ad proelium vellet, ita ordinavit suos, ut paucarum navium malos erigeret, easque primas agi juberet. Hostes autem procul conspicati numerum arborum, et ex eo navium quoque conjectantes, obtulerunt se certamini, et a pluribus occupati superatique sunt.

47. Timotheus, dux Atheniensium, adversus Lacedaemonios navali acie decertaturus[83], quum instructa classis eorum ad pugnandum processisset, ex velocissimis navibus viginti praemisit, quae omni arte varioque flexu eluderent hostem. Ut primum deinde sensit, minus agiliter moveri adversam partem, progressus, praelassatos facile superavit.

**VI.** De emittendo hoste, ne clausus proelium ex desperatione redintegret.

1. Gallos, eo proelio, quod Camilli ductu gestum est, desiderantes navigia, quibus Tiberim transirent, senatus censuit transvehendos, et commeatibus quoque prosequendos. Ejusdem generis hominibus postea per Pomptinum agrum[84] fugientibus via data est, quae Gallica appellatur.

2. L. Marcius, eques Romanus, cui, duobus Scipionibus occisis, exercitus imperium detulit, quum circumventi ab eo Poeni, ne inulti morerentur, acrius pugnarent,

nemi, qui pensa qu'une nouvelle flotte arrivait au secours d'Alcibiade.

46. Memnon de Rhodes, ayant une flotte de deux cents vaisseaux, et voulant attirer l'ennemi au combat, ordonna à ses soldats de ne dresser les mâts que d'un petit nombre de navires, qu'il fit avancer les premiers. Les ennemis, jugeant de loin du nombre des vaisseaux par celui des mâts, acceptèrent le combat, et furent enveloppés et vaincus par une flotte plus nombreuse que la leur.

47. Timothée, général athénien, étant près d'en venir aux mains avec les Lacédémoniens, dont la flotte, rangée en bataille, s'avançait contre lui, envoya en avant vingt de ses plus légers vaisseaux, pour harceler l'ennemi par toutes sortes de ruses et de manœuvres; et, aussitôt qu'il s'aperçut que les mouvements de l'ennemi se ralentissaient, il aborda et défit aisément cette flotte déjà fatiguée.

---

**VI.** Laisser fuir l'ennemi, de peur que, se voyant enfermé, il ne rétablisse le combat par désespoir.

1. Les Gaulois manquant de barques pour franchir le Tibre, après la bataille gagnée sur eux par Camille, le sénat voulut qu'on leur facilitât le passage, et qu'on leur donnât même des vivres. Plus tard, lorsque des troupes de cette nation s'enfuirent en traversant le Pomptinum, on leur laissa libre un chemin qu'on appelle encore la route des Gaulois.

2. L. Marcius, chevalier romain, à qui l'armée déféra le commandement après la mort des deux Scipions, voyant les Carthaginois, qu'il tenait enfermés, combattre avec plus d'acharnement, pour vendre chèrement

laxatis manipulis, et concesso fugæ spatio, dissipatos sine periculo suorum trucidavit [85].

3. C. Cæsar Germanos inclusos, ex desperatione fortius pugnantes, emitti jussit, fugientesque aggressus est.

4. Hannibal, quum ad Thrasymenum inclusi Romani acerrime pugnarent, diductis ordinibus fecit eis abeundi potestatem, euntesque sine suorum sanguine stravit.

5. Antigonus, rex Macedonum, Ætolis, qui in obsidionem ab eo compulsi, fame urgebantur, statuerantque, eruptione facta, commori, viam fugæ dedit : atque ita infracto impetu eorum, insequutus aversos cecidit.

6. Agesilaus Lacedæmonius, adversus Thebanos [86], quum acie confligeret, intellexissetque hostes, locorum conditione clausos, ob desperationem fortius dimicare, laxatis suorum ordinibus, apertaque Thebanis ad evadendum via, rursus in abeuntes contraxit aciem, et sine jactura suorum cecidit aversos.

7. Cn. Manlius consul quum, ex acie reversus, capta ab Hetruscis Romana castra invenisset, omnibus portis statione circumdatis, inclusos hostes in eam rabiem efferavit, ut ipse in prœlio caderet. Quod ut animadverterunt legati ejus, ab una parte remota statione, exitum Hetruscis dederunt, et effusos persequuti, occurrente altero consule Fabio, ceciderunt [87].

leur vie, entr'ouvrit les rangs de ses cohortes, afin de les laisser échapper; et, quand ils se furent dispersés, il tomba sur eux sans danger pour les siens, et en fit un grand carnage.

3. C. César laissa fuir des Germains qu'il avait enfermés, et qui se battaient avec le courage du désespoir, puis il les chargea pendant leur retraite.

4. Annibal, à la bataille de Thrasymène, voyant que les Romains combattaient avec une extrême opiniâtreté, parce qu'ils étaient investis, leur ouvrit un passage à travers les rangs de son armée; et, pendant qu'ils fuyaient, il en fit un grand carnage, sans perte de son côté.

5. Antigone, roi de Macédoine, tenant assiégés les Étoliens, qui, en proie à la famine, avaient tous résolu de chercher la mort dans une sortie, leur laissa la retraite libre, apaisa ainsi leur fougue, et, quand ils eurent pris la fuite, il les poursuivit et les tailla en pièces.

6. Agésilas, roi de Lacédémone, ayant livré bataille aux Thébains, et s'étant aperçu que, enfermés par la disposition des lieux, ils se battaient en désespérés, fit ouvrir les rangs de son armée pour faciliter la retraite aux ennemis; puis, lorsqu'il les vit en fuite, il reforma son corps de bataille, les chargea en queue, et les défit sans éprouver aucune perte.

7. Le consul Cn. Manlius ayant trouvé, au retour d'une bataille, son camp au pouvoir des Étrusques, mit des postes devant toutes les issues. L'ennemi alors, se voyant enfermé, engagea le combat avec tant de fureur, que Manlius lui-même y perdit la vie. Aussitôt que ses lieutenants s'en aperçurent, ils dégagèrent une des portes pour donner passage aux Étrusques. Ceux-ci s'enfuirent en désordre, et rencontrèrent Fabius, l'autre consul, qui les défit entièrement.

8. Themistocles, victo Xerxe, volentes suos pontem rumpere[88] prohibuit, quum docuisset, cautius esse, eum expelli ex Europa, quam cogi ex desperatione pugnare. Idem misit ad eum, qui indicaret, in quo periculo esset, nisi fugam maturaret.

9. Pyrrhus, Epirotarum rex, quum quamdam civitatem cepisset, clausisque portis ex ultima necessitate fortiter dimicantes eos, qui inclusi erant, animadvertisset, locum illis ad fugam dedit.

10. Idem inter cetera præcepta imperatoria memoriæ tradidit, non esse pertinaciter instandum hosti fugienti: non solum, ne fortius ex necessitate resisteret, sed ut postea quoque facilius acie cederet, ratus, non usque ad perniciem fugientibus instaturos victores[89].

### VII. De dissimulandis adversis.

1. Tullus Hostilius, rex Romanorum, commisso adversus Veientes prœlio, quum Albani, deserto exercitu Romanorum, proximos peterent tumulos, eaque res turbasset nostrorum animos, clare pronuntiavit, jussu suo Albanos id fecisse, ut hostem circumveniret. Quæ res et terrorem Veientibus, et Romanis fiduciam attulit; remque inclinatam consilio restituit[90].

2. L. Sulla, quum præfectus ejus, comitante non exigua equitum manu, commisso jam prœlio, ad hostes transfugisset, pronuntiavit jussu suo id factum: eaque ratione militum animos non tantum a confusione re-

8. Thémistocle, après la défaite de Xerxès, empêcha les Grecs de rompre le pont de bateaux de l'Hellespont, et montra qu'il était plus sage de chasser de l'Europe ce prince, que de le forcer à combattre par désespoir. Il le fit même avertir du danger qu'il courait s'il ne se hâtait de fuir.

9. Pyrrhus, roi d'Épire, avait fermé les portes d'une ville qu'il venait de prendre d'assaut; mais, s'étant aperçu que les habitants, ainsi enfermés et réduits à la dernière nécessité, se défendaient avec résolution, il leur laissa la retraite libre.

10. Le même roi recommande, dans les préceptes de stratégie qu'il a laissés, de ne pas presser à outrance un ennemi qui est en fuite, non-seulement de peur que la nécessité ne le force à rétablir le combat et à se défendre avec plus de courage, mais encore pour qu'il plie une autre fois plus volontiers, sachant que le vainqueur ne s'attachera pas à le poursuivre jusqu'à entière destruction.

**VII.** Cacher les événements fâcheux.

1. Dans un combat que le roi Tullus Hostilius avait livré aux Véiens, les Albains désertèrent l'armée romaine et gagnèrent les hauteurs voisines. Voyant ses troupes consternées de cet événement, le roi s'écria que les Albains agissaient par ses ordres, pour envelopper l'ennemi. Ce mot jeta l'épouvante parmi les Véiens, releva le courage des Romains, et fixa de leur côté la victoire qui leur échappait.

2. L. Sylla, voyant le maître de sa cavalerie, à la tête d'une troupe assez considérable, passer, pendant le combat, du côté de l'ennemi, déclara que c'était d'après son ordre. Par ce moyen, non-seulement il dissipa la frayeur qui s'emparait de ses soldats, mais encore il

traxit, sed quadam etiam spe utilitatis, quæ id consilium sequutura esset, confirmavit.

3. Idem, quum auxiliares ejus missi ab ipso, circumventi ab hostibus et interfecti essent, verereturque ne propter hoc damnum universus trepidaret exercitus, pronuntiavit, auxiliarios, qui ad defectionem conspirassent, consilio a se in loca iniqua deductos. Ita manifestissimam cladem ultionis simulatione velavit, et militum animos hac persuasione confirmavit.

4. Scipio, quum Syphacis legati nuntiarent ei regis sui nomine, ne fiducia societatis ejus ex Sicilia in Africam transiret, veritus ne confunderentur animi suorum abscissa peregrina societate, dimisit propere legatos, et famam diffudit, tanquam ultro a Syphace arcesseretur [91].

5. Q. Sertorius, quum acie decertaret, barbarum, qui ei nuntiaverat Hirtuleium periisse, pugione trajecit, ne et in aliorum id notitiam perferret, et ob hoc animi suorum infirmarentur.

6. Alcibiades Atheniensis, quum ab Abydenis prœlio urgeretur, subitoque magno cursu tristem adventare tabellarium advertisset, prohibuit palam dicere quid afferret. Dein secreto sciscitatus, a Pharnabazo, regio præfecto, classem suam oppugnari, celatis et hostibus et militibus prœlium finiit, ac protinus ad eripiendam classem ducto exercitu, suis opem tulit.

7. Hannibalem venientem in Italiam tria millia Carpetanorum [92] reliquerunt: quos ille, exemplo ne et ce-

ranima leur ardeur, par l'espérance de l'avantage qui devait résulter de ce stratagème.

3. Le même général, ayant envoyé ses auxiliaires dans un lieu où ils furent cernés par l'ennemi, et tués, craignit que cette perte ne jetât l'épouvante dans toute son armée. Il annonça que ces troupes avaient médité une trahison, et que, pour ce motif, il leur avait assigné une position désavantageuse. En faisant ainsi passer une perte évidente pour un châtiment, il donna du courage à ses soldats.

4. Scipion, averti par les ambassadeurs de Syphax qu'il ne pouvait plus se fonder sur son alliance avec leur maître, pour passer de Sicile en Afrique, craignit que son armée ne se décourageât à la nouvelle d'une rupture avec cette puissance lointaine. Il se hâta de congédier les envoyés, et de répandre le bruit que Syphax lui-même l'appelait en Afrique.

5. Q. Sertorius, à qui un barbare annonçait, pendant le combat, qu'Hirtuleius était tué, le perça d'un coup de poignard, de peur qu'il n'apprît cet événement à d'autres, et que le courage des soldats ne se ralentît.

6. Alcibiade, général athénien, vivement pressé dans un combat par des troupes d'Abydos, et voyant arriver un courrier qui paraissait triste, défendit à celui-ci d'annoncer publiquement la nouvelle qu'il apportait; puis, l'ayant interrogé en particulier, il apprit que Pharnabaze, lieutenant du roi de Perse, attaquait sa flotte. Aussitôt il mit fin au combat, sans que ni l'ennemi ni les siens en connussent le motif, et courut, avec toute son armée, au secours de ses vaisseaux.

7. Lorsqu'Annibal vint en Italie, trois mille Carpétans désertèrent son armée. Dans la crainte que d'autres

teri moverentur, edixit, ab se esse dimissos, et insuper, in fidem ejus rei, paucos levissimæ operæ domos remisit.

8. L. Lucullus, quum animadvertisset Macedonas equites, quos in auxilio habebat, subito consensu ad hostem transfugere, signa canere jussit, et turmas, quæ eos sequerentur, immisit. Hostis committi prœlium ratus, transfugientes telis excepit Macedonas: qui quum viderent, neque recipi se ab adversariis, et premi ab iis, quos deserebant, necessario ad justum prœlium conversi, hostem invaserunt.

9. Datames[93], dux Persarum, adversus Autophradaten in Cappadocia, quum partem equitum suorum transfugere comperisset, ceteros omnes venire secum jussit, assequutusque transfugas, collaudavit, quod eum alacriter præcessissent, hortatusque est eos etiam, ut fortiter hostem adorirentur. Pudor transfugis attulit pœnitentiam, et consilium suum, quia non putabant deprehensum, mutaverunt.

10. T. Quinctius Capitolinus consul, cedentibus Romanis, ementitus est in altero cornu hostes fugatos[94]; et ita, confirmatis suis, victoriam retulit.

11. Cn. Manlius[95], adversus Hetruscos, vulnerato collega Fabio, qui sinistrum cornu ducebat, et ob id parte cedente, quod etiam occisum crederent consulem, cum turmis equitum occurrit, clamitans et col-

ne suivissent cet exemple, il déclara que c'était lui qui les avait congédiés ; et, pour le prouver, il renvoya encore dans leurs foyers quelques soldats qui ne pouvaient rendre que de très-faibles services.

8. L. Lucullus, informé que la cavalerie macédonienne qu'il avait parmi ses auxiliaires, passait du côté des ennemis par une conspiration soudaine, fit sonner la charge et envoya des escadrons à leur poursuite. Les ennemis, croyant qu'on venait les attaquer, firent une décharge de traits sur les Macédoniens transfuges ; ceux-ci, se voyant repoussés par les troupes auxquelles elles allaient se rendre, et pressés par celles qu'ils abandonnaient, furent obligés d'en venir aux mains avec les ennemis.

9. Datames, commandant l'armée des Perses en Cappadoce, contre Autophradate, apprit qu'une partie de sa cavalerie désertait à l'ennemi. Il rassembla tout ce qui lui en restait, courut après les transfuges, et, quand il les eut atteints, les loua de l'activité avec laquelle ils avaient pris les devants, et les engagea à montrer autant d'énergie en abordant l'ennemi. La honte amenant chez eux le repentir, ils abandonnèrent leur dessein, dans la croyance qu'on ne l'avait point pénétré.

10. Le consul T. Quinctius Capitolinus, voyant les Romains plier, s'écria que vers l'autre aile les ennemis étaient en déroute. Par ce mensonge il releva le courage des siens, et remporta la victoire.

11. Dans un combat contre les Étrusques, le consul Fabius, qui commandait l'aile gauche, étant blessé, et une partie des soldats romains, persuadés qu'il était mort, ayant commencé à lâcher pied, l'autre consul, Cn. Manlius, accourut avec quelques escadrons, criant

legam vivere, et se dextro cornu vicisse. Qua constantia redintegratis animis suorum, vicit.

12. Marius, adversus Cimbros et Teutonos quum metatores ejus per imprudentiam [96] ita castris locum cepissent, ut sub potestate barbarorum esset aqua, flagitantibus eam suis, digito hostem ostendens: « Illinc, inquit, petenda est. » Quo instinctu assequutus est, ut protinus barbari tollerentur.

13. T. Labienus post Pharsalicam pugnam, quum, victis partibus, Dyrrachium refugisset, miscuit vera falsis, et, non celato exitu pugnæ, æquatam partium fortunam gravi vulnere Cæsaris finxit : et hac assimulatione reliquis Pompeianarum partium fiduciam fecit.

14. M. Cato, quum Ambraciam eo tempore, quo sociæ naves ab Ætolis oppugnabantur, imprudens uno lembo appulisset, quanquam nihil secum præsidii haberet, cœpit signum voce gestuque dare, quo videretur subsequentes suorum naves vocare : eaque asseveratione hostem terruit, tanquam plane appropinquarent, qui quasi ex proximo citabantur. Ætoli, ne adventu Romanæ classis opprimerentur, reliquerunt oppugnationem.

---

**VIII.** De restituenda per constantiam acie.

1. Servius Tullius adolescens, prœlio, quo rex Tarquinius adversus Sabinos conflixit, signiferis segnius dimicantibus, raptum signum in hostem misit [97] : cujus

que son collègue vivait, et que lui-même était victorieux à l'autre aile. Par cette audacieuse fermeté, il rendit le courage à son armée, et gagna la bataille.

12. Dans la guerre que Marius fit aux Cimbres et aux Teutons, ses officiers marquèrent l'emplacement du camp avec si peu de prévoyance, que l'eau était au pouvoir des barbares. Comme les soldats en demandaient : « C'est là qu'il faut en prendre, » leur dit Marius, en montrant du doigt la position de l'ennemi. Cette vive réponse suffit pour que les barbares fussent en un instant chassés de leur camp.

13. T. Labienus, après la journée de Pharsale, se réfugia à Dyrrachium avec l'armée vaincue, et là, sans dissimuler l'issue de la bataille, il tempéra le vrai par le faux, en affirmant que la fortune était égale des deux côtés, attendu que César était grièvement blessé. Cette assertion rendit la confiance au reste du parti de Pompée.

14. Pendant que les Étoliens attaquaient la flotte de nos alliés, près d'Ambracie, M. Caton, s'avançant audacieusement avec une seule barque, et sans escorte, se mit à crier et à faire des gestes, comme s'il appelait des vaisseaux romains qui le suivissent. Cette feinte assurance épouvanta les Étoliens, qui croyaient déjà voir approcher ceux auxquels les signaux semblaient s'adresser : craignant d'être défaits par une flotte romaine, ils abandonnèrent leur attaque.

---

**VIII.** Rétablir le combat par un acte de fermeté.

1. Dans le combat que le roi Tarquin livra aux Sabins, la tête de l'armée agissant avec peu d'ardeur, Servius Tullius, encore très-jeune, prit une enseigne et la jeta au milieu des ennemis. Les Romains alors se

recipiendi gratia Romani ita ardenter pugnaverunt, ut signum et victoriam retulerint.

2. Furius Agrippa consul, cedente cornu, signum militare, ereptum signifero, in hostes Hernicos et Æquos misit [98]. Quo facto ejus prœlium restitutum est: summa enim alacritate Romani ad recipiendum signum incubuerunt.

3. T. Quinctius Capitolinus consul [99] signum in hostes Faliscos ejecit, militesque id repetere jussit.

4. Salvius Pelignus bello Persico idem fecit.

5. M. Furius Camillus, tribunus militum consulari potestate, cunctante exercitu, arreptum manu signiferum in hostes Volscos et Latinos traxit: ceteros puduit non sequi [100].

6. M. Furius, averso exercitu, quum occurrisset, affirmavit non recepturum se in castra quemquam, nisi victorem [101]: reductisque in aciem, victoria potitus est.

7. Scipio apud Numantiam, quum aversum suum videret exercitum, pronuntiavit pro hoste sibi futurum quisquis in castra redisset.

8. Servilius Priscus dictator, quum signa legionum ferri in hostes Faliscos jussisset, signiferum cunctantem occidi imperavit [102]. Quo exemplo perterriti ceteri, hostem invaserunt.

9. Tarquinius, adversus Sabinos, cunctantes equi-

battirent si vaillamment, qu'ils la reprirent, et remportèrent la victoire.

2. Le consul Furius Agrippa, voyant plier l'aile qu'il commandait, arracha une enseigne des mains d'un soldat, la jeta dans les rangs des Herniques et des Èques, et rétablit ainsi le combat : car les Romains firent des prodiges de valeur pour recouvrer leur étendard.

3. Le consul T. Quinctius Capitolinus lança une enseigne au milieu des Falisques, et ordonna à ses soldats de la reprendre.

4. Salvius Pelignus fit de même dans la guerre contre Persée.

5. M. Furius Camillus, tribun des soldats avec puissance de consul, voyant l'hésitation de son armée en présence des Volsques et des Latins, saisit par la main un porte-enseigne, et l'entraîna vers l'ennemi; la honte força les autres à le suivre.

6. M. Furius s'élança au-devant de ses soldats qui fuyaient, et leur déclara qu'aucun ne rentrerait dans le camp que victorieux. Les ayant ainsi ramenés au combat, il remporta la victoire.

7. Scipion, voyant ses troupes prendre la fuite près de Numance, leur annonça qu'il traiterait en ennemi tout soldat qu'il trouverait rentré au camp.

8. Le dictateur Servilius Priscus, voulant faire avancer les enseignes des légions contre les Falisques, tua un porte-enseigne qui hésitait. Les autres, effrayés par cet exemple, fondirent sur l'ennemi.

9. Tarquin, livrant bataille aux Sabins, et voyant

tes, detractis fraenis [103], concitatisque equis, procurrere, et perrumpere aciem jussit.

10. Cossus Cornelius, magister equitum, adversus Fidenates idem fecit.

11. M. Atilius consul bello Samnitico, ex acie refugientibus in castra militibus aciem suorum opposuit, affirmans, secum et cum bonis civibus dimicaturos eos, nisi cum hostibus maluissent [104]. Ea ratione universos in aciem reduxit.

12. L. Sulla, cedentibus jam legionibus exercitui Mithridatico ductu Archelai, stricto gladio in primam aciem procucurrit, appellansque milites, dixit : « Si quis quaesisset, ubi imperatorem reliquissent, responderent : « Pugnantem in Bœotia [105]. » Cujus rei pudore universi eum sequuti sunt.

13. Divus Julius, ad Mundam, referentibus suis pedem, equum suum abduci a conspectu jussit, et in primam aciem pedes prosiluit [106]. Milites, dum destituere imperatorem erubescunt, redintegrarunt prœlium.

14. Philippus, veritus ne impetum Scytharum sui non sustinerent, fidelissimos equitum a tergo posuit, praecepitque ne quem commilitonum ex acie fugere paterentur ; perseverantius abeuntes trucidarent. Qua denuntiatione quum effecisset, ut etiam timidissimi mallent ab hostibus, quam a suis interfici, victoriam acquisivit.

que sa cavalerie tardait à charger, donna l'ordre de débrider les chevaux, et de les lancer à toutes jambes pour rompre les rangs ennemis.

10. Cossus Cornelius, maître de la cavalerie, en fit autant contre les Fidénates.

11. Dans la guerre des Samnites, le consul M. Atilius opposa des troupes à ceux de ses soldats qui abandonnaient le champ de bataille pour se réfugier dans le camp, et déclara à ceux-ci qu'ils avaient à combattre contre lui-même et les bons citoyens, ou contre l'ennemi. Par ce moyen il les ramena tous au combat.

12. L. Sylla, voyant ses légions lâcher pied devant une armée de Mithridate, commandée par Archelaüs, tira son épée, courut en avant de la première ligne, et, s'adressant aux soldats : « Si l'on vous demande, dit-il, où vous avez laissé votre général, répondez : « Sur le « champ de bataille, en Béotie. » Aussitôt l'armée entière, saisie de honte, le suivit.

13. Le divin Jules César, à la bataille de Munda, voyant ses troupes plier, fit emmener son cheval hors de leur vue, et courut à pied se mettre aux premiers rangs. Les soldats, ayant honte d'abandonner leur général, rétablirent le combat.

14. Philippe, craignant que les siens ne pussent soutenir l'attaque impétueuse des Scythes, plaça en arrière sa cavalerie la plus éprouvée, avec ordre de ne pas laisser fuir un seul soldat, et de faire main-basse sur ceux qui s'obstineraient à lâcher pied. Tel fut l'effet de cette injonction, que, les plus lâches aimant mieux être tués par l'ennemi que par leurs camarades, Philippe remporta la victoire.

**IX.** De his quæ post prœlium agenda sunt. Si res prospere cesserit, de consummandis reliquiis belli [107].

1. C. Marius, victis prœlio Teutonis, reliquias eorum, quia nox circumvenerat, circumsedens, sublatis clamoribus, per paucos suorum territavit, insomnemque hostem detinuit, ex eo assequutus, ut postero die irrequietum facilius debellaret.

2. Claudius Nero, victis Pœnis, quos Hasdrubale duce in Italiam ex Hispania trajicientes exceperat, caput Hasdrubalis [108] in castra Hannibalis ejecit : quo factum est, ut et Hannibal luctu, [nam frater occisus erat,] et exercitus desperatione adventantis præsidii affligerentur.

3. L. Sulla his qui Prœneste obsidebantur, occisorum in prœlio ducum capita, hastis præfixa, ostendit : atque ita obstinatorum pervicaciam fregit.

4. Arminius, dux Germanorum, capita eorum quos occiderat, similiter præfixa, ad vallum hostium admoveri jussit.

5. Domitius Corbulo, quum Tigranocertam obsideret, et Armenii pertinaciter viderentur toleraturi obsidionem, in quemdam ex Megistanis, quos ceperat, animadvertit, caputque ejus balista excussum [109], intra munimenta hostium misit : id forte decidit in medium concilium, quod tum quum maxime habebant barbari. Ad cujus conspectum, velut ostento, consternati, ad deditionem festinaverunt.

**IX.** De ce qu'il convient de faire après le combat. Si l'on a été heureux, il faut terminer la guerre.

1. C. Marius, ayant vaincu les Teutons, profita de la nuit, qui avait mis fin au combat, pour entourer le reste de leur armée; et, au moyen d'un petit nombre de soldats, qui poussaient des cris de temps en temps, il tint ces barbares dans l'épouvante, et les priva de sommeil et de repos, ce qui lui rendit pour le lendemain la victoire plus facile.

2. Claudius Néron, vainqueur des Carthaginois qui avaient passé d'Espagne en Italie sous la conduite d'Asdrubal, fit jeter la tête de celui-ci dans le camp d'Annibal. Par là, en même temps qu'il accablait Annibal de la douleur d'avoir perdu son frère, il ôtait à l'armée carthaginoise l'espérance du secours qu'elle attendait.

3. L. Sylla, devant Préneste, fit dresser sur des piques, à la vue des assiégés, les têtes de leurs chefs tués dans le combat, et triompha, par ce moyen, de leur obstination à se défendre.

4. Arminius, général des Germains, fit aussi porter sur des piques, près du camp des ennemis, les têtes de ceux qu'il avait tués.

5. Domitius Corbulon, assiégeant Tigranocerte, et voyant les Arméniens résolus à se défendre vigoureusement, fit mettre à mort un de leurs grands qui était son prisonnier, et lancer sa tête, par une baliste, jusque dans leurs retranchements : par un effet du hasard, elle tomba au milieu des barbares, qui tenaient conseil en cet instant même. A cet aspect, épouvantés comme par un prodige, ils s'empressèrent de se rendre.

6. Hermocrates Syracusanus, superatis acie Carthaginiensibus[110], veritus ne captivi, quorum ingentem manum in potestatem redegerat, parum diligenter custodirentur, quod eventus dimicationis in epulas et securitatem compellere victores poterat, finxit proxima nocte equitatum hostilem venturum. Qua exspectatione assequutus est, ut solito attentius vigiliæ agerentur.

7. Idem, rebus prospere gestis, et ob id resolutis suis in nimiam securitatem, somnoque et mero pressis[111], in castra transfugam misit, qui præmoneret, se fuga elapsum: dispositas enim ubique a Syracusanis insidias; quarum metu recepit aciem. [Illi quum adventarent, persequuti, in fossas deciderunt, et eo modo victi sunt.]

---

### X. Si res durius cesserit, de adversis emendandis.

1. T. Didius, in Hispania, quum acerrimo prœlio conflixisset, quod nox diremerat, magno numero utrinque cæso, complura suorum corpora intra noctem sepelienda curavit. Hispani postero die ad simile officium progressi, quia plures ex ipsorum numero, quam ex Romanis, cæsos repererant, victos se esse secundum eam dinumerationem argumentati, ad conditiones imperatoris descenderunt.

2. L. Marcius, eques Romanus, qui reliquiis exercitus duorum Scipionum præfuit, quum in propinquo

6. Hermocrate de Syracuse, ayant vaincu les Carthaginois, et craignant que ses prisonniers, dont le nombre était considérable, ne fussent pas gardés avec assez de vigilance, parce que l'heureuse issue du combat pouvait engager ses soldats à faire festin et à négliger le devoir, annonça faussement qu'il devait être attaqué la nuit suivante par la cavalerie ennemie. Dans cette attente, les postes veillèrent avec plus de soin que de coutume.

7. Le même général, voyant que ses troupes, auxquelles le succès inspirait trop de sécurité, étaient ensevelies dans le sommeil et dans le vin, envoya chez les ennemis un espion qui, après s'être fait passer pour déserteur, les avertit que les Syracusains leur avaient tendu des embûches de tous côtés, et les retint dans leur camp par la crainte. Lorsque, plus tard, ils se furent mis en route, les troupes d'Hermocrate les poursuivirent, les culbutèrent dans des ravins, et les défirent une seconde fois.

**X.** Si l'on a essuyé des revers, il faut y remédier.

1. T. Didius, après avoir soutenu contre les Espagnols un combat opiniâtre, qui fut interrompu par la nuit, et dans lequel il périt beaucoup de monde de part et d'autre, eut soin de donner la sépulture, pendant cette nuit même, à une grande partie de ses morts. Les Espagnols, étant venus le lendemain pour rendre le même devoir aux leurs, et les ayant trouvés plus nombreux que ceux de leurs ennemis, conclurent de cette différence qu'ils étaient vaincus, et se soumirent aux conditions du général romain.

2. L. Marcius, chevalier romain, qui commandait les restes de l'armée des deux Scipions, se trouvant

bina castra Pœnorum paucis millibus passuum distarent, cohortatus milites [112], proxima castra intempesta nocte adortus est : et quum hostem, victoriæ fiducia incompositum, aggressus, ne nuntios quidem cladis reliquisset, brevissimo tempore militi ad requiem dato, eadem nocte raptim famam rei gestæ prægressus, altera eorumdem castra invasit. Ita bis simili usus eventu, deletis utrobique Pœnis, amissas populo Romano Hispanias restituit.

### XI. De dubiorum animis in fide retinendis.

1. P. Valerius, Epidauri, timens oppidanorum perfidiam, quia parum præsidii habebat, gymnicos ludos procul ab urbe apparavit. Quo quum omnis fere multitudo spectandi causa exisset, clausit portas, nec in eas antea admisit Epidaurios, quam obsides a principibus acciperet.

2. Cn. Pompeius, quum suspectos haberet Catinenses, et vereretur ne præsidium non reciperent, petiit ab eis ut ægros interim apud se refici paterentur : fortissimis deinde habitu languentium missis, civitatem occupavit, continuitque.

3. Alexander [113], devicta perdomitaque Thracia, petens Asiam, veritus ne post ipsius discessum sumerent arma, reges eorum præfectosque, et omnes quibus videbatur inesse cura detractæ libertatis, secum, velut honoris causa, traxit; ignobilibus autem relictis

dans le voisinage de deux camps carthaginois éloignés de quelques milles l'un de l'autre, encouragea ses soldats et attaqua, au milieu de la nuit, le camp le plus rapproché. Il tomba sur les ennemis au moment où, se reposant sur leur victoire, ils étaient peu sur leurs gardes, et n'en laissa pas échapper un seul qui pût annoncer leur désastre; puis, après un instant de repos donné à ses troupes, il alla, dans la même nuit, devançant le bruit de son expédition, fondre sur l'autre camp. Par le double échec qu'il fit éprouver aux Carthaginois, il rétablit en Espagne la domination du peuple romain.

**XI.** Maintenir dans le devoir ceux dont la fidélité est douteuse.

1. P. Valerius, craignant une révolte des habitants d'Épidaure, parce qu'il n'avait que peu de troupes dans cette ville, prépara des jeux gymniques loin des murs. Presque toute la population étant sortie pour jouir de ce spectacle, il ferma les portes, et ne laissa rentrer les Épidauriens qu'après s'être fait donner des otages par les premiers citoyens.

2. Cn. Pompée, qui se méfiait de ceux de Catane, et craignait qu'ils ne reçussent pas ses troupes en garnison, les pria de permettre à ses malades de séjourner temporairement dans leur ville pour se rétablir; et, à l'aide de ses meilleurs soldats, qu'il y envoya en les faisant passer pour des malades, il se rendit maître de la place, et la retint dans l'obéissance.

3. Alexandre, marchant vers l'Asie, après avoir vaincu et soumis les Thraces, et craignant que ces peuples ne reprissent les armes après son départ, emmena avec lui, comme à titre d'honneur, leurs rois, leurs généraux, et tous ceux qui paraissaient avoir à cœur leur liberté perdue; puis il mit le peuple sous la domination de plébéiens

plebeios praefecit : consequutus, uti principes beneficiis ejus obstricti, nihil novare vellent; plebs vero ne posset quidem, spoliata principibus.

4. Antipater, conspecto priore Neciorum exercitu [114], qui, audita morte Alexandri, ad infestandum imperium ejus confluxerant, dissimulans, scire se, qua mente venissent, gratias his egit, quod ad auxilium ferendum Alexandro adversus Lacedaemonios convenissent; adjecitque, id se regi scripturum. Ceterum ipsos, quia sibi opera eorum in praesentia non esset necessaria, abirent domos, hortatus est. Et hac asseveratione periculum, quod ex novitate rerum imminebat, discussit.

5. Scipio Africanus, in Hispania, quum inter captivas eximiae formae virgo nubilis ad eum perducta esset, omniumque oculos in se converteret, summa custodia habitam, sponso, nomine Allucio, reddidit : insuperque aurum, quod parentes ejus, redempturi captivam, donum Scipioni attulerant, eidem sponso pro nuptiali munere dedit [115]. Qua multiplici magnificentia universa gens victa, imperio populi Romani accessit.

6. Alexandrum quoque Macedonem traditum est, eximiae pulchritudinis virgini captivae, quum finitimae gentis principi fuisset desponsata, summa abstinentia ita pepercisse, ut illam ne aspexerit quidem. Qua mox ad sponsum remissa, universae gentis per hoc beneficium animos conciliavit sibi.

7. Imperator Caesar Augustus Germanicus, eo bello,

qui, lui étant redevables de leur élévation, ne voulurent rien changer à ce qu'il avait fait; et la nation ne put rien entreprendre, n'ayant plus ses véritables chefs.

4. Antipater, voyant arriver les premières troupes des Nicéens, qui, sur un bruit de la mort d'Alexandre, étaient accourus pour ravager ses provinces, feignit d'ignorer leurs intentions, les remercia d'être ainsi venus au secours d'Alexandre contre les Lacédémoniens, et ajouta qu'il en informerait le roi, les engageant, au reste, à retourner chez eux, parce qu'il n'avait pas besoin de leurs services pour le moment. Cet artifice écarta le danger, que rendait imminent le nouvel état des choses.

5. Scipion l'Africain, à qui l'on présenta, en Espagne, entre autres captives, une jeune fille en âge d'être mariée, et dont la rare beauté attirait tous les regards, ordonna qu'elle fût gardée avec soin, et la rendit à son fiancé, qui se nommait Allucius. En outre, l'or que les parents de cette jeune fille avaient apporté pour sa rançon, fut remis en dot par Scipion au fiancé lui-même. Leur nation entière, gagnée par de tels actes de grandeur d'âme, se soumit à l'empire du peuple romain.

6. Alexandre, roi de Macédoine, eut, dit-on, tant d'égards et de respect pour une jeune captive d'une grande beauté, fiancée à un prince d'une nation voisine, qu'il ne jeta pas même les yeux sur elle. Il la renvoya sur-le-champ à celui qu'elle devait épouser, et ce bienfait lui concilia l'amitié de toute la nation.

7. L'empereur César Auguste, dans la guerre où ses

quo victis hostibus cognomen Germanici meruit, quum in finibus Ubiorum castella poneret, pro fructibus locorum, quæ vallo comprehendebat, pretium solvi jussit: atque ea justitiæ fama omnium fidem adstrinxit.

**XII.** Quæ facienda sunt pro castris, si satis fiduciæ in præsentibus copiis non habeamus.

1. T. Quinctius consul, quum Volsci castra ejus aggressuri forent, cohortem [116] tantummodo in statione detinuit, reliquum exercitum ad quiescendum dimisit, æneatoribus præcepit ut vallum insidentes equis circuirent, concinerentque. Qua facie et simulatione quum et propulsasset, et detinuisset per totam noctem hostes, ad lucis exortum fessos vigilia, repente facta eruptione, facile superavit.

2. Q. Sertorius, in Hispania, equitatu maximo comparato [117], qui usque ad ipsas munitiones nimia fiducia succedebat, nocte scrobes aperuit, et eas ante aciem direxit; quum demum turmales secundum consuetudinem redire vellent, pronuntiavit comperisse se insidias ab hostibus dispositas: idcirco ne discederent a signis, neve laxarent agmen. Quod quum sollerte ex disciplina fecisset, exceptus forte veris insidiis, quia prædixerat, interritos milites habuit.

3. Chares, dux Atheniensium [118], quum exspectaret auxilia, et vereretur, ne interea, contemptu præsentis paucitatis, hostes castra ejus oppugnarent, complures

victoires sur les Germains lui valurent le surnom de
Germanicus, ayant établi des forts sur le territoire des
Ubiens, accorda une indemnité à ces peuples pour la
perte du revenu des terrains compris dans les retranchements. Cet acte de justice, que la renommée publia,
lui assura la fidélité de tous.

**XII.** Ce qu'il faut faire pour la défense du camp, lorsqu'on n'a pas assez de confiance en ses forces.

1. Le consul T. Quinctius, au moment où les Volsques
se disposaient à attaquer son camp, ne retint sous les
armes qu'une seule cohorte, envoya le reste de son armée se reposer, et ordonna aux trompettes de monter
à cheval et de sonner en faisant le tour des retranchements. Cette fausse apparence ayant tenu les ennemis à
distance et sur pied pendant toute la nuit, Quinctius
fondit sur eux au point du jour, et défit aisément des
troupes fatiguées de n'avoir pas dormi.

2. Q. Sertorius, en Espagne, ayant une nombreuse
cavalerie, qui s'avançait trop audacieusement jusque vers
les retranchements de l'ennemi, fit creuser, pendant la
nuit, des fosses disposées de manière à couvrir son armée; puis, lorsque ses cavaliers voulurent sortir comme
de coutume, il leur annonça qu'il était informé que
l'ennemi avait dressé des embûches, et leur défendit,
pour cela même, de s'éloigner de leurs enseignes, et de
quitter leurs rangs. Grâce à cet acte d'adresse et de
discipline, ses troupes qui, par hasard, donnèrent dans
une véritable embuscade, n'en prirent point l'épouvante,
parce qu'il les avait averties.

3. Charès, général athénien, qui attendait du secours,
et pensait que dans l'intervalle les ennemis, n'ayant rien à
redouter du petit nombre de ses soldats, viendraient atta-

ex iis quos habebat, per aversam partem nocte missos, jussit, qua præcipue conspicui forent hostibus, redire in castra, et accedentium novarum virium speciem præbere. Atque ita simulatis auxiliis tutatus se est, donec instrueretur exspectatis.

4. Iphicrates Atheniensis, quum campestribus locis castra haberet, explorassetque, Thracas ex collibus, per quos unus erat descensus, nocte ad diripienda castra venturos, clam duxit exercitum, et in utroque viæ latere, per quam transituri erant Thraces, distributum collocavit: hostemque decurrentem in castra, in quibus multi ignes per paucorum curam instituti, speciem manentis ibi multitudinis servabant, a lateribus adortus, oppressit [119].

### XIII. De effugiendo.

1. Galli, pugnaturi cum Attalo, aurum omne et argentum certis custodibus tradiderunt, a quibus, si acie fusi essent, spargeretur, quo facilius colligenda præda hostem impeditum effugerent [120].

2. Tryphon, Syriæ rex, victus, per totum iter fugiens pecuniam sparsit: eique sectandæ Antiochi equites immoratos effugit.

3. Q. Sertorius, pulsus acie a Q. Metello Pio, ne fugam quidem sibi tutam arbitratus, abire dispersos milites jussit, admonitos, in quem locum vellet convenire.

quer son camp, fit sortir la plus grande partie de ses troupes pendant la nuit, et par derrière, avec ordre de rentrer du côté où elles seraient le mieux à la vue de l'ennemi, pour faire croire que des renforts arrivaient. Cet artifice le mit en sûreté jusqu'à ce qu'il eût reçu les troupes qu'il attendait.

4. Iphicrate, général athénien, étant campé dans une plaine, et ayant appris que les Thraces, qui s'étaient établis sur des collines d'où l'on ne pouvait descendre que par un seul endroit, avaient dessein de venir piller son camp pendant la nuit, fit sortir secrètement ses troupes et les posta de chaque côté du chemin par lequel les Thraces devaient passer; et, lorsque ceux-ci accoururent du haut des collines vers le camp, où un grand nombre de feux, allumés par les soins de quelques hommes, faisaient croire à la présence de toute l'armée, il les attaqua par les deux flancs et les tailla en pièces.

### XIII. De la retraite.

1. Les Gaulois, étant près d'en venir aux mains avec Attale, confièrent tout leur or et leur argent à des hommes sûrs, qui avaient ordre, en cas de défaite, de le semer dans la campagne, afin que l'ennemi, occupé à ramasser ce butin, les laissât échapper plus facilement.

2. Tryphon, roi de Syrie, vaincu et obligé de fuir, sema de l'argent le long de son chemin; et, tandis que la cavalerie d'Antiochus s'arrêtait à le recueillir, il opéra sa retraite.

3. Q. Sertorius, défait par Metellus Pius, et craignant de ne pouvoir assurer sa retraite, ordonna à ses soldats de se disperser en prenant la fuite, et leur fit connaître le lieu où il voulait qu'on se ralliât.

4. Viriathus, dux Lusitanorum, copias nostras locorumque iniquitatem evasit eadem, qua Sertorius, ratione, sparso exercitu, dein recollecto [121].

5. Horatius Cocles, urgente Porsenæ exercitu, jussit suos per pontem redire in Urbem, eumque, ne casu sequeretur hostis, intercidere. Quod dum efficitur, in capite ejus propugnator ipse insequentes detinuit. Audito denique fragore pontis abrupti, dejecit se in alveum : eumque non armis, sed vulneribus oneratus transnavit [122].

6. Afranius, in Hispania ad Ilerdam, quum Cæsarem fugeret, instante eo, castra posuit : quum idem Cæsar fecisset, et pabulatum suos dimisisset, ille signum repente itineri dedit [123].

7. Antonius, quum ex Parthis sibi instantibus reciperet exercitum, et, quoties prima luce moveret, toties urgentibus barbarorum sagittis [124] infestaretur abeuntium agmen, in quintam horam continuit suos, et fidem eo stativorum fecit. Qua persuasione digressis inde Parthis, justum iter reliquo die sine interpellatione confecit.

8. Philippus, in Epiro victus, ne fugientem eum Romani premerent, inducias ad sepeliendos, qui cæsi erant, impetravit, et ob id remissioribus custodibus evasit.

9. P. Claudius, navali prœlio superatus [125] a Pœnis, quum per hostium præsidia necesse haberet erumpere, reliquas viginti naves tanquam victrices jussit ornari :

4. Viriathe, chef des Lusitaniens, échappa à la poursuite de notre armée et au désavantage des lieux, par le même moyen que Sertorius, en dispersant ses troupes pour les rassembler ensuite.

5. Horatius Coclès, vivement poursuivi par l'armée de Porsena, fit rentrer ses compagnons dans Rome par un pont qu'il ordonna de couper aussitôt, pour arrêter la poursuite de l'ennemi. Pendant cette opération, Coclès soutenait seul, à la tête du pont, les efforts des assaillants; et, quand il entendit le fracas de ce pont qui tombait, il se jeta dans le fleuve et le traversa à la nage, chargé de ses armes et couvert de blessures.

6. Afranius, fuyant du côté d'Ilerda, en Espagne, devant César, qui le suivait de près, s'arrêta pour camper; et, lorsque César en eut fait autant, et eut envoyé ses soldats au fourrage, Afranius donna tout à coup le signal du départ.

7. Antoine, faisant retraite, vivement pressé par les Parthes, et s'étant aperçu que toutes les fois qu'il se mettait en route au point du jour, ses troupes étaient assaillies par les flèches de ces barbares, se tint dans son camp jusqu'à la cinquième heure, pour que l'on crût qu'il voulait y séjourner. Dans cette confiance, les Parthes se dispersèrent, et Antoine fit sans obstacle une marche ordinaire pendant le reste du jour.

8. Philippe, vaincu en Épire par les Romains, et craignant d'être accablé dans sa retraite, demanda et obtint une trêve pour ensevelir ses morts; et, la vigilance des postes romains s'étant relâchée pendant ce temps, il s'échappa.

9. P. Claudius, battu sur mer par les Carthaginois, et obligé de traverser des parages qu'ils occupaient, orna, comme s'il eût été vainqueur, les vingt vaisseaux

atque ita Pœnis existimantibus, superiores fuisse acie nostros, terribilis excessit.

10. Pœni, classe superati, quia instantem avertere Romanum studebant, simulaverunt, in vada naves suas incidisse: hærentesque imitati, effecerunt ut victor, eorum timens casum, spatium ad evadendum daret.

11. Commius Atrebas, quum victus a divo Julio ex Gallia in Britanniam fugeret, et forte ad Oceanum secundo vento quidem, sed æstu recedente, venisset, quamvis naves in siccis litoribus hærerent, pandi nihilominus vela jussit. Quæ quum persequens eum Cæsar, ex longinquo tumentia et flatu plena vidisset, ratus, prospero sibi eripi cursu, recessit.

qui lui restaient, et gagna le large en intimidant ainsi les Carthaginois, qui crurent que les Romains avaient remporté la victoire.

10. La flotte carthaginoise, défaite et poursuivie par les Romains, feignit, pour leur échapper, de s'être engagée sur un banc de sable; et, imitant la manœuvre de vaisseaux engravés, elle réussit à faire craindre le même embarras aux vainqueurs, qui lui laissèrent la retraite libre.

11. Commius, chef des Atrébates, vaincu par Jules César, et voulant passer de la Gaule dans la Bretagne, vint sur le bord de l'Océan, où il trouva le vent favorable, mais la marée basse. Quoique ses vaisseaux fussent à sec sur le rivage, il fit néanmoins tendre les voiles. César, qui le poursuivait, ayant vu de loin les voiles déployées, et enflées par le vent, se retira, persuadé que l'ennemi voguait heureusement, et lu échappait.

# STRATEGEMATICON
## LIBER TERTIUS.

### PRÆFATIO.

Si priores libri responderunt titulis suis, et lectorem hucusque cum attentione perduxerunt, edam nunc circa oppugnationes urbium defensionesque strategemata : nec morabor ulla prælocutione, prius traditurus, quæ oppugnandis urbibus usui sunt, tum, quæ obsessos instruere possint. Depositis autem operibus et machinamentis, quorum expleta jam pridem inventione[1], nullam video ultra artium materiam, has circa expugnationem species strategematon fecimus :

Cap. I. De repentino impetu.
 II. De fallendis iis qui obsidentur.
 III. De eliciendis ad proditionem.
 IV. Per quæ hostes ad inopiam redigantur.
 V. Quemadmodum persuadeatur obsidionem permansuram.
 VI. De destructione præsidiorum hostium.
 VII. De fluminum derivatione, et vitiatione aquarum.
 VIII. De injiciendo obsessis pavore.
 IX. De irruptione ex diversa parte, quam exspectamus.
 X. De insidiis per quas eliciantur obsessi.
 XI. De simulatione regressus.

# LES STRATAGÈMES.

## LIVRE TROISIÈME.

### PRÉFACE.

Si les deux premiers livres ont répondu à leurs titres et mérité jusqu'ici l'attention du lecteur, nous offrirons dans celui-ci les stratagèmes qui intéressent l'attaque et la défense des villes; et, sans nous arrêter à aucun avant-propos, nous indiquerons d'abord les exemples utiles aux assiégeants, puis ceux qui peuvent instruire les assiégés. Ayant laissé de côté les ouvrages et machines de siége, dont la découverte, depuis longtemps perfectionnée, n'offre plus à l'art une matière nouvelle, nous avons classé comme il suit les ruses qui regardent l'attaque :

Chap. I. Des attaques soudaines.
   II. Tromper les assiégés.
   III. Avoir des intelligences dans la place.
   IV. Des moyens de réduire l'ennemi par famine.
   V. Comment on fait croire que l'on continuera le siége.

   VI. Ruiner les garnisons ennemies.
   VII. Détourner les rivières, et corrompre les eaux.
   VIII. Jeter l'épouvante parmi les assiégés.
   IX. Attaquer du côté où l'on n'est pas attendu.
   X. Piéges dans lesquels on attire les assiégés.
   XI. Des retraites simulées.

Ex contrario circa tutelam obsessorum :

- XII. De excitanda cura suorum.
- XIII. De emittendo et recipiendo nuntio.
- XIV. De introducendis auxiliis, et commeatibus suggerendis.
- XV. Quemadmodum efficiatur ut abundare videantur quæ deerunt.
- XVI. Qua ratione proditoribus et transfugis occurratur.
- XVII. De eruptionibus.
- XVIII. De constantia obsessorum.

---

**I. De repentino impetu.**

1. T. Quinctius consul, victis acie Æquis et Volscis, quum Antium[2] oppidum expugnare statuisset, ad concionem vocato exercitu, exposuit quam id necessarium et facile esset, si non differretur. Eoque impetu, quem exhortatio concitaverat, aggressus est urbem.

2. M. Cato in Hispania animadvertit, potiri se quodam oppido posse, si inopinatus invaderet. Quatridui itaque iter biduo per confragosa et deserta emensus, nihil tale metuentes oppressit hostes. Victoribus deinde suis causam tam facilis eventus requirentibus, dixit, tunc illos victoriam adeptos, quum quatridui iter biduo eripuerint[3].

---

**II. De fallendis iis qui obsidentur.**

1. Domitius Calvinus, quum obsideret Lunam[4],

Voici, au contraire, ce qui regarde la défense des assiégés :

XII. Exciter la vigilance des soldats.
XIII. Donner et recevoir des nouvelles.
XIV. Faire entrer des renforts et des vivres dans la place.

XV. Comment on paraît avoir en abondance les choses dont on manque.
XVI. Comment on prévient les trahisons et les désertions.
XVII. Des sorties.
XVIII. De la résolution des assiégés.

### I. Des attaques soudaines.

1. Le consul T. Quinctius, ayant vaincu en bataille rangée les Èques et les Volsques, et voulant s'emparer de la ville d'Antium, appela ses troupes à l'assemblée, leur montra combien l'entreprise était nécessaire, et combien elle était facile si on ne la différait pas ; alors, profitant de l'enthousiasme qu'avait inspiré sa harangue, il donna l'assaut à la ville.

2. M. Caton, étant en Espagne, s'aperçut qu'une certaine ville pouvait tomber en son pouvoir s'il l'attaquait à l'improviste. Dans ce but, il fit en deux jours une marche de quatre journées, à travers des lieux difficiles et déserts, et surprit les ennemis, qui ne s'attendaient à rien de semblable. Après la victoire, ses soldats lui ayant demandé ce qui leur avait rendu cette conquête si facile, il leur répondit que le succès était acquis dès le moment où ils avaient franchi en deux jours la distance de quatre journées de marche.

### II. Tromper les assiégés.

1. Domitius Calvinus, assiégeant Luna, ville de

oppidum Ligurum, non situ tantum et operibus, verum etiam propugnatorum præstantia tutum, circuire muros frequenter omnibus copiis instituit, easdemque reducere in castra. Qua consuetudine inductis ita oppidanis, ut crederent, exercitationis id gratia facere Romanum, et ob hoc nihil ab eo conatu caventibus, morem illum obambulandi in subitum direxit impetum : occupatisque mœnibus, expressit, ut se ipsos dederent oppidani.

2. C. Duilius consul subinde exercendo milites remigesque [5], consequutus est, ut securis Carthaginiensibus usque in id tempus innoxiæ consuetudinis, subito admota classe, murum occuparet.

3. Hannibal in Italia multas urbes cepit, quum Romanorum habitu quosdam suorum ex longo belli usu Latine quoque loquentes præmitteret.

4. Arcades, Messeniorum castellum obsidentes, factis quibusdam armis ad similitudinem hostilium, eo tempore, quo successura alia præsidia his exploraverant, instructi eorum, qui exspectabantur, ornatu, admissique per hunc errorem, ut socii, possessionem loci cum strage hostium adepti sunt.

5. Cimon, dux Atheniensium, in Caria insidiatus cuidam civitati, religiosum incolis templum Dianæ, lucumque, qui extra muros erat, noctu improvisus incendit : effusisque oppidanis ad opem adversus ignes ferendam, vacuam defensoribus cepit urbem [6].

6. Alcibiades, dux Atheniensium, quum civitatem

Ligurie, défendue non-seulement par sa position naturelle et par ses ouvrages de fortification, mais encore par une garnison excellente, menait souvent ses troupes autour des murs de la place, et les faisait ensuite rentrer au camp. Cette manœuvre habituelle fit croire aux assiégés que ce n'était, de la part des Romains, qu'un simple exercice, et leur ôta toute crainte d'une tentative. Mais, changeant tout à coup sa promenade en attaque, Domitius escalada les remparts et força les habitants à se rendre.

2. Le consul C. Duilius, en conduisant souvent à la manœuvre ses soldats et ses rameurs, réussit à n'inspirer aux Carthaginois aucune méfiance à l'égard de ses exercices jusque-là inoffensifs; et, s'approchant tout à coup avec sa flotte, il se rendit maître de la place.

3. Annibal s'empara de plusieurs villes d'Italie après y avoir envoyé, sous le costume romain, quelques-uns des siens qui, pendant de longues guerres en ce pays, avaient appris la langue latine.

4. Les Arcadiens, assiégeant un château de Messénie, se fabriquèrent des armes semblables à celles des ennemis; et, dans le temps où ils savaient que la garnison devait être changée, ils prirent le costume des troupes attendues, déguisement qui les fit admettre comme amis, et se rendirent maîtres de la place en exterminant la garnison.

5. Cimon, général athénien, voulant surprendre une ville de Carie, mit le feu pendant la nuit, lorsqu'on s'y attendait le moins, à un temple de Diane vénéré dans ce pays, ainsi qu'à un bois sacré situé hors des remparts; et, quand les habitants furent sortis en foule pour éteindre l'incendie, Cimon prit la ville, restée sans défenseurs.

6. Alcibiade, général athénien, faisant le siège

Agrigentinorum egregie munitam obsideret[7], petito ab eis concilio, diu tanquam de rebus ad commune[8] pertinentibus disseruit in theatro, ubi ex more Græcorum locus consultationi præbebatur : dumque consilii specie tenet multitudinem, Athenienses, quos ad id præparaverat, incustoditam urbem ceperunt.

7. Epaminondas Thebanus, in Arcadia, die festo, effuse extra mœnia vagantibus hostium feminis, plerosque ex militibus suis muliebri ornatu immiscuit : qua simulatione illi intra portas sub noctem recepti, ceperunt oppidum, et suis aperuerunt.

8. Aristippus Lacedæmonius, festo die Tegeatarum, quo omnis multitudo, ad celebrandum Minervæ sacrum, urbe egressa erat, jumenta saccis frumentariis, palea refertis, onusta Tegeam misit, agentibus ea militibus: qui negotiatorum specie inobservati, portas aperuerunt suis[9].

9. Antiochus, in Cappadocia, ex castello Suenda[10], quod obsidebat, jumenta frumentatum egressa intercepit; occisisque calonibus, eorumdem vestitu milites suos, tanquam frumentum reportantes, submisit. Quo errore illi, custodibus deceptis, castellum intraverunt, admiseruntque milites Antiochi.

10. Thebani, quum portum Sicyoniorum nulla vi redigere in potestatem suam possent, navem ingentem armatis compleverunt, exposita super merce, ut ne-

d'Agrigente, ville bien fortifiée, demanda aux habitants une assemblée générale, comme pour y traiter d'affaires qui intéressaient les deux parties belligérantes, et les harangua longtemps au théâtre, où, selon l'usage des Grecs, avaient lieu les réunions de ce genre. Tandis que, sous prétexte de délibération, il retenait la multitude, les Athéniens, apostés à cet effet, s'emparèrent de la ville, qui n'était point gardée.

7. Épaminondas, général thébain, ayant vu pendant un jour de fête, en Arcadie, les femmes d'une ville ennemie se répandre confusément hors des murs, envoya parmi elles un grand nombre de ses soldats qui avaient pris des habits de femmes, et qui, à l'aide de ce déguisement, entrèrent dans la ville à nuit tombante, s'en rendirent maîtres, et ouvrirent les portes à leurs compagnons.

8. Aristippe de Lacédémone, un jour que les Tégéates étaient sortis en foule de leur ville pour célébrer une fête de Minerve, chargea des bêtes de somme de sacs à blé remplis de paille, et les fit conduire par des soldats qui, ayant l'air de marchands, entrèrent dans la ville sans être observés, et ouvrirent les portes aux Lacédémoniens.

9. Antiochus, assiégeant le château de Suenda, en Cappadoce, s'empara des bêtes de charge sorties pour aller à la provision, tua les valets qui les conduisaient, et revêtit de leurs habits des soldats qu'il envoya à leur place comme ramenant du blé. Leur costume ayant trompé les gardes, ils pénétrèrent dans le château et y firent entrer l'armée d'Antiochus.

10. Les Thébains, ne pouvant s'emparer de vive force du port de Sicyone, remplirent de soldats armés un vaisseau sur lequel ils étalèrent des marchandises, comme sur un navire de commerce, afin de tromper

gotiatorum specie fallerent : ab ea deinde parte murorum, quæ longissime remota erat, apparere paucos disposuerunt, cum quibus e nave quidam egressi inermes, simulata rixa, concurrerent. Sicyoniis ad dirimendum id jurgium advocatis, Thebanæ naves et portum vacantem, et urbem occupaverunt [11].

11. Timarchus Ætolus, occiso Charmade, Ptolemæi regis præfecto, chlamyde interempti [12] et galero ad Macedonicum ornatus est habitum. Per hunc errorem pro Charmade in Samiorum portum receptus, occupavit.

### III. De eliciendis ad proditionem.

1. Papirius Cursor [13] consul apud Tarentum Miloni, qui cum præsidio Epirotarum urbem obtinebat, salutem ipsi et popularibus, si per illum oppido potiretur, pollicitus est. Quibus præmiis ille corruptus, persuasit Tarentinis, ut se legatum ad consulem mitterent : a quo plena promissa ex pacto referens, in securitatem oppidanos resolvit; atque ita incustoditam urbem Cursori tradidit.

2. M. Marcellus, quum Syracusanum quemdam Sosistratum [14] ad proditionem sollicitasset, ex eo cognovit, remissiores custodias fore die festo, quo Epicydes præbiturus esset vini epularumque copiam. Insidiatus igitur hilaritati, et, quæ eam sequebatur, socordiæ, munimenta conscendit : vigilibusque cæsis, aperuit exercitui Romano urbem, nobilibus victoriis claram.

3. Tarquinius Superbus, quum Gabios in deditio-

l'ennemi ; puis ils apostèrent derrière les murs les plus éloignés du port, quelques hommes auxquels ils avaient donné l'ordre de simuler une rixe avec d'autres gens qu'ils faisaient débarquer sans armes. Les habitants de Sicyone étant accourus pour apaiser cette querelle, les vaisseaux thébains prirent le port resté sans défense, ainsi que la ville.

11. Timarque, général étolien, ayant tué Charmade, lieutenant du roi Ptolémée, se couvrit du manteau et du bonnet macédonien de ce chef. A l'aide de ce déguisement, il fut reçu pour Charmade dans le port de Samos, dont il se rendit maître.

**III.** Avoir des intelligences dans la place.

1. Le consul Papirius Cursor, faisant le siége de Tarente, que défendait Milon avec une garnison d'Épirotes, promit à ce chef la vie sauve, pour lui et pour ses compatriotes, s'il lui facilitait la prise de la ville. Séduit par cette offre, Milon se fit envoyer en mission par les Tarentins vers le consul ; d'après les promesses qu'il rapporta, scellées par un traité, les habitants s'abandonnèrent à une trop confiante sécurité, et la ville, dès lors mal gardée, fut livrée à Papirius Cursor.

2. Au siége de Syracuse, M. Marcellus, ayant gagné un certain Sosistrate, apprit de lui que la garde serait moins vigilante que de coutume pendant un jour de fête, où Épicyde devait faire au peuple des largesses de vin et de bonne chère. Ayant donc épié ce moment de plaisir et, par conséquent, de négligence, Marcellus franchit les remparts, égorgea les sentinelles, et ouvrit à l'armée romaine cette ville illustrée par d'éclatantes victoires.

3. Tarquin le Superbe, ne pouvant se rendre maître

nem accipere non posset, filium suum Sextum Tarquinium, cæsum virgis, ad hostem misit. Is, incusata patris sævitia, persuasit Gabinis, odio suo adversus regem uterentur : et dux ad bellum electus, tradidit patri Gabios [15].

4. Cyrus [16], Persarum rex, suum comitem Zopyrum, explorata ejus fide, truncata de industria facie, ad hostes dimisit. Ille, assentante injuriarum fide, creditus inimicissimus Cyro, quum hanc persuasionem adjuvaret procurrendo propius, quoties acie decertaretur, et in eum tela dirigendo, commissam sibi Babyloniorum urbem tradidit Cyro.

5. Philippus oppido Saniorum [17] exclusus, Apollonio præfecto eorum, ad proditionem corrupto, persuasit ut plaustrum, lapide quadrato oneratum, in ipso aditu portæ poneret. Confestim deinde signo dato insequutus, oppidanos circa impedita portæ claustra trepidantes oppressit.

6. Hannibal apud Tarentum, quæ a præsidio Romano, duce Livio, tenebatur, Cononeum [18] quemdam Tarentinum, quem ad proditionem sollicitaverat, ejusmodi fallacia instruxit, ut ille per causam venandi noctu procederet, quasi id per hostem interdiu non liceret. Egresso ipsi apros subministrabant, quos ille tanquam ex captura Livio offerret; idque quum sæpius factum esset, et ideo minus observaretur, quadam nocte Hannibal, venatorum habitu, Pœnos comitibus ejus immiscuit : qui quum onusti venatione, quam ferebant,

de Gabies, envoya dans cette ville son fils Sextus, après l'avoir fait battre de verges. Celui-ci, se plaignant de la cruauté de son père, engagea les Gabiens à tirer profit de son ressentiment; et, quand il fut investi du commandement de leur armée, il livra la ville à son père.

4. Cyrus, roi de Perse, avait un courtisan d'une fidélité éprouvée, nommé Zopyre, qui, s'étant fait à dessein mutiler le visage, passa chez les ennemis. Il se plaignit des outrages dont il portait les marques, et on le crut irréconciliable ennemi de Cyrus, opinion qu'il confirma en se plaçant, dans toutes les rencontres, à la tête des combattants, et en dirigeant les décharges de traits contre Cyrus lui-même; puis, lorsqu'on lui eut confié la defense de Babylone, il livra la ville à son roi.

5. Philippe, à qui les habitants de Sana refusaient l'entrée de leur ville, corrompit Apollonius, leur chef, et l'engagea à placer dans l'ouverture même de l'une des portes, une voiture chargée de pierres de taille Cet ordre exécuté, Philippe donna le signal de l'attaque, et défit par surprise les assiégés, qui étaient accourus en désordre pour fermer leur porte embarrassée.

6. Annibal, assiégeant Tarente, alors défendue par une garnison romaine, sous le commandement de Livius, gagna un Tarentin nommé Cononée, qui, pour tromper les habitants, sortait la nuit sous prétexte d'aller à la chasse, ce que la présence de l'ennemi rendait impossible pendant le jour. Quand il était hors des murs, les Carthaginois lui fournissaient secrètement des sangliers, qu'il présentait ensuite à Livius comme provenant de sa chasse. Ces sorties, souvent renouvelées, éveillant de moins en moins l'attention, Annibal, une certaine nuit, déguisa des Carthaginois en chasseurs, et les mêla à ceux qui accompagnaient Cononée. Ils entrèrent dans la ville chargés de gibier, se jetèrent

recepti essent a custodibus, protinus eos adorti, occiderunt. Tum fracta porta admissus cum exercitu Hannibal, omnes Romanos interfecit, exceptis his qui in arcem profugerant.

7. Lysimachus, rex Macedonum, quum Ephesios oppugnaret, et illi in auxilio haberent Mandronem archipiratam, qui plerumque oneratas præda naves Ephesum appellebat, corrupto ei ad proditionem junxit fortissimos Macedonum, quos ille restrictis manibus pro captivis Ephesum introduceret : qui postea, raptis ex arce armis, urbem Lysimacho tradiderunt.

**IV.** Per quæ hostes ad inopiam redigantur.

1. Fabius Maximus, vastatis Campanorum agris, ne quid eis ad fiduciam obsidionis superesset, recessit sementis tempore, ut frumentum, quod reliquum habebant, in sationes conferrent. Reversus deinde, renata protrivit, et ad famem redactis potitus est [19].

2. Antigonus adversus Athenienses idem fecit.

3. Dionysius, multis urbibus captis, quum Rheginos aggredi vellet [20], qui copiis abundabant, simulat pacem, petitque ab eis ut commeatus exercitui ipsius subministrarent. Quod quum impetrasset, exhausto oppidanorum frumento, aggressus urbem, alimentis destitutam superavit.

4. Idem et adversus Himeræos [21] fecisse dicitur.

5. Alexander oppugnaturus Leucadiam, commeatibus

aussitôt sur les gardes et les égorgèrent ; ensuite ils brisèrent la porte, et introduisirent Annibal avec ses troupes, qui firent main basse sur tous les Romains, à l'exception de ceux qui s'étaient réfugiés dans la citadelle.

7. Lysimaque, roi de Macédoine, faisait le siége d'Éphèse, et cette ville était secourue par Mandron, chef de pirates. Comme celui-ci amenait souvent au port ses vaisseaux chargés de butin, Lysimaque parvint à le gagner, et envoya avec lui les plus braves de ses soldats, que le pirate fit entrer dans Éphèse les mains liées, comme des prisonniers. Quelque temps après, ces mêmes hommes prirent des armes dans la citadelle, et livrèrent la ville à leur roi.

**IV.** Des moyens de réduire l'ennemi par famine.

1. Fabius Maximus, ayant ravagé le territoire de Capoue, et voulant ôter à cette ville tout espoir de soutenir un siége, se retira au moment des semailles, afin de laisser les habitants répandre dans leurs champs le blé qui leur restait ; puis il revint sur ses pas, fit fouler aux pieds les semences, qui déjà étaient en herbe, et la famine le rendit maître du pays.

2. Antigone en fit autant aux Athéniens.

3. Denys voulant, après s'être emparé de plusieurs villes, attaquer celle de Rhegium, qui avait une garnison nombreuse, feignit de vouloir maintenir la paix avec elle, et lui demanda des vivres pour son armée. Aussitôt qu'il en eut obtenu, et qu'il eut ainsi épuisé les greniers des habitants, il profita de leur disette pour les attaquer, et la ville tomba en son pouvoir.

4. On dit qu'il agit de même à l'égard des Athéniens.

5. Alexandre, ayant le projet d'assiéger Leucadie, où

abundantem, prius castella, quæ in confinio erant, cepit, omnesque ex his Leucadiam passus est confugere, ut alimenta inter multos celerius absumerentur.

6. Phalaris Agrigentinus[22], quum quædam loca, munitione tuta, in Sicilia oppugnaret, simulato fœdere, frumenta, quæ residua se habere dicebat, apud eos deposuit. Deinde data opera, ut tectorum cameræ, in quibus id conferebatur, rescissæ pluviam reciperent, fiducia conditi commeatus proprio tritico abusos, primo initio æstatis aggressus, inopia compulit ad deditionem.

### V. Quemadmodum persuadeatur obsidionem permansuram.

1. Clearchus[23] Lacedæmonius exploratum habens, Thracas omnia victui necessaria in montes comportasse, una quoque spe sustentari, quod crederent, eum commeatus inopia recessurum, per id tempus, quo legatos eorum venturos opinabatur, aliquem ex captivis in conspectu jussit occidi, et membratim, tanquam alimenti causa, in contubernia distribuit. Thraces nihil non facturum perseverantiæ causa eum credentes, qui tam detestabiles epulas sustinuisset experiri, in deditionem venerunt.

2. Tiberius Gracchus, Lusitanis dicentibus, in decem annos cibaria se habere, et ideo obsidionem non expavescere : « Undecimo, inquit, anno vos capiam. »

les vivres étaient en abondance, s'empara d'abord des châteaux situés au voisinage, et permit à toutes leurs garnisons de se réfugier dans cette ville, afin que les provisions fussent plus tôt consommées par un plus grand nombre de personnes.

6. Phalaris, tyran d'Agrigente, après avoir mis le siége devant quelques places de Sicile bien fortifiées, feignit d'entrer en accommodement avec elles, et se retira en leur laissant en dépôt des blés qu'il disait avoir de reste ; ensuite il eut soin de faire percer les toits des magasins où il les avait placés, afin que la pluie les corrompît ; et, lorsque les habitants, qui comptaient sur cet approvisionnement, eurent consommé leurs propres blés, il revint les attaquer au commencement de l'été, et les contraignit par famine à se rendre.

V. Comment on fait croire que l'on continuera le siége.

1. Cléarque, général lacédémonien, étant informé que les Thraces avaient transporté sur des montagnes leurs provisions de bouche, et qu'ils ne tenaient contre lui que dans l'espérance de le voir forcé par la disette à se retirer, ordonna, dans le moment où il s'attendait à l'arrivée de leurs députés, qu'on tuât sous leurs yeux un prisonnier, dont la chair serait distribuée par morceaux dans les tentes, comme pour servir de nourriture aux soldats. Les Thraces, persuadés que rien ne triompherait jamais de la persévérance d'un homme qui pouvait recourir à de si horribles aliments, lui firent leur soumission.

2. Les Lusitaniens ayant dit à Tiberius Gracchus qu'ils avaient des vivres pour dix ans, et qu'ils ne redoutaient pas un siége, il leur répondit : « Je vous prendrai la onzième année. » Ce mot les effraya telle-

Qua voce perterriti Lusitani, quanquam instructi commeatibus, statim se tradiderunt.

3. A. Torquato Græcam urbem oppugnanti quum diceretur, juventutem ibi studiose jaculis et sagittis exerceri : « Pluris eam, inquit, propediem vendam. »

---

### VI. De destructione præsidiorum hostium [24].

1. Scipio, Hannibale in Africam reverso, quum plura oppida, quæ ratio illi in potestatem redigenda dictabat, firmis præsidiis diversæ partis obtinerentur, subinde aliquam manum submittebat ad infestanda ea : novissime etiam, tanquam direpturus civitates, aderat; deinde simulato metu, refugiebat. Hannibal ratus veram esse ejus trepidationem, deductis undique præsidiis, tanquam de summa rerum decertaturus, insequi cœpit. Ita consequutus Scipio, quod petierat, nudatas propugnatoribus urbes, per Masinissam et Numidas cepit.

2. P. Cornelius Scipio, intellecta difficultate expugnandi Delminium, quia omnium concursu defendebatur, aggredi alia oppida cœpit : et evocatis ad sua defendenda singulis, vacuatam auxiliis Delminium cepit.

3. Pyrrhus, Epirotarum rex, adversus Illyrios, quum civitatem, quæ caput gentis erat, redigere in potestatem suam vellet, ejus desperatione ceteras urbes petere cœpit, consequutusque est, ut hostes, fiducia velut

ment, qu'ils se rendirent aussitôt, quoiqu'ils fussent bien approvisionnés.

3. Pendant que A. Torquatus assiégeait une ville de la Grèce, on lui dit que les jeunes gens de ce lieu étaient fort habiles à lancer le javelot et les flèches : « Je ne les vendrai que plus cher dans quelques jours, » répondit-il.

---

### VI. Ruiner les garnisons ennemies.

1. Lorsque Annibal eut repassé en Afrique, Scipion, sachant que plusieurs villes, dont ses plans exigeaient qu'il se rendît maître, étaient défendues par de fortes garnisons, envoyait de temps en temps quelques troupes pour les inquiéter. Il se présenta enfin lui-même comme pour les enlever de vive force; puis il feignit d'avoir peur, et fit un mouvement de retraite. Annibal, persuadé que son ennemi avait réellement pris l'épouvante, appela de toutes parts les garnisons, afin d'engager une affaire décisive, et se mit à sa poursuite. Scipion obtint par là ce qu'il désirait : les villes étant restées sans défense, il envoya les Numides, sous les ordres de Masinissa, pour s'en emparer.

2. P. Cornelius Scipion, ayant senti la difficulté de prendre Delminium, parce que toutes les troupes du pays s'étaient réunies pour défendre cette ville, alla se présenter devant d'autres places. Ces troupes étant par là forcées de courir à la défense de leurs villes respectives, Delminium se trouva dépourvue de secours, et Scipion s'en empara.

3. Pyrrhus, roi d'Épire, voulant se rendre maître de la capitale des Illyriens, mais ne pouvant compter sur le succès, mit le siége devant quelques autres de leurs villes. Il en résulta que les ennemis, ayant la confiance que leur capitale était assez en sûreté par ses for-

satis munitæ urbis ejus, ad tutelam aliarum dilaberentur. Quo facto revocatis ipse rursus omnibus suis, vacuam eam defensoribus cepit.

4. Cornelius Rufinus consul, quum aliquanto tempore Crotona oppidum frustra obsedisset, quod inexpugnabile faciebat assumpta in præsidium Lucanorum manus, simulavit se cœpto desistere; captivum deinde, magno præmio sollicitatum, misit Crotona, qui, tanquam ex custodia effugisset, persuasit discessisse Romanos. Id verum Crotonienses arbitrati, dimisere auxilia, destitutique propugnatoribus [25], inopinati et invalidi capti sunt.

5. Mago, dux Carthaginiensium, victo Cn. Pisone, et in quadam turre circumsepto, suspicatus ventura ei subsidia, perfugam misit, qui persuaderet appropinquantibus, captum jam Pisonem. Qua ratione deterritis eis, reliqua victoriæ consummavit.

6. Alcibiades in Sicilia [26], quum Syracusanos capere vellet, ex Catinensibus, apud quos tunc exercitum continebat, quemdam exploratæ sollertiæ submisit ad Syracusanos. Is in publicum concilium introductus, persuasit infestissimos esse Catinenses Atheniensibus, et, si ad juvarentur a Syracusanis, futurum ut opprimerent eos et Alcibiadem. Qua re adducti Syracusani, universis viribus Catinam petituri processerunt, relicta ipsorum urbe : quam a tergo adortus Alcibiades desolatam, ut speraverat, afflixit.

7. Cleonymus Atheniensis [27] Trœzenios, qui præsi-

tifications, se séparèrent pour aller secourir les places attaquées : alors Pyrrhus, rassemblant de nouveau toutes ses troupes, s'empara de la ville, que ses défenseurs avaient abandonnée.

4. Le consul Cornelius Rufinus, ayant assiégé pendant quelque temps, mais en vain, la ville de Crotone, que rendait imprenable une garnison auxiliaire de Lucanie, feignit de renoncer à son dessein. Un prisonnier, qu'il avait gagné à force d'argent, se rendit à Crotone, comme s'il se fût évadé de sa prison, et assura que les Romains étaient en pleine retraite. Les Crotoniates, dans cette croyance, congédièrent leurs alliés, et, réduits à leurs propres forces, furent pris au moment où ils s'y attendaient le moins.

5. Magon, général des Carthaginois, tenant Cn. Pison assiégé dans un fort, après l'avoir vaincu, et soupçonnant que des troupes venaient le secourir, envoya à leur rencontre un faux transfuge, qui leur annonça que Pison était déjà pris. Cet artifice les ayant fait retirer, Magon acheva sa victoire.

6. Alcibiade, faisant la guerre en Sicile, et voulant prendre Syracuse, choisit à Catane, où il était alors cantonné avec ses troupes, un homme d'une adresse éprouvée, et l'envoya secrètement près des Syracusains. Admis dans l'assemblée du peuple, cet émissaire fit entendre que les habitants de Catane nourrissaient la plus grande haine contre les Athéniens, et que, s'ils étaient secondés, ils auraient bientôt anéanti Alcibiade et son armée. Les Syracusains, se laissant persuader, marchèrent sur Catane avec toutes leurs forces, abandonnant leur propre ville. Alcibiade alors, l'attaquant du côté opposé, et la trouvant dégarnie de troupes, comme il l'avait espéré, la prit et la saccagea.

7. Cléonyme, général athénien, assiégeant Trézène,

dio Crateri tum tenebantur, aggressus, tela quædam, in quibus scriptum erat venisse se ad liberandam eorum rempublicam, intra muros jecit, et eodem tempore captivos quosdam, conciliatos sibi, remisit, qui Craterum detractarent. Per hoc consilium seditione intestina apud obsessos conciliata, admoto exercitu, potitus est civitate.

VII. De fluminum derivatione, et vitiatione aquarum.

1. P. Servilius, Isauram oppidum, flumine, ex quo hostes aquabantur, averso, ad deditionem siti compulit.

2. C. Cæsar in Gallia Cadurcorum civitatem, amne cinctam, et fontibus abundantem, ad inopiam aquæ redegit, quum fontes cuniculis avertisset, et fluminis usum per sagittarios arcuisset [28].

3. Q. Metellus, in Hispania Citeriore, in castra hostium, humili loco posita, fluvium ex superiore parte immisit, et subita inundatione turbatos, per dispositos in hoc ipsum insidiatores, cecidit.

4. Alexander apud Babylona [29], quæ media flumine Euphrate dividebatur, fossam pariter et aggerem instituit, ut in usum ejus existimarent hostes egeri terram. Atque ita subito flumine averso, per alveum veterem, qui siccatus ingressum præbebat, urbem intravit.

qui était gardée par des troupes de Cratère, lança dans la place des flèches sur lesquelles il avait écrit aux habitants qu'il n'était venu que pour délivrer leur république; et en même temps il renvoya quelques prisonniers, après les avoir mis dans ses intérêts, afin qu'ils décriassent Cratère. Ayant, par ce moyen, semé la division chez les assiégés, il en profita pour faire approcher son armée, et se rendit maître de la ville.

**VII.** Détourner les rivières, et corrompre les eaux.

1. P. Servilius, ayant détourné une rivière qui donnait l'eau à la ville d'Isaure, força, par la soif, les habitants à se rendre.

2. C. César, assiégeant Cadurcum, ville des Gaules, qui était entourée d'une rivière, et abondamment pourvue de fontaines, la fit manquer d'eau en détournant les sources par des conduits souterrains, et en plaçant sur le bord de la rivière des archers qui en défendaient l'approche.

3. Dans l'Espagne Citérieure, Q. Metellus dirigea sur un camp ennemi, situé dans un lieu bas, les eaux d'une rivière qu'il détourna d'un terrain plus élevé, et, au moment où cette inondation subite jeta l'épouvante chez les ennemis, des troupes placées en embuscade les taillèrent en pièces.

4. Alexandre, assiégeant Babylone, que l'Euphrate traverse par le milieu, creusa un fossé le long duquel il éleva en même temps une terrasse, afin de persuader à l'ennemi que l'on ne tirait la terre que pour cette construction; puis, ayant tout à coup dirigé l'eau dans la tranchée, il mit à sec le lit du fleuve, et s'en fit un passage pour entrer dans la ville.

5. Semiramis adversus eosdem Babylonios, eodem Euphrate averso, idem fecisse dicitur.

6. Clisthenes Sicyonius ductum aquarum in oppidum Crisæorum [30] ferentem rupit; mox affectis siti restituit aquam elleboro corruptam : qua usos profluvio ventris decipiens, cepit.

### VIII. De injiciendo obsessis pavore.

1. Philippus [31], quum Prinassum castellum nulla vi capere posset, terram ante ipsos muros aggessit, simulavitque agi cuniculum. Castellani, quia subrutos se existimarant, dediderunt.

2. Pelopidas Thebanus, Magnetum duo oppida simul oppugnaturus, non ita longo spatio distantia, quo tempore ad alterum eorum exercitum admovebat, præcepit ut ex composito ab aliis castris quatuor equites coronati [32], notabili alacritate velut victoriam annuntiantes, venirent. Ad cujus simulationem curavit, ut silva, quæ in medio erat, incenderetur, præbitura speciem urbis ardentis; præterea quosdam, captivorum habitu, eodem jussit perduci. Qua asseveratione perterriti, qui obsidebantur, dum in parte jam se superatos existimant, defecerunt.

3. Cyrus, rex Persarum, incluso Sardibus Crœso, qua præruptus mons nullum aditum præstabat, ad mœnia malos exæquantes altitudinem jugi subrexit, quibus

5. On dit que Sémiramis, faisant le siége de la même ville, détourna aussi l'Euphrate, et obtint le même résultat.

6. Clisthène de Sicyone coupa un aqueduc qui fournissait de l'eau à la ville de Crise ; et, quand les habitants eurent commencé à souffrir de la soif, il leur rendit l'eau, mais corrompue avec de l'ellébore : aussitôt qu'ils en eurent fait usage, un flux de ventre, qui les saisit, les mit hors d'état de se défendre, et la ville fut prise.

**VIII.** Jeter l'épouvante parmi les assiégés.

1. Philippe, ne pouvant enlever de vive force le château de Prinasse, fit amonceler de la terre au pied des fortifications, comme s'il y pratiquait une mine. Les assiégés, croyant leurs murs sapés, se rendirent.

2. Pélopidas, général thébain, étant sur le point d'assiéger à la fois deux villes de Magnésie peu éloignées l'une de l'autre, ordonna que, pendant qu'il faisait avancer son armée sous les murs de l'une, quatre cavaliers, ayant des couronnes sur la tête, accourussent à toute bride, comme venant de l'autre camp thébain, pour annoncer la prise de l'autre ville. Afin de mieux encore tromper l'ennemi, il fit mettre le feu à une forêt située dans un lieu intermédiaire, et dont l'embrasement pouvait être pris pour celui de la place. Il voulut, en outre, qu'on lui amenât quelques soldats déguisés en prisonniers. Ces démonstrations jetèrent l'effroi parmi les assiégés, qui, se croyant déjà vaincus sur l'autre point, firent leur soumission.

3. Cyrus, roi de Perse, tenant Crésus enfermé dans la ville de Sardes, fit dresser du côté le moins acessible de la montagne sur laquelle elle était assise, des mâts

simulacra hominum armata Persici habitus imposuerat, noctuque eos monti admovit. Tum prima luce ex altera parte muros aggressus est, ubi orto jam sole simulacra illa, armatorum referentia habitum, refulserunt. Oppidani captam urbem ab tergo credentes [33], et ob hoc in fugam dilapsi, victoriam hostibus concesserunt.

---

**IX.** De irruptione ex diversa parte, quam exspectamus.

1. Scipio apud Carthaginem sub discessum æstus maritimi sequutus Deum, ut dicebat, ducem, ad muros urbis accessit, et, cedente stagno [34], qua non exspectabatur, irrupit.

2. Fabius Maximus, Cunctatoris filius, apud Arpos [35], præsidio Hannibalis occupatos, considerato situ urbis, sexcentos milites obscura nocte misit, qui per munitam, eoque minus frequentem oppidi partem scalis evecti in murum, portas revellerent. Hi adjuti decidentium aquarum sono, qui operis strepitum obscurabat, jussa peragunt. Ipse, dato signo, ab illa [36] parte aggressus, cepit Arpos.

3. C. Marius, bello Jugurthino, apud flumen Mulucham, quum oppugnaret castellum, in monte saxeo situm, quod una et angusta semita adibatur, cetera parte (velut consulto) præcipiti, nuntiato sibi per Ligurem quemdam ex auxiliis gregalem militem, qui forte aquatum progressus, dum per saxa montis cochleas legit, ad summum pervenerat, erepi posse in castellum, pau-

aussi hauts que cette montagne, surmontés de figures d'hommes ayant le costume des Perses, et les approcha des remparts pendant la nuit; puis, dès la pointe du jour il attaqua la ville du côté opposé, au moment où les premiers rayons du soleil faisaient briller les armes que portaient ces figures. Les assiégés, persuadés qu'ils étaient pris par derrière, s'enfuirent dispersés, laissant la victoire à l'ennemi.

---

**IX.** Attaquer du côté où l'on n'est pas attendu.

1. Scipion, assiégeant Carthagène, profita du moment où la marée baissait, pour s'approcher des murailles; et, se disant guidé par Neptune, il traversa un étang dont les eaux avaient suivi le reflux de la mer, et livra l'attaque du côté où il n'était point attendu.

2. Fabius Maximus, fils de Fabius Cunctator, arrivé devant Arpi, où Annibal avait mis garnison, reconnut la position de la ville, et envoya, par une nuit obscure, six cents soldats chargés de franchir, à l'aide d'échelles, la partie des remparts qui était la plus forte, par conséquent la plus mal gardée, et de briser la porte. Ceux-ci, favorisés par une pluie violente, dont le bruit empêchait d'entendre celui qu'ils faisaient, exécutèrent l'ordre qu'ils avaient reçu. Alors Fabius, au signal donné, attaqua par ce même côté, et prit la ville.

3. Dans la guerre contre Jugurtha, pendant que C. Marius assiégeait, près du fleuve Mulucha, un château construit sur un rocher accessible seulement par un étroit sentier, et taillé à pic de tout autre côté comme à dessein, un Ligurien auxiliaire, simple soldat, qui s'était avancé par hasard pour chercher de l'eau, et avait, en recueillant des limaçons, gagné le sommet du rocher, vint lui annoncer que l'on pouvait gravir jusqu'au châ-

cos centuriones, quibus perfectissimos cum velocissimis militibus æneatores immiscuerat, misit, capite pedibusque nudis, ut prospectus nisusque per saxa facilior foret, scutis gladiisque a tergo aptatis. Hi Ligure duce, et loris et clavis, quibus in ascensu nitebantur, adjuti, quum ad posteriora, et ob id vacua defensoribus, castelli pervenissent, concinere et tumultuari, ut præceptum erat, cœperunt. Ad quod constitutum Marius constantius adhortatus suos, acrius instare castellanis cœpit : quos ab imbelli multitudine suorum revocatos [37], tanquam ab tergo capti essent, insequutus, castellum cepit.

4. L. Cornelius consul complura Sardiniæ cepit oppida, dum firmissimas partes copiarum noctu exponit, quibus præcipiebat, delitescerent, opperirenturque tempus, quo ipse naves appelleret; occurrentibus deinde adventanti hostibus, et ab ipso per simulationem fugæ longius ad persequendum avocatis, illi in relictas ab his urbes impetum facerent.

5. Pericles, Atheniensium dux, quum oppugnaret quamdam civitatem, magno consensu defendentium tutam, nocte ab ea parte murorum, quæ mari adjacebat, classicum cani, clamoremque attolli jussit. Hostes penetratum illac oppidum rati, reliquerunt portas : per quas Pericles, destitutas præsidio, irrupit.

6. Alcibiades, dux Atheniensium, Cyzicum [38], oppugnandi ejus causa, nocte improvisus accessit, et diversa parte mœnium cornicines canere jussit. Sufficere

teau. Marius y envoya quelques centurions avec les soldats les plus agiles et les meilleurs trompettes, ayant tous la tête découverte pour mieux voir, les pieds nus pour grimper plus aisément sur les rochers, et leurs boucliers, ainsi que leurs épées, attachés à leur dos. Guidés par le Ligurien, ils s'aident, pour monter, de courroies et de clous, parviennent au château du côté opposé à l'attaque, où pour cela même ils ne trouvent pas de résistance, et se mettent à sonner de la trompette et à faire un grand bruit, selon l'ordre qu'ils ont reçu. A ce signal, Marius encourage ses troupes, et presse plus vivement les assiégés. Ceux-ci étant rappelés de l'autre côté de la place par une multitude intimidée qui la croit déjà prise par derrière, les Romains s'élancent à leur poursuite, et s'emparent du château.

4. Le consul L. Cornelius se rendit maître de plusieurs villes de Sardaigne, en débarquant pendant la nuit ses meilleures troupes, auxquelles il ordonnait de se cacher, et d'épier le moment où il reviendrait avec ses vaisseaux; puis, lorsqu'il était descendu à terre lui-même, et voyait les ennemis s'avancer à sa rencontre, il simulait une retraite, et les attirait au loin à sa poursuite, afin que les places, alors dégarnies, fussent livrées à l'attaque de ses troupes embusquées.

5. Périclès, général athénien, assiégeant une ville qu'une défense bien concertée mettait à l'abri de ses efforts, fit pendant la nuit sonner la charge et pousser de grands cris vers la partie des remparts qui touchait à la mer. Les ennemis, persuadés que l'on entrait de ce côté, abandonnèrent les portes; et Périclès, les trouvant sans défense, fit par là irruption dans la ville.

6. Alcibiade, général athénien, voulant prendre la ville de Cyzique, s'en approcha pendant la nuit à l'improviste, et fit sonner la charge du côté opposé à celui

propugnationi murorum poterant. Ad id latus, a quo solo se tentari putabant, quum confluerent, qua non obsistebatur, muros transcendit.

7. Thrasybulus, dux Milesiorum, ut portum Sicyoniorum occuparet, a terra subinde oppidanos tentavit; et illo, quo lacessebantur, conversis hostibus, classe inexspectata portum cepit.

8. Philippus in obsidione cujusdam maritimæ urbis, binas naves procul a conspectu contabulavit, superstruxitque eis turres : aliis deinde turribus adortus a terra, dum mœnibus [39] propugnatores distringit, turritas naves a mari applicuit, et qua non resistebatur, subiit muros.

9. Pericles Peloponnesiorum castellum oppugnaturus, in quod duo omnino erant accessus, alterum fossa interclusit, alterum munire instituit. Castellani securiores ab altera parte facti, eam solam, quam muniri videbant, custodire cœperunt. Pericles, præparatis pontibus, injectisque super fossam, qua non cavebatur, subiit castellum [40].

10. Antiochus, adversus Ephesios, Rhodiis, quos in auxilio habebat [41], præcepit ut nocte portum cum magno strepitu invaderent. Ad quam partem omni multitudine cum tumultu decurrente, nudatis defensore reliquis munitionibus, ipse ex adverso aggressus civitatem cepit.

qu'il allait attaquer. Les assiégés pouvaient suffire à la défense de leurs remparts ; mais, comme tous se portèrent vers le lieu où ils croyaient qu'on donnait l'assaut, Alcibiade franchit les murailles sur un point qui ne lui offrait pas de résistance.

7. Pour s'emparer du port de Sicyone, Thrasybule de Milet fit plusieurs fausses attaques par terre ; et, quand il vit que les ennemis avaient dirigé leurs forces vers le lieu où il les harcelait, il entra dans le port avec sa flotte, sans qu'on s'y attendît.

8. Philippe, assiégeant une ville maritime, fit joindre ensemble deux vaisseaux que l'on couvrit de madriers, et sur lesquels on construisit des tours hors de la vue des assiégés ; puis il livra par terre une attaque avec d'autres tours. Pendant qu'il tenait l'ennemi en échec de ce côté des remparts, de l'autre approchaient les deux vaisseaux, et par là, ne trouvant pas de résistance, il pénétra dans la ville.

9. Périclès voulant prendre, dans le Péloponnèse, un château où l'on ne pouvait arriver que par deux chemins, coupa l'un par un fossé, et se mit à fortifier l'autre. Les assiégés, en pleine sécurité quant au premier chemin, surveillèrent seulement celui qu'ils voyaient fortifier. Alors Périclès, ayant préparé des ponts, les jeta sur le fossé, et entra dans la place du côté où l'on ne craignait pas son approche.

10. Antiochus, faisant le siége d'Éphèse, ordonna aux Rhodiens, ses auxiliaires, d'attaquer le port pendant la nuit, en poussant de grands cris. Les assiégés y accoururent en foule et en désordre, laissant le reste des fortifications sans défenseurs ; et Antiochus, donnant l'assaut d'un autre côté, s'empara de la ville.

### X. De insidiis per quas eliciantur obsessi.

1. Cato in conspectu Lacetanorum [42], quos obsidebat, reliquis suorum submotis, Suessetanos [43] quosdam ex auxiliaribus, maxime imbelles, aggredi mœnia jussit: hos quum facta eruptione Lacetani facile avertissent, et fugientes avide insequuti essent, illis, quas occultaverat, cohortibus oppidum cepit [44].

2. L. Scipio, in Sardinia [45], cujusdam civitatis per tumultum relicta oppugnatione, quam instruxerat, speciem fugientis præstitit; insequutisque temere oppidanis, per eos, quos in proximo occultaverat, oppidum invasit.

3. Hannibal, quum obsideret civitatem Himeram, castra sua capi de industria passus est, jussis recedere Pœnis, tanquam prævaleret hostis. Quo eventu Himeræis ita deceptis, ut gaudio impulsi, relicta urbe, procurrerent ad Punicum vallum, Hannibal vacuam urbem, per eos, quos in insidiis ad hanc ipsam occasionem posuerat, cepit.

4. Idem, ut Saguntinos [46] eliceret, rara acie ad muros accedens, ad primam eruptionem oppidanorum simulata fuga cessit, interpositoque exercitu, ab oppido interclusos a suis hostes, in medio trucidavit.

5. Himilco Carthaginiensis [47], apud Agrigentum, juxta oppidum partem copiarum in insidiis posuit, præcepitque his, ut, quum processissent oppidani, ligna

### X. Piéges dans lesquels on attire les assiégés.

1. Caton, étant en présence des Lacétans, qu'il tenait assiégés dans leur place forte, mit en embuscade une grande partie de ses troupes, et ordonna à des Suessétans, ses auxiliaires, et fort mauvais soldats, de livrer l'attaque à la ville. Les Lacétans, dans une sortie, les mirent facilement en fuite ; et, comme ils s'acharnaient à les poursuivre, Caton s'empara de leur ville avec les cohortes qu'il avait cachées.

2. L. Scipion leva le siège qu'il avait mis devant une ville de Sardaigne, et donna à sa retraite l'apparence d'une fuite précipitée. La garnison s'étant mise imprudemment à sa poursuite, il se rendit maître de la place à l'aide de troupes qu'il avait embusquées dans le voisinage.

3. Annibal, après avoir commencé le siége d'Himère, donna l'ordre de la retraite, laissant à dessein son camp aux ennemis, comme s'il ne pouvait tenir contre eux. Les Himéréens virent si peu le piége, que, dans la joie du succès, ils abandonnèrent leur ville pour courir au camp carthaginois. Annibal, voyant alors la place sans défense, s'en empara avec des troupes qu'il avait cachées dans la prévision de cet événement.

4. Le même, pour attirer les Sagontins dans une embuscade, s'approcha de leurs murailles avec un petit nombre d'hommes, et feignit de prendre la fuite dès la première sortie des assiégés. Ceux-ci, se trouvant coupés par l'armée carthaginoise, alors postée entre eux et la ville, furent enveloppés, et taillés en pièces.

5. Himilcon, général carthaginois, faisant le siége d'Agrigente, mit en embuscade, non loin de la place, une partie de ses troupes, avec ordre, lorsque les assiégés se seraient éloignés dans la campagne, d'allumer

humida incenderent ; deinde cum reliqua parte exercitus prima luce ad eliciendos hostes progressus, simulata fuga persequentes oppidanos longius cedendo protraxit. Insidiatores prope mœnia imperatum ignem acervis subjecerunt : unde obortum contemplati fumum Agrigentini, incensam civitatem suam existimaverunt, defendendæque ejus gratia dum trepide recurrunt, obviis eis, qui insidiati juxta muros erant, et a tergo instantibus, quos persequuti fuerant, in medio trucidati sunt.

6. Viriathus, disposito per occulta milite, paucos misit, qui abigerent pecora Segobrigensium [48]. Ad quæ illi vindicanda quum frequentes procucurrissent, simulantesque fugam prædatores persequerentur, deducti in insidias, cæsique sunt.

7. Scordisci equites, quum Heracleæ [49] duarum partium [50] præsidio præpositus esset Lucullus, pecora abigere simulantes, provocarunt eruptionem : fugam deinde mentiti, sequentem Lucullum in insidias deduxerunt, et octingentos cum eo milites occiderunt.

8. Chares, dux Atheniensium, civitatem aggressurus litori appositam, post quædam promontoria occulte habita classe, e navibus velocissimam præter hostilia præsidia ire jussit. Qua visa, quum omnia navigia, quæ pro custodia portus agebant, ad persequendam evolassent, Chares in indefensum portum cum reliqua classe invectus, etiam civitatem occupavit.

9. Barca, dux Pœnorum, in Sicilia Lilybæum nostris

des feux avec du bois mouillé ; ensuite, s'étant lui-même avancé, dès le point du jour, à la tête du reste de son armée, pour attirer les ennemis au combat, il feignit de lâcher pied, et les entraîna au loin à sa poursuite. Ceux de l'embuscade mirent le feu à des monceaux de bois en avant des murailles, comme ils en avaient reçu l'ordre ; et les Agrigentins, à la vue de la fumée qui s'élevait, crurent que leur ville était embrasée. Tandis qu'ils retournaient à la hâte, pour porter du secours, arrêtés en même temps par les troupes qui avaient été postées près de la ville, et chargés en queue par celles qu'ils avaient poursuivies, ils essuyèrent une entière defaite.

6. Viriathe, après avoir placé des troupes en embuscade, envoya quelques soldats enlever les troupeaux des Ségobrigiens. Ceux-ci, étant accourus en grand nombre pour les reprendre, et s'étant mis à la poursuite des maraudeurs, qui fuyaient à dessein, tombèrent dans le piége et furent taillés en pièces.

7. Héraclée avait pour garnison deux cohortes commandées par Lucullus, lorsque des cavaliers scordisques s'avancèrent comme pour enlever des troupeaux, et provoquèrent ainsi une sortie ; puis, par une fuite simulée, ils attirèrent Lucullus jusque dans une embuscade, où il fut tué avec huit cents de ses soldats.

8. Charès, général athénien, devant attaquer une ville située sur le bord de la mer, cacha sa flotte derrière un promontoire, et envoya le plus léger de ses vaisseaux passer en vue de l'ennemi. Dès qu'on l'aperçut, tous les navires qui gardaient le port volèrent à sa poursuite. Alors Charès, voyant ce port sans défense, y entra avec sa flotte, et s'empara même de la ville.

9. Au moment où les Romains assiégeaient par terre

terra marique obsidentibus, partem classis suæ procul armatam jussit ostendi. Ad ejus conspectum quum evolassent nostri, ipse reliquis, quas in occulto tenuerat, navibus Lilybæi portum occupavit [51].

---

### XI. De simulatione regressus.

1. Phormion [52], dux Atheniensium, quum depopulatus esset agros Chalcidensium, legatis eorum, de ea re querentibus, benigne respondit, et nocte, qua dimissurus illos erat, finxit litteras sibi supervenisse civium suorum, propter quas redeundum haberet; ac paulum regressus, dimisit legatos. His omnia tuta, et abisse Phormionem renuntiantibus, Chalcidenses spe et oblatæ humanitatis, et abducti exercitus, remissa urbis custodia, quum confestim Phormion revertisset, prohibere inexspectatam vim non potuerunt.

2. Agesilaus, dux Lacedæmoniorum, quum Phocenses obsideret [53], et intellexisset, eos, qui tunc præsidio illis erant, jam gravari belli incommodo, paululum regressus tanquam ad alios actus, liberam recedendi occasionem his dedit. Non multo post, milite reducto, destitutos Phocenses superavit.

3. Alcibiades, adversus Byzantios [54], qui se mœnibus continebant, insidias disposuit, et simulato regressu, incautos eos oppressit.

4. Viriathus, quum tridui iter discedens confecisset,

et par mer Lilybée, en Sicile, Barca, général carthaginois, fit paraître au loin une partie de ses vaisseaux prêts à combattre. La flotte romaine, les ayant aperçus, s'élança sur eux ; et Barca, avec le reste de ses vaisseaux, qu'il avait tenus cachés, se rendit maître du port de Lilybée.

### XI. Des retraites simulées.

1. Phormion, général athénien, ayant ravagé le territoire de Chalcis, cette ville lui envoya des députés pour lui exposer ses griefs. Il leur fit bon accueil ; et pendant la nuit qui avait été fixée pour leur départ, il feignit de recevoir une lettre qui le rappelait à Athènes, et les congédia en faisant retraite lui-même, mais à une faible distance. Les députés ayant annoncé que tout était désormais en sûreté, et que Phormion était parti, les Chalcidiens crurent à la bienveillance qu'il avait témoignée, ainsi qu'à la retraite de ses troupes, et négligèrent la garde de leur ville. Alors, Phormion étant revenu tout à coup, ils ne purent soutenir une attaque à laquelle ils ne s'attendaient plus.

2. Agésilas, chef des Lacédémoniens, assiégeant Phocée, et s'étant aperçu que les alliés de cette ville, venus pour la défendre, commençaient à se lasser des fatigues de la guerre, fit un mouvement de retraite, comme s'il allait à d'autres expéditions, et leur laissa ainsi la faculté de s'éloigner librement. Peu de temps après il ramena son armée et vainquit les Phocéens, alors réduits à leurs propres forces.

3. Alcibiade tendit un piége aux Byzantins, qui se tenaient renfermés dans leurs murs : il feignit de se retirer, et, quand ils ne furent plus sur leurs gardes, revint fondre sur eux.

4. Viriathe, après s'être retiré à trois journées de

idem illud uno die remensus, securos Segobrigenses, et sacrificio tum quum maxime occupatos oppressit.

5. Epaminondas, in Mantinia [55], quum Lacedaemonios in subsidium hosti venisse animadverteret, ratus posse Lacedaemonem occupari, si clam illo profectus esset, nocte crebros ignes fieri jussit, ut specie remanendi occultaret profectionem; sed, a transfuga proditus, assequuto exercitu Lacedaemoniorum, itinere quidem, quo Spartam petebat, destitit: idem tamen consilium convertit ad Mantinienses. Æque enim ignibus factis Lacedaemonios, quasi maneret, frustratus, per quadraginta millia passuum Mantiniam revertit, eamque auxilio destitutam occupavit.

**XII.** Ex contrario circa tutelam obsessorum. De excitanda cura suorum.

1. Alcibiades Atheniensis, civitate sua a Lacedaemoniis obsessa, veritus negligentiam vigilum, denuntiavit his qui in stationibus erant, observarent lumen, quod nocte ostensurus esset ex arce, et ad conspectum ejus ipsi quoque lumina attollerent: in quo munere qui cessasset, poenam passurum. Dum sollicite exspectatur signum ducis, pervigilatum ab omnibus, et suspectae noctis periculum evitatum est [56].

2. Iphicrates, dux Atheniensium, quum praesidio Corinthum teneret, et sub adventum hostium ipse vigilias circuiret, vigilem, quem dormientem viderat,

Segobriga, revint en un seul jour, et surprit les habitants, qui, dans une entière sécurité, étaient en ce moment même occupés d'un sacrifice.

5. Épaminondas, au siége de Mantinée, voyant que les Lacédémoniens étaient venus secourir cette place, pensa que, s'il leur cachait son départ, il pourrait aller prendre Lacédémone. Il ordonna d'allumer pendant la nuit un grand nombre de feux dans son camp, afin que l'on ne se doutât pas de son absence; mais, trahi par un transfuge, et poursuivi par l'armée lacédémonienne, il quitta le chemin de Sparte, et usa du même artifice pour retourner devant Mantinée. Il alluma encore des feux dans son camp, et, tandis que les Lacédémoniens l'y croyaient présent, il fit une marche de quarante milles du côté de Mantinée, et se rendit maître de la ville, qui n'avait plus le secours de ses alliés.

---

**XII.** De la défense des places. Exciter la vigilance des soldats.

1. Pendant que les Lacédémoniens assiégeaient Athènes, Alcibiade, craignant de la négligence de la part des sentinelles, ordonna aux soldats de tous les postes d'observer attentivement le flambeau qu'il ferait paraître pendant la nuit, du haut de la citadelle, et de répondre à ce signal en élevant aussi des flambeaux de leur côté. Il menaça de châtiment quiconque n'exécuterait pas fidèlement cet ordre. Ainsi tenus dans l'attente des signaux de leur chef, tous firent une garde vigilante, et l'on fut à l'abri du danger qui était à craindre pour la nuit.

2. Iphicrate, général athénien, qui occupait Corinthe avec une garnison, visitant les postes au moment où l'ennemi approchait, trouva une sentinelle endormie, et la perça d'un javelot. Quelques-uns, blâmant

transfixit cuspide : quod factum quibusdam, tanquam sævum increpantibus, « Qualem inveni, inquit, talem reliqui [57]. »

3. Epaminondas Thebanus idem fecisse dicitur.

---

### XIII. De emittendo et recipiendo nuntio.

1. Romani obsessi in Capitolio, ad Camillum ab exsilio implorandum miserunt Pontium Cominium : qui, ut stationes Gallorum falleret, per saxa Tarpeia demissus, transnato Tiberi, Veios pervenit [58], et perpetrata legatione, similiter ad suos rediit.

2. Campani, diligenter Romanis, a quibus obsessi erant, custodias agentibus, quemdam pro transfuga subornatum miserunt : qui occultatam balteo epistolam [59], inventa effugiendi occasione, ad Pœnos pertulit.

3. Venationi quoque et pecoribus quidam insuerunt litteras, membranis mandatas.

4. Aliqui et jumentum in aversam partem infulserunt, dum stationes transeunt.

5. Nonnulli interiora vaginarum inscripserunt.

6. L. Lucullus, Cyzicenos obsessos a Mithridate ut certiores adventus sui faceret, quum præsidiis hostium teneretur introitus urbis, qui unus et angustus ponte modico insulam continenti jungit, militem e suis, nandi

cet acte comme trop cruel : « Tel j'ai trouvé cet homme, leur répondit-il, tel je l'ai laissé. »

3. On dit qu'Épaminondas, général thébain, en fit autant.

### XIII. Donner et recevoir des nouvelles.

1. Les Romains, assiégés dans le Capitole, envoyèrent Pontius Cominius implorer le secours de Camille, qui était alors en exil. Cominius, pour éviter les postes gaulois, descendit par la roche Tarpéienne, traversa le Tibre à la nage, arriva jusqu'à Véies, et, s'étant acquitté de sa mission, retourna par le même chemin près de ses compagnons.

2. Les habitants de Capoue, assiégés par les Romains, qui faisaient bonne garde autour de la place, envoyèrent dans le camp ennemi, comme déserteur, un soldat qui, moyennant une récompense, cacha une lettre dans son baudrier, et la porta aux Carthaginois aussitôt qu'il trouva l'occasion de s'échapper.

3. Quelques-uns écrivirent des lettres sur des parchemins, qui furent cousus dans des pièces de gibier et dans le corps de certains animaux.

4. D'autres ont introduit leurs dépêches dans le derrière de leurs bêtes de somme, pour traverser les postes ennemis.

5. D'autres ont écrit sur la partie intérieure des fourreaux de leurs épées.

6. L. Lucullus voulait informer de son arrivée les habitants de Cyzique, assiégés par Mithridate, dont les troupes occupaient le seul chemin qui conduisît à la ville : c'était un pont étroit, qui l'unissait au continent. Il chargea de ce message un soldat, bon nageur et habile

et nauticæ artis peritum, jussit insidentem duobus inflatis utribus, litteras insutas habentibus, quos ab inferiore parte duabus regulis inter se distantibus commiserat, ire septem millium passuum trajectum. Quod ita perite gregalis fecit, ut cruribus, velut gubernaculis, dimissis cursum dirigeret, et procul visentes, qui in statione erant, marinæ specie belluæ deciperet [60].

7. Hirtius consul ad Decimum Brutum, qui Mutinæ ab Antonio obsidebatur, litteras subinde misit plumbo scriptas [61], quibus ad brachium religatis, milites Scultennam amnem transnabant.

8. Idem columbis, quas inclusas ante tenebris et fame affecerat, epistolas seta ad collum religabat, easque a propinquo, in quantum poterat, mœnibus loco emittebat. Illæ lucis cibique avidæ, altissima ædificiorum petentes, excipiebantur a Bruto: qui eo modo de omnibus rebus certior fiebat, utique postquam disposito quibusdam locis cibo columbas illuc devolare instituerat [62].

**XIV.** De introducendis auxiliis, et commeatibus suggerendis.

1. Bello civili, quum Ategua urbs in Hispania Pompeianarum partium obsideretur, Munatius, interim rex [63], tanquam Cæsarianus tribuni cornicularius vigiles quosdam excitavit, e quibus aliquos evitans, constantia fallaciæ suæ per medias Cæsaris copias præsidium Pompeii transduxit [64].

2. Hannibale obsidente Casilinum, Romani farinam

nautonier, qui, porté sur l'eau par deux outres remplies d'air, contenant des lettres de Lucullus, et adaptées en dessous à deux traverses séparées l'une de l'autre, fit un trajet de sept milles. Telle fut l'adresse de ce simple soldat, que, se servant de ses jambes comme de rames, il trompa les sentinelles ennemies, qui crurent, en l'apercevant, que c'était quelque monstre marin.

7. Le consul Hirtius envoya de temps en temps à Decimus Brutus, assiégé dans Mutine par Antoine, des lettres écrites sur des plaques de plomb, que l'on attachait aux bras de soldats qui traversaient à la nage la rivière de Scultenna.

8. Le même consul avait des pigeons qu'il tenait quelque temps dans l'obscurité, sans leur donner à manger; puis il leur attachait des lettres au cou, à l'aide d'un crin, et les lâchait le plus près possible des murailles. Ces oiseaux, avides de nourriture et de lumière, gagnaient les plus hauts édifices, et là étaient pris par Brutus, qui savait de cette manière tout ce qui se passait, surtout lorsqu'il les eut habitués à s'abattre en de certains lieux où il faisait déposer pour eux de la nourriture.

**XIV.** Faire entrer des renforts et des vivres dans la place.

1. Pendant la guerre civile, Ategua, ville d'Espagne du parti de Pompée, étant investie, Munatius, chef temporaire de ce pays, alla dans le camp de César, où il se fit passer pour le secrétaire d'un tribun, demanda d'autorité le mot d'ordre à quelques sentinelles, ce qui lui servit à en tromper d'autres, et, persévérant dans son artifice, introduisit du renfort dans la place, en passant ainsi au milieu des troupes de César.

2. Pendant qu'Annibal tenait Casilinum assiégé, les

doliis secunda aqua Vulturni fluminis demittebant, ut ab obsessis exciperetur. Quibus quum objecta per medium amnem catena [65] Hannibal obstitisset, nuces sparsere: quæ quum, aqua ferente, ad oppidum defluerent, eo commeatu sociorum necessitatem sustentaverunt.

3. Hirtius Mutinensibus, obsessis ab Antonio, salem, quo maxime indigebant, cupis conditum, per amnem Scultennam intromisit.

4. Idem pecora secunda aqua demisit: quæ excepta sustentaverunt necessariorum inopiam.

---

**XV.** Quemadmodum efficiatur ut abundare videantur quæ desunt.

1. Romani, quum a Gallis Capitolium obsideretur, in extrema jam fame panem in hostem jactaverunt: consequutique, ut abundare commeatibus viderentur, obsidionem, donec Camillus subveniret, toleraverunt [66].

2. Athenienses adversus Lacedæmonios idem fecisse dicuntur.

3. Hi, qui ab Hannibale Casilini obsidebantur, ad extremam famem pervenisse crediti, quum etiam herbas alimentis eorum Hannibal, sæpe arato loco, qui erat inter castra ipsius et mœnia, præriperet, semina in præparatum locum jecerunt: consequuti, ut habere viderentur, quo victum sustentarent usque ad satorum proventum [67].

4. Reliqui ex Variana clade, quum obsiderentur,

Romains emplirent de farine des tonneaux qu'ils abandonnèrent au courant du Vulturne, pour les faire parvenir aux habitants. Annibal ayant arrêté ces tonneaux au moyen d'une chaîne tendue sur le fleuve, les Romains répandirent des noix que les eaux apportèrent à la ville, et qui fournirent aux assiégés un soutien contre la famine.

3. Hirtius, sachant que ceux de Mutine, assiégés par Antoine, étaient dans une extrême disette de sel, en remplit des barils, qu'il fit entrer dans la ville par le fleuve Scultenna.

4. Le même général confia au courant d'une rivière des troupeaux que reçurent les assiégés, et qui remédièrent à la disette.

---

**XV.** Comment on paraît avoir en abondance les choses dont on manque.

1. Les Romains, assiégés dans le Capitole par les Gaulois, et déjà en proie à la famine, jetèrent du pain vers les postes ennemis. En faisant croire par là qu'ils avaient des vivres en abondance, ils purent traîner le siége en longueur jusqu'à l'arrivée de Camille.

2. On dit que les Athéniens en firent autant à l'égard des Lacédémoniens.

3. Ceux qu'Annibal tenait enfermés à Casilinum, et que l'on croyait réduits à une extrême disette, voyant que le Carthaginois, pour leur ôter jusqu'à l'herbe comme aliment, avait fait passer plusieurs fois la charrue sur le terrain qui séparait son camp de leurs murailles, jetèrent des semences sur ces terres labourées, et par là persuadèrent à l'ennemi qu'ils avaient de quoi se nourrir jusqu'à la récolte.

4. Les troupes qui avaient échappé au désastre de

quia defici frumento videbantur, horrea tota nocte circumduxerunt captivos; deinde præcisis manibus [68] dimiserunt. Hi circumsedentibus suis persuaserunt ne spem maturæ expugnationis reponerent in fame Romanorum, quibus ingens alimentorum copia superesset.

5. Thraces in arduo monte obsessi, in quem hostibus accessus non erat, collocato viritim exiguo tritico aut caseo paverunt pecora, et in hostium præsidia dimiserunt: quibus exceptis et occisis, quum frumenti vestigia in visceribus eorum apparuissent, opinatus hostis, magnam vim tritici superesse eis, qui inde etiam pecora pascerent, recessit ab obsidione.

6. Thrasybulus, dux Milesiorum [69], quum longa obsidione milites sui angerentur ab Alyatte, qui sperabat eos ad deditionem fame posse compelli, sub adventum legatorum Alyattis frumentum omne in forum compellere jussit, et conviviis sub id tempus institutis per totam urbem epulas præstitit: atque ita persuasit hosti superesse ipsis copias, quibus diuturnam sustinerent obsidionem.

---

**XVI.** Qua ratione proditoribus et transfugis occurratur.

1. Cl. Marcellus, cognito consilio Bantii Nolani, qui corrumpere ad defectionem populares studebat, et Hannibali gratificabatur, quod illius beneficio curatus inter Cannenses saucius, et ex captivitate remissus ad suos

Varus, étant investies par l'ennemi, qui les croyait dépourvues de blé, promenèrent pendant toute une nuit dans leurs magasins les prisonniers qu'ils avaient faits, et les renvoyèrent après leur avoir coupé les mains. Ceux-ci conseillèrent à leurs compagnons de ne pas fonder sur la disette l'espoir de se rendre bientôt maîtres des Romains, attendu qu'ils avaient encore un grand approvisionnement de vivres.

5. Les Thraces, assiégés sur une montagne fort élevée, et inaccessible à l'ennemi, recueillirent entre eux, au moyen d'une contribution par tête, une petite quantité de blé et de laitage, et en firent manger à des moutons qu'ils chassèrent vers les postes ennemis. Ces animaux ayant été pris et tués, on remarqua dans leurs entrailles les vestiges du froment; l'ennemi alors, persuadé que les Thraces avaient de copieuses provisions de blé, puisqu'ils en nourrissaient même leur bétail, abandonna le siége.

6. Thrasybule, général des Milésiens, voyant ses troupes fatiguées du long siége qu'elles soutenaient contre Alyatte, qui espérait les réduire par famine, ordonna que tout le blé de la ville fût apporté sur la place publique avant l'arrivée des députés lydiens qu'il attendait, et fit préparer pour le même temps des festins chez tous les citoyens. En montrant ainsi la ville en fête, il fit croire à l'ennemi qu'il lui restait assez de vivres pour soutenir longtemps encore le siége.

**XVI.** Comment on prévient les trahisons et les désertions.

1. Cl. Marcellus fut informé que Bantius, de Nole, s'efforçait d'amener ses concitoyens à une défection au profit d'Annibal, parce que celui-ci, l'ayant trouvé parmi les blessés après la bataille de Cannes, lui avait

erat, quia interficere eum, ne supplicio ejus reliquos concitaret Nolanos, non audebat, arcessitum ad se alloquutus est, dicens, fortissimum eum militem esse, quod antea ignorasset; hortatusque est, ut secum moraretur; et super verborum honorem, equo quoque donavit. Qua benignitate[70] non illius tantum fidem, sed etiam popularium, qui ex illo pendebant, sibi obligavit.

2. Hamilcar, dux Pœnorum, quum frequenter auxiliares Galli ad Romanos transirent, etiam ex consuetudine, ut socii, exciperentur, sibi fidelissimos subornavit, ad simulandam transitionem; qui Romanos, excipiendorum eorum causa progressos, ceciderunt. Quæ sollertia Hamilcari non tantum ad præsentem profuit successum, sed in posterum præstitit, ut Romanis veri quoque transfugæ forent suspecti.

3. Hanno, Carthaginiensium imperator in Sicilia[71], quum comperisset, Gallorum mercenariorum circiter quatuor millia conspirasse ad transfugiendum ad Romanos, quod aliquot mensium mercedes non receperant, animadvertere autem in eos non auderet metu seditionis, promisit, prolationis injuriam liberalitate pensaturum. Quo nomine gratias agentibus Gallis, per tempus idoneum datis pollicitis, fidelissimum dispensatorem ad Otacilium consulem misit: qui, tanquam rationibus interversis transfugisset, nuntiavit, nocte proxima Gallorum quatuor millia, quæ prædatum forent missa, posse excipi. Otacilius nec statim credidit transfugæ, nec tamen

fait donner des soins, et l'avait renvoyé dans sa patrie. N'osant pas le mettre à mort, de peur que son supplice n'irritât les habitants de Nole, il le fit venir près de lui, et lui dit qu'il était un soldat excellent; que jusqu'alors il ne l'avait pas connu; et, après l'avoir engagé à rester dans son armée, il lui fit présent d'un cheval. Ce bienfait lui assura la fidélité non-seulement de Bantius, mais encore de tous ceux de la ville sur lesquels celui-ci avait de l'influence.

2. Amilcar, général des Carthaginois, voyant les nombreuses désertions de ses auxiliaires gaulois, qui passaient du côté des Romains, où, à cause de la fréquence même du fait, ils étaient reçus comme des alliés, engagea ceux qui lui étaient le plus fidèles à simuler une désertion. Ils le firent, et taillèrent en pièces les Romains qui s'étaient avancés pour les recevoir. Cet artifice, outre le succès qu'il valut alors aux Carthaginois, fut cause que, dans la suite, les véritables transfuges furent suspects aux Romains.

3. Hannon, commandant en Sicile l'armée carthaginoise, apprit que des Gaulois mercenaires, au nombre de quatre mille environ, s'étaient entendus pour passer du côté des Romains, parce qu'ils n'avaient pas reçu leur solde de quelques mois. N'osant sévir contre eux, dans la crainte d'une révolte, il promit de les indemniser généreusement du retard dont ils souffraient. Les Gaulois le remercièrent de cette assurance; et pendant le délai qu'il avait fixé pour l'exécution de ses promesses, il envoya dans le camp du consul Otacilius son trésorier, homme d'une fidélité éprouvée, qui, feignant d'avoir déserté pour quelque désordre dans ses comptes, annonça que quatre mille Gaulois devaient être envoyés au fourrage la nuit suivante, et qu'il serait facile de les surprendre. Otacilius, qui ne voulait ni se fier tout

rem spernendam ratus, disposuit in insidiis lectissimam suorum manum. Ab ea Galli excepti, dupliciter Hannonis consilio satisfecerunt, et Romanos ceciderunt, et ipsi omnes interfecti sunt.

4. Hannibal simili consilio se a transfugis ultus est. Nam quum aliquos ex militibus suis sciret transisse proxima nocte, nec ignoraret, exploratores hostium in castris suis esse, palam pronuntiavit, non debere transfugas vocari sollertissimos milites, qui ipsius jussu exierint ad excipienda hostium consilia. Auditis, quæ pronuntiavit, retulerunt exploratores ad suos. Tum comprehensi ab Romanis transfugæ, et amputatis manibus remissi sunt.

5. Diodorus, quum præsidio Amphipolim tueretur, et duo millia Thracum suspecta haberet, quæ videbantur urbem direptura, mentitus est, paucas hostium naves proximo litori applicuisse, easque diripi posse. Qua spe stimulatos Thracas emisit, ac deinde clausis portis non recepit [72].

### XVII. De eruptionibus.

1. Romani, qui in præsidio Panormitanorum erant, veniente ad obsidionem Hasdrubale, raros ex industria in muris posuerunt defensores : quorum paucitate contempta, quum incautus muris succederet Hasdrubal, eruptione facta, ceciderunt eum.

2. Æmilius Paullus, universis Liguribus improviso

d'abord à un transfuge, ni laisser échapper une pareille occasion, mit en embuscade des troupes d'élite. Les Gaulois tombèrent dans le piége, et remplirent doublement le but d'Hannon : ils tuèrent des Romains, et furent eux-mêmes exterminés jusqu'au dernier.

4. Annibal imagina une semblable vengeance à l'égard de ses transfuges. Informé que plusieurs soldats avaient déserté la nuit précédente, et sachant aussi qu'il y avait des espions de l'ennemi dans son camp, il dit ouvertement qu'il ne fallait pas donner le nom de transfuges à des hommes adroits qu'il avait envoyés pour pénétrer les desseins de l'ennemi. Ces mots, une fois connus des espions, furent transmis aux Romains, qui saisirent les déserteurs d'Annibal, leur coupèrent les mains, et les renvoyèrent.

5. Diodore, étant à la tête des troupes qui défendaient Amphipolis, et parmi lesquelles se trouvaient deux mille Thraces qu'il soupçonnait de vouloir piller la ville, annonça faussement que des vaisseaux ennemis, en petit nombre, étaient abordés à la côte voisine, et qu'on pouvait aisément les piller. Excités par l'espoir du butin, les Thraces partirent, et Diodore, ayant fermé les portes, les empêcha de rentrer dans la place.

### XVII. Des sorties.

1. Les Romains qui tenaient garnison à Palerme, lorsque Asdrubal s'avançait pour assiéger cette ville, ne placèrent, à dessein, qu'un petit nombre de soldats sur les remparts. Asdrubal, enhardi par cette apparente faiblesse, s'approcha témérairement, et son armée fut taillée en pièces dans une sortie que firent les assiégés.

2. Émilius Paullus, attaqué dans son camp, à l'im-

adortis castra ejus, simulato timore militem diu continuit : deinde fatigato jam hoste, quatuor portis eruptione facta, stravit cepitque Ligures [73].

3. Velius [74], præfectus Romanorum, arcem Tarentinorum tenens, misit ad Hasdrubalem legatos, uti abire sibi incolumi liceret. Ea simulatione ad securitatem perductum hostem, eruptione facta, cecidit.

4. Cn. Pompeius, circumsessus ad Dyrrachium, non tantum obsidione liberavit suos, verum etiam post eruptionem, quam opportuno et loco et tempore fecerat, Cæsarem ad castellum [75], quod duplici munitione instructum erat, avide irrumpentem, exterior ipse circumfusus corona obligavit, ut ille inter eos quos obsidebat, et eos qui extra circumvenerant, medius, non leve periculum et detrimentum senserit.

5. Flavius Fimbria, in Asia, apud Rhyndacum [76], adversus filium Mithridatis, brachiis ad latere ductis, deinde fossa in fronte percussa, quietum in vallo militem tenuit, donec hostilis equitatus intraret angustias munimentorum : tunc, eruptione facta, sex millia eorum cecidit.

6. C. Cæsar in Gallia [77], deletis ad Ambiorige Titurii Sabini et Cottæ legatorum copiis, quum a Q. Cicerone, qui et ipse oppugnabatur, certior factus cum duabus legionibus adventaret, conversis hostibus, me-

proviste, par toute l'armée des Liguriens, retint longtemps ses troupes, comme par crainte; ensuite, quand il vit les ennemis fatigués, il fondit sur eux par les quatre portes du camp, les défit, et en prit un grand nombre.

3. Velius, qui commandait la garnison romaine dans la citadelle de Tarente, ville assiégée par Asdrubal, envoya vers celui-ci des députés pour lui demander la vie sauve et la retraite libre. Tandis que, trompés par cette feinte, les ennemis se tenaient peu sur leurs gardes, Velius fit tout à coup une sortie, et les tailla en pièces.

4. Cn. Pompée, investi dans son camp près de Dyrrachium, non-seulement dégagea son armée, mais encore, dans une sortie pour laquelle il avait bien choisi le temps et le lieu, enveloppa César, au moment où celui-ci livrait une impétueuse attaque à un fort que défendait un double retranchement; en sorte que, placé entre ceux qu'il attaquait et ceux qui étaient venus l'enfermer, César courut un grand danger, et perdit beaucoup de monde.

5. Flavius Fimbria, fortifiant son camp près du Rhyndacus, en Asie, contre le fils de Mithridate, fit tirer des tranchées le long des flancs et vers la tête de ses retranchements, au dedans desquels il tint ses troupes immobiles, jusqu'à ce que la cavalerie des ennemis se fût engagée dans les intervalles étroits de ses fortifications; alors il fit une sortie, et leur tua six mille hommes.

6. Pendant la guerre des Gaules, C. César, informé, de la part de Q. Cicéron, que les lieutenants Titurius Sabinus et Cotta avaient été battus par Ambiorix, et que celui-ci le tenait lui-même assiégé, marcha à son secours avec deux légions. Après avoir d'abord attiré

tum simulavit, militesque in castris, quæ arctiora solito industria fecerat, tenuit. Galli, præsumpta jam victoria, velut ad prædam castrorum tendentes, fossas implere, et vallum detrahere cœperunt. Qua re prœlio aptatos Cæsar, emisso repente undique milite, trucidavit.

7. Titurius Sabinus, adversus Gallorum amplum exercitum continendo militem intra munimenta, præstitit eis suspicionem metuentis; cujus augendæ causa perfugam misit, qui affirmaret, exercitum Romanum in desperatione esse, ac de fuga cogitare. Barbari, oblata victoriæ spe concitati, lignis sarmentisque se oneraverunt, quibus fossas complerent, ingentique cursu castra nostra in colle posita petiverunt : unde in eos Titurius universas immisit copias, multisque Gallorum cæsis, plurimos in deditionem accepit [78].

8. Asculani, oppugnaturo oppidum Pompeio, quum paucos senes ægros in muris ostendissent, ob id securos Romanos, eruptione facta, fugaverunt.

9. Numantini obsessi ne pro vallo quidem instruxerunt aciem, adeoque se continuerunt, ut Popillio Lænati fiducia fieret scalis oppidum aggrediendi. Quo deinde suspicante insidias, quia ne tunc quidem obsistebatur, ac suos revocante, eruptione facta, aversos et descendentes adorti sunt.

l'ennemi contre lui seul, il feignit de craindre, et retint ses soldats dans son camp, auquel il avait donné, à dessein, moins d'étendue qu'à l'ordinaire. Les Gaulois, qui comptaient déjà sur la victoire, et en voulaient au butin, se mirent à combler le fossé, et arrachèrent les palissades. Aussitôt le combat commença; et les troupes de César, tombant sur eux de tous côtés, en firent un grand carnage.

7. Titurius Sabinus, ayant en tête une nombreuse armée de Gaulois, retint la sienne dans ses retranchements, pour faire croire aux ennemis qu'il avait peur; et, afin de le leur persuader, il envoya au milieu d'eux un faux transfuge, qui leur affirma que les Romains, réduits au désespoir, se disposaient à fuir. Les barbares, excités par l'espérance de la victoire, se chargèrent de bois et de fascines pour combler les fossés, et se dirigèrent à pas de course vers notre camp, qui était situé sur une colline. Alors toutes les troupes de Titurius s'élancèrent à la fois sur eux, en tuèrent un grand nombre, et firent beaucoup de prisonniers.

8. Les habitants d'Asculum, que Pompée allait assiéger, ne firent paraître sur leurs murailles qu'un petit nombre de vieillards infirmes; et, après avoir par là inspiré de la sécurité aux Romains, ils sortirent tout à coup, et les mirent en fuite.

9. Les Numantins, au lieu de déployer leur armée sur les remparts, lorsqu'ils furent assiégés par Popillius Lénas, se tinrent renfermés dans l'intérieur de la ville, afin d'amener l'ennemi à tenter l'escalade. Popillius, qui ne trouva pas même de résistance sur les murailles, soupçonna quelque piége; et, au moment où il donnait le signal de la retraite, les assiégés firent une sortie, et tombèrent sur ses troupes, qui descendaient des remparts et prenaient déjà la fuite.

**XVIII.** De constantia obsessorum.

1. Romani, assidente moenibus Hannibale, ostentandae fiduciae gratia, supplementum exercitibus quos in Hispania habebant, diversa porta miserunt [79].

2. Iidem agrum, in quo castra Hannibal habebat, defuncto forte domino, venalem ad id pretium licendo perduxerunt, quo is ager ante bellum venierat.

3. Hi, dum ab Hannibale obsidentur, et ipsi obsederunt Capuam, decreveruntque [80] ne, nisi capta ea, revocaretur inde exercitus.

**XVIII.** De la résolution des assiégés.

1. Les Romains, pour montrer de la confiance pendant qu'Annibal était devant les murs de Rome, firent sortir, par une porte opposée à son camp, des recrues destinées aux armées qu'ils avaient en Espagne.

2. Le maître du champ où campait Annibal étant mort, le terrain fut mis en vente et porté, par les enchères, au prix où il avait été acheté avant la guerre.

3. Pendant que Rome était assiégée par Annibal, les Romains, de leur côté, faisaient le siége de Capoue, et décrétaient que, tant que cette ville ne tomberait pas en leur pouvoir, l'armée ne serait point rappelée à Rome.

# STRATEGEMATICON

## LIBER QUARTUS.

### PRÆFATIO.

MULTA lectione conquisitis strategematibus, et non exiguo scrupulo digestis, ut promissum trium librorum implerem, si modo implevi, in hoc exhibebo ea quæ parum apte descriptioni priorum ad speciem alligata subjici videbantur, et erant exempla potius strategicon, quam strategematicon [1]. Quæ idcirco separavi, quia, quamvis clara, diversæ tamen erant substantiæ: ne, si qui forte in aliqua ex his incidissent, similitudine inducti prætermissa opinarentur [2]. Et sane velut residua expedienda sunt: in quo, sicut antea, et ipse ordinem per species servare conabor.

CAP. I. De disciplina.
 II. De effectu disciplinæ.
 III. De continentia.
 IV. De justitia.
 V. De constantia.
 VI. De affectu et moderatione.
 VII. De variis consiliis.

# LES STRATAGÈMES.
## LIVRE QUATRIÈME.

### PRÉFACE.

Après avoir recueilli des stratagèmes, fruits de mes nombreuses lectures, et les avoir classés avec un soin scrupuleux, pour remplir les promesses des trois premiers livres, si toutefois je les ai remplies, je vais présenter dans celui-ci des exemples qu'il ne me paraissait guère possible de faire entrer dans le même cadre que les autres, parce qu'ils appartiennent plutôt à la stratégie qu'aux stratagèmes : aussi, malgré leur importance, ils ont dû être séparés des premiers, étant d'une nature différente au fond; et, si je les rapporte, c'est dans la crainte que le lecteur qui, par hasard, en rencontrerait ailleurs quelques-uns ne soit entraîné, par des ressemblances, à me reprocher des lacunes. C'est donc un complément que je dois donner; et dans ce livre, comme dans les autres, je m'efforcerai d'observer les divisions par espèces.

Chap. I. De la discipline.
    II. Effets de la discipline.
    III. De la tempérance et du désintéressement.
    IV. De la justice.
    V. De la fermeté de courage.
    VI. De la bonté et de la modération.
    VII. Instructions diverses sur la guerre.

## I. De disciplina.

1. P. Scipio ad Numantiam, corruptum superiorum ducum socordia exercitum correxit [3], dimisso ingenti lixarum numero, redactis ad munus quotidiana exercitatione militibus. Quibus quum frequens injungeret iter, portare complurium dierum cibaria imperabat, ita ut frigora et imbres pati, vada fluminum pedibus trajicere assuesceret miles; exprobrante subinde imperatore timiditatem et ignaviam, frangente delicatioris usus ac parum necessaria expeditioni vasa. Quod maxime notabiliter accidit C. Memmio tribuno, cui dixisse traditur Scipio : « Mihi paulisper et reipublicæ, tibi semper nequam eris. »

2. Q. Metellus, bello Jugurthino, similiter lapsam militum disciplinam pari severitate restituit, quum insuper prohibuisset alia carne, quam assa elixave [4], milites uti.

3. Pyrrhus delectori suo fertur dixisse : « Tu grandes elige, ego eos fortes reddam. »

4. L. Flacco [5] et C. Varrone consulibus, milites primo jurejurando facti sunt : ante ea enim sacramento tantummodo a tribunis rogabantur; ceterum ipsi inter se conjurabant se fugæ atque formidinis causa non abituros, neque ex ordine recessuros, nisi teli petendi, feriendive hostis, aut civis servandi causa.

5. Scipio Africanus, quum ornatum scutum elegan-

### 1. De la discipline.

1. P. Scipion, arrivé devant Numance, releva dans l'armée la discipline, qui était tombée par la négligence des chefs précédents. Il renvoya un grand nombre de valets, et ramena les soldats à l'habitude du devoir, en les soumettant chaque jour à de pénibles exercices. Il leur imposait des courses fréquentes, les obligeant à porter les provisions de plusieurs jours, en sorte qu'ils s'accoutumèrent à endurer le froid et la pluie, et à traverser à pied les gués des rivières. Souvent il leur reprochait leur mollesse et leur manque de courage, et brisait les meubles qu'il trouvait trop recherchés, ou peu utiles dans les expéditions. Il agit de cette manière, notamment à l'égard du tribun C. Memmius, à qui, dit-on, il adressa ces paroles : « Tu ne seras que peu de temps inutile à la république et à moi, mais tu le seras toujours à toi-même. »

2. Q. Metellus, dans la guerre contre Jugurtha, rétablit, par une semblable sévérité, la discipline relâchée de ses troupes, et alla jusqu'à défendre aux soldats d'user d'autre viande que de celle qu'ils auraient eux-mêmes fait rôtir ou bouillir.

3. On rapporte que Pyrrhus dit à son recruteur : « Choisis-les grands; moi, je les rendrai forts. »

4. Sous le consulat de L. Flaccus et de C. Varron, les soldats furent, pour la première fois, obligés au serment. Auparavant les tribuns n'exigeaient d'eux qu'un simple engagement; du reste, ils juraient tous ensemble que la fuite et la crainte ne leur feraient jamais quitter leurs étendards, et qu'ils ne sortiraient des rangs que pour saisir un javelot, frapper un ennemi, ou sauver un citoyen.

5. Scipion l'Africain dit à un soldat dont le bouclier

tius cujusdam vidisset, dixit, non mirari se quod tanta cura ornasset, in quo plus præsidii, quam in gladio haberet [6].

6. Philippus, quum primum exercitum constitueret, vehiculorum usum omnibus interdixit, equitibus non amplius quam singulos calones habere permisit, peditibus autem denis singulos, qui molas et funes ferrent. In æstiva exeuntibus triginta dierum farinam collo portare imperavit.

7. C. Marius recidendorum impedimentorum gratia, quibus maxime exercitus agmen oneratur, vasa et cibaria militum in fasciculos aptata furcis imposuit, sub quibus et habile onus et facilis requies esset : unde et in proverbium tractum est, Muli Mariani [7].

8. Theagenes [8] Atheniensis, quum exercitum Megaram duceret, petentibus ordines respondit, ibi se daturum ; deinde clam equites præmisit, eosque hostium specie impetum in socios retorquere jussit. Quo facto, quum, quos habebat, tanquam ad hostium incursum præpararentur, permisit ita ordinari aciem, ut, quo quis voluisset, loco consisteret ; et quum inertissimus quisque retro se dedisset, strenui autem in fronte prosiluissent, ut quemque invenerat stantem, ita ad ordines militiæ provexit.

9. Lysander Lacedæmonius egressum via quemdam castigabat : cui dicenti, ad nullius rei rapinam se ab agmine recessisse, respondit : « Ne speciem quidem rapturi præbeas, volo.

était trop élégamment paré, qu'il n'était pas surpris de voir qu'il eût orné avec tant de soin une arme sur laquelle il comptait plus que sur son épée.

6. Philippe, dès la première organisation de son armée, supprima l'usage des chariots, et n'accorda qu'un valet à chaque cavalier, et un à dix fantassins, pour porter les cordes des tentes et les meules à blé. Quand on entrait en campagne, il faisait porter à chaque soldat de la farine pour trente jours.

7. C. Marius, voulant retrancher les équipages, qui ne sont pour l'armée qu'un très-grand embarras, fit mettre en paquets, et attacher sur des fourches, le bagage et les vivres des soldats, qui avaient ainsi un fardeau facile à porter, et dont ils pouvaient aisément se décharger : de là vient le proverbe des *mulets de Marius.*

8. Lorsque Théagène, général athénien, marchait contre Mégare, les soldats lui ayant demandé leurs rangs, il répondit qu'il les leur donnerait près de la ville ; puis il envoya secrètement en avant ses cavaliers, avec ordre de retourner ensuite et de s'avancer, comme des ennemis, contre leurs compagnons. Pendant que cet ordre s'exécutait, il avertit les soldats de se préparer à soutenir l'attaque, et permit d'établir l'ordre de bataille de telle manière que chacun prît la place qu'il voudrait. Les plus lâches s'étant aussitôt portés en arrière, tandis que les plus braves étaient accourus aux premiers rangs, il voulut que chacun gardât dans les lignes la place où il se trouvait alors.

9. Lysandre, général lacédémonien, faisant châtier un soldat qui s'était écarté de la route, celui-ci lui affirma que ce n'était point pour piller qu'il s'était éloigné de l'armée : « Je ne veux pas même, répondit Lysandre, que l'on puisse le soupçonner. »

10. Antigonus, quum filium suum devertisse audisset in ejus domum, cui tres filiæ insignes specie essent, « Audio, inquit, fili, anguste habitare te, pluribus dominis domum possidentibus : hospitium laxius accipe. Jussoque commigrare, edixit, ne quis minor quinquaginta annos natus, hospitio matris familias uteretur [9]. »

11. Q. Metellus consul, quamvis nulla lege impediretur quin filium contubernalem perpetuum haberet, maluit tamen eum in ordine merere.

12. P. Rutilius consul, quum secundum leges in contubernio suo filium habere posset, in legione militem fecit.

13. M. Scaurus filium, quod in saltu Tridentino loco hostibus cesserat, in conspectum suum venire vetuit. Adolescens verecundia ignominiæ pressus, mortem sibi conscivit [10].

14. Castra antiquitus Romani, ceteræque gentes, passim per corpora cohortium velut mapalia constituere soliti erant, quum solos urbium muros nosset antiquitas. Pyrrhus, Epirotarum rex, primus totum exercitum sub eodem vallo continere instituit [11]. Romani deinde, victo eo in campis Arusinis circa urbem Beneventum [12], castris ejus potiti, et ordinatione notata, paulatim ad hanc usque metationem, quæ nunc effecta est, pervenerunt.

15. P. Nasica in hibernis, quamvis classis usus non esset necessarius, ne tamen desidia miles corrumperetur, aut per otii licentiam sociis injuriam inferret, naves ædificare instituit.

10. Antigone, informé que son fils s'était logé chez une femme qui avait trois filles d'une grande beauté, lui dit : « J'apprends, mon fils, que vous êtes à l'étroit dans une maison habitée par plusieurs maîtres ; prenez un logement plus spacieux. » Et quand il l'eut fait sortir, il défendit à quiconque aurait moins de cinquante ans, de loger chez une mère de famille.

11. Le consul Q. Metellus, qu'aucune loi n'empêchait de conserver toujours son fils auprès de lui, aima mieux cependant qu'il s'acquitât de son service comme soldat.

12. Le consul P. Rutilius, à qui les lois permettaient d'avoir son fils attaché à sa personne, le fit soldat dans une légion.

13. M. Scaurus, apprenant que son fils avait lâché pied devant l'ennemi, dans la forêt de Trente, lui défendit de venir en sa présence. Le jeune homme, ne pouvant supporter cet affront, se donna la mort.

14. Autrefois les Romains, comme les autres nations, campaient par cohortes, et formaient çà et là des espèces de hameaux, les villes alors étant seules fortifiées. Pyrrhus, roi d'Épire, fut le premier qui enferma une armée entière dans une même enceinte retranchée. Les Romains ayant défait ce prince dans les plaines Arusiennes, près de Bénévent, s'emparèrent de son camp, dont ils étudièrent la disposition, et en vinrent peu à peu à cet art de camper qu'ils pratiquent aujourd'hui.

15. P. Scipion Nasica, n'ayant pas besoin de vaisseaux, occupa cependant ses soldats à en construire pendant un quartier d'hiver, craignant que l'inaction ne les perdît, et que, dans la licence qui accompagne l'oisiveté, ils ne fissent quelque injure aux alliés.

16. M. Cato memoriæ tradidit, in furto comprehensis inter commilitones dextras esse præcisas; aut, si levius animadvertere voluissent, in principiis sanguinem missum.

17. Clearchus, dux Lacedæmoniorum, exercitui dicebat, imperatorem potius, quam hostem, metui debere[13]: significans, eos, qui in prœlio dubiam mortem timuissent, certum, si deseruissent, manere supplicium.

18. Appii Claudii sententia senatus eos, qui a Pyrrho, rege Epirotarum, capti, et postea remissi erant, equites ad peditem redegit, pedites ad levem armaturam, omnibus extra vallum jussis tendere, donec bina hostium spolia singuli referrent[14].

19. Otacilius Crassus consul eos, qui ab Hannibale sub jugum missi redierant, tendere extra vallum jussit, ut immuniti assuescerent periculis, et adversus hostem audentiores fierent.

20. P. Cornelio Nasica, D. Junio consulibus, qui exercitum deseruerant, damnati, virgis cæsi publice venierunt.

21. Domitius Corbulo in Armenia, duas alas et tres cohortes, quæ ad castellum initio hostibus cesserant, extra vallum jussit tendere, donec assiduo labore et prosperis excursionibus redimerent ignominiam[15].

22. Aurelius Cotta consul, quum ad opus equites, necessitate cogente, jussisset accedere, eorumque pars detractasset imperium, questus apud censores, effecit

16. M. Caton a écrit que l'on coupait la main droite aux soldats convaincus d'avoir volé leurs compagnons, et que, si on voulait les punir moins sévèrement, on leur tirait du sang devant la tente du général.

17. Cléarque, général lacédémonien, disait à ses soldats qu'ils devaient redouter leur général plus que l'ennemi : il voulait leur faire entendre que pour ceux qui se seraient retirés du combat par crainte d'une mort douteuse, il y aurait un supplice certain.

18. D'après l'avis d'Appius Claudius, le sénat, pour punir des prisonniers renvoyés par Pyrrhus, roi d'Épire, mit les cavaliers dans l'infanterie, les fantassins dans les troupes légères, et tous eurent ordre de camper hors des retranchements, jusqu'à ce qu'ils eussent rapporté chacun les dépouilles de deux ennemis.

19. Le consul Otacilius Crassus ordonna que ceux qu'Annibal avait fait passer sous le joug fussent, à leur retour, campés hors des fortifications, afin que, se trouvant ainsi exposés, ils s'accoutumassent au danger, et devinssent plus hardis devant l'ennemi.

20. Sous le consulat de P. Cornelius Nasica et de D. Junius, les soldats qui avaient déserté leurs étendards étaient, après condamnation, battus de verges, et vendus publiquement.

21. Lorsque Domitius Corbulon faisait la guerre en Arménie, deux corps de cavalerie et trois cohortes de son armée ayant tout d'abord lâché pied devant l'ennemi, près d'un château, il leur ordonna de camper hors du retranchement jusqu'à ce que, par des efforts constants et d'heureuses escarmouches, ils eussent fait oublier cette honteuse conduite.

22. Le consul Aurelius Cotta ayant, dans une pressante nécessité, donné l'ordre à des chevaliers d'aider à fortifier le camp, et une partie de ceux-ci s'y étant

ut notarentur. A patribus deinde obtinuit, ne eis præterita æra procederent [16]. Tribuni quoque plebis de eadem re ad populum pertulerunt, omniumque consensu stabilita disciplina est.

23. Q. Metellus Macedonicus [17], in Hispania, quinque cohortes, quæ hostibus cesserant, testamentum facere jussas [18], ad locum recuperandum remisit : minatus, non nisi post victoriam receptum iri.

24. P. Valerio consule senatus præcepit exercitum ad Sirim victum ducere Firmum, ibique castra munire, et hiemem sub tentoriis exigere. Senatus, quum turpiter fugati ejus milites essent, decrevit ne auxilia ei submitterentur, nisi captis et victis hostibus.

25. Eis legionibus, quæ Punico bello militiam detractaverant, in Siciliam velut relegatis per septem annos hordeum ex senatusconsulto datum est [19].

26. L. Piso C. Titium, præfectum cohortis, quod loco fugitivis cesserat, cinctu togæ præciso, soluta tunica, nudis pedibus in principiis [20] quotidie stare, dum vigiles venirent, jussit, conviviisque et balneo abstinere.

27. Sulla cohortem et centuriones, quorum stationem hostis perruperat, galeatos et discinctos perstare in principiis jussit.

28. Domitius Corbulo in Armenia, Æmilio Rufo,

refusés, il en porta plainte aux censeurs, qui leur infligèrent des notes d'infamie. Il obtint ensuite du sénat qu'on ne leur payât point la solde pour leurs services passés. L'affaire fut même portée devant le peuple par les tribuns, et tous les citoyens concoururent, par leur avis unanime, à l'affermissement de la discipline.

23. Q. Metellus le Macédonique, faisant la guerre en Espagne, ordonna aux soldats de cinq cohortes qui avaient abandonné leur position à l'ennemi, de faire leur testament, et d'aller reprendre ce poste, les menaçant de ne pas les recevoir au camp, s'ils ne revenaient victorieux.

24. Le sénat ordonna que l'armée qui avait été battue près du Siris, serait conduite par le consul P. Valerius, près de Firmum, afin qu'elle y établît son camp, et qu'elle passât l'hiver sous les tentes ; et, comme elle s'était honteusement laissé mettre en déroute, le sénat décida qu'on ne lui enverrait aucun renfort, jusqu'à ce qu'elle eût vaincu l'ennemi, et fait des prisonniers.

25. Des légions qui, pendant une des guerres Puniques, n'avaient pas fait leur devoir, furent, par un décret du sénat, reléguées en Sicile, où elles ne reçurent que de l'orge pendant sept années.

26. C. Titius, chef de cohorte, ayant abandonné sa position à l'ennemi, dans la guerre des esclaves fugitifs, L. Pison l'obligea de se tenir tous les jours devant le prétoire, vêtu d'une toge sans ceinture, la tunique déliée et les pieds nus, jusqu'au moment de la garde de nuit, et lui interdit les repas en commun, ainsi que les bains.

27. Sylla condamna une cohorte et ses centurions à se tenir debout devant le prétoire, le casque en tête, mais sans ceinture, pour s'être laissé enlever leur position par l'ennemi.

28. Domitius Corbulon, en Arménie, voulant punir

præfecto equitum, quia hostibus cesserat, et parum instructam armis alam habebat, vestimenta per lictorem scidit, eidemque, ut erat fœdato habitu, perstare in principiis, donec mitterentur, imperavit.

29. Atilius Regulus, quum ex Samnio in Luceriam transgrederetur, exercitusque ejus obviis hostibus aversus esset, opposita cohorte, jussit fugientes pro desertoribus cædi [21].

30. Cotta consul in Sicilia, in Valerium, nobilem tribunum militum ex gente Valeria, virgis animadvertit.

31. Idem P. Aurelium, sanguine sibi junctum, quem obsidioni Lipararum ipse, ad auspicia repetenda Messanam transiturus, præfecerat, quum agger incensus, et capta castra essent, virgis cæsum in numerum gregalium peditum referri [22] et muneribus fungi jussit.

32. Fulvius Flaccus censor Fulvium fratrem suum, quia legionem, in qua tribunus militum erat, injussu consulis dimiserat, senatu movit [23].

33. M. Cato ab hostili litore, in quo per aliquot dies manserat, quum ter dato profectionis signo classem solvisset, et relictus e militibus quidam a terra voce et gestu expostularet, uti tolleretur, circumacta ad litus universa classe, comprehensum supplicio affici jussit, et quem occisuri per ignominiam hostes fuerant, exemplo potius impendit.

34. Appius Claudius ex his, qui loco cesserant, de-

Émilius Rufus, général de cavalerie, qui avait lâché pied devant l'ennemi, et dont les troupes étaient mal armées, lui fit déchirer les vêtements par un licteur, et le condamna à se tenir, dans cet état déshonorant, devant la tente prétorienne, jusqu'à ce que tout le monde se fût retiré.

29. Atilius Regulus, allant du Samnium vers Lucérie, s'aperçut que ses soldats prenaient la fuite à la vue de l'ennemi, qui était venu à sa rencontre. Aussitôt il rangea devant son camp une cohorte à laquelle il ordonna de tuer, comme déserteur, quiconque abandonnerait le champ de bataille.

30. En Sicile, le consul Cotta fit battre de verges Valerius, tribun militaire, de l'illustre famille Valeria.

31. Le même consul, ayant chargé P. Aurelius, son parent, de la conduite du siége de Lipara, pendant qu'il allait lui-même chercher de nouveaux auspices à Messine, le fit battre de verges, pour avoir laissé incendier ses retranchements, et prendre son camp, le mit au nombre des fantassins, et lui imposa le service de simple soldat.

32. Le censeur Fulvius Flaccus exclut du sénat son frère Fulvius, qui, sans l'ordre du consul, avait congédié une légion dans laquelle il était lui-même tribun.

33. M. Caton, ayant donné trois fois le signal du départ, s'éloignait avec sa flotte d'un rivage ennemi où il avait campé quelques jours, lorsqu'un soldat, qui était resté à terre, demanda, par des cris et des gestes, qu'on vînt le prendre. Caton, après avoir ramené à la côte tous ses vaisseaux, ordonna qu'il fût saisi, et mis à mort, aimant mieux le faire servir d'exemple, que de le laisser ignominieusement immoler par les ennemis.

34. Appius Claudius décima des soldats qui avaient

cimum quemque militem, sorte ductum, fusti percussit [24].

35. Fabius Rullus consul ex duabus legionibus, quæ loco cesserant, vicenos sorte ductos in conspectu militum securi percussit.

36. Aquillius ternos ex centuriis, quorum statio ab hoste perrupta erat, securi percussit.

37. M. Antonius, quum agger ab hostibus incensus esset, ex his qui in opere fuerant, duarum cohortium militem decimavit, et in singulos ex his centuriones animadvertit, legatum cum ignominia dimisit, reliquis ex legione hordeum dari jussit.

38. In legionem, quæ Rhegium oppidum jussu ducis [25] diruerat, animadversum est, ita ut quatuor millia, tradita custodiæ, necarentur. Præterea senatusconsulto cautum est, ne quem ex eis sepelire vel lugere fas esset.

39. L. Papirius Cursor, dictator, Fabium Rullum, magistrum equitum, quod adversus dictum ejus, quamvis prospere, pugnaverat, virgis poposcit cæsum, securi percussurus; nec contentioni aut precibus militum concessit animadversionem, eumque profugientem Romam persequutus est; nec ibi quidem remissionem supplicii prius meruit, quam ad genua ejus et Fabius cum patre provolveretur, et pariter senatus ac populus rogarent [26].

40. Manlius, cui Imperioso [27] postea cognomen fuit, filium, quod is contra edictum patris cum hoste pugna-

pris la fuite, et ceux que le sort désigna périrent sous le bâton.

35. Deux légions ayant abandonné le champ de bataille, le consul Fabius Rullus fit désigner par le sort, dans chacune, vingt soldats qui eurent la tête tranchée en présence de l'armée.

36. Aquillius fit périr de la même manière trois hommes par centurie, de troupes qui s'étaient laissé forcer dans leur poste par l'ennemi.

37. M. Antoine, dont le retranchement avait été brûlé par l'ennemi, décima les deux cohortes qui étaient alors chargées de la garde des ouvrages, fit mettre à mort un centurion de chacune, et congédia honteusement le chef de la légion, dont les soldats ne reçurent que de l'orge pour ration.

38. Une légion ayant, d'après l'ordre de son chef, mis à sac la ville de Rhegium, ses quatre mille soldats furent emprisonnés et envoyés au supplice. Le sénat défendit même, par un décret, de leur donner la sépulture, et de pleurer leur mort.

39. Le dictateur L. Papirius Cursor voulait que l'on battît de verges et que l'on fît mourir sous la hache Fabius Rullus, maître de la cavalerie, pour avoir, quoique avec succès, combattu malgré ses ordres. Sans rien accorder ni aux prières, ni aux instances des soldats, il le poursuivit à Rome, où il s'était réfugié; et là le dictateur ne fit grâce du supplice à Fabius, que lorsque celui-ci vint avec son père se jeter à ses genoux, et que le sénat et le peuple, d'un commun accord, intercédèrent pour lui.

40. Manlius, qui dès lors fut surnommé Imperiosus, fit battre de verges et frapper de la hache son fils, qui

verat, quamvis victorem, in conspectu exercitus virgis cæsum securi percussit.

41. Manlius filius, exercitu pro se adversus patrem seditionem parante, negavit tanti esse quemquam, ut propter illum disciplina corrumperetur: et obtinuit ut ipsum puniri paterentur [28].

42. Q. Fabius Maximus transfugarum dexteras præcidit.

43. C. Curio consul bello Dardanico, circa Dyrrachium, quum ex quinque legionibus una, seditione facta, militiam detractasset, sequuturamque se temeritatem ducis in expeditionem asperam et insidiosam negasset, quatuor legiones eduxit armatas, et consistere ordinibus, detectis armis velut in acie, jussit. Post hæc seditiosam legionem inermem procedere, discinctamque, in conspectu armati exercitus, stramenta coegit secare; postero autem die similiter fossam discinctos milites facere. Nullisque precibus legionis impetrari ab eo potuit, ne signa ejus submitteret, nomenque aboleret, milites autem in supplementum ceterarum legionum distribueret.

44. Q. Fulvio, Appio Claudio consulibus, milites ex pugna Cannensi in Siciliam ab senatu relegati postulaverunt a consule M. Marcello [29], ut in prœlium ducerentur. Ille senatum consuluit. Senatus negavit sibi placere, committi his rempublicam, quam deseruissent; Marcello tamen permisit facere, quod videretur, dum ne quis eorum munere vacaret, neve donaretur,

avait engagé, contrairement à ses ordres, un combat où cependant il avait été vainqueur.

41. Le jeune Manlius, voyant les soldats disposés à se révolter en sa faveur contre son père, leur dit qu'il n'y avait personne dont la vie fût assez précieuse pour faire renverser la discipline; et il obtint d'eux qu'ils lui laisseraient subir sa peine.

42. Q. Fabius Maximus fit couper la main droite à des transfuges.

43. Lorsque le consul C. Curion allait faire la guerre aux Dardaniens, une des cinq légions qu'il commandait se révolta près de Dyrrachium, en se refusant au service, et en déclarant qu'elle ne suivrait pas ce chef téméraire dans une expédition si pénible et si dangereuse. Il ordonna aux quatre autres légions de sortir du camp, et de se mettre en ordre de bataille, les armes à la main, comme pour combattre ; ensuite il fit avancer la légion rebelle, sans armes et sans ceinturons, en présence de toute l'armée, et l'obligea de faucher la litière pour les chevaux. Le lendemain il ôta encore les ceinturons aux soldats, leur fit creuser un fossé, et, insensible à toutes les prières de cette légion, il lui enleva ses enseignes, abolit même son nom, et incorpora dans les autres légions les soldats qui la composaient.

44. Sous le consulat de Q. Fulvius et d'Appius Claudius, les soldats qui, après la bataille de Cannes, avaient été relégués en Sicile par ordre du sénat, supplièrent M. Marcellus de les envoyer contre l'ennemi. Marcellus consulta le sénat. Il lui fut répondu qu'on ne jugeait pas à propos de confier les intérêts de la république à des hommes qui les avaient abandonnés. Toutefois, on autorisa Marcellus à faire ce qui lui paraîtrait convenable, à condition qu'aucun de ces soldats ne serait

neve quod præmium ferret, aut in Italiam reportaretur, dum Pœni in ea fuissent.

45. M. Salinator consularis damnatus est a populo, quod prædam non æqualiter diviserat [30] militibus.

46. Quum ab Liguribus in prœlio Q. Petillius consul interfectus esset, decrevit senatus, uti ea legio, in cujus acie consul erat occisus, tota infrequens [31] referretur, stipendium ei annuum non daretur, æraque rescinderentur.

---

II. De effectu disciplinæ.

1. Bruti et Cassii exercitus, memoriæ proditum est, bello civili, quum una per Macedoniam iter facerent, priorque Brutus ad fluvium, in quo pontem jungi oportebat, pervenisset, Cassii tamen exercitum et in efficiendo ponte, et in transitu maturando præcessisse. Qui vigor disciplinæ effecit, ne solum in operibus, verum et in summa belli præstarent Cassiani Brutianis.

2. C. Marius, quum facultatem eligendi exercitus haberet, ex duobus, qui sub Rutilio, et qui sub Metello, ac postea sub se ipso meruerant, Rutilianum, minorem quidem, quia certioris disciplinæ arbitrabatur, præoptavit.

3. Domitius Corbulo, duabus legionibus, et paucissimis auxiliis, disciplina correcta, Parthos sustinuit [32].

exempté du service, ne recevrait ni solde, ni récompense, et ne repasserait en Italie, tant que les Carthaginois y resteraient.

45. M. Salinator, après son consulat, fut condamné par le peuple, pour avoir partagé inégalement le butin entre les soldats.

46. Le consul Q. Petillius ayant été tué dans un combat contre les Liguriens, il fut décrété par le sénat que la légion à la tête de laquelle ce consul était mort serait tout entière signalée comme ayant manqué à son devoir; qu'on lui retrancherait la solde d'une année, et que ce temps de service ne lui serait pas compté.

---

## II. Effets de la discipline.

1. On rapporte que pendant la guerre civile, lorsque les armées de Brutus et de Cassius traversaient ensemble la Macédoine, celle de Brutus arriva avant l'autre près d'une rivière sur laquelle il fallait jeter un pont, et que cependant celle de Cassius eut le sien plus tôt achevé, et passa la première. Une discipline ferme avait donné aux soldats de Cassius la supériorité sur ceux de Brutus, non-seulement pour de semblables ouvrages, mais encore pour les actions les plus importantes de la guerre.

2. C. Marius, pouvant choisir entre deux armées qui avaient été commandées, l'une par Rutilius, l'autre par Metellus, et toutes deux par lui-même, opta pour celle de Rutilius, quoiqu'elle fût la moins nombreuse, sachant qu'elle était la mieux disciplinée.

3. Domitius Corbulon, n'ayant que deux légions, et fort peu de troupes auxiliaires, fut en état, grâce à la discipline qu'il avait rétablie, de soutenir la guerre contre les Parthes.

4. Alexander Macedo quadraginta millibus hominum, jam inde a Philippo patre disciplinæ assuefactis [33], orbem terrarum aggressus, innumeras hostium copias vicit.

5. Cyrus, bello adversus Persas [34], quatuordecim millibus armatorum immensas difficultates superavit.

6. Epaminondas [35], dux Thebanorum, quatuor millibus hominum, ex quibus quadringenti tantum equites erant, Lacedæmoniorum exercitum viginti quatuor millium peditum, equitum mille sexcentorum vicit.

7. A quatuordecim millibus Græcorum, qui numerus in auxiliis Cyri adversus Artaxerxen fuit, centum millia barbarorum prœlio superati sunt.

8. Eadem Græcorum quatuordecim millia, prœlio amissis ducibus, reditus sui cura uni ex corpore suo Xenophonti Atheniensi demandata, per iniqua et ignota loca, incolumia reversa sunt.

9. Xerxes ab trecentis Lacedæmoniorum ad Thermopylas vexatus, quum vix eos confecisset, hoc se deceptum aiebat, quod multos quidem homines haberet, viros autem, disciplinæ tenaces, nullos.

### III. De continentia.

1. M. Catonem vino eodem, quo remiges, contentum [36] fuisse, traditur.

2. Fabricius, quum Cineas legatus Epirotarum grande pondus auri dono ei daret, non accepto eo, dixit malle se habentibus id imperare [37], quam habere.

4. Alexandre, à la tête de quarante mille hommes, que déjà Philippe, son père, avait habitués à la discipline, entreprit la conquête du monde, et vainquit des armées innombrables.

5. Cyrus, faisant la guerre aux Perses avec quatorze mille hommes, surmonta les plus grandes difficultés.

6. Épaminondas, général thébain, à la tête de quatre mille hommes, dont quatre cents cavaliers, battit l'armée lacédémonienne, qui comptait vingt-quatre mille fantassins et seize cents cavaliers.

7. Quatorze mille Grecs, qui étaient venus au secours de Cyrus contre Artaxerxès, défirent cent mille barbares.

8. Ces mêmes quatorze mille Grecs, ayant perdu leurs chefs dans un combat, confièrent le soin de leur retraite à l'Athénien Xénophon, l'un d'eux, qui les ramena sains et saufs, à travers des lieux dangereux qu'ils ne connaissaient pas.

9. Xerxès, arrêté aux Thermopyles par les trois cents Spartiates, dont il ne put triompher qu'avec beaucoup de peine, dit qu'on l'avait trompé : qu'il avait beaucoup d'hommes, mais de soldats aguerris et disciplinés, point.

**III.** De la tempérance et du désintéressement.

1. M. Caton se contentait, dit-on, du vin des rameurs.

2. Fabricius, à qui Cinéas, ambassadeur d'Épire, offrait une grande quantité d'or, la refusa, et dit qu'il aimait mieux commander à ceux qui avaient de l'or, que d'en avoir lui-même.

3. Atilius Regulus[38], quum summis rebus præfuisset, adeo pauper fuit, ut se, conjugem liberosque toleraret agello, qui colebatur per unum villicum. Cujus audita morte, scripsit senatui de successore : destitutis rebus obitu servi necessariam esse præsentiam suam.

4. Cn. Scipio post res prospere in Hispania gestas, in summa paupertate decessit, ne ea quidem relicta pecunia, quæ sufficeret in dotem filiarum : quas ob inopiam publice dotavit senatus [39].

5. Idem præstiterunt Athenienses filiis Aristidis [40], post amplissimarum rerum administrationem in maxima paupertate defuncti.

6. Epaminondas, dux Thebanorum, tantæ abstinentiæ fuit, ut in supellectili ejus præter ahenum et unicum veru nihil inveniretur [41].

7. Hannibal, surgere de nocte solitus, ante noctem non requiescebat, crepusculo demum ad cœnam vacabat; neque amplius quam duobus lectis[42] discumbebatur apud eum.

8. Idem, quum sub Hasdrubale imperatore militaret, plerumque super nudam humum, sagulo tectus, somnos capiebat.

9. Æmilianum Scipionem[43] traditur, in itinere cum amicis ambulantem, accepto pane, vesci solitum.

10. Idem et de Alexandro Macedone dicitur.

11. Masinissam, nonagesimum ætatis annum agen-

3. Atilius Regulus, après avoir occupé les premières charges de la république, était si pauvre, qu'il n'avait pour vivre, avec sa femme et ses enfants, qu'une petite terre cultivée par un seul fermier. Ayant appris la mort de celui-ci, il écrivit au sénat pour demander un successeur dans le commandement, attendu que son bien, laissé à l'abandon par la mort de ce serviteur, réclamait sa présence.

4. Cn. Scipion, après ses succès en Espagne, mourut tellement pauvre, qu'il ne laissa pas même une somme suffisante pour marier ses filles. Le sénat, touché de leur indigence, les dota aux frais du trésor.

5. Les Athéniens firent de même à l'égard des filles d'Aristide, qui, après avoir rempli les charges les plus importantes, mourut dans une extrême pauvreté.

6. Telle était la tempérance d'Épaminondas, général thébain, que l'on ne trouva chez lui qu'un chaudron, et une seule broche de fer.

7. Annibal se levait avant le jour, et ne se reposait pas avant la nuit. Il ne soupait que sur le soir, et sa table n'avait pas plus de deux lits.

8. Le même, lorsqu'il servait sous le commandement d'Asdrubal, dormait le plus souvent sur la terre nue, sans autre couverture que son manteau.

9. On rapporte que Scipion Émilien ne prenait pour toute nourriture, pendant les marches, que du pain, qu'il mangeait en se promenant avec ses amis.

10. On en dit autant d'Alexandre le Grand.

11. Nous lisons que Masinissa, à l'âge de quatre-

tem, meridie ante tabernaculum stantem, vel ambulantem capere solitum cibos, legimus.

12. M'. Curius, quum, victis ab eo Sabinis, ex senatusconsulto ampliaretur ei modus agri, quem consummati milites accipiebant, gregalium portione contentus fuit 44 : malum civem dicens, cui non esset idem, quod ceteris, satis.

13. Universi quoque exercitus notabilis sæpe fuit continentia, sicuti ejus, qui sub M. Scauro meruit. Namque memoriæ tradidit Scaurus, pomiferam arborem, quam in pede castrorum fuerat complexa metatio, postero die abeunte exercitu, intactis fructibus relictam.

14. Auspiciis imperatoris Cæsaris Domitiani Augusti Germanici, eo bello, quod Julius Civilis in Gallia moverat, Lingonum opulentissima civitas, quæ ad Civilem desciverat, quum adveniente exercitu Cæsaris populationem timeret, quod contra exspectationem inviolata, nihil ex rebus suis amiserat, ad obsequium redacta, septuaginta millia armatorum tradidit mihi.

15. L. Mummius 45, qui, Corintho capta, non Italiam solum, sed etiam provinciam tabulis statuisque exornavit, adeo nihil ex tantis manubiis in suum convertit, ut filiam ejus inopem senatus ex publico dotaverit.

### IV. De justitia.

1. Camillo, Faliscos obsidenti, ludimagister liberos Faliscorum, tanquam ambulandi causa extra murum eductos 46, tradidit, dicens, repetendis eis obsidibus neces-

vingt-dix ans, prenait ses repas au milieu du jour, debout devant sa tente, ou en se promenant.

12. Lorsque M'. Curius eut vaincu les Sabins, un décret du sénat lui ayant accordé une portion de terre plus grande qu'aux vétérans, il n'accepta que la mesure des simples soldats, et dit qu'il n'appartenait qu'à un mauvais citoyen de ne pas se contenter de ce qui suffisait aux autres.

13. Souvent même une armée entière se fit remarquer par sa tempérance, témoin celle qui était commandée par Scaurus. D'après le rapport de ce général, un arbre fruitier, qui se trouvait à l'extrémité de son camp, dans l'enceinte même, fut, le lendemain, laissé intact avec ses fruits, au départ de l'armée.

14. Pendant la guerre qui se fit sous les auspices de l'empereur César Domitien Auguste Germanicus, guerre allumée dans les Gaules par Julius Civilis, l'opulente cité de Langres, ayant embrassé le parti des factieux, craignait, à l'approche de César, d'être livrée au pillage; mais, respectée contre son attente, et n'ayant éprouvé aucune perte, elle rentra dans le devoir, et me fournit soixante-dix mille combattants.

15. L. Mummius, qui, après la prise de Corinthe, enrichit de tableaux et de statues l'Italie et les provinces conquises, fut si éloigné de prendre pour lui une partie de ce précieux butin, que sa fille, qu'il laissa dans la pauvreté, fut dotée par le sénat aux frais du trésor public.

---

**IV.** De la justice.

1. Pendant que Camille assiégeait Faléries, un maître d'école emmena hors des murs, sous prétexte d'une promenade, les enfants qui lui étaient confiés, et alla

sario civitatem imperata facturam. Camillus non solum sprevit perfidiam, sed et restrictis post terga manibus magistrum virgis agendum ad parentes tradidit pueris : adeptus beneficio victoriam, quam fraude non concupierat. Nam Falisci ob hanc justitiam sponte ei se dediderunt.

2. Ad Fabricium, ducem Romanorum, medicus Pyrrhi, Epirotarum regis, pervenit, pollicitusque est, daturum se Pyrrho venenum, si merces sibi, in qua operæ pretium foret, constitueretur. Quo facinore Fabricius egere victoriam suam non arbitratus, regi medicum detexit[47] : atque ea fide meruit, ut ad appetendam amicitiam Romanorum compelleret Pyrrhum.

### V. De constantia.

1. Cn. Pompeius[48], minantibus direpturos pecuniam militibus, quæ in triumpho ferretur, Servilio et Glaucia cohortantibus, ut divideret eam, ne seditio fieret, affirmavit non triumphaturum se, sed potius moriturum, quam licentiæ militum succumberet : castigatisque oratione gravi laureatos fasces objecit, ut ab illorum inciperent direptione. Eaque invidia redegit eos ad modestiam.

2. C. Cæsar, seditione in tumultu civilium armorum facta, quum maxime tumentibus animis legionem totam exauctoravit, ducibus seditionis securi percussis : mox

les livrer aux Romains, auxquels il dit que, pour retirer de pareils otages, la ville se soumettrait à toute condition. Non-seulement Camille rejeta l'offre perfide de ce maître, mais encore il lui lia les mains derrière le dos, et le fit reconduire à coups de verges par ses élèves, vers leurs parents. Cette générosité lui valut la conquête qu'il ne voulait pas devoir à une trahison : car les Falisques, admirant sa justice, se rendirent à lui volontairement.

2. Le médecin de Pyrrhus, roi d'Épire, étant venu près de Fabricius, qui commandait l'armée romaine, lui promit d'empoisonner son maître, si on lui accordait une récompense proportionnée à ce service. Fabricius, qui répugnait à fonder ses succès sur un semblable forfait, découvrit au roi les intentions coupables de son médecin; et cette loyauté engagea Pyrrhus à rechercher l'amitié des Romains.

### V. De la fermeté de courage.

1. Les soldats de Cn. Pompée ayant menacé de piller les trésors que l'on devait porter dans son triomphe, Servilius et Glaucia l'engagèrent à les leur distribuer, pour prévenir cette révolte. Pompée déclara qu'il renoncerait au triomphe, et qu'il mourrait même plutôt que de céder à l'indiscipline. Puis, après avoir vivement réprimandé les soldats, il leur fit présenter ses faisceaux ornés de lauriers, comme pour les engager à commencer le pillage par ces objets. Ils sentirent l'odieux de leur conduite, et rentrèrent dans l'obéissance.

2. Une sédition s'étant élevée dans l'armée de C. César, au milieu du tumulte de la guerre civile, ce général licencia la légion coupable, au moment même de la

eosdem, quos exauctoraverat, ignominiam deprecantes restituit, et optimos milites habuit.

3. Postumius consularis cohortatus suos, quum interrogatus esset a militibus, quid imperaret, dixit, ut se imitarentur; et arrepto signo hostes primus invasit. Quem sequuti, victoriam adepti sunt.

4. Cl. Marcellus, quum in manus Gallorum imprudens incidisset, circumspiciendæ regionis, qua evaderet, causa, equum in orbem flexit[49]; deinde, quum omnia esse infesta vidisset, precatus deos, in medios hostes irrupit : quibus inopinata audacia perculsis, ducem quoque eorum trucidavit, atque, ubi spes salutis vix superfuerat, inde opima retulit spolia.

5. L. Paullus, amisso ad Cannas exercitu, offerente equum Lentulo, quo fugeret, superesse cladi, quanquam non per ipsum contractæ, noluit; sed in eo saxo, cui se vulneratus acclinaverat, persedit, donec ab hostibus oppressus confoderetur[50].

6. Varro, collega ejus, vel majore constantia post eamdem cladem vixit, gratiæque ei ab senatu et populo actæ sunt, quod non desperasset rempublicam[51]. Non autem vitæ cupiditate, sed reipublicæ amore se superfuisse, reliquo ætatis suæ tempore approbavit. Nam et barbam capillumque submisit, et postea nunquam recubans cibum cepit; honoribus quoque, quum ei deferrentur a populo, renuntiavit, dicens, felicioribus magistratibus reipublicæ opus esse.

plus grande effervescence, et fit frapper de la hache les chefs de la révolte. Peu de temps après les soldats licenciés, ayant sollicité auprès de lui et obtenu leur réintégration, se montrèrent dès lors irréprochables.

3. Au moment où Postumius, personnage consulaire, exhortait ses soldats, ils lui demandèrent ce qu'il exigeait d'eux : « Suivez-moi, » leur dit-il ; et, saisissant une enseigne, il s'élança le premier contre l'ennemi. Ses troupes le suivirent et remportèrent la victoire.

4. Cl. Marcellus étant tombé, sans s'y attendre, entre les mains des Gaulois, tourna avec son cheval, cherchant par où il pourrait s'échapper ; mais, se voyant investi de toutes parts, il adressa une prière aux dieux, et s'élança au milieu des ennemis, les frappa d'étonnement par son audace, tua leur chef, et remporta des dépouilles opimes, lorsqu'il avait à peine l'espoir de se sauver.

5. L. Paullus, à la bataille de Cannes, voyant l'armée perdue, refusa le cheval que lui offrait Lentulus pour fuir, et ne voulut pas survivre à ce désastre, bien qu'on ne pût le lui imputer à lui-même. Épuisé par ses blessures, et appuyé contre une pierre, il resta en cet état jusqu'à ce qu'il expirât sous les coups des ennemis.

6. Varron, son collègue, montra encore plus de résolution, en conservant sa vie après ce malheur ; et le peuple, ainsi que le sénat, lui rendit des actions de grâces pour n'avoir pas désespéré de la république. Au reste, toute sa conduite ultérieure prouva qu'il s'était conservé, non par désir de vivre, mais par amour pour la patrie : car il laissa croître sa barbe et ses cheveux, et ne se coucha plus pour prendre ses repas. Il refusa même les dignités qui lui étaient conférées par le peuple, disant qu'il fallait à la république des magistrats plus heureux que lui.

7. Sempronius Tuditanus et C. Octavius, tribuni militum, omnibus fusis ad Cannas, quum in minoribus castris circumsederentur, suaserunt commilitonibus stringerent gladios, et per hostium præsidia erumperent secum : id sibi animi esse, etiamsi nemini ad erumpendum audacia fuisset, affirmantes. De cunctantibus duodecim omnino equitibus, quinquaginta peditibus, qui comitari sustinuerant, repertis, incolumes Canusium pervenerunt [52].

8. T. Fonteius Crassus [53], in Hispania, cum tribus millibus hominum prædatum profectus, locoque iniquo circumventus ab Hasdrubale, ad primos tantum ordines relato consilio, incipiente nocte, quo tempore minime exspectabatur, per stationes hostium erupit.

9. P. Decius, tribunus militum, bello Samnitico, Cornelio Cosso consuli, iniquis locis deprehenso ab hostibus, suasit ut ad occupandum collem, qui in propinquo erat, modicam manum mitteret : seque ducem iis, qui mittebantur, obtulit. Avocatus in diversum hostis, emisit consulem; Decium autem cinxit obseditque. Illas quoque angustias, nocte eruptione facta, quum eluctatus esset Decius, incolumis cum militibus consuli accessit.

10. Idem fecit sub Atilio Calatino consule is, cujus varie traduntur nomina. Alii Laberium, nonnulli Q. Cæditium, plurimi Calpurnium Flammam vocitatum scripserunt. Hic quum demissum in eam vallem videret exercitum, cujus latera omniaque superiora hostis insederat, depoposcit, et accepit ab consule trecentos mi-

7. Après le massacre de Cannes, Sempronius Tuditanus et C. Octavius, tribuns militaires, étant assiégés dans le plus petit des deux camps, conseillèrent à leurs compagnons de mettre l'épée à la main, et de s'échapper à travers les postes ennemis, déclarant que telle était leur résolution, lors même que personne n'oserait sortir avec eux. Au milieu de l'hésitation générale, douze cavaliers seulement et cinquante fantassins eurent le courage de les suivre, et parvinrent sains et saufs à Canusium.

8. En Espagne, T. Fonteius Crassus, étant allé faire du butin avec trois mille hommes, se trouva enfermé par Asdrubal dans un poste dangereux. A l'entrée de la nuit, n'ayant fait part de son dessein qu'aux premiers rangs, il s'échappa en traversant les postes ennemis, au moment où l'on s'y attendait le moins.

9. Pendant la guerre contre les Samnites, le consul Cornelius Cossus étant surpris par l'ennemi dans un lieu où il courait du danger, le tribun P. Decius lui conseilla de faire occuper une hauteur qui était près de là, par un détachement qu'il s'offrit de commander. L'ennemi, attiré sur cet autre point, laissa échapper le consul, mais enveloppa Decius, et le tint assiégé. Celui-ci triompha encore de cette difficulté par une sortie nocturne, et revint auprès du consul sans avoir perdu un seul homme.

10. Une action semblable a été faite, sous le consulat d'Atilius Calatinus, par un chef dont le nom nous a été diversement transmis. Les uns l'appellent Laberius, quelques autres Q. Céditius, la plupart Calpurnius Flamma. Voyant les troupes engagées au fond d'une vallée dont toutes les hauteurs étaient occupées par l'ennemi, il demande et obtient trois cents hommes,

lites : quos hortatus, ut virtute sua exercitum servarent, in mediam vallem decucurrit. Ad opprimendos eos undique descendit hostis, longoque et aspero prœlio retentus, occasionem consuli ad extrahendum exercitum dedit.

11. C. Cæsar adversus Germanos et regem Ariovistum pugnaturus, confusis suorum animis, pro concione dixit, nullius se eo die opera, nisi decimæ legionis, usurum : quo assequutus est, ut et decimani, tanquam præcipuæ fortitudinis testimonio, concitarentur, et ceteri pudore, ne penes alios gloria virtutis esset.

12. Lacedæmonius quidam nobilis, Philippo denuntiante, multa se prohibiturum, nisi civitas sibi traderetur, « Num, inquit, et pro patria mori nos prohibebit [54] ? »

13. Leonidas Lacedæmonius, quum dicerentur Persæ sagittarum multitudine nubes esse facturi, fertur dixisse : « Melius in umbra propugnabimus [55]. »

14. L. Ælius, prætor urbanus, quum ei jus dicenti picus in capite insedisset [56], et haruspices respondissent, dimissa ave, hostium victoriam fore, necata, populum Romanum superiorem, at L. Ælium cum familia periturum, avem occidit, nec dare pœnam dubitavit. Nostro ergo exercitu vincente, ipse cum quatuordecim Æliis ex eadem familia in prœlio est occisus. Hunc quidam non Ælium, sed Lælium fuisse, et Lælios, non Ælios periisse credunt.

15. P. Decius primo pater, postea filius in magistratu

qu'il exhorte à sauver l'armée par leur courage, et s'élance avec eux au milieu de cette vallée. Les ennemis descendent de toutes parts pour les tailler en pièces ; mais, arrêtés par un combat long et acharné, ils laissent au consul le temps de fuir avec son armée.

11. C. César, étant sur le point de combattre les Germains commandés par Arioviste, et voyant le courage de ses troupes abattu, les assembla et leur dit que, dans cette circonstance, la dixième légion seule marcherait à l'ennemi. Par là il stimula cette légion, en lui rendant le témoignage qu'elle était la plus brave, et fit craindre aux autres de lui laisser à elle seule cette glorieuse renommée.

12. Philippe ayant menacé les Lacédémoniens de les priver de tout, s'ils ne lui livraient leur ville, un des principaux citoyens s'écria : « Nous privera-t-il aussi de mourir pour notre patrie ? »

13. Léonidas, roi de Lacédémone, à qui l'on disait que les Perses formeraient un nuage par la multitude de leurs flèches, répondit : « Nous combattrons mieux à l'ombre. »

14. Dans un moment où L. Élius, préteur de la ville, rendait la justice, un pivert vint se poser sur sa tête, et les aruspices dirent que si on laissait partir cet oiseau, la victoire serait aux ennemis; que si on le tuait, le peuple romain serait vainqueur, mais L. Élius périrait avec sa famille. Ce chef tua aussitôt l'oiseau, n'hésitant pas à se sacrifier lui-même. Notre armée triompha, et Élius mourut dans le combat, avec quatorze de ses parents. Quelques-uns pensent qu'il s'agit ici, non de L. Élius, mais de Lélius, et que ceux qui perdirent la vie appartenaient à la famille Lélia.

15. Les deux Decius, le père d'abord, et plus tard

se pro republica devoverunt [57], admissisque in hostem equis, adepti mortem, victoriam patriæ contulerunt.

16. P. Crassus, quum bellum adversus Aristonicum in Asia gerens inter Elæam et Myrinam in hostium copias incidisset, vivusque abduceretur, exsecratus in consule Romano captivitatem, virga, qua ad equum erat usus, Thraci, a quo tenebatur, oculum eruit [58] : atque ab eo, per dolorem concito, transverberatus, dedecus servitutis, ut voluerat, effugit.

17. M. Cato Censorii filius in acie, decidente equo, prolapsus, quum se recollegisset, animadvertissetque gladium excidisse vagina, veritus ignominiam, rediit in hostem : exceptisque aliquot vulneribus recuperato demum gladio, reversus est ad suos [59].

18. Petilini, a Pœnis obsessi, parentes et liberos propter inopiam ejecerunt : ipsi coriis madefactis [60], et igne siccatis, foliisque arborum et omni animalium genere vitam trahentes, undecim menses obsidionem toleraverunt.

19. Hispani Arabricenses [61] omnia eadem passi sunt, nec oppidum Hirtuleio tradiderunt.

20. Casilini, obsidente Hannibale, tantam inopiam perpessi sunt, ut centum denariis murem venisse [62], proditum memoriæ sit, ejusque venditorem fame periisse, emptorem autem vixisse; fidem tamen servare Romanis perseveraverunt.

le fils, se dévouèrent pour la république pendant leur consulat. Ils s'élancèrent avec leurs chevaux au milieu des ennemis, et donnèrent, en mourant, la victoire à leur patrie.

16. P. Crassus, faisant la guerre en Asie contre Aristonicus, tomba au pouvoir de l'ennemi dans une embuscade, entre Élée et Myrina. Emmené vivant, et se voyant avec horreur prisonnier, lui consul romain, il prit le parti d'enfoncer dans l'œil d'un Thrace commis à sa garde, la baguette dont il se servait pour conduire son cheval; le soldat, irrité par la douleur, perça de son épée Crassus, qui échappa ainsi, selon son désir, à l'opprobre des fers.

17. M. Caton, fils du Censeur, ayant été jeté à terre par une chute de son cheval, s'aperçut, quand il se fut remis en selle, que son épée avait glissé du fourreau. Craignant le déshonneur d'une telle perte, il retourne au milieu des ennemis, et, non sans recevoir quelques blessures, retrouve enfin son arme, et revient près de ses compagnons.

18. Les habitants de Pétilie, assiégés par Annibal, et manquant de vivres, firent sortir de la ville les vieillards et les enfants; et, réduits à vivre de cuirs qu'ils faisaient tremper et qu'ils grillaient ensuite, de feuilles d'arbres et de la chair de toute espèce d'animaux, ils soutinrent le siége pendant onze mois.

19. Ceux d'Arabriga, en Espagne, supportèrent les mêmes maux, plutôt que de livrer leur ville à Hirtuleius.

20. Lorsque Annibal assiégeait Casilinum, les habitants furent réduits à une telle extrémité, qu'un rat y fut vendu, dit-on, cent deniers. Le vendeur mourut de faim, et l'acheteur vécut. Malgré cette famine, la ville persévéra dans sa fidélité envers les Romains.

21. Cyzicum quum oppugnaret Mithridates, captivos ejus urbis produxit, ostenditque obsessis, arbitratus futurum, ut miseratione suorum compelleret ad deditionem oppidanos. At illi cohortati ad patiendum fortiter mortem captivos, servare Romanis fidem perseveraverunt.

22. Segovienses, quum a Viriatho liberi et conjuges cæderentur, præoptaverunt spectare supplicia pignorum suorum, quam ab Romanis deficere.

23. Numantini, ne se dederent, fame mori, præfixis foribus domuum [63] suarum, maluerunt.

### VI. De affectu et moderatione.

1. Q. Fabius, hortante filio, ut locum idoneum paucorum jactura caperet, « Visne, inquit, tu ex illis paucis esse [64]? »

2. Xenophon, quum equo veheretur, et pedites jugum quoddam occupare jussisset, unusque ex eis obmurmurando diceret, facile tam laboriosa sedentem imperare, desiluit, et gregalem equo imposuit, cursu ipse pedestri ad destinatum jugum contendens. Cujus facti ruborem quum perpeti miles non posset, irridentibus commilitonibus, sponte descendit. Xenophontem vix universi perpulerunt, ut conscenderet equum, et laborem suum in necessaria duci munera reservaret [65].

3. Alexander, quum hieme duceret exercitum, residens ad ignem, recognoscere prætereuntes copias cœpit;

21. Mithridate, assiégeant Cyzique, fit amener ses prisonniers au pied des remparts, dans l'espoir que les habitants, craignant pour le sort de leurs concitoyens, se décideraient à rendre la place ; mais les assiégés exhortèrent les captifs à mourir avec courage, et restèrent fidèles aux Romains.

22. Les habitants de Ségovie, dont les femmes et les enfants étaient mis à mort par Viriathe, aimèrent mieux voir égorger ce qu'ils avaient de plus cher, que de rompre leur alliance avec les Romains.

23. Les Numantins, pour ne pas se rendre, s'enfermèrent dans leurs maisons, et s'y laissèrent mourir de faim.

**VI.** De la bonté et de la douceur.

1. Q. Fabius dit à son fils, qui lui conseillait de sacrifier un petit nombre de soldats pour s'emparer d'une position avantageuse : « Veux-tu être de ce petit nombre ? »

2. Xénophon, étant à cheval, venait d'ordonner à son infanterie de s'emparer d'une hauteur, lorsqu'il entendit un soldat dire, en murmurant, qu'il était facile à un homme à cheval de commander des choses aussi pénibles. Il descendit aussitôt, fit monter le soldat à sa place, et se dirigea à pied vers le sommet de la montagne. Le soldat, pour échapper à la honte et aux railleries de ses camarades, se hâta de descendre. Quant à Xénophon, toute son armée eut peine à obtenir de lui qu'il reprît son cheval, et qu'il réservât ses forces pour les fonctions nécessaires de général.

3. Alexandre, pendant une marche en hiver, était assis devant un feu, et regardait défiler ses troupes,

quumque conspexisset quemdam prope exanimatum frigore, considere loco suo jussit, dixitque ei : « Si in Persis natus esses, in regia sella resedisse tibi capital foret ; in Macedonia nato conceditur [66]. »

4. Divus Augustus Vespasianus, quum quemdam adolescentem, honeste natum, militiæ inhabilem, augustiarum rei familiaris causa eductum ad longiorem ordinem [67] rescisset, censu constituto, honesta missione exauctoravit.

### VII. De variis consiliis.

1. Cæsar dicebat, idem sibi esse consilium adversus hostem, quod plerisque medicis contra vitia corporum, fame potius quam ferro [68] superandi.

2. Domitius Corbulo dolabra, id est operibus [69], hostem vincendum esse dicebat.

3. L. Paullus imperatorem, senem moribus dicebat esse oportere : significans, moderatiora sequenda consilia [70].

4. Scipio Africanus fertur dixisse, quum eum quidam parum pugnacem dicerent, « Imperatorem me mater, non bellatorem, peperit. »

5. C. Marius Teutono provocanti eum, et postulanti, ut prodiret, respondit, si cupidus mortis esset, laqueo eum vitam posse finire [71]. Quum deinde instaret, gladiatorem contemptæ staturæ et prope exactæ ætatis objecit ei, dixitque, si eum superasset, cum victore congressurum.

lorsqu'il aperçut un soldat presque mort de froid. Il lui fit prendre sa place, et lui dit : « Si tu étais né parmi les Perses, ce serait pour toi un crime capital de t'asseoir sur le siége de ton roi ; un Macédonien peut se le permettre. »

4. L'empereur Auguste Vespasien, étant informé qu'un jeune homme d'illustre naissance, mais peu propre au métier des armes, était obligé, par le mauvais état de sa fortune, de servir dans les derniers grades de l'armée, lui assura de quoi vivre selon son rang, et lui donna un congé honorable.

### VII. Instructions diverses sur la guerre.

1. César suivait contre l'ennemi, disait-il, le système adopté par la plupart des médecins contre les maladies, dont ils triomphent plutôt par la faim que par le fer.

2. Domitius Corbulon prétendait qu'il fallait vaincre l'ennemi avec la doloire, c'est-à-dire par les ouvrages de siége.

3. L. Paullus disait qu'un général devait avoir le caractère d'un vieillard, c'est-à-dire s'arrêter aux résolutions les plus prudentes.

4. On reprochait à Scipion l'Africain de ne pas aimer à se battre : « Ma mère, répondit-il, a fait en moi un général, et non un soldat. »

5. C. Marius, provoqué par un Teuton à un combat singulier, lui dit que, s'il était désireux de mourir, une corde pouvait mettre fin à sa vie. Comme le barbare insistait, Marius lui montra un vieux gladiateur, dont la petite taille inspirait le mépris, et lui dit : « Quand tu auras vaincu cet homme, je combattrai contre toi. »

6. Q. Sertorius [72], quod experimento didicerat, imparem se universo Romanorum exercitui, ut barbaros quoque, inconsulte pugnam deposcentes, doceret, adductis in conspectum duobus equis, eorum praevalido alteri, alteri admodum exili, duos admovit juvenes similiter affectos, robustum et gracilem : ac robustiori imperavit equi exilis universam caudam abrumpere; gracili autem, valentioris per singulos pilos vellere. Quumque gracili successisset, quod imperatum erat, validissimus cum infirmi equi cauda sine effectu luctaretur : « Naturam, inquit Sertorius, Romanarum virium per hoc vobis exemplum ostendi, milites. Insuperabiles sunt universos aggredienti; eosdem lacerabit et carpet, qui per partes attentaverit. »

7. Valerius Laevinus consul quum intra castra sua exploratorem hostium deprehendisset, magnamque copiarum suarum fiduciam haberet, circumduci eum jussit, terrendique hostis causa, exercitus suos visendos speculatoribus eorum, quoties voluissent, patere.

8. Caelius [73] primipilaris, qui in Germania post Varianam cladem obsessis nostris pro duce fuit, veritus ne barbari ligna, quae congesta erant, vallo admoverent, et castra ejus incenderent, simulata lignorum inopia, missis undique, qui ea furarentur, effecit, ut Germani universos truncos amolirentur.

9. Cn. Scipio, bello navali, amphoras pice et taeda plenas in hostium classem jaculatus est, quarum jactus

6. Q. Sertorius, sachant par expérience qu'il ne pouvait résister aux forces réunies des Romains, et voulant le prouver aux barbares ses alliés, qui demandaient témérairement le combat, fit amener en leur présence deux chevaux, l'un plein de vigueur, l'autre extrêmement faible, auprès desquels il plaça deux jeunes gens qui offraient le même contraste, l'un robuste, l'autre chétif; et il ordonna au premier d'arracher d'un seul coup la queue entière du cheval faible, au second de tirer un à un les crins du cheval vigoureux. Le jeune homme chétif s'étant acquitté de sa tâche, tandis que l'autre luttait inutilement avec la queue du cheval faible : « Soldats, s'écria Sertorius, je vous ai montré, par cet exemple, ce que sont les légions romaines : invincibles quand on les prend en masse, elles seront bientôt affaiblies et taillées en pièces, si elles sont attaquées séparément. »

7. Le consul Valerius Lévinus, qui avait une grande confiance en ses troupes, ordonna de promener dans son camp un espion que l'on y avait surpris; et, pour intimider les ennemis, il déclara qu'il leur permettait de faire observer son armée par leurs espions toutes les fois qu'ils le voudraient.

8. Le primipile Célius, qui, après la défaite de Varus, en Germanie, servit de général à notre armée investie par les barbares, craignait que ceux-ci n'approchassent de ses retranchements du bois qu'ils avaient amassé, et n'incendiassent son camp. Il feignit de manquer de bois lui-même, et, envoyant de tous côtés des soldats pour en enlever, il réussit à faire éloigner de là, par les Germains, tous les troncs d'arbres qu'ils y avaient réunis.

9. Dans un combat naval, Cn. Scipion lança sur les vaisseaux ennemis des vases remplis de poix et de ré-

et pondere foret noxius, et diffundendo, quæ continuerant, alimentum præstaret incendio.

10. Hannibal regi Antiocho monstravit[74], ut in hostium classem vascula jacularetur viperis plena, quarum metu perterriti milites a dimicatione et nauticis ministeriis impedirentur.

11. Idem fecit, jam cedente classe sua, Prusias.

12. M. Porcius, impetu in classem hostium quum transiluisset, deturbatis ex ea Pœnis eorumque armis et insignibus inter suos distributis, multas naves hostium, quos sociali habitu fefellerat, mersit.

13. Athenienses, quum subinde a Lacedæmoniis infestarentur, diebus festis, quos sacros Minervæ[75] extra urbem celebrabant, omnem quidem colentium imitationem expresserunt, armis tamen sub veste celatis. Peracto ritu suo, non statim Athenas reversi, sed protinus inde raptim acto Lacedæmonem[76] versus agmine, eo tempore, quo minime timebantur, agrum hostium, quibus subinde prædæ fuerant, ultro depopulati sunt.

14. Cassius onerarias naves[77], non magni ad alia usus, accensas opportuno vento in classem hostium misit, et incendio eam consumpsit.

15. M. Livius, fuso Hasdrubale, hortantibus eum quibusdam, ut hostem ad internecionem persequeretur, respondit: « Aliqui et supersint[78], qui de victoria nostra hostibus nuntient. »

sine, dont la chute devait faire un double mal, et par leur pesanteur, et par les matières inflammables qu'ils répandaient.

10. Annibal enseigna au roi Antiochus à jeter sur les vaisseaux ennemis de petits vases pleins de vipères, pour épouvanter les soldats, et leur faire abandonner le combat et la manœuvre.

11. Prusias recourut à ce moyen au moment où sa flotte commençait à fuir.

12. M. Porcius, ayant pris de vive force un vaisseau carthaginois, fit main-basse sur ceux qui le montaient, donna leurs armes à ses soldats, qu'il revêtit de leurs dépouilles; et, trompant l'ennemi par ce déguisement, il parvint à couler à fond plusieurs de leurs navires.

13. Les Athéniens, dont le territoire était de temps en temps ravagé par les Lacédémoniens, profitèrent des jours pendant lesquels on célébrait, hors de leur ville, les fêtes de Minerve, pour sortir avec toute l'apparence du culte ordinaire, mais avec des armes cachées sous leurs habits. Au lieu de rentrer à Athènes quand leurs cérémonies furent achevées, ils allèrent tout à coup se jeter sur le pays des Lacédémoniens au moment où ceux-ci craignaient le moins cette irruption, et ravagèrent à leur tour les terres de ces ennemis, qui avaient si souvent dévasté les leurs.

14. Cassius, ayant des vaisseaux de charge qui ne lui étaient plus d'une grande utilité, y mit le feu, et les dirigea, par un vent favorable, sur la flotte ennemie, qu'il incendia de cette manière.

15. Lorsque M. Livius eut défait Asdrubal, on lui conseillait de poursuivre et de détruire entièrement les débris de l'armée ennemie : « Laissons-en échapper quelques-uns, répondit-il, pour annoncer notre victoire. »

16. Scipio Africanus dicere solitus est, hosti non solum dandam esse viam fugiendi, sed etiam muniendam [79].

17. Paches Atheniensis affirmavit, incolumes futuros hostes, si deponerent ferrum : ejusque obsequutos conditionibus, universos, qui in sagulis ferreas fibulas habuissent [80], interfici jussit.

18. Hasdrubal, subigendorum Numidarum causa ingressus fines eorum, resistere parantibus affirmavit, ad capiendos se venisse elephantos, quibus ferax est Numidia [81]. Ut hoc permitterent, poscentibus securitatem promisit; et ea persuasione avocatos adortus, sub leges redegit.

19. Alcetas Lacedæmonius, ut Thebanorum commeatum facilius ex inopinato aggrederetur, in occulto paratis navibus, tanquam unam omnino haberet triremem, vicibus in ea remigem exercebat : quodam deinde tempore omnes naves in Thebanos transnavigantes immisit, et commeatibus eorum potitus est [82].

20. Ptolemæus adversus Perdiccam [83], exercitu prævalentem, ipse invalidus, omne pecudum genus, religatis a tergo, quæ traherent, sarmentis, agendum per paucos curavit equites : ipse prægressus cum copiis, quas habebat, effecit ut pulvis, quem pecora excitaverant, speciem magni sequentis exercitus moveret, cujus exspectatione territum vicit hostem.

21. Myronides [84] Atheniensis adversus Thebanos,

16. Scipion l'Africain disait souvent qu'il fallait non-seulement laisser la retraite libre à l'ennemi, mais encore la lui rendre sûre.

17. Pachès, général athénien, promit aux ennemis de leur laisser la vie sauve, s'ils déposaient le fer; et, quand ils se furent soumis à cette condition, il fit mettre à mort tous ceux qui avaient des agrafes de fer à leurs manteaux.

18. Asdrubal, étant entré sur le territoire des Numides dans l'intention de les soumettre, et les ayant trouvés prêts à se défendre, leur affirma qu'il était venu dans le seul but de prendre des éléphants, animaux communs dans cette contrée. Ils lui permirent cette chasse, à condition qu'il ne les inquiéterait point; et quand, sur la foi de sa promesse, leur armée se fut dissoute, il les attaqua et les réduisit sous sa domination.

19. Alcétas, général de Lacédémone, voulant enlever aux Thébains un convoi de vivres, tint sa flotte prête, mais cachée, et se mit à exercer ses rameurs tour à tour sur la même galère, comme s'il n'eût pas eu d'autres navires. Quelque temps après, lorsque les vaisseaux des Thébains passèrent, il s'élança sur eux avec toute sa flotte, et s'empara du convoi.

20. Ptolémée, ayant en tête Perdiccas, dont l'armée était plus forte que la sienne, attacha du sarment à tous ses bestiaux, pour le leur faire traîner, les mit sous la conduite de quelques cavaliers, et les précéda lui-même avec ses troupes. La poussière soulevée par ces animaux ayant fait croire aux ennemis que Ptolémée était suivi d'une armée nombreuse, ils en prirent l'épouvante et se laissèrent vaincre.

21. Myronide, général athénien, sur le point d'en

equitatu praevalentes, pugnaturus, in campis suos edocuit, manentibus esse spem aliquam salutis, cedentibus autem perniciosissimum. Qua ratione confirmatis militibus, victoriam consequutus est.

22. L. Pinarius in Sicilia praesidio Hennae praepositus, claves portarum, quas penes se habebat, reposcentibus magistratibus Hennensium, quod suspectos eos, tanquam transitionem ad Poenum pararent, habebat, petiit unius noctis ad deliberationem spatium : indicataque militibus fraude Graecorum, quum praecepisset ut parati postera die signum exspectarent, prima luce assistentibus redditurum se claves dixit, si idem omnes Hennenses censuissent. Ob eam causam universa multitudine convocata in theatrum, et idem flagitante, manifesta deficiendi voluntate, signo militibus dato, universos Hennenses cecidit [85].

23. Iphicrates, dux Atheniensium, classem suam hostili habitu instruxit, et ad eos, quos suspectos habebat, invectus, quum effuso studio exciperetur, deprehensa eorum perfidia, oppidum diripuit [86].

24. Tib. Gracchus, quum edixisset futurum, ut ex volonum numero fortibus libertatem daret, ignavos crucibus affigeret, et quatuor millia ex his, qui segnius pugnaverant, metu poenae in quemdam munitum collem coissent, misit qui eis dicerent, totum sibi exercitum volonum [87] vicisse videri, quod hostes fugissent : et sic

venir aux mains avec les Thébains, qui lui étaient supérieurs en cavalerie, apprit à ses soldats que dans les combats en plaine on peut sauver sa vie si l'on tient ferme, mais qu'il est très-dangereux de lâcher pied. Il leur donna par là de la résolution, et remporta la victoire.

22. L. Pinarius commandait la garnison romaine à Henna, en Sicile, lorsque les clefs des portes, dont il s'était emparé, lui furent redemandées par les magistrats de la ville. Comme il les soupçonnait d'être disposés à embrasser le parti des Carthaginois, il demanda une nuit pour réfléchir; et, après avoir instruit ses soldats de la perfide intention des Siciliens, il leur ordonna de se tenir prêts pour le lendemain, et d'être attentifs au signal qu'il leur donnerait. Les magistrats s'étant présentés dès le point du jour, il leur promit de rendre les clefs, si tel était le désir unanime des habitants d'Henna. Aussitôt le peuple entier se réunit au théâtre, demanda à grands cris les clefs, et manifesta ainsi la résolution de quitter le parti des Romains. Alors Pinarius donna aux soldats le signal convenu, et tous les habitants furent massacrés.

23. Iphicrate, général athénien, ayant donné à sa flotte l'apparence de celle des ennemis, se dirigea vers une ville alliée dont la fidélité lui était suspecte. Les démonstrations de joie avec lesquelles il fut accueilli lui ayant dévoilé la perfidie des habitants, il livra la ville au pillage.

24. Tib. Gracchus ayant déclaré que ceux des volons de son armée qui se montreraient braves recevraient leur liberté, et que les lâches seraient mis en croix, quatre mille d'entre eux, qui avaient combattu avec peu d'ardeur, s'étaient réunis sur une colline fortifiée, par crainte du châtiment. Il leur envoya dire que tout le corps des volons était victorieux à ses yeux, puisque

eos, et sua fide[88], et ipsorum metu exsolutos, recepit.

25. Hannibal post prœlium, quo ingentem cladem ad Thrasymenum Romani acceperunt, quum sex millia hostium, interposita pactione, in potestatem suam redegisset, socios Latini nominis benigne in civitates suas dimisit, dictitans, se Italiæ liberandæ causa bellum gerere[89] : eorumque opera aliquot populos in deditionem accepit.

26. Mago, quum Locri obsiderentur a Crispino[90], classis nostræ præfecto, diffudit ad Romana castra rumorem, Hannibalem, cæso Marcello, ad liberandos obsidione Locros venire : clam deinde equites emissos jussit a montibus, qui in conspectu erant, se ostendere. Quo facto effecit ut Crispinus, Hannibalem adesse ratus, conscenderet naves, ac fugeret.

27. Scipio Æmilianus, ad Numantiam, omnibus non cohortibus tantum, sed centuriis sagittarios et funditores interposuit[91].

28. Pelopidas Thebanus, quum a Thessalis in fugam versus, flumen, in quo tumultuarium fecerat pontem, liberasset, ne sequentibus hostibus idem transitus maneret, novissimo agmini præcepit, incenderent pontem.

29. Romani, quum Campanis equitibus nullo modo pares essent, Q. Nævius, centurio in exercitu Fulvii Flacci proconsulis, excogitavit, ut delectos ex toto exercitu, qui velocissimi videbantur, et mediocris erant staturæ, parmulis non amplis, et galericulis gladiisque,

l'ennemi avait été mis en déroute; et, après les avoir ainsi affranchis des effets de sa menace et de toute crainte, il les reçut dans le camp.

25. Après la bataille de Thrasymène, qui fut si désastreuse pour les Romains, six mille hommes s'étant rendus à Annibal par une capitulation, il renvoya généreusement dans leurs villes les alliés latins, en leur disant qu'il ne faisait la guerre que dans le but de rendre la liberté à l'Italie : ce moyen lui valut, par leur intervention, la soumission de quelques peuples.

26. Pendant que Cincius, chef de la flotte romaine, assiégeait Locres, Magon répandit le bruit dans notre camp que Marcellus était tué; qu'Annibal arrivait pour faire lever le siége; et bientôt après des cavaliers, qu'il avait fait sortir secrètement de la place, vinrent se montrer sur les hauteurs qui étaient en vue des remparts. Cet artifice réussit : Cincius, persuadé que c'était Annibal qui venait, se rembarqua et prit la fuite.

27. Scipion Émilien, au siége de Numance, plaça des archers et des frondeurs, non-seulement dans les intervalles des cohortes, mais encore entre les centuries.

28. Pélopidas, général thébain, mis en fuite par les Thessaliens, franchit une rivière à l'aide d'un pont volant, qu'il fit brûler ensuite par son arrière-garde, pour ne pas laisser le même moyen de passage à l'ennemi qui le poursuivait.

29. La cavalerie romaine ne pouvant nullement tenir tête à celle des Campaniens, Q. Névius, centurion de l'armée du proconsul Fulvius Flaccus, imagina de choisir dans toutes les troupes les soldats de petite taille qui paraissaient les plus agiles, de les armer de boucliers courts, de casques légers, d'épées, et de sept javelots

ac septenis singulos hastis quaternorum circiter pedum armaret, eosque, adjunctos equitibus, juberet usque ad moenia [92] provehi; deinde ibi positis nostris equitibus, incipere inter hostium equitatum proeliari. Quo facto vehementer et ipsi Campani afflicti sunt, et maxime equi eorum: quibus turbatis, prona nostris victoria fuit.

30. P. Scipio in Lydia, quum die ac nocte imbre continuo vexatum exercitum Antiochi videret, nec homines tantum aut equos deficere, verum arcus quoque madentibus nervis inhabiles factos, exhortatus est fratrem, ut postero, quamvis religioso, die committeretur proelium. Quam sententiam sequuta victoria est [93].

31. Catonem, vastantem Hispaniam, legati Ilergetum, qui sociorum populus erat, adierunt, oraveruntque auxilia. Ille, ne aut abnegato adjutorio socios alienaret, aut diducto exercitu vires minueret, tertiam partem militum cibaria parare, et naves ascendere jussit, dato praecepto, ut causati ventos, retro redirent. Praecedens interim adventantis auxilii rumor, ut Ilergetum excitavit animos, ita hostium consilia discussit [94].

32. C. Caesar, quum in partibus Pompeianis magna equitum Romanorum esset manus, eaque armorum scientia [95] milites conficeret, ora oculosque eorum gladiis peti jussit: et sic aversam aciem cedere coegit [96].

33. Vaccaei [97], quum a Sempronio Graccho collatis signis urgerentur, universas copias cinxere plaustris, quae impleverant fortissimis viris, muliebri veste tectis.

longs de quatre pieds environ, de les mettre en croupe
derrière les cavaliers, et de les faire avancer jusqu'aux
murailles, où, mettant pied à terre, ils devaient combattre la cavalerie ennemie. Cette manœuvre fit beaucoup de mal aux Campaniens, surtout à leurs chevaux,
qui furent mis en désordre, et notre armée remporta
facilement la victoire.

30. P. Scipion, en Lydie, voyant qu'une pluie
qui était tombée jour et nuit avait incommodé l'armée d'Antiochus, au point que, non-seulement les
hommes et les chevaux n'avaient plus de forces, mais
encore que les arcs, dont les cordes étaient mouillées,
devenaient inutiles, engagea son frère à livrer le combat
le lendemain, quoique ce fût un jour néfaste. La victoire
fut le résultat de cet avis.

31. Pendant que Caton ravageait l'Espagne, une dé-
putation des Ilergètes, peuple allié des Romains, vint
lui demander du secours. Ne voulant ni les mécontent-
ter par un refus, ni affaiblir ses forces en les divisant,
il ordonna au tiers de ses soldats de prendre des vivres
et de s'embarquer, mais avec la recommandation expresse de revenir sur leurs pas, en prétextant que les
vents étaient contraires. Pendant ce temps, la nouvelle
que du secours arrivait rendit le courage aux Ilergètes,
et renversa les projets de leurs ennemis.

32. C. César, voyant qu'il y avait dans l'armée de
Pompée un grand nombre de chevaliers romains qui,
par leur habileté à manier les armes, lui tuaient beaucoup de monde, ordonna à ses troupes de leur porter
des coups d'épée au visage et dans les yeux. Il réussit
par ce moyen à leur faire prendre la fuite.

33. Les Vaccéens, pressés dans un combat par Sempronius Gracchus, formèrent autour d'eux une enceinte
de chariots, dans lesquels ils placèrent leurs meilleurs

Sempronium quoque, tanquam adversus feminas, audentius ad obsidendos hostes consurgentem, hi, qui in plaustris erant, aggressi fugaverunt.

34. Eumenes Cardianus [98] ex successoribus Alexandri, in castello quodam clausus, quo exercere equos non poterat, certis quotidie horis ita suspendebat, ut posterioribus pedibus innixi, prioribus allevatis, dum naturalem assistendi appetunt consuetudinem, ad sudorem undique crura jactarent.

35. M. Cato, pollicentibus barbaris duces itinerum, et insuper præsidium, si magna summa eis promitteretur, non dubitavit polliceri : quia aut victoribus ex spoliis hostilibus poterat dare, aut interfectis, exsolvebatur promisso.

36. Q. Maximus transfugere ad hostes volentem Statilium, nobilem claræ operæ equitem, vocari ad se jussit, eique excusavit, quod, invidia commilitonum, virtutes illius ad id tempus ignorasset : tum donato ei equo, pecuniam insuper largitus, obtinuit, ut, quem ex conscientia trepidum arcessierat, lætum dimitteret, et ex dubio in reliquum non minus fidelem, quam fortem, haberet equitem [99].

37. Philippus quum audisset Pythiam quemdam, bonum pugnatorem, alienatum sibi, quod tres filias inops vix aleret, nec a rege adjuvaretur, monentibus quibusdam, uti eum caveret : « Quid si, inquit, partem corporis ægram haberem, absciderem potius quam curarem ? » Deinde familiariter secreto elicitum Pythiam, accepta difficultate necessitatum domesticarum, pecunia

soldats habillés en femmes. Sempronius, croyant n'avoir affaire qu'à des femmes, s'avança témérairement pour les envelopper ; mais ceux qui étaient sur les chariots reprirent l'offensive, et mirent ses troupes en fuite.

34. Eumène, de Cardie, un des successeurs d'Alexandre, étant assiégé dans un château où il ne pouvait exercer ses chevaux, avait soin, chaque jour, et aux mêmes heures, de les suspendre de telle manière, que, appuyés sur leurs pieds de derrière, et ayant en l'air ceux de devant, ils s'agitaient violemment en tout sens, et se mettaient en sueur pour reprendre leur position naturelle.

35. M. Caton, à qui des barbares s'engageaient à fournir des guides, et même des renforts, pourvu qu'on leur donnât une somme considérable, n'hésita point à la promettre, parce que, s'ils étaient vainqueurs, il pouvait les payer avec le butin fait sur l'ennemi, et que, s'ils périssaient dans le combat, il était dégagé de sa promesse.

36. Statilius, cavalier recommandable par ses services, se disposant à passer du côté de l'ennemi, Q. Fabius Maximus le fit appeler, et, après lui avoir dit, par forme d'excuse, que la jalousie de ses camarades lui avait laissé jusqu'alors ignorer son mérite, lui fit présent d'un cheval et d'une somme d'argent. Cet homme, que le sentiment de ses torts avait amené tremblant, sortit plein de joie ; et, de chancelant, il devint dès lors aussi fidèle qu'il était brave.

37. Philippe, ayant appris qu'un certain Pythias, excellent guerrier, était devenu son ennemi, parce que, dans sa pauvreté, ayant peine à nourrir ses trois filles, il ne recevait de ce roi aucun subside, répondit à ceux qui lui conseillaient de se défaire de cet homme : « Quoi ! si un de mes membres était malade, le couperais-je plutôt que de le guérir ? » Ensuite il fit venir secrètement ce Pythias, le reçut avec bonté ; et, après lui

instruxit; ac meliorem fidelioremque habuit, quam habuerat, antequam offenderet.

38. T. Quinctius Crispinus, post infaustam adversus Pœnos dimicationem, qua collegam Marcellum amiserat, quum comperisset, potitum annulo interfecti Hannibalem, litteras circa municipia totius Italiæ dimisit, ne crederent epistolis, si quæ Marcelli annulo [100] obsignatæ perferrentur: monitione consequutus, ut Salapia, et aliæ urbes frustra Hannibalis dolis tentarentur.

39. Post Cannensem cladem perculsis ita Romanorum animis, ut pars magna reliquiarum nobilissimis auctoribus deserendæ Italiæ iniret consilium, P. Scipio adolescens admodum, impetu facto, in eo ipso, in quo talia agitabantur, cœtu pronuntiavit, manu se sua interfecturum, nisi qui jurasset, non esse sibi mentem destituendæ reipublicæ. Quumque ipse primus se religione tali obligasset, stricto gladio mortem uni ex proximis minatus, nisi acciperet sacramentum, illum metu, ceteros etiam exemplo, coegit ad jurandum [101].

40. Volscorum castra [102] quum prope virgultas silvasque posita essent, Camillus ea omnia, quæ conceptum ignem usque in vallum perferre poterant, incendit: et sic adversarios exuit castris.

41. P. Crassus, bello Sociali, eodem modo prope cum copiis omnibus interceptus est.

42. Q. Metellus in Hispania castra moturus, quum in agmine milites....[103] continerent se intra castra, Hermocrates detentos eos postero die habilioribus jam suis tradidit, bellumque confecit.

avoir fait exposer l'état malheureux de ses affaires, il lui donna de l'argent, et le rendit par là plus fidèle et plus dévoué qu'il n'était avant qu'il eût à se plaindre.

38. Après le malheureux combat contre les Carthaginois, où Marcellus perdit la vie, T. Quinctius Crispinus, ayant appris que l'anneau de son collègue était entre les mains d'Annibal, informa toutes les villes d'Italie qu'elles avaient à se défier des lettres qu'elles recevraient sous le sceau de Marcellus. Cette précaution fit échouer les tentatives d'Annibal à Salapie et dans d'autres villes.

39. Après le désastre de Cannes, le courage des Romains était tellement abattu, qu'une grande partie des débris de l'armée, entraînée par plusieurs citoyens des premières familles, formait la résolution de quitter l'Italie. P. Scipion, encore très-jeune, accourut, et, dans l'assemblée même où l'on délibérait, déclara qu'il allait tuer de sa propre main quiconque ne jurerait pas de ne point abandonner la république. Après avoir lui-même prononcé le serment, il tira son épée, menaça d'immoler un de ceux qui étaient le plus près de lui, s'il n'en faisait autant, et força celui-ci par la crainte, les autres par l'exemple, à prendre le même engagement.

40. Les Volsques étant campés dans un lieu environné de broussailles et de bois, Camille incendia tout ce qui pouvait porter la flamme jusqu'à leurs retranchements, et les obligea ainsi d'abandonner le camp.

41. Pendant la guerre Sociale, P. Crassus fut surpris de la même manière avec toute son armée.

42. En Espagne, Q. Metellus étant sur le point de lever son camp, et ses soldats se tenant renfermés dans l'intérieur des retranchements, Hermocrate profita de leur inaction pour ne les faire attaquer que le lendemain par ses troupes, alors plus capables de combattre, et termina ainsi la guerre.

43. Miltiades, quum ingentem Persarum multitudinem apud Marathona fudisset, Athenienses circa gratulationem morantes compulit, ut festinarent ad opem urbi ferendam, quam classis Persarum petebat. Quumque præcucurrisset, implessetque mœnia armatis, Persæ rati, ingentem esse numerum Atheniensium, et alio milite apud Marathona pugnatum, alium pro muris suis opponi, circumactis extemplo navibus Asiam repetierunt [104].

44. Pisistratus Atheniensis, quum excepisset Megarensium classem, qua illi ad Eleusin noctu applicuerant, ut operatas Cereris sacro feminas Atheniensium raperent, magnaque edita cæde eorum, ultus esset suos, eadem, quæ ceperat, navigia Atheniensi milite complevit, quibusdam matronis habitu captivarum in conspectu locatis. Qua facie decepti Megarenses, tanquam suis, et cum successu renavigantibus, effuse obvii, inermesque, rursus oppressi sunt [105].

45. Cimon, dux Atheniensium, victa classe Persarum apud insulam Cypron, milites suos captivis armis induit, et eisdem barbarorum navibus ad hostem navigavit in Pamphyliam, apud flumen Eurymedonta. Persæ, quia et navigia, et habitum superstantium agnoscerent, nihil caverunt. Subito itaque oppressi, eodem die et navali, et pedestri prœlio victi sunt [106].

43. Miltiade, ayant défait à Marathon une multitude innombrable de Perses, et voyant que les soldats athéniens perdaient le temps à recevoir des félicitations, les fit marcher à la hâte au secours de leur ville, vers laquelle se dirigeait la flotte ennemie. Quand il y fut accouru, et qu'il eut garni les murs de défenseurs, les Perses, croyant que le nombre des Athéniens était considérable, et que l'armée qui avait combattu à Marathon était différente de celle qu'on voyait sur les remparts, revirèrent de bord sur-le-champ et regagnèrent l'Asie.

44. Pisistrate, général athénien, ayant pris la flotte des Mégariens, qui avait débarqué près d'Éleusis, pendant la nuit, pour enlever des femmes d'Athènes occupées à célébrer les fêtes de Cérès, vengea ses concitoyens par un grand massacre des ennemis, et remplit de soldats athéniens les vaisseaux capturés, sur lesquels il mit en vue quelques femmes qui semblaient être des captives. Les Mégariens, trompés par cette apparence, et persuadés que leurs compagnons revenaient avec le fruit de leur entreprise, s'avancèrent à leur rencontre en désordre et sans armes, et furent eux-mêmes taillés en pièces.

45. Cimon, général athénien, ayant battu la flotte des Perses près de l'île de Chypre, revêtit ses soldats des dépouilles des prisonniers; et, avec les vaisseaux mêmes des barbares, il fit voile pour la Pamphylie, et aborda près du fleuve Eurymédon. Les Perses, reconnaissant leurs navires et le costume de ceux qui les montaient, ne se méfièrent de rien; mais, soudainement attaqués par Cimon, ils furent ainsi défaits le même jour sur terre et sur mer.

# NOTES

## SUR LES STRATAGÈMES DE FRONTIN.

#### PRÉFACE.

**1.** — *Quum ad instruendam rei militaris scientiam.* Avant d'écrire ce recueil de stratagèmes, où tout est pratique, Frontin avait publié des ouvrages purement théoriques sur l'art militaire. *Voyez* la Notice sur Frontin, page 7.

**2.** — *Eique destinato.* Cette locution, d'une latinité un peu équivoque, est remplacée dans quelques éditions par *eique destinationi*.

**3.** — *Nostra sedulitas.* Oudendorp remarque avec raison, je crois, que Frontin et plusieurs écrivains de la décadence ont fait un usage trop fréquent de ces sortes d'expressions. Ainsi on trouve dans Quintilien (*Instit. orat. prœmium*) : « Quantum nostra valebit infirmitas ; » dans Valère-Maxime (Prol.) : « Mea parvitas eo justius ad favorem tuum decurrit ; » enfin dans Frontin (*supra*) : « Quantum nostra cura valuit, » et (*de Aquæ ductibus*, c. cxviii) « nostra sedulitas ad certam regulam redegit. »

**4.** — *In tres libros ea diducimus.* Frontin avait d'abord publié son recueil en trois livres, qui sont ici les trois premiers. *Voyez* la Préface du livre iv.

**5.** — *Pacationem.* Quelques éditions, entre autres celle de Valart, et la traduction de 1772, portent *pugnationem*, mot qui n'est pas latin.

**6.** — *Utraque lingua.* Frontin avait fait une étude profonde de la tactique des Grecs et des Romains (*Voyez* la Notice, page 8) ; savait-il aussi bien l'histoire écrite dans les deux langues ? A la vue des nombreuses erreurs historiques et chronologiques dont son livre est parsemé, il est permis d'en douter, à moins que l'on ne donne tous les torts aux copistes.

**7.** — Στρατηγηματικῶν et στρατηγημάτων *perquam similem natu-*

*ram discernere.* Cette distinction a paru subtile au commentateur Schwebel; cependant Frontin précise lui-même, deux lignes plus bas, le sens de chacun de ces mots, en indiquant leur valeur relative. Ce qu'il entend par στρατηγηματικά embrasse toutes les mesures de stratégie et de tactique; et il applique le mot στρατηγήματα seulement aux ruses proprement dites, telles que les surprises, etc. Le premier exprime le genre, le second l'espèce. Toutefois, il est bon d'observer que la plupart des faits cités par l'auteur sont plutôt des ruses, des stratagèmes (στρατηγήματα), que des opérations de stratégie. Aussi n'avons-nous pas hésité, malgré la distinction plutôt prétentieuse que subtile de Frontin, à restreindre le sens de son expression στρατηγηματικά, en la traduisant simplement comme l'autre mot grec, par *stratagèmes*, tant dans le titre général de l'ouvrage, qu'au commencement de cette Préface.

### LIVRE PREMIER.

1. — *Contumaces conspiratio potuit facere.* Plutarque (*Vie de Caton le Censeur*, ch. x) porte à quatre cents le nombre des villes que soumit Caton en Espagne. Tite-Live, après avoir rapporté ce fait, avec le détail de toutes les circonstances qui l'ont amené, ajoute (liv. xxxiv, ch. 17) que le consul marcha contre les villes qui refusaient d'obéir, et qu'il fut même obligé d'assiéger Segestica, ville riche et importante, qu'il prit d'assaut. Polyen a compris ce même fait dans son recueil de stratagèmes (liv. viii, ch. 17). *Voyez* aussi Polybe, *Fragments*, liv. xix; et Aurelius Victor, qui a reproduit presque littéralement le texte de Frontin (*Hommes illustres*, ch. xlvii).

2. — *Non pronuntiavit quo proficisceretur.* Selon Diodore de Sicile (liv. xiv, ch. 55), le point de ralliement indiqué par Himilcon était Panorme, aujourd'hui Palerme. Cet usage des ordres cachetés, maintenant encore en vigueur dans la marine, était familier aux généraux de l'antiquité. *Voyez* César, *Guerre d'Afrique*, ch. iii; Polyen, liv. v, ch. 10, § 2, et liv. iv, ch. 7, § 2; Frontin, liv. i, ch. 2, § 6.

On sait avec quel soin le général Bonaparte cacha à son armée, et à la France entière, le but de l'expédition qui se préparait à Toulon en 1798.

3. — *Ad Syphacem.* C. Lélius était envoyé par Scipion.

Celui-ci, après avoir fait reconnaître le camp de Syphax, parvint à l'incendier pendant la nuit, ce qui mit un tel désordre dans l'armée ennemie, que le fer et le feu détruisirent quarante mille hommes. *Voyez* Tite-Live, liv. xxx, ch. 3-6; et Polybe, liv. xiv, fragment 2.

4. — *Principes Gabinorum.* Gabies, ville du Latium et colonie d'Albe. Elle était déjà en ruines du temps d'Auguste.

Les détails de cet odieux artifice des deux Tarquins sont dans Tite-Live, liv. i, ch. 24. *Voyez* aussi Florus, liv. i. ch. 7; Valère-Maxime, liv. vii, ch. 4; Denys d'Halicarnasse, liv. iv, ch. 54; Ovide, *Fastes*, liv. ii, v. 686 à 711.

Diogène-Laërce rapporte que Thrasybule, tyran de Milet, donna un conseil du même genre à Périandre, tyran de Corinthe, dans les termes suivants :

THRASYBULE A PÉRIANDRE.

« Je n'ai fait aucune réponse aux questions de votre héraut; mais, l'ayant mené dans un champ, j'abattis à coups de bâton, pendant qu'il me suivait, ceux des épis qui dépassaient les autres. Si vous l'interrogez, il vous dira ce qu'il a vu et entendu. Imitez-moi donc, si vous voulez conserver votre autorité ; faites périr les premiers de la ville, qu'ils soient, ou non, vos ennemis. L'ami même d'un tyran doit lui être suspect. »

5. — *Pharnæum.* D'après Dion Cassius, il faudrait écrire *Channæum.*

6. — *Natione Cyrresten.* Cyrrhus, ville de Syrie, sur un affluent de l'Oronte.

7. — *Zeugma.* Ville de Syrie, fondée par Seleucus I<sup>er</sup>, ainsi appelée de ζεύγνυμι, joindre, parce que, bâtie sur l'Euphrate, elle était le point de communication entre la Syrie et la Babylonie.

Pour l'expédition de Ventidius, *voyez* Dion Cassius, liv. xlix, ch. 39-41; et Justin, liv. xlii, ch. 4.

8. — *Imperator Cæsar Domitianus Augustus Germanicus.* Cet étalage de titres n'est qu'une flatterie de l'auteur, qui vivait sous Domitien.

9. — *Si consulum junctas vires intellexisset.* Asdrubal s'aperçut en effet, mais trop tard, de la réunion des consuls. On ne doit donc pas prendre à la lettre cette dernière phrase de Frontin. *Voyez* le § 9 du chapitre suivant, et surtout le beau récit de Tite-Live, liv. xxvii, ch. 43-50.

« Quand on marche à la conquête d'un pays avec deux ou trois armées qui ont chacune leur ligne d'opération jusqu'à un point fixe où elles doivent se réunir, il est de principe que la réunion de ces divers corps d'armée ne doit jamais se faire près de l'ennemi, parce que non-seulement l'ennemi, en concentrant ses forces, peut empêcher leur jonction, mais encore il peut les battre séparément. » (NAPOLÉON.)

10. — *Quos jussu Lacedæmoniorum dejecerant.* Il y a ici une grave erreur. Lors de ce voyage de Thémistocle à Sparte, en 478 avant J.-C., les murailles d'Athènes avaient été détruites par les Perses; et c'est soixante-quatorze ans plus tard, après la bataille d'Ægos-Potamos, que les Spartiates exigèrent la nouvelle démolition de ces remparts. Cf. CORNELIUS NEPOS, *Vie de Thémistocle*, ch. VI ; et *Vie de Conon*, ch. IV.

11. — *Tunicam meam.... comburerem.* La plupart des historiens attribuent ce mot à Metellus Macedonicus, qui vivait longtemps avant Metellus Pius. *Voyez* VALÈRE MAXIME, liv. VII, ch. 4, § 5 ; et AURELIUS VICTOR, *Hommes illustres*, ch. LXI.

12. — *Vereris ne tubam non exaudias?* Plutarque (*Vie de Demetrius*, ch. XXVIII) rapporte un mot semblable d'Antigone. Son fils Demetrius lui demandait quand on décamperait : « Crains-tu, répondit-il avec l'accent de la colère, d'être le seul qui n'entende pas la trompette ? »

13. — *Capta occasione.* Je traduis d'après ce passage de Tite-Live (liv. XXX, ch. 3) : « Ut causa probabilis suis foret in castra hostium. » *Voyez* la note 3.

14. — *Ad societatem compulerit.* Tite-Live donne des détails sur ce fait, liv. IX, ch. 35 et 36.

15. — *Rhodinum.* On trouve *Rhodanum* dans Justin, qui rapporte ce stratagème liv. XXI, ch. 6.

Le maréchal de Luxembourg avait un espion auprès du roi Guillaume, et était instruit de tout ce qui se passait dans l'armée ennemie. Le roi s'en aperçut, et obligea l'espion à donner un faux avis, qui faillit perdre l'armée française à Steinkerque ; mais le génie et le courage de Luxembourg triomphèrent de cette difficulté.

16. — *Intellexit, hostilia agitari.* Cet artifice n'est rapporté que par Frontin. M. Amédée Thierry en a tiré un très-bon parti dans son *Histoire des Gaulois*, t. II, p. 213.

17. — *Æmilius Paullus.* Les commentateurs proposent de lire

*Æm. Papus.* Il s'agit ici, selon toute apparence, de celui qui fut consul avec Attilius Regulus, l'an de Rome 529.

**18.** — *Tisamenus.* Le même fait est rapporté par Polyen, liv. ii, ch. 37.

**19.** — *Junctum Livii et Neronis exercitum.* Ce récit est le complément du § 9 du chapitre ii. *Voyez* la note 9.

**20.** — *De constituendo statu belli.* Les modernes disent de même *constituer la guerre*, ce qui équivaut à se faire un *plan d'opérations.* — *Voyez,* sur la théorie de la constitution de la guerre, la xliv<sup>e</sup> leçon du *Cours d'art et d'histoire militaires,* par M. Rocquancourt.

Frontin a indiqué de très-grandes conceptions dans ce chapitre, ainsi que le fait remarquer M. Carion-Nisas, *Histoire de l'art militaire,* t. 1<sup>er</sup>, p. 242.

Les principes résultant de l'expérience de tous les temps se résument en ces mots : « Un plan de campagne doit avoir prévu tout ce que l'ennemi peut faire, et contenir en lui-même les moyens de le déjouer. Les plans de campagne se modifient à l'infini, selon les circonstances, le génie du chef, la nature des troupes, et la topographie du théâtre de la guerre. » (NAPOLÉON.)

**21.** — *Cunctatorisque nomen.* — *Voyez* dans Tite-Live (liv. xxii, ch. 12-31) le récit détaillé de toute cette guerre soutenue par Fabius, et les succès obtenus par son système. Cicéron nous a transmis (*de Senectute,* c. iv) les vers d'Ennius, qui font en peu de mots un éloge aussi complet que naïf du dictateur :

> Unus qui nobis cunctando restituit rem :
> Non ponebat enim rumores ante salutem ;
> Ergo magisque magisque viri nunc gloria claret.

*Voyez* aussi PLUTARQUE, *Vie de Fabius,* ch. v et suiv

**22.** — *Philippus obsidionalis moræ impatiens.* Justin (liv. ix, ch. 1) et Diodore de Sicile (liv. vi, ch. 74 et suiv.) ont fait mention de ce siége.

**23.** — *Exercitum.... per urbes divisit.* Ce fait est dans Tite-Live, liv. xxviii, ch. 2-4.

**24.** — *Themistocles, adventante Xerxe.* — *Voyez* le récit d'Hérodote, liv. viii, ch. 41, et la note de Larcher qui s'y réfère.

**25.** — *Idem fecit.... Pericles.* Il y a ici une erreur historique

que l'on peut rectifier, en transportant cet exemple après le § 9. Périclès n'a jamais conseillé aux Athéniens d'abandonner leur ville, et d'envoyer ailleurs leurs femmes et leurs enfants. Mais, ainsi qu'on le voit dans Thucydide (liv. II), Périclès, au moment où les Spartiates ravageaient l'Attique, s'embarqua avec des troupes athéniennes, alla dévaster le territoire des Lacédémoniens, et les força ainsi à revenir défendre leurs possessions.

26. — *Transmisso in Africam exercitu.* — *Voyez* TITE-LIVE, liv. XXIX, ch. 24 ; et liv. XXX, ch. 19 et suiv.

27. — *Athenienses.* Ce fait est rapporté par Thucydide, liv. VI, ch. 93 ; et liv. VII, ch. 18 et suiv. Cf. CORNELIUS NEPOS, *Vie d'Alcibiade*, ch. IV.

28. — *In profunda silvarum.* Les hellénismes de ce genre sont fréquents, en prose comme en poésie. *Abdita rerum* (HORAT., *Artis poet.* v. 49) ; *Angusta viarum* (VIRGILIUS, *Æneidos* lib. II, v. 332) ; *Anceps periculum auxit vana rumoris* (TACITUS, *Ann.* lib. IV, c. 59).

29. — *Nudaverat.* Domitien fit probablement couper ou incendier les forêts qui servaient de retraite aux Germains : c'est, du moins, l'opinion des commentateurs.

30. — *Agmen ejus scorpionibus aggressi essent.* Cf. TITE-LIVE, liv. XII, ch. 20, *Suppl. de Freinshemius.*

On n'est pas d'accord sur le sens du mot *scorpio*. — *Voyez* JUSTE-LIPSE, *Poliorcétique*, liv. III, dial. 4. Isidore (liv. XVIII) s'exprime ainsi : « Scorpio est sagitta venenata, arcu vel tormentis excussa, quæ dum ad hominem venerit, virus, qua figit, infundit, unde et scorpio nomen acceperit. »

31. — *Philippus, Macedonum rex.* Il s'agit sans doute de Philippe, fils de Demetrius, qui fit la guerre aux Étoliens. *Voyez* TITE-LIVE, liv. XXVIII, ch. 7.

32. — *Flumen Hydaspen.* Selon Quinte-Curce (liv. VIII, ch. 13) et Arrien (liv. V, ch. 2), ce fait s'accomplit, ainsi que le précédent, sur l'Hydaspe, et non sur l'Indus. Plutarque, dans la *Vie d'Alexandre,* parle d'une lettre de ce roi, qui lui-même rend compte du passage de l'Hydaspe, et ne fait nulle mention de l'Indus. Au reste, ces erreurs ne sont pas rares dans Frontin, surtout quand il sort de l'histoire romaine.

Des stratagèmes semblables ont été pratiqués par Gustave-Adolphe pour passer le Lech, que gardaient les Impériaux, et et par Charles XII, qui franchit la Bérézina en marchant contre les Moscovites.

**33.** — *Xenophon.* — *Voyez* Polyen, liv. i, ch. 49, § 4.

**34.** — *Lacedæmoniorum duces.* Polyen attribue ce stratagème à Pharacidas, liv. ii, ch. 11.

**35.** — *Cyaneæ.* Les commentateurs pensent qu'il s'agit ici, non du détroit de Cyanée, mais de celui d'Abydos. Selon Polyen (liv. iv, ch. 2, § 8), Philippe aurait employé cette ruse lors d'une expédition qu'il fit dans le pays d'Amphisse.

**36.** — *Sequestres.* J'ai donné à ce mot un sens analogue à celui qu'on trouve dans ces vers de Silius Italicus (*Puniques*, liv. vi, v. 346) :

> At nova Elissæi jurato fœdere patres
> Consultant mandare duci, pacisque sequestrem
> Mittere.

**37.** — *Ipse fluvium superavit.* Le même fait est dans Polyen), liv. ii, ch. 4, § 2.

**38.** — *Crœsus.* — *Voyez* le récit d'Hérodote (liv. i, ch. 75), et la note de Larcher.

**39.** — *Cn. Pompeius Brundisii.* — *Voyez* César, *Guerre civile*, liv. i, ch. 27 et 28.

**40.** — *Portu Syracusano.* Frontin fait encore ici erreur. Pendant le consulat de Duilius, Syracuse avait pour roi Hiéron, allié et ami des Romains. Il est plutôt question du port de Ségeste, comme le conjecturent la plupart des critiques. Cf. Polybe, liv. i.

En 1560, Montgomery, fuyant sur la Seine, après la prise de Rouen, franchit de la même manière une estacade que l'on avait établie sur le fleuve, pour empêcher l'approche des bâtiments anglais.

**41.** — *In armis permanente.* Les anciennes éditions, et celle de Deux-Ponts, s'appuyant sur les manuscrits, construisent *prima et secunda acie furtim a tergo ad opus applicata*, ce qui n'offre aucun sens soutenable. J'ai adopté la leçon proposée par Oudendorp, et fondée sur un passage non équivoque de César, *Guerre civile*, liv. i, ch. 41 et 42.

**42.** — *L. Furius.* Ce fait a déjà été rapporté plus haut, ch. i, § 11.

**43.** — *P. Decius tribunus.* — *Voyez* le récit plus étendu de cette affaire, dans Tite-Live, liv. vii, ch. 34.

**44.** — *Calpurnium Flammam.* Cet acte de dévouement de Calpurnius Flamma est rapporté par Florus, liv. ii, ch. 2. Tite-Live (liv. xxii, ch. 60), faisant le rapprochement de cette noble conduite et de celle de P. Decius, attribue à Flamma ces paroles : « Moriamur, milites, et morte nostra eripiamus ex obsidione circumventas legiones. »

Kléber, avec quatre mille hommes, avait attaqué vingt-cinq mille Vendéens. Se voyant débordé par l'ennemi, il dit au colonel Shouadin : « Prends une compagnie de grenadiers, arrête l'ennemi devant ce ravin : tu te feras tuer, et tu sauveras l'armée. — Oui, général, » répond l'officier ; et il périt avec tous ses hommes.

Ces faits rappellent celui de Léonidas et des trois cents Spartiates.

**45.** — *L. Minucius.* Tite-Live (liv. xxxv, ch. 11) rapporte ce stratagème, qui est attribué à Q. Minucius Thermus.

**46.** — *Irruerent.* Plusieurs éditions portent *inurerent*, leçon qui s'appuie sur le récit de Tite-Live, indiqué dans la note précédente.

**47.** — *L. Sylla.* — *Voyez* Freinshemius, *Suppl. à Tite-Live*, liv. lxxiii, ch. 15.

**48.** — *Hasdrubal.* — *Voyez* Tite-Live, liv. xxvi, ch. 17.

**49.** — *Cæsis captivorum pecorumque corporibus.* Selon le récit de Plutarque, Crassus enferma Spartacus dans la presqu'île de Rhegium, en tirant à l'isthme, d'une mer à l'autre, un fossé de trois cents stades de longueur, sur une largeur et une profondeur de quinze pieds, et Spartacus s'échappa en comblant une partie du fossé avec de la terre, des branches d'arbres, etc. ; mais le biographe ne fait aucune mention des prisonniers que ce général, au dire de Frontin, aurait mis à mort pour faire passer son armée sur leurs cadavres. (*Vie de Crassus*, ch. xiii.)

**50.** — *Idem in Vesuvio obsessus.* — *Voyez* le récit de Florus, liv. iii, ch. 20.

**51.** — *Brasidas.* Thucydide (liv. iv, ch. 102) et Polyen (liv. i, ch. 38) mentionnent le même fait, en variant sur quelques circonstances.

**52.** — *Iphicrates.* Cf. Polyen, liv iii, ch. 9, § 50.

**53.** — *Parte castra fecit.* Au lieu de ce dernier mot, il serait mieux de lire *cepit*.

**54.** — *Canes atque asinos in castris reliquit.* Darius, sur le conseil de Gobrias, un des grands qui le suivaient, laissa non-seulement les ânes dans son camp, mais encore les malades et toute la partie de son armée la moins capable de supporter les fatigues (Hérodote, liv. iv, ch. 134 et 135). Cf. Polyen, liv. vii, ch. 11, § 4 ; et Justin, liv. ii, ch. 5.

**55.** — *Ad cornua fasciculos alligaverat.* Ce fait est raconté par Tite-Live (liv. xxii, ch. 16 et 17), par Polybe (liv. iii, ch. 93), par Plutarque (*Vie de Fabius*, ch. vi), par Cornelius Nepos (*Vie d'Annibal*, ch. v). Il a été de nos jours taxé d'invraisemblance, et appelé le *conte des bœufs ardents*. (Carion-Nisas, t. 1er, p. 241 et 242.)

**56.** — *Iphicrates in Thraciam.* — *Voyez* plus haut, ch. v, § 24.

**57.** — *Boii in silva Litana.* Tite-Live (liv. xxiii, ch. 24) fait le récit de ce stratagème. La forêt Litana était située aux confins de l'Étrurie et de la Ligurie.

**58.** — *Elephantos transportaret.* Metellus avait pris ces éléphants aux Carthaginois dans le combat livré sous les murs de Panorme. *Voyez* Frontin, liv. ii, ch. 5, § 4 ; Polybe, liv. i, ch. 40 ; Freinshemius, *Suppl. à Tite-Live*, liv. xviii, ch. 56.

**59.** — *Præalti fluminis transitum.* Il s'agit ici du passage du Rhône. Tite-Live, tout en rapportant le fait (liv. xxi, ch. 28), semble peu y croire, et pense que les éléphants passèrent plutôt sur des radeaux.

**60.** — *Sparto deficiebantur.* Ce fait est attesté par Florus, liv. ii, ch. 15.

**61.** — *Scuta ex vimine.* — *Voyez* Florus, liv. iii, ch. 20.

**62.** — *Factum Alexandri.* Quinte-Curce (liv. vii, ch. 5) raconte ce fait d'une autre manière. Selon Arrien (liv. vi, ch. 4) il se serait passé dans les déserts de la Sogdiane.

**63.** — *De distringendis hostibus.* Il y a dans ce chapitre des exemples qui ne répondent pas bien au titre, quelque extension qu'on donne au mot *distringendis*.

**64.** — *Coriolanus.* — *Voyez* le récit de Tite-Live, liv. ii, ch. 39.

**65.** — *Publicatis possessionibus suis.* Tite-Live rapporte le même fait, avec quelques circonstances de plus, liv. xxii, ch. 23. *Voyez* aussi Valère Maxime, liv. vii, ch. 3, § 8.

**66.** — *Clusium.* L'édition de Deux-Ponts porte *Sitium.* Oudendorp et Schwebel, qui ont admis cette leçon, proposent d'y substituer *Sutrium.* Ces deux savants auraient pu s'en tenir à ce passage de Tite-Live (liv. x, ch. 27), qui ne laisse aucun doute : « Fulvio, ut ex Falisco, Posthumio, ut ex Vaticano exercitum ad Clusium admoveant, summaque vi fines hostium populentur, scribunt. Hujus populationis fama Hetruscos ex agro Sentinate ad suos fines tuendos movit. »

« Le plus sûr moyen de diviser les forces de l'ennemi, dit Machiavel (*Art de la guerre*, liv. vi), est d'attaquer son pays ; il sera forcé d'aller le défendre, et d'abandonner ainsi le théâtre de la guerre. C'est le parti que prit Fabius, qui avait à soutenir les forces réunies des Gaulois, des Étrusques, des Ombriens et des Samnites. »

**67.** — *Crebris cum Hannibale colloquiis.* Tite-Live rend compte de ce fait (liv. xxxv, ch. 14), et rapporte un entretien qu'aurait eu Annibal avec son vainqueur, P. Scipion l'Africain, qui faisait partie de l'ambassade. Cf. Cornelius Nepos, *Vie d'Annibal*, ch. vi-viii.

**68.** — *Metellus, adversus Jugurtham bellum gerens, missos ad se legatos ejus corrupit.* — *Voyez* Salluste, *Jugurtha*, ch. lxx et suiv.

**69.** — *Per exceptum quemdam aquatorem,* « par un prisonnier qu'on avait saisi pendant qu'il cherchait de l'eau. » César rapporte ce fait, *Guerre civile*, liv. i, ch. 65.

**70.** — *Scipio.... M. Thermum dimisit, ipse subventurus.* Ce fait est présenté d'une manière incomplète ; et la traduction de 1772 me semble l'avoir entièrement dénaturé. J'ai suivi, pour l'interprétation, un passage très-clair d'Appien, *Guerre Punique*, ch. xxxvi.

**71.** — *Quum Afri ingenti multitudine.* Polyen (liv. v, ch. 2, § 9) porte cette armée à deux cent mille hommes, ce qui est invraisemblable.

**72.** — *Agesilaus Lacedæmonius, quum inferret bellum Tissaphernæ.* — *Voyez* Cornelius Nepos, *Vie d'Agésilas*, ch. iii ; Justin, liv. vi, ch. 2.

Machiavel fait allusion (*Art de la guerre*, liv. vi) aux deux derniers exemples de ce chapitre, en les généralisant comme des préceptes souvent applicables.

73. — *Eodem loco hibernaturos.* Tite-Live, qui attribue ce fait au consul C. Martius Rutilius (liv. vii, ch. 38), est plus explicite : « Rumorem dissipat, in iisdem oppidis et anno post præsidia hibernatura. »

74. — *Nocentes, mixtos eis qui extra delictum erant, venire jussit.* Machiavel (*Art de la guerre*, liv. vi) s'est encore emparé de ce récit pour en faire un précepte : « Un point bien important pour un général, dit-il, c'est de savoir habilement étouffer un tumulte ou une sédition qui se serait élevée parmi ses troupes. Il faut, pour cet effet, châtier les chefs des coupables, mais avec une telle promptitude, que le châtiment soit tombé sur leur tête avant qu'ils aient eu le temps de s'en douter. S'ils sont éloignés de vous, vous manderez en votre présence non-seulement les coupables, mais le corps entier, afin que, n'ayant pas lieu de croire que ce soit dans l'intention de les châtier, ils ne cherchent pas à s'échapper, et viennent, au contraire, d'eux-mêmes se présenter à la peine. »

75. — *C. Cæsar, quum quædam legiones ejus seditionem movissent.* Cet exemple semble avoir été puisé dans un récit de César, *Guerre des Gaules*, liv. i, ch. 40 et 41.

76. — *Ut barbaros quoque.... doceret.* C'étaient des Espagnols et des Lusitaniens. Le fait est rapporté par Plutarque (*Vie de Sertorius*, ch. xvi) et par Valère Maxime (liv. vii, ch. 3, § 6).

77. — *Propter seditiones detrectante prœlium exercitu.* — *Voyez* le beau récit de Tite-Live, liv. ii, ch. 43-46; et celui de Denys d'Halicarnasse, liv. ix, ch. 1-13.

78. — *C. Cæsar.... confusis suorum animis.* — *Voyez* César, *Guerre des Gaules*, liv. i, ch. 39-41; Frontin, liv. iv, ch. 5, § 2.

79. — *Q. Fabius.... misit legatos.* Ce n'est pas Fabius qui envoya l'ambassade, mais il en fit partie, et montra au milieu des sénateurs carthaginois toute l'énergie d'un Romain. *Voyez* Tite-Live, liv. xxi, ch. 18; Polybe, liv. iii, ch. 20.

80. — *Agesilaus.* Cf. Polyen, liv. ii, ch. 1, § 18.

81. — *Classe.* Quelques éditions portent *Xerxem.* J'ai suivi la leçon d'Oudendorp et de Schwebel, qui ont reculé devant l'accord des manuscrits, en imputant à Frontin l'erreur histo-

rique qui frappe ici dans le texte. Leutychidas était sur mer, et ce fut lui qui remporta, à Mycale, la victoire attribuée par Frontin aux alliés. De leur côté, ceux-ci, sous le commandement de Pausanias, gagnèrent la bataille de Platée. *Voyez* Hérodote, liv. ix, ch. 58 et suiv.; Justin, liv. ii, ch. 14; Cornelius Nepos, *Vie de Pausanias*, ch. 1, et *Vie d'Aristide*, ch. 11.

82. — *A. Postumius prælio.* Il s'agit du combat que se livrèrent Postumius et Mallius, ou Mamilius, près du lac Régille. *Voyez* Florus, liv. 1, ch. 11; et Valère Maxime, liv. 1, ch. 8, § 1. Tite-Live, qui donne le récit du combat (liv. ii, ch. 19 et 20), ne parle point de cette apparition merveilleuse.

83. — *Arma.* Plusieurs éditions portent *aram*, leçon qui serait justifiée par le récit de Polyen (liv. 1, ch. 41).

84. — *Signum.... quod Delphis sustulerat.* C'était une statue d'Apollon. Plutarque rapporte une de ces prières, *Vie de Sylla*, ch. xxix. *Voyez* aussi Valère Maxime, liv. 1, ch. 2.

85. — *C. Marius.... sagam habuit.* On trouve dans Plutarque (*Vie de Marius*, ch. xvii) des détails sur cette prophétesse, nommée Martha, et plusieurs faits qui donnent à conclure qu'il y avait chez Marius moins de crédulité que d'adresse à profiter des idées superstitieuses de ses troupes.

86. — *Cervam candidam.* — *Voyez*, pour l'histoire de cette biche, Plutarque, *Vie de Sertorius*, ch. xi; Appien, *Guerres civiles*, liv. 1, ch. 110; Polyen, liv. viii, ch. 22; Valère Maxime, liv. 1, ch. 2; et surtout Aulu-Gelle, liv. xv, ch. 22.

Camoëns en fait aussi mention dans les *Lusiades*, chant 1er, str. 26.

87. — *Hoc genere strategematon.* Ce passage est regardé comme une interpolation des copistes ou des commentateurs. Saumaise, dans son édition de *Florus*, en a donné une explication peu satisfaisante. La plupart des éditions commencent ainsi : « Hoc genere strategematon non ea tantum parte utendum est, etc. » De l'avis d'Oudendorp, j'ai retranché le mot *non*, avec lequel la phrase paraît inexplicable.

88. — *Alexander sacrificaturus.* Cf. Polyen, liv. iv, ch. 3, § 14.

89. — *Eumene.* On lit *Attale*, au lieu d'Eumène, dans Polyen, qui fait un assez long récit de cet artifice, liv. iv, ch. 20.

90. — *Epaminondas.... arma.... subtraxit.* C'était avant la

bataille de Leuctres. *Voyez* le récit complet de Diodore de Sicile, liv. xv, ch. 53.

91. — *Agesilaus.... quum quosdam Persarum cepisset.* — *Voyez* XÉNOPHON, *Helléniques*, liv. III, ch. 4.

92. — *Cyrus.... ut concitaret animos.* — *Voyez* HÉRODOTE, liv. I, ch. 125 et suiv.; JUSTIN, liv. I, ch. 6.

93. — *Fabius.... incendi (naves) jussit.* D'après Tite-Live (liv. IX, ch. 23), ce n'est point sa flotte, mais son camp, que brûla Fabius. Justin (liv. XXII, ch. 6) attribue à Agathocle une semblable résolution.

94. — « *Teneo te, terra mater.* » Suétone raconte ainsi le fait (*Vie de J. César*, ch. LIX) : « Prolapsus etiam in egressu navis, verso in melius omine, *Teneo te*, inquit, *Africa.* » Des commentateurs ont pensé que Frontin avait confondu ces paroles de César avec celles qu'il attribue à Scipion dans le paragraphe précédent. Il est certain, dans tous les cas, que les mots *teneo te* ne sont pas dans un rapport bien direct avec l'intention attribuée ici par Frontin à César, de revenir dans le pays d'où il partait. J'ai dû, quant à moi, traduire conformément au texte.

95. — *T. Sempronius Gracchus.* Il y a ici une erreur de nom : ce n'est pas T. Sempronius Gracchus, mais P. Sempronius Sophus, qui battit les Picentins, après avoir rassuré ses troupes sur un tremblement de terre. *Voyez* FLORUS, liv. I, ch. 19.

96. — *Equorum pectora cruenta.* Julius Obsequens a recueilli ce prodige (ch. CXXI).

97. — *Epaminondas..., contristatis militibus.* Ce fait, moins la harangue d'Épaminondas, est rapporté par Diodore de Sicile, liv. xv, ch. 52.

98. — *Defectum lunæ.* D'après Tite-Live (liv. XLIV, ch. 37), Sulpicius annonça cette éclipse pendant le jour, pour la nuit suivante, en précisant l'heure à laquelle devait commencer le phénomène, et l'instant où il finirait. L'événement ayant été conforme à cette prédiction, les soldats regardèrent la science de Sulpicius comme une inspiration divine.

Ce fait s'accomplissait l'an 68 avant notre ère, et, selon Pline (*Hist. Nat.*, liv. II, ch. 9), Sulpicius Gallus fut le premier Romain qui expliqua la raison des éclipses de soleil et de lune. A une époque beaucoup plus reculée (583 ans avant J.-C.), Thalès de Milet avait prédit l'éclipse de soleil qui eut lieu sous le règne d'Alyatte.

**99.** — *Ejusdem sideris.* Selon Justin (liv. XXII, ch. 6), ce fut une éclipse de soleil; et Diodore de Sicile, qui affirme la même chose (liv. XX, ch. 5), ajoute que l'obscurité fut assez complète pour que l'on pût, au milieu de la journée, apercevoir les étoiles.

**100.** — *In castra fulmen decidisset.* — *Voyez*, pour les opinions des anciens sur la formation de la foudre, PLINE, *Hist. Nat.*, liv. II, ch. 43, 50 et suiv.; SÉNÈQUE, *Quest. Nat.*, liv. II, ch. 12 et suiv.

**101.** — *Adversus Corcyræos.* Erreur historique. Timothée fut envoyé par les Athéniens, non contre les Corcyréens, mais bien à leur secours, contre les Lacédémoniens, comme le rapporte Diodore de Sicile, liv. XV, ch. 47. Cf. POLYEN, liv. III, ch. 10, § 2.

« Les anciens généraux, dit Machiavel (*Art de la guerre*, liv. VI) avaient à vaincre une difficulté qui n'existe pas pour les généraux modernes, c'était d'interpréter à leur avantage des présages sinistres. »

LIVRE SECOND.

**1.** — *Subito copias eduxit.* Il y a dans ce récit une inexactitude. Scipion avait fait sortir des troupes dès la pointe du jour; mais ce ne fut que vers la septième heure qu'il engagea l'action sur toute sa ligne de bataille. *Voyez* TITE-LIVE, liv. XXVIII, ch. 14 et 15.

Tous les livres de tactique ancienne recommandent de faire prendre le repas aux soldats avant la bataille (ONOSANDER, ch. XII; l'empereur LÉON, ch. XIII, § 7; VÉGÈCE, liv. III, ch. 11).

**2.** — *Dictatores Carthaginiensium.* Aulu-Gelle (liv. X, ch. 24) cite un passage de Célius, qui se sert aussi du mot *dictator* pour désigner un général carthaginois : « Igitur dictatorem Carthaginiensium magister equitum monuit : « Mitte mecum Romam equitatum; die quinti in Capitolium tibi cœna cocta erit. »

**3.** — *Iphicrates.* Ce stratagème est rapporté par Polyen, liv. III, ch. 9, § 53.

**4.** — *Idem.* Cf. POLYEN, liv. III, ch. 9, § 52.

**5.** — *Virginius.* — *Voyez* TITE-LIVE, liv. II, ch. 30, et DENYS D'HALICARNASSE, liv. VI, ch 30.

**6.** — *Gallos et Samnites.* Les Gaulois étaient venus au secours des Samnites. Ce fut dans cette affaire, racontée par Tite-Live (liv. x, ch. 28 et 29), que Decius, collègue de Fabius, se dévoua d'une manière héroïque.

**7.** — *Philippus ad Chæroneam.* Cf. POLYEN, liv. iv, ch. 2, § 7; DIODORE, liv. xvi, ch. 86; JUSTIN, liv. ix, ch. 3.

**8.** — *Cæsar, Bello civili.* — *Voyez* le récit de César, *Guerre civile*, liv. i, ch. 81 et suiv.

**9.** — *Mithridatem cupiens ad prœlium compellere.* Le récit de Dion Cassius (liv. xxxvi) s'accorde avec celui de Frontin ; mais Plutarque (*Vie de Pompée*, ch. xxii) raconte autrement le fait.

**10.** — *Lucullus adversus Mithridatem.* Cf. APPIEN, *Guerre de Mithridate*, ch. lxxxv ; PLUTARQUE, *Vie de Lucullus*, ch. xxvii ; EUTROPE, liv. vi, ch. 9 ; et SEXTUS RUFUS, ch. xiv et xv.

**11.** — *Non pugnandi, decrescente luna.* — *Voyez*, pour cette coutume superstitieuse des Gaulois, CÉSAR, *Guerre des Gaules*, liv. i, ch. 50; TACITE, *Mœurs des Germains*, ch. 11 ; PLUTARQUE, *Vie de César*, ch. xix.

« La bataille contre Arioviste a été donnée dans le mois de septembre, et du côté de Belfort » (NAPOLÉON.)

**12.** — *Judæos Saturni die.* Il semble que cet artifice doive être plutôt attribué à Titus, qui prit Jérusalem. On peut consulter, pour la pratique du sabbat, DION CASSIUS, ch. lxvi ; TACITE, *Hist.*, liv. v, ch. 4 ; JUSTIN, liv. xxxvi, ch. 2.

Si l'on en croit Josèphe, les Juifs avaient depuis longtemps obtenu de leurs chefs la permission de combattre le jour du sabbat, parce que leurs ennemis pouvaient profiter de leur observance scrupuleuse pour les attaquer.

**13.** — *Lysander.... apud Ægospotamos.* — *Voyez* XÉNOPHON, *Hell.*, liv. ii, ch. 1 ; CORNELIUS NEPOS, *Vie de Lysandre*, ch. 1 ; POLYEN, liv. i, ch. 45, § 2 ; DIODORE, liv. xiii, ch. 105 et suiv. ; JUSTIN, liv. v, ch. 5 et 6.

**14.** — *Phalangi regis Pyrrhi.* Polybe (liv. xviii, ch. 11) indique l'usage que Pyrrhus faisait de cette phalange, dont on trouve déjà une image du temps d'Homère :

. . . . . . . . . . . . . . . . . . . . Οἱ γὰρ ἄριστοι
Κρινθέντες Τρῶάς τε καὶ Ἕκτορα δῖον ἔμιμνον.

Φράξαντες δόρυ δουρί, σάκος σάκεϊ προθελύμνῳ·
Ἀσπὶς ἄρ' ἀσπίδ' ἔρειδε, κόρυς κόρυν, ἀνέρα δ' ἀνήρ.
(*Iliados* lib. XIII, v. 128.)

« Les plus braves (des Grecs), rangés en bataille, s'apprêtent à recevoir les Troyens et le divin Hector ; ils se serrent lance contre lance, pavois contre pavois ; le bouclier est uni au bouclier, le casque au casque, le guerrier au guerrier. »

15. — *C. Cæsar adversus Pharnacem.* — *Voyez* le récit plus étendu de César, *Guerre d'Alexandrie*, ch. LXXIII-LXXVI.

16. — *Cavas et præruptas vias.* Tite-Live, qui rapporte (liv. XXVII, ch. 2) que la victoire resta indécise, ne parle pas de ces chemins escarpés derrière lesquels Annibal aurait, d'après Frontin, retranché une partie de son armée.

17. — *Vulturnum.* Au lieu de ce mot, il faudrait *Aufidum*, d'après Tite-Live (liv. XXII, ch. 43-46).

Les inconvénients du soleil, du vent, de la pluie, etc., qui sont l'objet d'une recommandation absolue de la part de Végèce (liv. III, ch. 13), ont paru trop peu importants à plusieurs écrivains modernes. Il y a cependant un grand nombre de faits accomplis dans nos dernières guerres, qui viennent à l'appui de l'ancien précepte : nous n'en citerons qu'un. Pendant la campagne de France, le 27 mars 1814, à Connantray, la cavalerie de la garde russe, profitant d'une giboulée qui fouettait violemment le front de l'armée du duc de Raguse et du duc de Trévise, fit une charge générale, et mit les Français en déroute, en leur prenant vingt-quatre pièces de canon.

18. — *Adverso sole.* — *Voyez* les récits de Plutarque, *Vie de Marius*, ch. XXVI ; de Florus, liv. III, ch. 3 ; et de Polyen, liv. VIII, ch. 10, § 3.

19. — *Planitiem.... arboribus prostratis impedivit.* Les tacticiens ont de tout temps recommandé les stratagèmes de ce genre : Miltiade en donna un exemple à Marathon. *Voyez* CORNELIUS NEPOS, *Vie de Miltiade*, ch. V.

20. — *Hiberi in Africa.* Ces Ibères étaient sans doute des Espagnols mercenaires au service de Carthage.

21. — *Epaminondas.* Polyen (liv. I,, ch. 3, § 14) rapporte le même fait.

22. — *Lacedæmonii trecenti.* Ce récit de Frontin ne donne qu'une idée incomplète et inexacte du combat des Thermopyles. *Voyez*, pour plus de détails, HÉRODOTE, liv. VII, ch. 213-214 ;

Justin, liv. ii, ch. 11; Diodore de Sicile, liv. xi, ch. 13;
Polyen, liv. vii, ch. 15, § 5.

**23.** — *Adversus multitudinem Xerxis navium.* Cf. Hérodote,
liv. viii, ch. 41; Justin, liv. ii, ch. 12; Polyen, liv. i, ch. 30;
Plutarque, *Vie de Thémistocle*, ch. xii et suiv.; Diodore de
Sicile, liv. xi, ch. 19.

**24.** — *Ad oppidum Intibilim.* Il y a ici une erreur historique
qu'on peut rectifier en lisant deux passages de Tite-Live, liv. xxi,
ch. 60, et liv. xxiii, ch. 49. La ville d'Intibili, ou Indibilis, est
confondue par Frontin avec Scissis, autre ville de l'Espagne Tarraconaise.

**25.** — *Obliqua acie.* Ces mots répondent à ce que les tacticiens grecs appelaient λοξὴ φάλαγξ. *Voyez* Élien, *Tact.*, ch. xxix;
et Onosander, ch. xxii.

Cette manière d'attaquer *de biais* l'ennemi n'est autre chose
que ce qu'on nomme aujourd'hui *l'ordre oblique.* Il consiste à
réunir des forces considérables contre un point quelconque de
la ligne ennemie, de manière à l'anéantir sur ce point, ou à la
couper pour la prendre ensuite en flanc et à revers, s'il est possible. Épaminondas passe pour le premier général qui ait adopté
ce système d'attaque, auquel il fut redevable des victoires de
Leuctres et de Mantinée. On l'appelle *oblique*, par opposition
à l'ordre *parallèle*, habituellement suivi dans l'antiquité, mais
abandonné aujourd'hui. Il y a plusieurs manières d'employer
l'ordre oblique : on peut donner sur un point du front de bataille de l'armée ennemie, ou sur deux points à la fois, comme
fit Napoléon à Austerlitz; ou bien on tentera d'enfoncer le centre
et de tourner une aile. C'était la manœuvre de prédilection de
l'empereur, à qui elle réussit pleinement à Wagram. Quelquefois,
enfin, on attaque simultanément les deux ailes, en les débordant
et en les tournant. C'est ce que firent les armées alliées à Leipzig,
dans la désastreuse journée du 18 octobre, contre les Français,
dont le nombre, il est vrai, égalait à peine le tiers de celui des
ennemis.

Plusieurs écrivains ont attribué à Frédéric l'honneur d'avoir,
le premier parmi les modernes, remis en vigueur l'ordre oblique;
mais il est prouvé que plusieurs généraux de Louis XIV, entre
autres Turenne et Luxembourg, en avaient déjà fait usage.

Cf. M. Rocquancourt, t. iv, p. 328; Lamarque, *Encycl.
moderne*, art. *Bataille*.

**26.** — *Lunata acie aggressus.* Tite-Live fait un récit plus étendu de ce combat, liv. XXVIII, ch. 14.

**27.** — *Ad Cannas reductis cornibus.* Cf. TITE-LIVE, liv. XXII, ch. 47.

**28.** — *Livius Salinator.* Frontin s'écarte un peu du récit de Tite-Live, liv. XXVII, ch. 48.

**29.** — *Levem armaturam in prima acie.* Les tacticiens ont toujours conseillé de placer les troupes légères en tête de l'ordre de bataille. *Voyez* THUCYDIDE, liv. VI, ch. 69; VÉGÈCE, liv. II, ch. 17.

**30.** — *Inopinato interfusa prœlio cecidit.* — *Voyez* DION CASSIUS, liv. XXXVI. Cet artifice a été souvent employé dans les temps modernes.

**31.** — *Testudinem facere jussit.* — *Voyez* PLUTARQUE, *Vie d'Antoine*, ch. XLV, et POLYEN, liv. IV, ch. 10.

**32.** — *Hannibal adversus Scipionem in Africa.* Il est utile de voir à côté de cette description, celle de Tite-Live, qui est plus complète, liv. XXX, ch. 33.

On sait que telle était l'ordonnance habituelle des légions romaines. « Rien n'est plus ingénieux que cette disposition, dit M. Rocquancourt (*Cours complet d'art militaire*, t. 1er, p. 98); tout y est calculé, tout y est prévu. D'abord les vélites préludent à l'action, en se portant en avant pour retarder la marche de l'adversaire, découvrir ses intentions, épier ses mouvements, masquer ceux de l'armée, et lui donner le temps de prendre ses mesures. Les soldats de nouvelle levée, les hastaires, combattent en première ligne, sous les yeux de toute l'armée, prête à les applaudir ou à les blâmer. Là il faut faire son devoir ou périr : la fuite est impossible à ceux qui seraient accessibles à la peur. Viennent ensuite les princes, plus avancés en âge et plus aguerris que les précédents : dans un clin d'œil ils ont pu remplacer ceux-ci ou combattre avec eux, en les recevant dans les intervalles de leurs rangs, ou plutôt en se portant à leur hauteur. Enfin paraît un troisième et dernier moyen pour enchaîner la victoire, ce sont les triaires, vieux guerriers que d'honorables cicatrices font distinguer des deux premières classes. Combien ne doit-on pas admirer la répartition et l'arrangement de ces différents combattants ! »

**33.** — *Archelaus adversus L. Sullam.* Plutarque (*Vie de Sylla*, ch. XXI et suiv.) rend compte de cette affaire.

**34.** — *Alexander ad Arbela.* Cf. Arrien, liv. III, ch. 8 et suiv. ; Quinte-Curce, liv. IV, ch. 9.

**35.** — *Paullus adversus Persen.* — Voyez Tite-Live, liv. XLIV, ch. 41 ; et Plutarque, *Vie de Paul Émile*, ch. XVIII et suiv.

**36.** — *Secundum Homericum versum.* Voici le précepte d'Homère :

Ἱππῆας μέν πρῶτα σὺν ἵπποισιν καὶ ὄχεσφιν,
Πεζοὺς δ' ἐξόπιθε στῆσεν πολέας τε καὶ ἐσθλοὺς,
Ἕρκος ἔμεν πολέμοιο· κακοὺς δ' ἐς μέσσον ἔλασσεν,
Ὄφρα καὶ οὐκ ἐθέλων τις ἀναγκαίη πολεμίζοι.

(*Iliados* lib. IV, v. 297.)

« Nestor dispose au premier rang les cavaliers et les chars, et derrière, de nombreux et vaillants fantassins, rempart de l'armée ; entre ces deux lignes il place les plus faibles, afin que, même malgré eux, la nécessité les oblige à combattre. »

**37.** — *Pompeius.... Palæpharsali triplicem instruxit aciem.* On trouve le récit bien circonstancié de cette grande bataille dans César, *Guerre d'Alexandrie*, liv. III, ch. 88 et suiv.

« A Pharsale, César ne perd que deux cents hommes, et Pompée quinze mille. Les mêmes résultats, nous les voyons dans toutes les batailles des anciens, ce qui est sans exemple dans les armées modernes, où la perte en tués et blessés est sans doute plus ou moins forte, mais dans une proportion d'un à trois ; la grande différence entre les pertes du vainqueur et celles du vaincu n'existe surtout que par les prisonniers. Ceci est encore le résultat de la nature des armes. Les armes de jet des anciens faisaient, en général, peu de mal ; les armées s'abordaient tout d'abord à l'arme blanche ; il était donc naturel que le vaincu perdît beaucoup de monde, et le vainqueur très-peu. Les armées modernes, quand elles s'abordent, ne le font qu'à la fin de l'action, et lorsque déjà il y a bien du sang de répandu. Il n'y a point de battant ni de battu pendant les trois quarts de la journée ; la perte occasionnée par les armes à feu est à peu près égale des deux côtés. La cavalerie, dans ses charges, offre quelque chose d'analogue à ce qui arrivait aux armées anciennes. Le vaincu perd dans une bien plus grande proportion que le vainqueur, parce que l'escadron qui lâche pied est poursuivi et sabré, et éprouve alors beaucoup de mal sans en faire.

« Les armées anciennes, se battant à l'arme blanche, avaient besoin d'être composées d'hommes plus exercés : c'étaient autant de combats singuliers. Une armée composée d'hommes d'une meilleure espèce et de plus anciens soldats, avait nécessairement tout l'avantage ; c'est ainsi qu'un centurion de la dixième légion disait à Scipion, en Afrique : « Donne-moi dix de mes camarades « qui sont prisonniers comme moi, fais-nous battre contre une « de tes cohortes, et tu verras qui nous sommes. » Ce que ce centurion avançait était vrai. Un soldat moderne qui tiendrait le même langage ne serait qu'un fanfaron. Les armées anciennes approchaient de la chevalerie. Un chevalier armé de pied en cap affrontait un bataillon.

« Les deux armées, à Pharsale, étaient composées de Romains et d'auxiliaires, mais avec cette différence que les Romains de César étaient accoutumés aux guerres du Nord, et ceux de Pompée aux guerres de l'Asie. » (Napoléon.)

38. — *Ne quis non locus ejus victoriam miraretur.* Il y a des éditions qui portent *ne quis locus ejus victoriam moraretur*, leçon qui paraît acceptable.

39. — *C. Duilius.... excogitavit manus ferreas.* — *Voyez* Florus, liv. ii, ch. 2 ; Polybe, liv. i, ch. 22.

40. — *Ramosque per terram trahentes.* — *Voyez* Tite-Live, liv. x, ch. 40-41.

41. — *Jussitque collem capere.* Comparez à ce récit celui de Tite-Live, liv. x, ch. 28 et 29.

42. — *Porcius Cato.... a tergo subitus apparuisset.* Tite-Live (liv. xxxvi, ch. 14-18) et Plutarque (*Vie de Caton*, ch. xiii et suiv.) rendent compte de ce stratagème avec des détails pleins d'intérêt.

43. *Peticus consul contra Gallos.* Tite-Live rapporte le même fait, mais avec quelques circonstances différentes, liv. vii, ch. 14.

44. — *Marius, circa aquas Sextias.* — *Voyez* Plutarque, *Vie de Marius*, ch. xx.

Pour que le détachement envoyé ainsi à l'avance ne fût pas compromis, il fallait que Marius eût la certitude que les Teutons accepteraient la bataille le lendemain, et qu'ils ne feraient aucun changement à leurs dispositions.

« Il ne faut faire aucun détachement la veille du jour d'une bataille, parce que, dans la nuit, l'état des choses peut changer, soit par des mouvements de retraite de l'ennemi, soit par l'arrivée de grands renforts qui le mettent à même de prendre l'offensive et de rendre funestes les dispositions prématurées que vous avez faites. » (Napoléon.)

**45.** — *Omnis generis sequelas conclamare jussit.* — *Voyez* les détails donnés par Tite-Live, liv. xxiii, ch. 16.

**46.** — *Se pavidi in castra receperunt.* Cela n'est pas exact. La victoire, qui penchait d'abord du côté des Romains, se déclara enfin pour Pyrrhus. *Voyez* Plutarque, *Vie de Pyrrhus,* ch. xiv et suiv.; Florus, liv. i, ch. 18.

**47.** — *Occisum ab se C. Marium.* — *Voyez* ce stratagème dans Salluste, *Jugurtha,* ch. ci.

**48.** — *Crœsus.* C'est *Cyrus* et non *Crœsus* qu'il faut lire en cet endroit. *Voyez* Hérodote, liv. i, ch. 80; Polyen, liv. vii, ch. 6.

**49.** — *Adversarios exuit castris.* — *Voyez* le récit plus étendu de Tite-Live, liv. vi, ch. 2.

**50.** — *Falisci et Tarquinienses.* — *Voyez* Tite-Live, liv. vii, ch. 17. Florus (liv. i, ch. 12) attribue aux Fidénates cette expédient des Falisques.

**51.** — *Veientes et Fidenates.* — *Voyez* Tite-Live, liv. iv. ch. 33.

**52.** — *Romulus.* Tite-Live rapporte toutes les circonstances de ce fait, liv. i, ch. 14. *Voyez* aussi Denys d'Halicarnasse, liv. ii, ch. 53-55.

**53.** — *Castris exuit.* — *Voyez* le récit de Tite-Live, liv. ix, ch. 35.

**54.** — *Sempronius Gracchus.* — *Voyez* Tite-Live, liv. xl, ch. 48; Florus, liv. ii, ch. 17.

**55.** — *In ipsam fossam elephantos egerunt.* Polybe, qui raconte ce fait (liv. i, ch. 39 et 40), dit seulement que les éléphants s'avancèrent sur le bord du fossé. Il est difficile de croire qu'il n'y ait pas erreur de la part de Frontin, à moins que ce fossé n'ait été creusé de manière à donner accès aux éléphants, ce qui est peu probable. *Voyez* Tite-Live, *Suppléments de Freinshemius,* liv. xviii, ch. 52 et suiv.

**56.** — *Tomyris.* Ce fait est raconté diversement par les historiens. Cf. Hérodote, liv. i, ch. 214; et Justin, liv. i, ch. 8.

**57.** — *Castra cepit.* Selon Tite-Live (liv. xl, ch. 31), Fulvius resta dans son camp pour le défendre, et chargea Acilius, un de ses officiers, de surprendre celui des Celtibériens.

**58.** — *Alexander, rex Epirotarum.* On trouve dans Justin (liv. xxvi, ch. 2) l'histoire de cet Alexandre, qui était fils de Pyrrhus.

59. — *Chii.* Oudendorp ne doute pas qu'il ne faille substituer ce mot à *Hi*, que portent toutes les anciennes éditions, et qu'il a laissé, à regret, entrer dans son texte. En effet, les habitants de Chio ont eu plusieurs fois la guerre avec les Érithréens. *Voyez* HÉRODOTE, liv. i, ch. 18; PLUTARQUE, *de Virt. mulierum*; et POLYEN, liv. viii, ch. 66.

60. — *Memnon Rhodius.* La plupart des éditions portent *Rhodius rex*. Je supprime ce dernier mot, parce qu'on ne voit nulle part que Memnon ait été roi. Polyen rapporte ce stratagème, liv. v, ch. 44, § 3.

61. — *Positisque in diversa ripa castris.* C'était sur le bord de la Seine. *Voyez* CÉSAR, *Guerre des Gaules*, liv. vii, ch. 58 et suiv.

62. — *Cum ipso duce trucidavit.* Tite-Live raconte autrement cette affaire, liv. xxvii, ch. 1.

63. — *Nisi Fabius periclitantibus subvenisset.* Tite-Live (liv. xxii, ch. 27 et suiv.) donne plus de détails sur ce stratagème, et fait apprécier le beau caractère du dictateur Fabius, ainsi que l'inexpérience présomptueuse de Minutius, et son noble repentir.

64. — *Ad Trebiam.* Le récit de Frontin n'est que le sommaire de celui de Tite-Live, liv. xxi, ch. 54 et suiv.

65. — *Ad Thrasymenum.* — *Voyez* le récit de Tite-Live, liv. xxii, ch. 4-6.

La ruse la plus familière à Annibal consistait à cacher des troupes qui devaient tomber sur les derrières de l'ennemi quand l'action serait engagée. A la bataille de Hohenlinden, le 3 décembre 1800, le général Richepanse recourut à un stratagème semblable, en allant s'embusquer avec une division, et contribua ainsi puissamment à la victoire. Cependant il ne faut pas se dissimuler que cet expédient, en général, présente les plus grands dangers au corps détaché, qui, s'il était aperçu, pourrait être écrasé sans aucun moyen de fuir, attendu qu'il se trouve coupé par sa propre manœuvre.

66. — *Adversus Junium dictatorem.* Cf. TITE-LIVE, liv. xxiii, ch. 14.

67. — *Isthmum.* Au lieu de ce mot, la plupart des éditions portent *Athmon*, lieu dont aucune géographie ne détermine la position. J'ai dû adopter une leçon proposée par les meilleurs

critiques, et confirmée par Casaubon dans une note sur Polyen, qui rapporte le même fait (liv. 11, ch. 3, § 9). Diodore de Sicile dit, contrairement à Frontin (liv. xv, ch. 68), que ce sont les Lacédémoniens et leurs alliés qui creusèrent ce fossé pour se défendre.

68. — *Numidas transfugere jussit.* Tite-Live (liv. xxii, ch. 48) expose plus longuement cet acte de *foi punique*.

69. — *Scipio Africanus.* — *Voyez* Tite-Live, liv. xxx, ch. 5 et 6.

70. — *Adathante.* Plutarque nomme ce traître Olthacus (*Vie de Lucullus*, ch. xiv), et Appien le nomme Olcaba (*Guerre de Mithridate*, ch. lxxix). *Voyez* ces deux auteurs.

71. — *Livius auctor est.* Le récit de Tite-Live était compris dans ce que le temps nous a dérobé de cet historien. Freinshemius, dans son Supplément (liv. xci, ch. 17-19), a copié textuellement Frontin.

72. — *Apud Cathenam.* Le même fait est rapporté plus haut (ch. 4, § 7) comme s'étant passé près de Calamarque, lieu que Cluvier croit être le même que le mont Cathena. Ortelius dit que cette montagne est voisine de *Rhegium Julium*.

73. — *Livius tradit.* — *Voyez* le Supplément de Freinshemius, liv. cxvii, ch. 3-5.

74. — *Destituto Labieno.* — *Voyez* Justin, liv. xlii, ch. 4.

75. — *Pharnastanis.* Il faudrait peut-être lire *Pharnapatis*, comme on le voit dans Plutarque (*Vie d'Antoine*, ch. xxxiii). Ce général eut dans ce combat le même sort que Labienus, jeune Romain qui avait pris du service chez les Parthes. Celui-ci était neveu du tribun Labienus, qui abandonna le parti de César pour embrasser celui de Pompée.

76. — *Quum prædivinasset Cæsar.* Ce stratagème est rapporté par César lui-même, *Guerre civile*, liv. 1, ch. 68 et suiv.

77. — *Forum Gallorum.* Aujourd'hui *Castel Franco*, près de Modène.

78. — *Simulato regressu.* Ces fuites simulées ont souvent réussi dans l'antiquité, parce qu'alors on ne prenait presque jamais la peine de s'éclairer. Il y en a encore quelques exemples notables dans les temps modernes : ainsi, à la bataille de Lens, le grand Condé sut faire quitter à l'archiduc une position excel-

## NOTES DU LIVRE II.   335

lente, en l'attirant, par une retraite simulée, dans une plaine où la cavalerie eut bon marché de l'infanterie des Impériaux.

**79.** — *Perdito exercitu.* César (*Guerre civile*, liv. ii, ch. 38-42) dit que pas un fantassin n'échappa.

**80.** — *Aversum uno ictu confecit.* Cette odieuse trahison est rapportée, avec quelques détails de plus, par Polyen, liv. i, ch. 19.

**81.** — *Naves.... palam transnavigare jussit.* Xénophon (*Helléniques*, liv. iv, ch. 8) dit qu'Iphicrate fit voguer sa flotte comme si elle venait de recueillir les contributions.

**82.** — *Alcibiades.... adversus Mindarum.* — Voyez PLUTARQUE, *Vie d'Alcibiade*, ch. xxxvi; et XÉNOPHON, *Helléniques*, liv. i, ch. 1. Cf. DIODORE DE SICILE, liv. xiii, ch. 38 et suiv.

**83.** — *Timotheus.... navali acie decertaturus.* Il s'agit ici du combat de Leucade. *Voyez* POLYEN, liv. iii, ch. 10, § 12; XÉNOPHON, *Helléniques*, liv. v, ch. 4.

**84.** — *Per Pomptinum agrum*, territoire de *Suessa Pometia*, aujourd'hui *Sezze*.

**85.** — *Sine periculo suorum trucidavit.* Cf. TITE-LIVE, liv. xxv, ch. 37-39.

**86.** — *Adversus Thebanos.* Il s'agit ici de la bataille de Coronée. *Voyez* XÉNOPHON, *Helléniques*, liv. iv, ch. 3; POLYEN, liv. ii, ch. 1, § 19.

**87.** — *Ceciderunt.* Cette affaire, qui fut très-chaude, est rapportée par Tite-Live avec les détails les plus intéressants (liv. ii, ch. 47).

**88.** — *Pontem rumpere.* Ce pont avait été construit, par ordre de Xerxès, sur l'Hellespont, près d'Abydos. *Voyez* HÉRODOTE, liv. vii, ch. 33-36, et surtout liv. viii, ch. 109 et 110.

L'historien grec pense que Thémistocle ne laissa la retraite libre aux Perses que pour se ménager l'amitié de Xerxès, et s'assurer un asile chez ce roi, en cas qu'il éprouvât dans la suite quelque disgrâce de la part de ses concitoyens, ce qui arriva en effet.

**89.** — *Non usque ad perniciem fugientibus instaturos victores.* A ce précepte de Pyrrhus on peut ajouter celui-ci : « Clausis ex desperatione crescit audacia : et quum spei nihil est, sumit arma formido. Ideoque Scipionis laudata sententia est, viam hostibus, qua fugiant, muniendam. » (VEGETIUS, lib. iii, c. 21.)

De là vient sans doute la maxime : « Qu'il faut faire un pont d'or à l'ennemi qui fuit. »

Mais c'est une opinion qui a rencontré depuis longtemps des contradicteurs parmi les plus célèbres tacticiens : « Si Dieu vous donnait la victoire, dit l'empereur Léon (*Instit.* 14), ne vous arrêtez point à cette mauvaise maxime : *Vince, sed ne nimis vincas;* ce serait vous préparer de nouvelles affaires, peut-être des retours fâcheux. Profitez de votre avantage, et poussez l'ennemi jusqu'à sa ruine totale. A la guerre, comme à la chasse, c'est n'avoir rien fait que de ne pas achever ce qui était commencé. »

Montecuculli et le maréchal de Saxe pensaient de même. Ce dernier, blâmant le proverbe du *pont d'or*, qu'il appelle une grave erreur, dit, par une sorte de corollaire, qu'il n'y a de belles retraites que celles qui se font devant un ennemi qui poursuit mollement.

« La force d'une armée consistant dans son organisation, dit M. Rocquancourt (*Cours complet d'art militaire*, t. IV, p. 352), et celle-ci résultant de l'harmonie et de l'union de tous les éléments entre eux et avec la volonté unique qui les fait mouvoir, on ne saurait pousser trop vivement une armée battue, puisque, après une défaite, cette harmonie entre la tête qui combine, et les corps qui doivent exécuter, est détruite ; leurs rapports, s'ils ne sont entièrement brisés, se trouvent au moins suspendus. L'armée entière n'est plus qu'une partie faible ; l'attaquer, c'est marcher à un triomphe certain. »

90. — *Remque inclinatam consilio restituit.* Tite-Live (liv. I, ch. 27 et 28) rapporte ce fait dans les plus grands détails, ainsi que le châtiment horrible que Tullus Hostilius fit subir à Mettus, chef des Albains. *Voyez* aussi Florus, liv. I, ch. 3 ; et Valère Maxime, liv. VII, ch. 4, § 1.

91. — *Tanquam ultro a Syphace arcesseretur.* — *Voyez* le récit beaucoup plus complet de Tite-Live, liv. XXIX, ch. 24, et celui de Polyen, liv. VIII, ch. 16, § 7.

92. — *Tria millia Carpetanorum.* — *Voyez* Tite-Live, liv. XXI, ch. 23. Les Carpétans, peuple de la Tarraconaise, avaient pour capitale Toletum (*Tolède*).

93. — *Datames.* Dans la plupart des éditions, ce mot est suivi de *dux Persarum.* Cornelius Nepos (*Vie de Datame*, ch. VI), et Diodore (liv. XV, ch. 91) racontent ce fait autrement que Frontin ; et Polyen (liv. VII, ch. 21, § 7) ne s'accorde ni avec l'un, ni avec l'autre.

**94.** — *In altero cornu hostes fugatos.* — *Voyez* Tite-Live, liv. ii, ch. 64.

**95.** — *Cn. Manlius.* Il y a ici une double erreur historique. Ce n'est pas le consul M. Fabius qui fut blessé, mais son frère Q. Fabius, qui servait sous ses ordres ; et le combat ne fut pas rétabli par Manlius, mais bien par M. Fabius, le consul. *Voyez* Tite-Live, liv. ii, ch. 46 et suiv.

**96.** — *Per imprudentiam.* Plutarque dit, au contraire, que ce lieu avait été choisi à dessein, pour exciter le courage des troupes (*Vie de Marius,* ch. xviii). *Voyez* aussi Florus, liv. iii, ch. 3.

**97.** — *Signum in hostes misit.* Pour exciter le courage des soldats, les anciens lançaient au milieu des ennemis non-seulement des enseignes ou des étendards, mais encore des armes :

> Arma viri fortis medios mittantur in hostes,
> Inde jubete peti, et referentem ornate relatis.
> (Ovidius, *Metam.* lib. XIII, v. 121.)

**98.** — *In hostes Hernicos et Æquos misit.* Suivant Tite-Live (liv. iii, ch. 70), c'étaient les Volsques, et non les Herniques, qui combattaient avec les Èques contre les Romains.

**99.** — *T. Quinctius Capitolinus consul.* Il s'agit plutôt ici de T. Q. Cincinnatus. *Voyez* Tite-Live, liv. iv, ch. 26-29.

**100.** — *Ceteros puduit non sequi.* Le même fait est rapporté par Tite-Live, liv. vi, ch. 8.

Des moyens de ce genre ont été souvent mis en usage pour relever le moral du soldat. Ainsi, à la bataille d'Austerlitz, le 15e régiment léger, qui venait de se battre avec courage, se voyant forcé d'opérer un mouvement rétrograde, le faisait avec trop de précipitation pour pouvoir se reformer, et arrêter la marche de l'infanterie russe, qu'il avait en tête. Le colonel Dulong saisit l'aigle du 2e bataillon, et s'écria : « Soldats ! je m'arrête ici ; abandonnerez-vous votre étendard et votre colonel ? » Le 2e bataillon se reforme, et reprend l'offensive ; le 1er bataillon en fait autant, et bientôt les Russes sont repoussés.

Le général Souwarow, voyant ses troupes en déroute, courut à la tête des fuyards, se coucha par terre, et s'écria : « Qui osera passer sur le corps de son général ? » On assure qu'il réussit plusieurs fois, par cet expédient, à rétablir le combat.

**101.** — *Non recepturum se in castra quemquam, nisi victorem.* Cf. Tite-Live, liv. vi, ch. 22-24.

**102.** — *Signiferum cunctantem occidi, imperavit.* — *Voyez* Tite-Live, liv. iv, ch. 46 et 47.

**103.** — *Detractis frœnis.* Un fait semblable est attribué à M. Fulvius Flaccus par Tite-Live (liv. xl, ch. 40), et à Fab. Max. Rullianus par Valère Maxime (liv. iii, ch. 2, § 9).

**104.** — *Nisi cum hostibus maluissent.* Cf. Tite-Live, liv. x, ch. 35 et 36.

**105.** — *Pugnantem in Bœotia.* — *Voyez* la bataille d'Orchomène, dans Plutarque, *Vie de Sylla*, ch. xx et suiv.

**106.** — *In primam aciem pedes prosiluit.* — *Voyez* le récit de la bataille de Munda, dans César (*Guerre d'Espagne*, ch. xxviii-xxxi), qui ne dit pas avoir quitté son cheval pour combattre à pied.

« On dit que César fut sur le point de se donner la mort pendant la bataille de Munda. Ce projet eût été bien funeste à son parti : il eût été battu comme Brutus et Cassius !... Un magistrat, un chef de parti peut-il abandonner les siens volontairement ? » (Napoléon.)

**107.** — *De consummandis reliquiis belli.* « Au commencement d'une campagne, il faut bien méditer si l'on doit, ou non, s'avancer ; mais, quand on a effectué l'offensive, il faut la soutenir jusqu'à la dernière extrémité. Quelle que soit l'habileté des manœuvres dans une retraite, elle affaiblira toujours le moral de l'armée, puisque, en perdant les chances de succès, on les remet entre les mains de l'ennemi. Les retraites, d'ailleurs, coûtent beaucoup plus d'hommes et de matériel que les affaires les plus sanglantes ; avec cette différence que, dans une bataille, l'ennemi perd à peu près autant que vous, tandis que, dans une retraite, vous perdez sans qu'il perde. » (Napoléon.)

**108.** — *Caput Hasdrubalis.* — *Voyez* la belle narration de Tite-Live, liv. vi, ch. 39-51.

**109.** — *Caput ejus balista excussum.* Tacite fait mention de ce siége, mais sans parler de cette tête qui fut lancée dans la place. (*Annales*, liv. xiv, ch. 24 et 25.)

**110.** — *Superatis acie Carthaginiensibus.* Casaubon pense qu'il faudrait lire *Atheniensibus*. Cf. Polyen, liv. i, ch. 43, § 1.

**111.** — *Somnoque et mero pressis.* — *Voyez* Thucydide, liv. vii, ch. 73 et 74 ; et surtout Diodore de Sicile, liv. xiii, ch. 18.

## NOTES DU LIVRE II.

**112.** — *L. Marcius,... cohortatus milites.* — *Voyez* le récit de Tite-Live, et le discours qu'il met dans la bouche de Marcius (liv. xxv, ch. 37-39).

**113.** — *Alexander.* Cf. Justin, liv. ii, ch. 5.

**114.** — *Neciorum exercitu.* Il est impossible de dire ce qu'était ce peuple, qui n'est cité que par Frontin. Parmi les commentateurs, qui sont tous embarrassés à ce sujet, Schwebel pense, avec Wesseling, qu'il faudrait lire *Bessorum*. Les Besses étaient les peuples les moins civilisés de la Thrace.

**115.** — *Pro nuptiali munere dedit.* — *Voyez* pour ce fait Tite-Live, liv. xxvi, ch. 50; Valère Maxime, liv. iv, ch. 3, § 1; Aulu-Gelle, liv. vi, ch. 8.

**116.** — *Cohortem tantummodo in statione detinuit.* C'était le corps des Herniques. *Voyez* ce fait, avec ses particularités, dans Tite-Live, liv. ii, ch. 64 et 65.

**117.** — *Q. Sertorius, in Hispania, equitatu maximo comparato.* Le texte de ce récit, dont la conclusion est étrangère à l'énoncé du chapitre, a sans doute reçu des altérations considérables : aussi est-il difficile d'en lier les diverses parties d'une manière satisfaisante. L'édition de Deux-Ponts commence ainsi le paragraphe : « Q. Sertorius, *hostium equitatui maxime impar*, qui usque ad ipsas, etc., » ce qui n'offre avec la suite aucun sens admissible. J'ai cru devoir adopter une autre leçon, qu'Oudendorp s'est contenté d'indiquer, sans la faire entrer dans son texte, et qui a été suivie déjà dans plusieurs éditions.

**118.** — *Chares, dux Atheniensium.* — *Voyez* Polyen, liv. iii, ch. 13.

**119.** — *A lateribus adortus, oppressit.* Cf. Polyen, liv. iii, ch. 9, § 46; et Frontin, liv. i, ch. 5, § 24.

**120.** — *Hostem impeditum effugerent.* Tite-Live, qui rapporte la guerre des Gaulois contre Attale (liv. xxxvi, ch. 16), ne parle pas de cet artifice.

**121.** — *Sparso exercitu, dein recollecto.* — *Voyez* Appien, *de Rebus Hisp.*, c. lxii. Ce système de retraite, par dispersion suivie du ralliement, est à peu près celui que pratiquent encore aujourd'hui les Arabes en Afrique, devant les troupes françaises.

**122.** — *Vulneribus oneratus transnavit.* Tite-Live (liv. ii, ch. 10) dit, au contraire, qu'il gagna l'autre rive sans avoir été blessé. *Voyez* aussi Denys d'Halicarnasse, liv. v, ch. 21 et suiv.

**123.** — *Illo signum repente itineri dedit.* — *Voyez* César, *Guerre civile*, liv. 1, ch. 80.

**124.** — *Urgentibus barbarorum sagittis.* Cf. plus haut, ch. III, § 15.

**125.** — *P. Claudius, navali prœlio superatus*, Florus (liv. II, ch. 2) dit un mot de cette défaite, qu'il attribue à un acte irréligieux de Claudius. Au moment où il se préparait à livrer bataille, on vint le prévenir que les poulets sacrés refusaient de sortir de leur cage, et ne voulaient pas manger, ce qui était un fort mauvais présage : « Eh bien, dit-il, s'ils ne veulent pas manger, qu'ils boivent. » Il les fit jeter à la mer, et donna le signal de l'attaque : *Inde mali labes.*

---

### LIVRE TROISIÈME.

**1.** — *Quorum expleta jam pridem inventione.* On ne saurait croire à quelle antiquité remontent l'invention et l'usage presque général des machines et des ouvrages de siége, et pendant combien de siècles les moyens d'attaque et de défense des villes et des camps retranchés sont restés les mêmes, avant la découverte de la poudre. M. Dureau de La Malle a établi, dans son ouvrage sur la poliorcétique des anciens, que, plus de vingt siècles avant l'ère chrétienne, les Égyptiens avaient porté à un point très-élevé l'art de fortifier les villes, et que leurs temples étaient de véritables citadelles ; que les monuments de Karnak, de Louqsor, etc., offrent des gabions, des machines pour l'escalade, et les tortues ; que chez les Hébreux, la mine ou la sape étaient employées du temps de Jacob ; que sous Ozias (870 av. J.-C.) on faisait usage de balistes et de catapultes ; enfin, que deux cents ans après, les villes étaient attaquées au moyen des tours mobiles, des terrasses, du bélier, etc., toutes choses que les peuples de l'Orient ont connues avant les Grecs.

**2.** — *Antium.* Capitale des Volsques. *Voyez* le récit de Tite-Live, liv. II, ch. 65, et celui de Denys d'Halicarnasse, liv. IX, ch. 57 et 58.

**3.** — *Quum quatridui iter biduo eripuerint.* Ceci rappelle le mot du maréchal de Saxe : « Tout le secret de la guerre est dans les jambes. » Mais peut-être le maréchal avait-il en vue, à côté des avantages de la vitesse, ceux du pas emboîté, dont il est l'inventeur.

4. — *Lunam.* Cette ville était à la frontière de la Ligurie et de l'Étrurie ; mais elle avait appartenu d'abord à cette dernière province (*voyez* Tite-Live, liv. xli, ch. 13). C'est aujourd'hui *Lunegiano.*

5. — *Milites remigesque.* — *Voyez* dans Polybe (liv. i, ch. 22 et suiv.) les détails des préparatifs de Duilius.

6. — *Vacuam defensoribus cepit urbem.* Cf. Diodore de Sicile, liv. xi, ch. 60.

7. — *Alcibiades.... quum civitatem Agrigentinorum.... obsideret.* Selon Polyen (liv. i, ch. 40, § 4), c'était la ville de Catane, et non celle d'Agrigente. *Voyez* Diodore de Sicile, liv. xiii, ch. 4.

8. — *Commune.* Les commentateurs Oudendorp et Schwebel pensent que ce mot représente le τὸ κοινὸν des Grecs, et signifie *la république.*

9. *Portas aperuerunt suis.* Ce stratagème rappelle l'artifice à l'aide duquel les Espagnols s'emparèrent d'Amiens en 1597. Des soldats, déguisés en paysans, entrèrent dans la ville en conduisant une voiture chargée de noix, dont ils laissèrent tomber une certaine quantité. Pendant que les gardiens des portes en ramassaient, les soldats déguisés les sabrèrent, et ouvrirent la ville à l'armée qui les suivait.

10. — *Suenda.* Lieu ignoré de tous les géographes.

11. — *Portum.... et urbem occupaverunt.* — *Voyez* Polyen (liv. v, ch. 16, § 3), qui dit que ce stratagème fut exécuté sous la conduite de Pammènès.

12. — *Chlamide interempti.* Les déguisements ont été de tout temps en usage pour surprendre ou pour reconnaître les places. Ainsi Catinat prit les habits d'un charbonnier pour entrer dans Luxembourg, et constater l'état des fortifications de cette ville.

Après la paix de Tilsitt, la ville de Pilau, port de mer sur la Baltique, ayant refusé d'ouvrir ses portes aux Français, le général Saint-Hilaire en fit le siége. Dans le cours des hostilités, ce général convint d'une entrevue avec le gouverneur, et se fit accompagner dans l'intérieur de la ville par le colonel du génie Séruzier, qui se déguisa en hussard, pour n'inspirer aucune défiance, et reconnut les points attaquables des fortifications.

Cette ruse contribua à mettre les Français en possession de la place.

**13.** — *P. Papirius Cursor, etc.* Cf. Freinshemius, *Suppléments à Tite-Live*, liv. xiv, ch. 37 - 45.

**14.** — *Syracusanum quemdam Sosistratum.* Plutarque (*Vie de Marcellus*, ch. xviii), Polyen (liv. viii, ch. 11) et Tite-Live (liv. xxv, ch. 23), disent que ce fut un certain Damippus, de Sparte, qui donna ces renseignements à Marcellus.

**15.** — *Tradidit patri Gabios.* Le même fait est plus amplement rapporté ci-dessus, liv. 1, ch. 1, § 4. — *Voyez* la note 4 du livre 1er.

**16.** — *Cyrus.* Il y a ici erreur de l'auteur ou des copistes : il faut lire *Darius* et non *Cyrus*. — *Voyez* Hérodote, liv. iii, ch. 153 ; et Justin, liv. 1, ch. 10.

**17.** — *Oppido Saniorum.* Selon Pomponius Méla (liv. ii, ch. 3), Sane était une ville de Macédoine, près du promontoire Canastrée.

**18.** — *Cononeum.* Tite-Live (liv. xxv, ch. 8 et 9) et Polybe (liv. viii, ch. 20) attribuent cette trahison à deux Tarentins, qu'ils nomment Nicon et Philémène. Le récit de Tite-Live est très-intéressant.

**19.** — *Ad famem redactis potitus est.* Suivant Tite-Live, qui rapporte ce fait (liv. xxiii, ch. 18), Fabius n'aurait pu réduire Capoue par famine, puisque cette ville ne fut prise que deux ans après, ainsi que nous l'apprend le même historien, liv. xxvi, ch. 8 - 14.

**20.** — *Dionysius.... quum Rheginos aggredi vellet.* Diodore de Sicile (liv. xiv, ch. 108 - 111) rend compte, dans un récit plein d'intérêt, de la cause de cette guerre entre Denys et les habitants de Rhegium.

**21.** — *Adversus Himerœos.* Cf. Polyen, liv. v, ch. 2, § 10.

**22.** — *Phalaris Agrigentinus.* Cf. Polyen, liv. v, ch. 1, § 3.

**23.** — *Clearchus.* Cf. Polyen, liv. ii, ch. 2, § 8.

**24.** — *De destructione præsidiorum hostium.* Les sept exemples contenus dans ce chapitre ne parlent pas des lignes de circonvallation et de contrevallation que les assiégeants établissent pour couvrir les travaux de siége, et pour tenir en échec les troupes qui peuvent venir au secours de la place. Il est cependant prouvé que César et d'autres capitaines de l'antiquité en ont fait usage.

« Il n'y a que deux moyens d'assurer le siége d'une place : l'un, de commencer par battre l'armée ennemie chargée de couvrir cette place, l'éloigner du champ d'opérations, et en jeter les débris au delà de quelque obstacle naturel, tel que des montagnes ou une grande rivière ; ce premier obstacle vaincu, il faut placer une armée d'observation derrière cet obstacle naturel, jusqu'à ce que les travaux du siége soient achevés, et la place prise. Mais, si l'on veut prendre la place devant une armée de secours, sans risquer une bataille, il faut être pourvu d'un équipage de siége, avoir ses munitions et ses vivres pour le temps présumé de la durée du siége, et former ses lignes de contrevallation et de circonvallation en s'aidant des localités, telles que hauteurs, bois, marais, inondations. N'ayant plus alors besoin d'entretenir aucunes communications avec les places de dépôt, il n'est plus besoin que de contenir l'armée de secours; dans ce cas, on forme une armée d'observation qui ne la perd pas de vue, et qui, lui barrant le chemin de la place, a toujours le temps d'arriver sur ses flancs ou sur ses derrières, si elle lui dérobait une marche. En profitant des lignes de contrevallation, on peut employer une partie du corps assiégeant pour livrer bataille à l'armée de secours. Ainsi, pour assiéger une place devant une armée ennemie, il faut en couvrir le siége par des lignes de circonvallation. Si l'armée est assez forte pour qu'après avoir laissé devant la place un corps quadruple de la garnison, elle soit encore aussi nombreuse que l'armée de secours, elle peut s'éloigner de plus d'une marche ; si elle reste inférieure après ce détachement, elle doit se placer à une petite journée de marche du siége, afin de pouvoir se replier sur les lignes, ou bien recevoir du secours en cas d'attaque. Si les deux armées de siége et d'observation ensemble ne sont qu'égales à l'armée de secours, l'armée assiégeante doit tout entière rester dans les lignes ou près des lignes, et s'occuper des travaux de siége, pour le pousser avec toute l'activité possible.

« Feuquières a dit qu'on ne doit jamais attendre son ennemi dans les lignes de circonvallation, et qu'on doit en sortir pour l'attaque. Il est dans l'erreur ; rien ne peut être absolu à la guerre, et on ne doit pas proscrire le parti d'attendre son ennemi dans les lignes de circonvallation.

« Ceux qui proscrivent les lignes de circonvallation et tous les secours que l'art de l'ingénieur peut donner, se privent gratuitement d'une force et d'un moyen auxiliaire qui ne sont jamais nuisibles, presque toujours utiles, et souvent indispensables. Cependant les principes de la fortification de campagne ont besoin d'être améliorés ; cette partie importante de l'art de la guerre n'a fait aucuns progrès depuis les anciens : elle est même aujourd'hui au-dessous de ce qu'elle était il y a deux mille ans. Il faut donc encourager les officiers du génie à perfectionner cette partie de leur art, et à la porter au niveau des autres. » (Napoléon.)

**25.** — *Destituti propugnatoribus.* Les Crotoniates, qui sans doute avaient une citadelle, ainsi que les Épirotes et les habitants de Delminium, dont il est question dans les deux exemples précédents, ont péché contre la maxime suivante :

« Les circonstances ne permettant pas de laisser une garnison suffisante pour défendre une ville de guerre où l'on aurait un hôpital et des magasins, on doit au moins employer tous les moyens possibles pour mettre la citadelle à l'abri d'un coup de main. » (Napoléon.)

**26.** — *Alcibiades in Sicilia.* Polyen (liv. I, ch. 40. § 5) attribue, comme Frontin, cette ruse à Alcibiade ; mais Thucydide, qui entre dans les plus grands détails sur cette expédition en Sicile, dit positivement (liv. VI, ch. 64) qu'il fut imaginé par Nicias et Lamachus. Alcibiade avait déjà été rappelé à Athènes pour y être jugé (*Ibid.*, ch. 61).

**27.** — *Cleonymus Atheniensis.* Polyen, qui rapporte le même fait (liv. II, ch. 29, § 1), dit que ce Cléonyme était roi de Lacédémone. Casaubon ne sait si l'on doit s'en rapporter à cet auteur plutôt qu'à Frontin.

**28.** — *Fluminis usum per sagittarios arcuisset.* — *Voyez* la description de ce siége dans César, *Guerre des Gaules*, liv. VIII, ch. 40-43. La ville de Cadurcum, aujourd'hui *Cahors*, était aussi appelée Uxellodunum.

**29.** — *Alexander apud Babylona.* Il y a ici une grave erreur de Frontin ou des copistes ; car tout le monde sait que ce fait n'appartient qu'à Cyrus. *Voyez* Xénophon, *Cyropédie*, liv. VII, ch. 5 ; Hérodote, liv. I, ch. 191 ; Polyen, liv. VII, ch. 6, § 5.

**30.** — *Oppidum Crisæorum.* Polyen (liv. VI, ch. 13) attribue ce stratagème aux Amphictyons, qui s'en seraient servis contre la ville de *Cyrrha*. Selon Pausanias, cette ville serait la même que *Crisa*, dont parle Frontin ; du reste, les copistes ont pu écrire *Crisæorum* pour *Cirrhæorum*.

**31.** — *Philippus.* Il s'agit ici de Philippe, fils de Demetrius. Cf. POLYEN, liv. IV, ch. 18, § 1; et POLYBE, liv. XVI, ch. 10.

Le duc d'Anjou recourut à un moyen semblable pour s'emparer du château de Motrou. Après avoir fait amonceler de la terre au pied des murailles, et ouvrir une galerie de mine, de laquelle trois ouvriers jetaient non-seulement de la terre, mais encore quelques débris de pierres, pour faire croire que les murs étaient déjà entamés, il envoya dire aux assiégés que les fortifications étaient minées, qu'on allait les faire sauter s'ils ne se rendaient pas sur-le-champ, et que, une fois l'assaut donné, les soldats ne feraient de quartier à personne.

Le général Légal usa aussi du même artifice devant la ville de Mouzon, en Lorraine.

**32.** — *Quatuor equites coronati.* Cf. POLYEN, liv. II, ch. 4, § 1.

**33.** — *Oppidani captam urbem a tergo credentes.* Le récit de Polyen (liv. VII, ch. 6, § 10) s'accorde avec celui de Frontin; mais celui d'Hérodote (liv. I, ch. 84) est différent.

**34.** — *Cedente stagno.* Il y a ici beaucoup trop de brièveté: certaines circonstances importantes sont à peine indiquées. Il serait utile de lire la narration de Tite-Live, liv. XXVI, ch. 44-46.

**35.** — *Cunctatoris filius, apud Arpos.* — *Voyez* TITE-LIVE, liv. XXIV, ch. 46.

**36.** — *Ab illa parte.* La plupart des éditions portent *ab alia parte*; j'ai dû préférer une leçon entièrement conforme au texte de Tite-Live.

**37.** — *Ab imbelli suorum multitudine revocatos.* La garnison numide s'était postée en avant des remparts, et avait eu déjà plusieurs engagements avec Marius, à qui elle prodiguait l'insulte. *Voyez* SALLUSTE, *Jugurtha*, ch. XCIII et XCIV.

**38.** — *Cyzicum.* Suivant Thucydide (liv. VIII, ch. 107), la ville de Cyzique n'était pas fortifiée. C'est ce que dit également Diodore de Sicile, liv. XIII, ch. 40.

**39.** — *Dum mœnibus.* L'édition de Deux-Ponts porte *domibus*, leçon qui n'offre pas un sens admissible.

**40.** — *Subiit castellum.* Polyen attribue à Himilcon un semblable stratagème, liv. V, ch. 10, § 3. *Voyez* encore le même auteur, liv. I, ch. 5, § 10.

**41.** — *Rhodiis, quos in auxilio habebat.* Tite-Live (liv. XXXIII, ch. 19 et 20) parle de cette guerre, et de la fidélité des Rhodiens, comme alliés du peuple romain. Le même historien dit que le préteur C. Marcius usa d'un artifice pareil à l'égard de Cassandrée.

42. — *Cato, in conspectu Lacetanorum.* Les Lacétans, peuple de l'Espagne Tarraconaise, au nord de l'Èbre.

43. — *Suessetanos.* Les Suessétans, autre peuple de la Tarraconaise.

44. — *Cohortibus oppidum cepit.* On lit ce même fait dans Tite-Live, liv. xxxiv, ch. 20.

45. — *L. Scipio, in Sardinia.* — *Voyez* plus haut, ch. ix, § 4.

46. — *Saguntinos.* Au lieu de ce mot, il faudrait peut-être lire *Segestanos*; car Tite-Live, qui fait (liv. xxi, ch. 7 et suiv.) une relation détaillée du siége de Sagonte, ne parle pas de ce stratagème.

47. — *Himilco Carthaginiensis.* Ce fait est rapporté par Polyen, liv. v, ch. 10, § 4.

48. — *Segobrigentium.* Segobriga était une ville de la Tarraconaise.

49. — *Heracleæ.* Le nom d'*Heraclea* était commun à un grand nombre de villes très anciennes, que l'on croyait fondées par Hercule, ou qui lui étaient consacrées. Nous citerons seulement *Heraclea Thraciæ*, ou *Perinthus*, en Thrace; *Heraclea Lucaniæ*, aujourd'hui *Policoro*, en Italie; *Heraclea Minoa*, en Sicile; *Heraclea Coccabaria*, ou *Fanum Sancti Eutropii*, aujourd'hui Saint-Tropez, en France; *Heraclea Viennensis*, aujourd'hui Saint-Gilles, aussi en France.

50. — *Duarum partium.* La garnison se composait peut-être d'Héracléens et de Romains; mais il est possible que le texte ait subi une altération en cet endroit. Quelques éditions portent ou proposent *cohortium* au lieu de *partium*, mot qui, il faut l'avouer, ne présente point un sens clair, outre qu'il forme, avec ceux qui l'entourent, une locution d'une latinité suspecte.

51. — *Lilybæi portum occupavit.* Ce stratagème est attribué à Annibal par Polybe (liv. i, ch. 44), mais avec quelques circonstances différentes.

52. — *Phormion.* Cf. POLYEN, liv. iii, ch. 4, § 1.

53. — *Agesilaus.... quum Phocenses obsideret.* Cf. POLYEN, liv. ii, ch. 1, § 16.

54. — *Alcibiades adversus Byzantios.... insidias disposuit.* On

trouve dans Polyen (liv. 1, ch. 40, § 2) un stratagème qui paraît être le même que celui-ci. Cependant Diodore de Sicile (liv. XIII, ch. 66) dit qu'Alcibiade dut la prise de Byzance à une trahison de quelques habitants. On peut encore consulter Xénophon, *Helléniques*, liv 1, ch. 3.

55. — *Epaminondas, in Mantinia.* — *Voyez* POLYEN, liv. II, ch. 3, § 10.

56. — *Suspectæ noctis periculum evitatum est.* Le même fait est dans Polyen, liv. 1, ch. 40, § 3.

57. — « *Qualem inveni, talem reliqui.* » Cornelius Nepos (*Vie d'Iphicrate*) rend compte des améliorations qui furent introduites par ce général dans l'art militaire et dans la discipline. Cependant il faut une absolue nécessité d'exemple pour punir avec autant de sévérité les infractions de ce genre. Iphicrate et Épaminondas tuent des sentinelles endormies ; le grand Frédéric fait mourir sur un échafaud le capitaine Zitern, qui, pour écrire à sa mère, a enfreint l'ordre donné d'éteindre dans le camp toutes les lumières passé une certaine heure ; Bonaparte trouve aussi un factionnaire endormi après les trois journées d'Arcole ; mais il lui enlève avec précaution son fusil, et se met en faction à sa place. Le soldat, se réveillant un instant après, et voyant son général près de lui, s'écrie : « Je suis perdu ! — Non, reprend celui-ci : après tant de fatigues il est permis à un brave comme toi de s'endormir ; mais, une autre fois, choisis mieux ton temps. »

58. — *Veios pervenit.* On croirait, d'après le récit de Frontin, que Camille était à Véies ; mais Tite-Live et Plutarque s'accordent à dire qu'il était en exil à Ardée. Notre auteur se méprend aussi sur deux faits qui se sont accomplis presque en même temps. Fab. Doson descendit du Capitole pour aller sur le mont Quirinal s'acquitter d'un sacrifice, et revint après avoir traversé deux fois les postes ennemis. D'un autre côté, Pontius Cominius, jeune soldat de l'armée romaine réfugiée à Véies, s'offrit d'aller au Capitole pour obtenir du sénat que Camille fût rappelé, et nommé dictateur. Il s'acquitta de sa périlleuse mission. *Voyez* TITE-LIVE, liv. V, ch. 46.

59. — *Occultatam balteo epistolam.* — *Voyez* TITE-LIVE, liv. XXVI, ch. 4, 7, et surtout 12.

60. — *Marinæ specie bellum deciperet.* Cf. SALLUSTE, *Fragm. hist.*, liv. III, ch. 6 ; et FLORUS, liv. III, ch. 5.

Il n'est pas sans intérêt de rapprocher de cette histoire les deux faits suivants :

En 1626, l'île de Ré était assiégée par les Anglais, pendant que l'armée de Louis XIII accourait pour la délivrer ; et la garnison des forts, dénuée de vivres, était aux abois. C'est alors que trois soldats du régiment de Champagne offrent de passer à la nage le trajet de mer, qui est de deux lieues, et d'aller demander du secours dans le continent. Il fallait une force plus qu'ordinaire pour nager pendant un si long espace, et un courage héroïque pour oser, dans cet état, traverser la flotte anglaise ; mais rien n'étonnait de la part des soldats de Champagne. Nos trois guerriers, chargés de leurs dépêches renfermées dans des boîtes de fer-blanc, se jettent ensemble dans les flots. Le premier se noie ; mais il fut assez heureux pour servir l'État, même après sa mort : la mer, en effet, jeta son corps sur le rivage ; et des habitants de la côte l'ayant trouvé, prirent la lettre attachée à son cou et la remirent au cardinal de Richelieu. Le second fut pris par les Anglais. Le troisième, nommé Pierre Lanier, long-temps poursuivi par une barque ennemie, nageant presque toujours entre deux eaux, n'élevant la tête de temps en temps que pour respirer, souvent obligé de se défendre contre des poissons voraces, arrive enfin au rivage, couvert de sang, dans un état affreux. Il se traîna quelque temps, le long de la côte, sur ses pieds et sur ses mains, faible, abattu et presque mourant. Un paysan l'ayant enfin aperçu, lui donna le bras, le conduisit au fort Louis, et de là au camp du roi, qui lui fit l'accueil le plus flatteur, et lui assura une pension considérable sur la gabelle.

Pendant le blocus de Gênes, en 1800, le chef d'escadron Franceschi se chargea de porter des dépêches du premier consul à Masséna, enfermé dans cette ville. « Monté sur une embarcation que conduisaient trois rameurs seulement, il avait traversé, à la faveur de la nuit, la croisière anglaise, et était arrivé jusqu'à la chaîne des chaloupes les plus rapprochées de la place, lorsque le jour le surprit. Il se trouvait au milieu de la rade, à plus d'une lieue du rivage, et exposé au feu croisé des bâtiments. L'un des rameurs est tué, un autre est blessé : Franceschi ne peut plus éviter d'être pris sur son frêle esquif. Dans cette extrémité, il attache ses dépêches autour de son cou, au moyen d'un mouchoir, se dépouille de ses vêtements, et se jette à la mer pour gagner le rivage en nageant ; mais il pense bientôt qu'il a laissé ses armes, qui vont devenir un trophée pour l'ennemi : il retourne à l'embarcation, prend son sabre, qu'il serre entre ses dents, nage longtemps encore, lutte opiniâtrément contre les vagues, et aborde enfin, presque épuisé par la fatigue du trajet qu'il vient de faire. » (*Victoires et conquêtes des Français*, t. xii, p. 200.)

61. — *Litteras.... misit plumbo scriptas.* On trouve le même récit dans Dion Cassius, ch. xlvi.

62. — *Columbas illuc devolare instituerat.* Pline le Naturaliste a cité ce fait (liv. x, ch. 37).

63. — *Interim rex.* Au lieu de ces deux mots, plusieurs manuscrits portent *interrex*.

64. — *Præsidium Pompeii transduxit.* Dion Cassius (liv. xliii) nous a transmis la même histoire.

65. — *Objecta per medium catena.* Tite-Live (liv. xxiii, ch. 19) rapporte ce fait avec détails, sans toutefois parler de la chaîne dont il est question dans cet exemple.

66. — *Obsidionem.... toleraverunt.* Le texte est écourté en cet endroit, ce qui ne permet pas de saisir de prime abord la raison pour laquelle les Romains firent plus facilement prolonger le siége, en paraissant avoir des vivres. Il est nécessaire de recourir à Tite-Live, liv. v, ch. 48. On ne lira pas non plus sans intérêt le poétique récit d'Ovide, *Fastes*, liv. vi, v. 350-394.

67. — *Usque ad satorum proventum.* — *Voyez* Tite-Live, liv. xxiii, ch. 19.

68. — *Præcisis manibus.* Les Romains ont rarement infligé ce traitement barbare à leurs prisonniers. Cependant il faut avouer que, s'ils n'ont jamais pratiqué l'*immolation solennelle*, comme les Égyptiens et les Gaulois ; s'il y a même dans leur histoire peu d'exemples de cette amputation des mains, leur coutume de vendre les captifs comme esclaves, au profit du trésor public, faisait peu d'honneur à la civilisation dont ils se glorifiaient.

« Les prisonniers de guerre n'appartiennent pas à la puissance pour laquelle ils ont combattu ; ils sont tous sous la sauvegarde de l'honneur et de la générosité de la nation qui les a désarmés. » (Napoléon.)

69. — *Thrasybulus, dux Milesiorum.* Ce fait est rapporté par Hérodote, liv. i, ch. 21 et 22, et par Polyen, liv. vi, ch. 47.

70. — *Qua benignitate.* Tite-Live donne quelques détails sur cette action de Marcellus (liv. xxiii, ch. 15).

71. — *Hanno....in Sicilia.* Cf. Diodore de Sicile, liv. xxiii, ch. 9 ; et Polybe, liv. i, ch. 18-20.

**72.** — *Clausis portis non recepit.* Ce même fait est raconté avec de plus grands détails par Tite-Live, liv. xliv, ch. 44.

**73.** — *Stravit cepitque Ligures.* Frontin s'écarte un peu du récit de Tite-Live, liv. xl, ch. 25-27.

**74.** — *Velius.* Tite-Live, qui fait un récit long et bien circonstancié du siége de Tarente, ne parle ni de ce *Velius*, ni de l'événement que rapporte ici Frontin. Au lieu de *Velius*, il faut sans doute lire *Livius*, nom qui est bien celui du défenseur de la citadelle de Tarente. Cette erreur est de la nature de celles qu'on ne peut raisonnablement attribuer qu'aux copistes. Cf. Tite-Live, liv. xxiv, ch. 20; liv. xxv, ch. 10 et 11; liv. xxvi, ch. 39.

**75.** — *Castellum.* Ce fort n'était autre chose qu'un petit camp fortifié, et enfermé dans un plus grand, dont César était déjà maître quand Pompée survint. *Voyez* César, *Guerre civile*, liv. iii, ch. 66-70.

« Les manœuvres de César à Dyrrachium sont extrêmement téméraires : aussi en fut-il puni. Comment pouvait-il espérer de se maintenir avec avantage le long d'une ligne de contrevallation de six lieues, entourant une armée qui avait l'avantage d'être maîtresse de la mer, et d'occuper une position centrale? Après des travaux immenses, il échoua, fut battu, perdit l'élite de ses troupes, et fut contraint de quitter ce champ de bataille. Il avait deux lignes de contrevallation, une de six lieues contre le camp de Pompée, et une autre contre Dyrrachium. Pompée se contenta d'opposer une ligne de circonvallation à la contrevallation de César : effectivement, pouvait-il faire autre chose, ne voulant pas livrer bataille? Mais il eût dû tirer un plus grand avantage du combat de Dyrrachium; ce jour-là il eût pu faire triompher la république. » (Napoléon.)

**76.** — *Apud Rhyndacum.* Petite rivière de l'Asie Mineure, appelée aussi *Lycus.* Le traducteur de 1772 a pris ce nom pour celui d'une ville.

**77.** — *C. Cæsar in Gallia.* Cf. César, *Guerre des Gaules*, liv. v, ch. 49-51.

« Cicéron a défendu pendant plus d'un mois avec cinq mille hommes, contre une armée dix fois plus forte, un camp retranché qu'il occupait depuis quinze jours : serait-il possible aujourd'hui d'obtenir un pareil résultat? Les bras de nos soldats ont autant de force et de vigueur que ceux des anciens Romains; nos outils de pionniers sont les mêmes; nous avons un agent de plus, la poudre. Nous pouvons donc élever des remparts, creuser des fossés, couper des bois, bâtir des tours en aussi peu de temps et aussi bien qu'eux ; mais les armes offensives des modernes ont une tout autre puissance, et agissent d'une manière toute différente que les armes offensives des anciens.

« Si on disait aujourd'hui à un général : Vous aurez comme Cicéron, sous vos ordres, 5,000 hommes ; de plus, 16 pièces de canon, 5,000 outils de pionniers, 5,000 sacs à terre ; vous serez à portée d'une forêt, dans un terrain ordinaire ; dans quinze jours vous serez attaqué par une armée de 60,000 hommes, ayant 120 pièces de canon ; vous ne serez secouru que quatre-vingts ou quatre-vingt-seize heures après avoir été attaqué : quels sont les ouvrages, quels sont les tracés, quels sont les profils que l'art lui prescrit ? l'art de l'ingénieur a-t-il des secrets qui puissent satisfaire à ce problème ? » (NAPOLÉON.)

78. — *Plurimos in deditionem accepit.* — *Voyez* le récit de César, *Guerre des Gaules,* liv. III, ch. 17-19.

79. — *Diversa porta miserunt.* Pour ce fait, comme pour le suivant, *voyez* TITE-LIVE, liv. XXVI, ch. 11 ; et VALÈRE MAXIME, liv. III, ch. 7, § 10.

80. — *Decreveruntque.* Tite-Live rapporte le sénatus-consulte, liv. XXVI, ch. 8.

---

### LIVRE QUATRIÈME.

1. — *Exempla potius strategicon, quam strategematicon.* Cette distinction est justifiée par la plupart des exemples qui composent ce quatrième livre : car tout ce qui a trait à la discipline des armées, à l'exactitude du service, à la force morale du soldat ; toutes les qualités et tous les moyens par lesquels un chef inspire de la confiance à ses troupes, et exerce un ascendant réel, même sur des nations ennemies ou étrangères, sont des choses qui ressortissent à la stratégie, ou qui, du moins, ont des rapports de dépendance ou de cause plus ou moins directs, mais évidents, avec cet art de tracer des plans de campagne et d'en diriger l'exécution ; avec ce pouvoir de faire concourir au même but toutes les parties d'une armée, et de maintenir, au milieu de la diversité des mouvements, une parfaite unité d'action, en un mot, de *diriger les masses.* Mais à côté de ces exemples bien placés ici, on en trouvera, dans plusieurs chapitres, quelques-uns qui n'ap-

partiennent ni à la stratégie, ni à la tactique, et qui, par conséquent, ne répondent pas aux titres sous lesquels ils sont compris dans ce nouveau recueil. Y ont-ils été introduits par des copistes? ou l'auteur a-t-il, par instants, perdu de vue ses propres divisions? Il y a même, notamment dans les chapitres vi et vii, des faits déjà mentionnés dans le premier livre, comme exemples de stratagèmes, et reproduits textuellement dans celui-ci.

2. — *Similitudine inducti prætermissa opinarentur.* Malgré les caractères distinctifs qui ont fait séparer des stratagèmes proprement dits les exemples contenus dans ce livre, il faut reconnaître qu'un certain nombre de ceux-ci ont avec les premiers des points de contact et des analogies de temps ou de circonstances : un fait stratégique au fond, peut tenir en même temps du stratagème. Or le lecteur qui aurait trouvé dans l'histoire un fait de ce genre, et qui, ne l'envisageant que sous ce dernier point de vue, c'est-à-dire comme stratagème, ne l'aurait pas vu cité dans les trois premiers livres, eût pu accuser Frontin de l'avoir ignoré ou omis, et d'avoir laissé une lacune. C'est pour prévenir ce reproche que l'auteur complète ainsi son ouvrage.

3. — *Exercitum correxit.* Tout ce que fit Scipion pour rétablir la discipline militaire, notamment ce que rapporte Frontin, a été signalé par plusieurs auteurs. *Voyez* Valère Maxime, liv. ii, ch. 7, § 1; Polyen, liv. viii, ch. 16, § 2; Florus, liv. ii, ch. 18; Appien, *de Rebus Hisp.*, c. lxxxv; Végèce, *Instit. mil.*, liv. iii, ch. 10; et Plutarque (*Apophthegmes*), qui attribue encore au même Scipion l'exemple suivant, ou, du moins, un fait semblable.

4. — *Assa elixave.* Cf. Valère Maxime, liv ii, ch. 7, § 2; Salluste, *Jugurtha*, ch. xlv.

5. — *L. Flacco.* Au lieu de ce nom, il faut lire *Paullo.* — *Voyez* Tite-Live, liv. xxii, ch. 38.

6. — *Quam in gladio haberet.* — *Voyez* Plutarque, *Apophthegmes*; Élien, *Histoires diverses*, liv. xi, ch. 9.

7. — *Muli Mariani.* Cf. Plutarque, *Vie de Marius*, ch. xiii et xiv.

8. — *Theagenes.* Polyen rapporte cette ruse, qu'il attribue à un certain *Théognis*; mais il serait difficile, comme le remarque Oudendorp, de savoir quel est celui des deux auteurs qui donne le véritable nom.

9. — *Hospitio matrisfamilias uteretur.* Le récit de Plutarque (*Apophthegmes*) s'écarte un peu de celui de Frontin.

## NOTES DU LIVRE IV.

**10.** — *Adolescens.... mortem sibi conscivit.* Cf. Valère Maxime, liv. v, ch. 8, § 4.

**11.** — *Primus totum exercitum sub eodem vallo continere instituit.* Plutarque (*Vie de Pyrrhus*, ch. viii) signale les talents militaires de Pyrrhus. Si ce roi ne fut pas le premier qui connut l'art de camper, du moins il le perfectionna beaucoup; et l'on peut opposer à l'opinion contraire de Juste-Lipse (*de Militia Romana*, lib. v), ce passage de Tite-Live (liv. xxxv, ch. 14) : « Pyrrhum, inquit (Annibal), castra metari primum docuisse; ad hoc neminem elegantius loca cepisse, præsidia deposuisse. »

**12.** — *Beneventum.* Au lieu de ce nom, plusieurs commentateurs proposent de lire *Maluentum*.

**13.** — *Imperatorem potius, quam hostem, metui debere.* Cf. Valère Maxime, liv. ii, ch. 7, § 2.

**14.** — *Bina hostium spolia singuli referrent.* Cf. Valère Maxime, liv. ii, ch. 7, § 15.

**15.** — *Redimerent ignominiam.* — *Voyez* Tacite, *Annales*, liv. xiii, ch. 36.

**16.** — *Ne eis præterita æra procederent.* Cf. Valère Maxime, liv. ii, ch. 9, § 7.

**17.** — *Q. Metellus Macedonicus.* — *Voyez* Valère Maxime, liv. ii, ch. 7, § 10; Aurelius Victor, ch. lxi, et Velleius Paterculus, liv. ii, ch. 5.

**18.** — *Testamentum facere jussas.* On ignore la formule de ces testaments que faisaient les soldats au moment où, tout équipés (*testamenta in procinctu*), ils allaient marcher au combat. Ceux qui survivaient étaient chargés de faire connaître les dispositions dernières de leurs compagnons.

**19.** — *Hordeum ex senatusconsulto datum est.* Suétone (*Vie d'Auguste*, ch. xxiv) rapporte qu'Auguste infligea quelquefois des punitions de ce genre. Telle fut aussi la sévérité de Marcellus à l'égard des troupes qui avaient essuyé un échec près de Canusium. *Voyez* Tite-Live, liv. xxvii, ch. 13.

**20.** — *Nudis pedibus in principiis.* Cf. Valère Maxime, liv. ii, ch. 7, § 9.

**21.** — *Jussit fugientes pro desertoribus cædi.* On trouve dans Tite-Live des détails sur ce fait, liv. x, ch. 35, 36.

**22.** — *In numerum gregalium peditum referri.* Cf. Valère Maxime, liv. ii, ch. 7, § 4.

23. — *Senatu movit.* Cf. Valère Maxime, liv. ii, ch. 7, § 5. Tite-Live rapporte ( liv. xli, ch. 27) qu'au début de la censure de Q. Fulvius Flaccus, neuf sénateurs furent exclus, entre autres Cn. Fulvius, proche parent du censeur, et même son héritier ; mais il ne fait pas connaître le motif de cette disgrâce.

24. — *Fusti percussit.* Tite-Live dit (liv. ii, ch. 59) que ces soldats furent décimés et mis à mort.

25.—*Jussu ducis.* Le chef de cette rébellion était Decius Jubellius. C'est donc à tort que plusieurs éditions ont admis *injussu ducis*. — *Voyez* Tite-Live, liv. xxviii, ch. 28 ; Valère Maxime, liv. ii, ch. 7, § 15 ; Polybe, liv. i, ch. 7 ; Appien, *de Rebus Samn.*, lib. ix, c. 1 et sqq.

26. — *Senatus ac populus rogarent.* On lira avec un vif intérêt la narration de Tite-Live (liv. viii, ch. 29 et suiv.) ; c'est un véritable drame.

27. — *Imperioso.* La sévérité atroce de Manlius passa en proverbe à Rome : *Manliana imperia*.

28. — *Ut ipsum puniri paterentur.* Toutes les circonstances de la conduite du jeune Manlius sont retracées par Tite-Live (liv. viii, ch. 7), excepté cet acte de sublime résignation que rapporte Frontin. Cf. Valère Maxime, liv. ii, ch. 7, § 6 ; et Florus, liv. i, c. 14.

29. — *Relegati postulaverunt a consule M. Marcello.* Marcellus n'était pas alors consul, mais il l'avait été peu de temps auparavant. On lit dans Tite-Live (liv. xxv, ch. 6 et 7) un discours touchant que, selon cet historien, les soldats relégués en Sicile auraient tenu à Marcellus. C'est une respectueuse protestation contre le décret rigoureux du sénat.

30. — *Prædam non æqualiter diviserat.* — *Voyez* Tite-Live, liv. xli, ch. 18 ; et Valère Maxime, liv. ii, ch. 7, § 15.

31. — *Infrequens* ( *miles*) signifie un soldat qui est inexact à remplir son devoir, un *mauvais soldat*, ainsi que l'a traduit M. Naudet dans le *Truculentus* de Plaute (v. 202). *Voyez* le récit bien circonstancié de ce fait dans Tite-Live, liv. xli, ch. 18.

32. — *Parthos sustinuit.* — *Voyez* Tacite, *Annales*, liv. xiii, ch. 8 et 35.

33. — *A Philippo patre disciplinæ assuefactis.* Alexandre dut, en effet, une grande partie de ses succès à ses vieux soldats. C'est une vérité reconnue par les tacticiens de tous les temps, que les

anciens soldats sont supérieurs aux jeunes, non-seulement pour supporter les fatigues en campagne, mais encore pour attaquer de sang-froid et avec courage, et pour profiter de toutes les circonstances qui peuvent mettre à l'abri du danger.

« Il faut encourager par tous les moyens, dit Napoléon, les soldats à rester sous les drapeaux, ce qu'on obtiendra facilement en témoignant une grande estime aux vieux soldats. Il faudrait aussi augmenter la solde en raison des années de service : car il y a une grande injustice à ne pas mieux payer un vétéran qu'une recrue. »

34. — *Cyrus, bello adversus Persas.* Ce fait paraît ne faire qu'un, pour le sens, avec le § 7, dont il a peut-être été séparé par les copistes.

35. — *Epaminondas, etc.* Il s'agit ici de la bataille de Leuctres, qu'Épaminondas gagna, non-seulement parce que ses troupes étaient bien disciplinées, mais aussi parce qu'il exécuta une savante manœuvre d'*ordre oblique.* — *Voyez* la note 25 du livre II.

36. — *M. Catonem, vino eodem, quo remiges, contentum.* — *Voyez* PLINE LE NATURALISTE, liv. XIV, ch. 13 ; et VALÈRE MAXIME, liv. IV, ch. 3, § 11.

On connaît, sur la tempérance de Caton, le témoignage d'Horace, qui est moins sérieux que celui des historiens :

>Narratur et prisci Catonis
>Sæpe mero caluisse virtus.
>(*Carminum* lib. III, ode 21.)

>La vertu du vieux Caton,
>Chez les Romains tant prônée,
>Était souvent, nous dit-on,
>De Falerne enluminée.
>(J.-B. ROUSSEAU, *Odes*, liv. II, ode 2.)

37. — *Malle se habentibus id imperare.* Selon Plutarque (*Apophthegmes*), Valère Maxime (liv. IV, ch. 3, § 5), et Aurelius Victor (ch. XXXIII), cette réponse aurait été faite aux Samnites par M. Curius. *Voyez* encore AULU-GELLE, liv. I, ch. 14.

38. — *Atilius Regulus.* Cf. VALÈRE MAXIME, liv. IV, ch. 4, § 6.

39. — *Quas ob inopiam publice dotavit senatus.* Si l'on s'en rapporte au récit de Valère Maxime (liv. IV, ch. 4, § 10), Cn. Scipion n'avait qu'une fille, qui fut dotée par le sénat, pendant la guerre même que son père faisait en Espagne.

**40.** — *Filiis Aristidis.* — Voyez Cornelius Nepos, *Vie d'Aristide,* ch. III; et Plutarque, *Vie d'Aristide,* ch. XXVII. Ce dernier auteur rapporte que chacune des filles d'Aristide reçut 3,000 drachmes (2,700 fr.), et son fils 100 mines d'argent (9,268 fr.), plus 4 drachmes (3 fr. 60 c.) par jour, et un terrain de 100 pléthres (9 hectares et demi) emplanté d'arbres.

**41.** — *Nihil inveniretur.* Cf. Plutarque, *Vie de Fabius,* ch. XXVII.

**42.** — *Duobus lectis.* Deux lits ne supposent que six couverts, ou huit au plus. Voyez le portrait que Tite-Live fait d'Annibal, liv. XXI, ch. 4.

**43.** — *Æmilianum Scipionem.* Scipion Émilien voulait, dit Plutarque (*Apophthegmes*), que ses soldats prissent leurs repas debout, et qu'ils ne se missent à table que pour le souper. Quant à lui, il se promenait dans le camp, etc.

**44.** — *M'. Curius.... gregalium portione contentus fuit.* — Voyez Pline le Naturaliste, liv. XVIII, ch. 3; Valère Maxime, liv. IV, ch. 3, §5; Aurelius Victor, ch. XXXIII; Sénèque, *des Bienfaits,* liv. VII, ch. 7.

**45.** — *L. Mummius.* Pour plus de détails sur l'histoire de Mummius, *voyez* Pline, liv. XXXV, ch. 4; Aurelius Victor, ch. LX; Florus, liv. II, ch. 16.

**46.** — *Ludimagister liberos Faliscorum.... tradidit.* On trouve les détails de ce fait dans Tite-Live (liv. V, ch. 27), dans Plutarque (*Vie de Camille,* ch. X) et dans Polyen (liv. VIII, ch. 7).

**47.** — *Regi medicum detexit.* — Voyez Plutarque, *Vie de Pyrrhus,* ch. XXI. Aulu-Gelle (liv. III, ch. 8) nous a transmis, d'après l'historien Quadrigarius, la lettre des consuls Fabricius et Q. Émilius au roi d'Épire.

**48.** — *Cn. Pompeius.* Plutarque parle de ce fait dans la *Vie de Pompée* (ch. XIII) et dans les *Apophthegmes.*

**49.** — *Equum in orbem flexit.* — Voyez Plutarque, *Vie de Marcellus,* ch. VI; et Tite-Live, liv. XX, ch. 52.

**50.** — *L. Paullus.... persedit donec ab hostibus oppressus confoderetur.* — Voyez la belle narration de Tite-Live, liv. XXII, ch. 49.

**51.** — *Quod non desperasset rempublicam.* Cf. Tite-Live, liv. XXII, ch. 61.

52. — *Incolumes Canusium pervenerunt.* — *Voyez* Tite-Live, liv. xxii, ch. 5o.

53. — *T. Fonteius Crassus.* Cet exemple et les trois suivants sont une répétition textuelle de ceux qu'on trouve dans le liv. i, ch. 5, § 12, 14 et 15; et ch. 2, § 3.

54. — « *Num.... pro patria mori nos prohibebit?* » Cf. Plutarque, *Apophthegmes des Lacédémoniens;* et Valère Maxime, liv. iv, ch. 4, § 4.

55. — « *Melius in umbra propugnabimus.* » — *Voyez* Hérodote, liv. vii, ch. 205; Plutarque, *Apophthegmes des Lacédémoniens;* Suidas, art. *Léonidas.*

56. — *Picus in capite insedisset.* Cf. Valère Maxime, liv. v, ch. 6, § 4; et Pline le Naturaliste, liv. x, ch. 18.

57. — *Se pro republica devoverunt.* — *Voyez* Tite-Live, liv. viii, ch. 9; liv. x, ch. 28; et Valère Maxime, liv. v, ch. 6, § 5.

58. — *P. Crassus.... Thraci.... oculum eruit.* — *Voyez* Florus, liv. ii, ch. 20; et Valère Maxime, liv. iii, ch. 2, § 12.

59. — *Reversus est ad suos.* — *Voyez* Justin, liv. xxxiii, ch. 2; Plutarque, *Vie de Paul Émile,* ch. xxi; et *Vie de Caton le Censeur,* ch. xxxi; Valère Maxime, liv. iii, ch. 2, § 16.

60. — *Coriis madefactis.* — *Voyez* Tite-Live, liv. xxiii, ch. 3o; et Valère Maxime, liv. vi, ch. 6, étr. § 2.

61. — *Hispani Arabricenses.* Les commentateurs n'indiquent pas d'une manière précise le pays habité par ce peuple. Il s'agit peut-être ici d'*Arabriga,* que Ptolémée cite parmi les ports d'Espagne sur la Méditerranée.

62. — *Centum denariis murem venisse.* — *Voyez* Tite-Live, liv. xxiii, ch. 19; Valère Maxime, liv. vii, ch. 6; Pline le Naturaliste, liv. viii, ch. 57. Cent deniers équivalent à 9o fr.

63. — *Fame mori, præfixis foribus domuum.* Florus rapporte la chose autrement. « Les Numantins, dit-il (liv. ii, ch. 18), pressés par la famine, demandèrent la bataille à Scipion, afin de mourir en guerriers. Ne l'obtenant pas, ils firent une sortie, dans laquelle un grand nombre périt; et les autres, en proie à la faim, se nourrirent quelque temps de leurs cadavres. Ils prirent enfin la résolution de s'échapper; mais cette dernière ressource leur fut encore enlevée par leurs femmes, qui coupèrent les sangles de leurs chevaux, faute énorme, inspirée par

l'amour. Ayant donc perdu tout espoir, ils s'abandonnèrent aux derniers transports de la fureur et de la rage, et se déterminèrent à mourir, chefs et soldats, par le fer et par le poison, au milieu de l'embrasement de leur ville, qu'ils livrèrent aux flammes. »

64. — « *Visne ex illis paucis esse ?* » Plutarque (*Apophthegmes*) attribue à Metellus Cécilius une réponse semblable.

Le mot de Fabius rappelle celui du maréchal de Saxe. Un de ses officiers généraux, lui montrant un jour une position qui pouvait être utile, lui dit : « Il ne vous en coûtera pas plus de douze grenadiers pour la prendre. — Douze grenadiers! répondit le maréchal; passe encore si c'étaient douze lieutenants généraux. »

65. — *Laborem suum in necessaria duci munera reservaret.* Xénophon rapporte lui-même ce fait, mais avec quelques circonstances qui s'écartent du récit de Frontin. Le soldat qui apostropha le général se nommait Sotéridas, de Sicyone. — Voyez l'*Anabase*, liv. III, ch. 4.

66. — *In Macedonia nato, conceditur.* Quinte-Curce, qui ne pouvait manquer d'inscrire ce trait de bonté d'Alexandre, lui fait dire ( liv. VIII , ch. 4) : « Illis ( Persis) in regis sella consedisse capitale foret ; tibi saluti fuit. » Il y a là une antithèse qui n'est pas sans effet, et qu'on ne trouve pas dans Frontin.

67. — *Eductum ad longiorem ordinem.* Ces mots ont été interprétés de différentes manières, et il est difficile d'en préciser le sens. Je me suis rapproché autant que possible de celui qui a été adopté par Juste-Lipse, de *Militia Romana*. Tillemont (*Hist. de Vespasien*, art. XI) a rapporté cet acte de libéralité par une traduction libre du récit de Frontin.

68. — *Fame potius quam ferro.* Cette pensée est développée dans les *Mémoires* de César (*Guerre civile*, liv. I, ch. 72).

69. — *Operibus.* Par les ouvrages de siége, *plutôt qu'avec les armes.* Oudendorp pense que ces mots, *id est operibus*, ne sont qu'une glose, introduite dans le texte par des copistes, aussi bien que *sensim*, qu'on trouve dans quelques éditions.

70. — *Moderatiora sequenda consilia.* Oudendorp fait observer que cet exemple, par lequel Frontin recommande la modération ou la bonté, devrait appartenir au chapitre précédent. Mais il est probable que l'auteur n'a eu en vue que la prudence et le sang-froid du chef d'armée.

« La première qualité d'un général en chef est d'avoir une tête froide, qui reçoive une impression juste des objets ; il ne doit pas se laisser éblouir par les bonnes ou mauvaises nouvelles. Les sensations qu'il reçoit successivement ou simultanément, dans le cours d'une journée, doivent se classer dans sa mémoire, de manière à n'occuper que la place qu'elles méritent d'occuper : car la raison et le jugement sont le résultat de la comparaison de plusieurs sensations prises en égale considération. Il est des hommes qui, par leur constitution physique et morale, se font de chaque chose un tableau : quelque savoir, quelque esprit, quelque courage et quelques bonnes qualités qu'ils aient d'ailleurs, la nature ne les a point appelés au commandement des armées, et à la direction des grandes opérations de la guerre. » (NAPOLÉON.)

Mais cette prudence et ce sang-froid ne doivent point dégénérer en irrésolution. « Un général irrésolu, qui agit sans principes et sans plan, quoiqu'à la tête d'une armée supérieure en nombre à celle de l'ennemi, se trouve presque toujours inférieur à ce dernier sur le champ de bataille. Les tâtonnements, les *mezzo-termine* perdent tout à la guerre. »

« A force de disserter, de faire de l'esprit, de tenir des conseils, il arrivera ce qui est arrivé dans tous les siècles en suivant une pareille marche : c'est qu'on finit par prendre le plus mauvais parti, qui presque toujours, à la guerre, est le plus pusillanime, ou, si l'on veut, le plus prudent. La vraie sagesse, pour un général, est dans une détermination énergique. » (NAPOLÉON.)

71. — *Laqueo eum vitam posse finire.* Suivant Plutarque (*Vie de Pyrrhus*, ch. xxxi), Antigone aurait fait une semblable réponse à Pyrrhus, qui le défiait.

72. — *Q. Sertorius.* — *Voyez* le même récit plus haut, liv. 1, ch. 10, § 1.

73. — *Cœlius.* Il faut peut-être lire *Cœdicius.* — *Voyez* VELLEIUS PATERCULUS, liv. II, ch. 120.

74. — *Hannibal regi Antiocho monstravit.* Ce n'est point à Antiochus, mais bien à Prusias, que ce stratagème fut enseigné par Annibal. *Voyez* CORNELIUS NEPOS, *Vie d'Annibal*, ch. XI ; et JUSTIN, liv. XXXII, ch. 4.

Ce fait, malgré le témoignage de plusieurs historiens de l'antiquité, est dépourvu de vraisemblance, aux yeux des tacticiens modernes. « Quoi de plus ridicule, dit M. Carion-Nisas (*Essai sur l'hist. de l'art militaire*, t. 1$^{er}$, p. 242), que de supposer, dans un pays civilisé, ou du moins habité par des hommes, un assez

grand nombre de vipères pour en remplir cinq ou six cents vases!
Combien ne faudrait-il pas de temps pour les ramasser, et combien
d'hommes ne faudrait-il pas occuper à une pareille chasse! »

75. — *Diebus festis, quos sacros, Minervæ.* C'était la fête des
Panathénées.

76. — *Lacedæmonem.* Ce ne pouvait être la ville même de Lacédémone. Il s'agit sans doute de quelque possession des Lacédémoniens, peu éloignée d'Athènes : car il fallait que les Athéniens
fussent bien près de leurs ennemis, pour tromper leur surveillance
en cachant des armes sous leurs habits, dès le moment même où
ils sortirent de leur ville. »

77. — *Cassius onerarias naves, etc.* César rapporte le fait
(*Guerre civile*, liv. iii, ch. 101). Ce Cassius fut un des assassins
du dictateur.

78. — *Aliqui et supersint.* — *Voyez* le récit plus étendu de
Tite-Live, liv. xxvii, ch. 49.

79. — *Viam.... muniendam.* — *Voyez* la note 89 du livre ii,
p. 335, ci-dessus, et la note 16 sur *les Aqueducs*.

80. — *Qui in sagulis ferreas fibulas habuissent.* Remarquez le
misérable jeu de mots que Pachès a mis à profit pour commettre
cette atrocité. Polyen rapporte une autre perfidie de ce général
(liv. iii, ch. 2).

81. — *Quibus ferax est Numidia.* Quelques commentateurs ont
proposé *quorum* au lieu de *quibus*, leçon d'autant plus admissible,
que l'on ne trouve peut-être pas un seul exemple d'ablatif avec
*ferax*, tandis que l'emploi du génitif est très-fréquent : *Ingen-
tium belluarum feraces saltus* (Tacitus, *Ann.* lib. iv, c. 72); *Ni-
tidæque ferax Peparethos olivæ* (Ovidius, *Metam.* lib. vii,
v. 470).

82. — *Commeatibus...., potitus est.* Cf. Xénophon, *Helléniques*,
liv. v; et Polyen, liv. ii, ch. 7. On trouve un stratagème semblable dans les *Mémoires* de César (*Guerre civile*, liv. iii, ch. 24).

83. — *Ptolemæus adversus Perdiccam.* Cf. Polyen, liv. iv,
ch. 18.

84. — *Myronides.* Ce fait est semblablement rapporté par Polyen, liv. i, ch. 35, § 1.

85. — *Universos Hennenses occidit.* Cf. Tite-Live, liv xxiv,
ch. 37 et 38 ; et Polyen, liv. viii, ch. 21.

86. — *Oppidum diripuit.* — *Voyez* POLYEN, liv. III, ch. 9, § 58.

87. — *Volonum.* Volons, esclaves enrôlés comme volontaires. *Voyez* leur histoire dans Tite-Live (liv. XXII, ch. 57; liv. XXIII, ch. 35; liv. XXIV, ch. 14 et suiv.; liv. XXVII, ch. 38; et liv. XXVIII, ch. 46).

88. — *Sua fide.* T. Gracchus avait juré au nom de la république, et se trouvait lié par son serment. *Voyez* le récit de Tite-Live, liv. XXIV, ch. 14 et suiv., surtout le ch. 16.

89. — *Se Italiæ liberandæ causa bellum gerere.* — *Voyez* TITE-LIVE, liv. XXII, ch. 6.

Alexandre s'est souvent annoncé comme libérateur aux nations dont il franchissait les frontières. C'est une ruse de tous les temps. Le général Bonaparte, débarquant en Égypte, adressa aux habitants une proclamation qui commençait par ces paroles : « Depuis longtemps les beys qui gouvernent l'Égypte insultent à la nation française et couvrent les négociants d'avanies; l'heure de leur châtiment est arrivée.

« Depuis longtemps ce ramassis d'esclaves, acheté dans le Caucase ou dans la Géorgie, tyrannise la plus belle partie du monde; mais Dieu, de qui tout dépend, a ordonné que leur empire finît.

« Peuples d'Égypte, on vous dira que je viens pour détruire votre religion; ne le croyez pas : répondez que je viens restituer vos droits, punir les usurpateurs, et que je respecte, plus que les mameluks, Dieu, son prophète et le Coran. »

90. — *Crispino.* Lisez *Cincio.* Il y a là une erreur de la part de l'auteur ou des copistes. *Voyez* TITE-LIVE, liv. XXVII, ch. 28.

91. — *Funditores interposuit.* Le rôle des vélites, des archers et frondeurs, en un mot, des fantassins armés à la légère, était principalement d'engager le combat. Ils escarmouchaient en avant et sur les flancs de la légion; et, quand ils étaient forcés de plier, ils se retiraient dans les intervalles que présentaient les cohortes, les manipules, et même les centuries, comme le dit ici Frontin.

92. — *Usque ad mœnia.* Sous les murs mêmes de Capoue. *Voyez* le récit plus étendu de Tite-Live, liv. XXVI, ch. 4; et Valère Maxime, liv. II, ch. 3, § 3.

On a essayé plusieurs fois dans les temps modernes, notamment en 1802, au camp de Boulogne, de renouveler cet usage, en exerçant des voltigeurs à sauter en croupe derrière les cavaliers;

mais on a dû y renoncer, parce que les essais réitérés n'ont fait espérer aucun succès.

**93.** — *Quam sententiam sequuta victoria est.* Ce combat cut lieu près de Thyatire, en Lydie : Tite-Live en fait une longue description ; mais, d'après cet historien, P. Scipion était alors malade à Élée, et ne pouvait, par conséquent, donner à son frère le conseil dont parle Frontin. *Voyez* liv. xxxvii, ch. 37 et suiv., surtout le ch. 41, qui contient une description des chars à faux de l'armée d'Antiochus. Appien (*de Rebus Syr.*, c. xxix et sqq.) fait une narration très-circonstanciée de cette bataille.

**94.** — *Hostium consilia discussit.* Cf. Tite-Live, liv. xxxiv, ch. 11 et 12.

**95.** — *Eaque armorum scientia.* Oudendorp croit, et il a probablement raison, qu'il faudrait lire *eaque armorum magnificentia.* Il se fonde sur ces deux passages de Plutarque : Καὶ φοβηθεὶς τὴν λαμπρότητα τοῦ ὁπλισμοῦ (*Vie de Pompée*, ch. lxix) ; Καὶ δεδοικὼς τὴν λαμπρότητα καὶ τὸ πλῆθος ἱππέων (*Vie de César*, ch. xliv).

**96.** — *Aversam aciem cedere coegit.* C'était à Pharsale. *Voyez* Plutarque, *Vies de César et de Pompée* (ubi supra) ; et Polyen, liv. viii, ch. 23, § 25.

**97.** — *Vaccæi.* Peuples de la Tarraconaise, au sud du pays des Cantabres.

**98.** — *Eumenes Cardianus.* Cf. Cornelius Nepos, *Vie d'Eumène*, ch. v ; et Plutarque, *ibid.*, ch. xvi. — Cardie, patrie d'Eumène, était une ville de la Chersonèse de Thrace, à l'embouchure du Mélas.

**99.** — *Haberet equitem.* Cf. Valère Maxime, liv vii, ch. 3, § 6 ; et Aurelius Victor, ch. xliii.

**100.** — *Marcelli annulo.* — *Voyez* Tite-Live, liv. xxvii, ch. 28.

**101.** — *Coegit ad jurandum.* Cf. Tite-Live, liv. xxii, ch. 53 ; et Valère Maxime, liv. v, ch. 6, § 7.

**102.** — *Volscorum castra.* Ce fait et le suivant sont déjà rapportés par Frontin, liv. ii, ch. 4, § 15 et 16.

**103.** — *In agmine milites.* Il y a évidemment une lacune en cet endroit : d'abord, la phrase ainsi construite n'est pas latine, les mots *Metellus* et *Hermocrates* s'excluant comme sujets de l'unique verbe *confecit.* Ensuite, comment expliquer historiquement cette rencontre de Metellus et d'Hermocrate ? Selon toute apparence, il y a ici deux fragments de deux récits différents : c'est par respect pour les meilleures éditions que je ne les ai pas séparés.

**104.** — *Navibus Asiam repetierunt.* Cf. Hérodote, liv. vi, ch. 116.

**105.** — *Rursus oppressi sunt.* Ce stratagème est raconté par Plutarque, qui l'attribue à Solon aussi bien qu'à Pisistrate (*Vie de Solon*, ch. viii). Justin (liv. ii, ch. 8) ne parle que de Pisistrate ; Polyen (liv. i, ch. 20) ne nomme que Solon.

**106.** — *Et navali, et pedestri prœlio victi sunt.* Thucydide (liv. i, ch. 100) et Plutarque (*Vie de Cimon*, ch. xii) font mention de cette double victoire, mais sans parler du stratagème de Cimon.

# DES AQUEDUCS
## DE LA VILLE DE ROME.

# DE AQUÆDUCTIBUS

## URBIS ROMÆ.

1. Quum omnis res ab imperatore delegata intentiorem exigat curam; et me seu naturalis sollicitudo, seu fides sedula non ad diligentiam modo, verum ad amorem quoque commissæ rei instigent; sitque mihi nunc ab Nerva Augusto, nescio diligentiore, an amantiore reipublicæ imperatore, aquarum injunctum officium, ad usum, tum ad salubritatem, atque etiam ad securitatem Urbis pertinens, administratum per principes semper civitatis nostræ viros [1] : primum ac potissimum existimo, sicut in ceteris negotiis institueram, nosse quod suscepi.

2. Neque enim ullum omnis actus certius fundamentum crediderim, aut aliter, quæ facienda, quæque vitanda sint, posse decerni, aliudve tam indecorum tolerabili viro, quam delegatum officium ex adjutorum agere præceptis (quod fieri necesse est, quoties imperitia præcessit, et adjutorum decrevit usum [2]), quorum etsi necessariæ partes, sunt ad ministerium tamen, ut manus quædam, et instrumentum agentis. Quapropter ea, quæ ad universam rem pertinentia contrahere po-

# DES AQUEDUCS

## DE LA VILLE DE ROME.

1. Comme toute affaire confiée par l'empereur exige les soins les plus assidus, et que, soit par une sollicitude inhérente à mon caractère, soit par fidélité et par devoir, je me sens porté non-seulement à remplir avec exactitude, mais encore à aimer les fonctions qui me sont attribuées; et qu'en ce moment même Nerva Auguste, prince dont le zèle égale l'amour pour la république, vient de me préposer à l'intendance des eaux, en ce qui intéresse les usages, la salubrité, et même la sûreté de Rome, administration qui fut de tout temps conférée aux principaux citoyens de la ville, je crois devoir d'abord, et avant tout, ainsi que je m'en étais déjà fait une loi en d'autres circonstances, chercher à connaître ce dont je me suis chargé.

2. Il me semble, en effet, que cette connaissance est la base la plus sûre de tous nos actes, et que sans elle on ne peut juger ni de ce qu'il faut faire, ni de ce qu'il faut éviter. Il n'y a rien, à mon avis, d'aussi humiliant pour un homme qui doit être à la hauteur de ses fonctions, que de ne pouvoir les remplir sans les conseils de ses subalternes (or il ne peut échapper au besoin d'y recourir, quand il n'est pas lui-même éclairé par l'expérience). Bien que ceux-ci remplissent un rôle nécessaire au service, ils ne doivent être, en quelque sorte, que les mains ou les instruments du chef. Dans

tui, more jam per multa mihi officia servato, in ordinem, et velut in unum corpus deducta, in hunc Commentarium contuli, quem pro forma [3] administrationis respicere possem. In aliis autem libris, quos post experimenta et usum composui, succedentium [4] res acta est : hujus Commentarii fortassis pertinebit et ad successorem utilitas; sed, quum inter initia administrationis meæ scriptus sit, imprimis ad meam institutionem regulamque proficiet.

3. Ac, ne quid ad totius rei pertinens notitiam prætermisisse videar, nomina primum aquarum, quæ in urbem Romam influunt, ponam; tum per quos quæque earum, et quibus consulibus, et quoto post Urbem conditam anno, perducta sit; deinde quibus ex locis, et a quoto milliario cœpisset [5]; quantum subterraneo rivo, quantum substructione, quantum opere arcuato [6]; postea altitudinem [7] cujusque, modulorumque rationem [8], et ab illis erogationes; quantum extra Urbem, quantum intra Urbem unicuique regioni, pro suo modo, unaquæque aquarum serviat; quot castella publica, privataque sint; et ex his quantum publicis operibus [9], quantum muneribus [10] (ita enim cultiores appellant), quantum lacubus [11], quantum nomine Cæsaris [12], quantum privatorum usui beneficio principis detur; quod jus tuendarum sit earum; quæ id sanciant pœnæ ex lege, senatusconsultis, et mandatis principum irrogatæ.

cette conviction, et selon une habitude que je me suis faite dans plusieurs de mes fonctions, tous les documents que j'ai pu recueillir concernant ma nouvelle charge, je les ai mis en ordre, et réunis comme en un seul corps, dans ce Mémoire, afin de m'en servir comme d'un guide dans mon administration. Mes autres ouvrages, fruits de ma pratique et de ma propre expérience, ont été écrits dans l'intérêt de ceux qui devaient me remplacer. Peut-être ce Mémoire sera-t-il aussi de quelque utilité à mon successeur; mais, comme il a été fait au début de ma gestion, il est surtout destiné à m'instruire et à me diriger moi-même.

3. Et, pour prouver que je n'ai rien négligé de ce qui se rattache à la connaissance complète de mon objet, je donnerai, en premier lieu, les noms des eaux qui arrivent dans la ville; je dirai par qui, sous quel consulat, en quelle année de la fondation de Rome chacune d'elles y a été amenée; puis, de quels lieux et à quelle distance milliaire on l'a prise; combien elle a exigé de canaux souterrains, de substructions et d'ouvrages en arcades. J'indiquerai ensuite la hauteur de chacune des eaux, les rapports des modules servant à en régler la distribution, et les quantités distribuées. Je dirai combien, soit hors de Rome, soit au dedans, chacun des cours d'eau fournit, selon sa force, à chaque région de la ville; combien il y a de châteaux d'eau, publics et particuliers; ce qu'ils donnent pour les travaux publics, pour les spectacles (appelés *munera* dans la classe élevée des citoyens) et pour les bassins; ce que l'on en prend au nom de César, et ce que la faveur du prince en accorde à l'usage des particuliers; enfin, je ferai connaître le droit de conservation des eaux, et les peines qui sanctionnent ce droit, d'après les lois, les sénatus-consultes, et les ordonnances des empereurs.

4. Ab Urbe condita per annos ccccxxxxi [13] contenti fuerunt Romani usu aquarum, quas aut ex Tiberi, aut ex puteis, aut ex fontibus hauriebant. Fontium memoria cum sanctitate adhuc exstat, et colitur [14] : salubritatem enim aegris corporibus afferre creduntur, sicut C. Ammaranius Apollinaris [15] meminit. Nunc autem in Urbem influunt aquae, Appia, Anio Vetus, Marcia, Tepula, Julia, Virgo, Alsietina, quae eadem vocatur Augusta, Claudia, Anio Novus.

5. M. Valerio Maximo, P. Decio Mure consulibus, anno post initium Samnitici belli xxxi, aqua Appia inducta est ab Appio Claudio Crasso censore, cui postea Caeco fuit cognomen, qui et viam Appiam a porta Capena, usque ad urbem Capuam muniendam curavit [16]. Collegam habuit C. Plautium, qui ob inquisitas ejus aquae venas Venocis cognomen datum est. Sed quia is intra annum et sex menses, deceptus a collega tanquam id idem facturo, abdicavit se censura [17], nomen aquae ad Appii tantum honorem pertinuit : qui multis tergiversationibus extraxisse censuram traditur, donec et viam, et hujus aquae ductum consummaret. Concipitur Appia in agro Lucullano, via Praenestina, inter milliarium vii et viii, diverticulo sinistrorsus passuum dcclxxx. Ductus ejus habet longitudinem a capite usque ad Salinas, qui locus est ad portam Trigeminam, passuum xi millium clxxxx; sub terram passuum xi millium cxxx; supra terram substructione et arcuatione proxime ad portam Capenam passuum lx. Jungitur ei ad Spem

DES AQUEDUCS. 371

4. Jusqu'à l'an 441 de la fondation de leur ville, les Romains se contentèrent, pour leur usage, des eaux qu'ils tiraient du Tibre, des puits ou des sources. Ces dernières sont encore pour eux un objet de vénération et de culte : car on croit, comme le remarque C. Ammaranius Apollinaris, qu'elles rendent la santé aux malades. Les eaux qui arrivent maintenant à Rome sont l'Appia, l'Anio Ancien, la Marcia, la Tepula, la Julia, la Virgo, l'Alsietina, appelée aussi Augusta, la Claudia, et l'Anio Nouveau.

5. Sous le consulat de M. Valerius Maximus et de P. Decius Mus, 31 ans après le commencement de la guerre des Samnites, l'eau Appia fut amenée à Rome par le censeur Appius Claudius Crassus, depuis surnommé Cécus, qui fit aussi construire la voie Appienne depuis la porte Capène jusqu'à la ville de Capoue. Il eut pour collègue C. Plautius, qui, pour avoir recherché les veines de cette eau, reçut le surnom de Venox. Mais celui-ci abdiqua la censure au bout de dix-huit mois, trompé par son collègue, qui avait promis d'en faire autant, et Appius eut seul l'honneur de donner son nom à cette eau ; on dit même qu'il prolongea sa censure, à force de subterfuges, jusqu'à l'entier achèvement de la route et de l'aqueduc. L'eau Appia est prise dans la terre de Lucullus, entre le septième et le huitième milliaire de la route de Préneste, à l'extrémité d'un détour de 780 pas sur la gauche. Depuis sa source jusqu'aux Salines, lieu voisin de la porte Trigémine, son parcours est de 11,190 pas, dont 11,130 en canaux souterrains, et 60 tant sur des substructions que sur des arcades, jusqu'à la porte Capène. Près de la Vieille Espérance, sur la limite des jardins Torquatiens..., elle reçoit un embranchement de l'eau Augusta, qui lui fut donné comme un complément par

Veterem in confinio hortorum Torquatianorum, et [18]....
Ramus Augustæ ab Augusto in supplementum ejus additus, imposito cognomine respondenti Gemellarum. Hic via Prænestina ad milliarium VI, diverticulo sinistrorsus passuum DCCCCLXXX, proxime viam Collatiam accipit fontem, cujus ductus usque ad Gemellas efficit rivo subterraneo passuum VI millia CCCLXXX. Incipit distribui Appia sub Publicii clivo ad portam Trigeminam, qui locus appellatur Salinæ [19].

6. Post annos XXXX, quam Appia perducta est, anno ab Urbe condita CCCCLXXXI, M'. Curius Dentatus, qui censuram cum L. Papirio Cursore gessit, Anionis, qui nunc dicitur Vetus, aquam perducendam in Urbem ex manubiis de Pyrrho captis [20] locavit, Spurio Carvilio, L. Papirio consulibus iterum. Post biennium deinde actum est in senatu de consummando ejus aquæ opere [21].... Tum ex senatusconsulto duumviri aquæ perducendæ creati sunt, Curius, qui eam locaverat, et Fulvius Flaccus. Curius intra quintum diem, quam erat duumvir creatus, decessit : gloria perductæ pertinuit ad Fulvium. Concipitur Anio Vetus supra Tibur XX milliario extra portam [22]..., ubi partem dat in Tiburtium usum. Ductus ejus habet longitudinem, ita exigente libramento, passuum XXXXIII millium : ex eo rivus est subterraneus passuum XXXXII millium DCCLXXVIIII : substructio supra terram passuum CCXXI.

7. Post annos CXXVII, id est anno ab Urbe con-

Auguste, avec le surnom de Gémelles, qui convenait à cette réunion. Ce même embranchement prend naissance vers la sixième colonne milliaire de la voie Prénestine, à 980 pas sur la gauche, tout près de la voie Collatia ; et sa conduite jusqu'aux Gémelles est de 6,380 pas, en ouvrages souterrains. La distribution de l'eau Appia commence au bas de la colline de Publicius, près de la porte Trigémine, au lieu appelé les Salines.

6. Quarante ans après qu'on eut amené l'eau Appia, l'an 481 de la fondation de Rome, M'. Curius Dentatus, qui exerçait la censure avec L. Papirius Cursor, dirigea vers la ville un canal dérivé de l'Anio, et qu'on appelle aujourd'hui le Vieil Anio, consacrant à cette œuvre le prix des dépouilles enlevées dans la guerre contre Pyrrhus. C'était sous le deuxième consulat de Spurius Carvilius et de L. Papirius Cursor. Deux ans après, le sénat ordonna l'achèvement de cet aqueduc.... A cet effet on créa, par un sénatus-consulte, un duumvirat composé de Curius, qui avait commencé les travaux, et de Fulvius Flaccus. Cinq jours après cette création, Curius mourut, et Fulvius eut seul la gloire de terminer l'ouvrage. Le Vieil Anio est pris au-dessus de Tibur, à 20 milles de la porte.... Là une partie de son eau est détournée au profit des Tiburtins. La longueur de cet aqueduc est, ainsi que le niveau l'a exigé, de 43,000 pas, dont 42,779 en conduits souterrains, et 221 en travaux au-dessus de terre.

7. Cent vingt-sept ans après, c'est-à-dire l'an 608

dita DCVIII, Ser. Sulpicio Galba cum L. Aurelio Cotta consulibus, quum Appiæ Anionisque ductus vetustate quassati, privatorum etiam fraudibus interciperentur, datum est a senatu negotium Marcio, qui tum prætor inter cives et peregrinos [23] jus dicebat, eorum ductuum reficiendorum, et vindicandorum. Et quoniam incrementum Urbis exigere videbatur ampliorem modum aquæ, eidem mandatum a senatu est, ut curaret, quatenus alias aquas, quas posset, in Urbem perduceret [24] per ampliores ductus. Rivis hic, et opere supra terram, in Capitolium eam aquam duxit, cui ab auctore Marciæ nomen est. Legimus apud Fenestellam, in hæc opera Marcio decretum sestertium IV et octogies [25] : sed quoniam ad consummandum negotium non sufficiebat, spatium præturæ in annum alterum est prorogatum. Eo tempore decemviri, dum aliis ex causis libros Sibyllinos inspiciunt, invenisse dicuntur, non esse aquam Marciam, sed Anionem (de hoc enim constantius traditur) in Capitolium perducendam ; deque ea re in senatu a Lepido pro collegio verba faciente, actum Appio Claudio, Q. Cæcilio consulibus, eamdemque post annum III a L. Lentulo retractatam C. Lælio, Q. Servilio consulibus, sed utroque tempore vicisse gratiam Marcii Regis ; atque ita esse in Capitolium aquam perductam. Concipitur Marcia via Valeria, ad milliarium XXXVI, diverticulo euntibus ab urbe Roma dextrorsus millium passuum III : Sublacensi autem (quæ sub Nerone principe primum strata est) ad milliarium XXXVIII [26]

de la fondation de Rome, sous le consulat de Ser. Sulpicius Galba et de L. Aurelius Cotta, les aqueducs de l'Appia et de l'Anio étant endommagés par la vétusté, et les eaux diminuées par les détournements frauduleux des particuliers, Marcius, qui, alors préteur, rendait la justice dans les affaires entre les citoyens et les étrangers, fut chargé par le sénat de réparer les canaux, et de reprendre les eaux usurpées. En outre, comme l'accroissement de Rome en réclamait une quantité plus considérable, le sénat confia à Marcius le soin d'amener, s'il était possible, de nouvelles eaux dans la ville, au moyen d'aqueducs plus grands. Ce fut lui qui conduisit au Capitole, par des canaux et des travaux au-dessus de terre, l'eau qui, du nom de son auteur, fut appelée Marcia. On lit dans Fenestella qu'il fut accordé à Marcius, pour cette construction, 8,400,000 sesterces; et, comme sa préture expirait avant l'achèvement des travaux, elle fut prorogée pour un an. Dans ce temps les décemvirs, consultant sur d'autres objets les livres Sibyllins, trouvèrent, dit-on, que ce n'était point l'eau Marcia, mais l'Anio, qui devait être conduit au Capitole (telle est, du moins, la tradition la plus accréditée). Lepidus porta l'affaire devant le sénat, en parlant au nom du collége des décemvirs, sous le consulat d'Appius Claudius et de Q. Cécilius. Trois ans après, cette question fut traitée de nouveau par L. Lentulus, sous le consulat de C. Lélius et de Q. Servilius; mais, dans les deux circonstances, le crédit de Marcius Rex prévalut, et, par conséquent, l'eau Marcia fut conduite au Capitole. Elle est prise vis-à-vis la trente-sixième colonne milliaire de la voie Valérienne, au bout d'un détour de 3,000 pas, que l'on fait sur la droite en venant de Rome. A gauche du trente-huitième milliaire de la voie Sublacensis (qui fut pavée pour la première fois sous le principat de

sinistrorsus intra passuum cc²⁷.... statim.... colore perviridi. Ductus ejus habet longitudinem a capite ad Urbem passuum lx millium et mdccx et semis : rivo subterraneo passuum liv millium ccxlvii semis : opere supra terram passuum vii millium cccclxiii ; ex eo longius ab Urbe pluribus locis per Populi Romani valles opere arcuato passuum cccclxiii ; propius Urbem a vii milliario, substructione passuum dxxviii ; reliquo opere arcuato passuum vi millium cccclxxii.

8. Cn. Servilius Cæpio, et L. Cassius Longinus, qui Ravilla appellatus est, censores, anno post Urbem conditam dcxxvii, M. Plautio Hypsæo, Fulvio Flacco consulibus, aquam, quæ vocatur Tepula, ex agro Lucullano, quem quidam Tusculanum credunt, Romam, et in Capitolium adducendam curaverunt. Tepula concipitur via Latina ad x milliarium, diverticulo euntibus ab Roma dextrorsus millium passuum ii ; atque inde rivo suo in Urbem perducebatur.

9. Postea M. Agrippa, ædilis post primum consulatum, imperatore Cæsare Augusto ii, L. Volcatio consulibus, anno post Urbem conditam dccxix ²⁸, ad milliarium ab Urbe xii, via Latina, diverticulo ²⁹ euntibus ab Roma dextrorsus millium passuum duum, alterius proprias vires collegit, et Tepulæ rivum intercepit ³⁰, acquisitæque ab inventore nomen Juliæ datum est : ita tamen divisa erogatione, ut maneret Tepulæ appellatio. Ductus Juliæ efficit longitudinem passuum xv millium cccxxvi : scilicet opere supra terram passuum vii mil-

Néron), cette eau, dans un espace de 200 pas..., est d'une couleur très-verte. Son parcours, depuis sa source jusqu'à Rome, est de 61,710 pas et demi, dont 54,247 et demi en canaux souterrains, 7,400 en ouvrages au-dessus de terre, qui comprennent 463 pas d'arcades établies loin de la ville, en plusieurs endroits de la vallée du Peuple Romain; plus près de la ville, à compter du septième milliaire, 528 pas en substructions, et le reste, 6,472 pas, en arcades.

8. L'an de Rome 627, sous le consulat de M. Plautius Hypséus et de Fulvius Flaccus, les censeurs Cn. Servilius Cépion et L. Crassus Longinus, surnommé Ravilla, amenèrent dans la ville, et au Capitole, l'eau appelée Tepula, prise dans la terre de Lucullus, lieu qui appartient, selon quelques-uns, au territoire de Tusculum. On trouve la tête de l'aqueduc vers le dixième milliaire de la voie Latine, en faisant à droite, quand on vient de Rome, un détour de 2,000 pas. C'est de là qu'elle est conduite, dans son propre canal, jusque dans la ville.

9. Plus tard, sous le deuxième consulat de César Auguste, qui avait pour collègue L. Volcatius, l'an de Rome 719, M. Agrippa, alors édile après son premier consulat, recueillit les sources d'une autre eau, vers le douzième milliaire de la voie Latine, à 2,000 pas sur la droite quand on vient de Rome, et conduisit par l'aqueduc Tepula cette même eau, qui fut appelée Julia, du nom de celui qui l'avait découverte; toutefois, l'aqueduc ayant deux canaux distincts, la Tepula conserva son nom. Le parcours de l'eau Julia est de 15,426 pas, dont 7,000 en ouvrages au-dessus de terre, qui comprennent eux-mêmes 528 pas de substructions établies dans la partie rapprochée de

lium; ex eo in proximis Urbis locis a VII milliario substructione passuum DXXVIII, reliquo opere arcuato passuum VI millium CCCCLXXII. Præter caput Juliæ transfluit aqua quæ vocatur Crabra. Hanc Agrippa omisit, seu quia improbaverat, sive quia Tusculanis possessoribus relinquendam credebat : ea namque est, quam omnes villæ tractus ejus per vicem in dies modulosque certos dispensatam accipiunt. Sed, non eadem moderatione, aquarii nostri partem maximam ejus semper in supplementum Juliæ adjudicaverunt : nec ut Juliam augerent, quam hauriebant largiendo, compendii sui gratia. Exclusa ergo est Crabra [31], et tota jussu imperatoris reddita Tusculanis, qui nunc forsitan non sine admiratione eam sumunt, ignari, cui causæ insolitam abundantiam debeant. Julia autem, revocatis derivationibus, per quas subripiebatur, modum suum, quamvis notabili siccitate, servavit. Eodem anno Agrippa ductus Appiæ, Anionis, Marciæ pæne dilapsos restituit, et singulari cura compluribus salientibus aquis instruxit Urbem.

10. Idem quum jam tertium consul fuisset, C. Sentio, Q. Lucretio consulibus, post annum XIII, quam Juliam deduxerat, Virginem quoque in agro Lucullano collectam Romam perduxit : dies, quo primum in Urbe responderit, V idus junias invenitur. Virgo appellata est, quod quærentibus aquam militibus puella virguncula venas quasdam monstravit, quas sequuti, qui foderant, ingentem aquæ modum invenerunt. Ædicula

Rome, en deçà du septième milliaire, et 6,472 en arcades, formant le reste de la longueur. Près de la source de l'eau Julia, il en coule une autre appelée Crabra. Agrippa ne l'avait pas prise, soit qu'il en fit peu de cas, soit qu'il voulût la laisser aux habitants de Tusculum, qui en avaient joui jusqu'alors : en effet, toutes les maisons de campagne situées sur ce territoire se la distribuent chaque jour, et la reçoivent alternativement dans des proportions déterminées. Mais nos fontainiers, moins désintéressés qu'Agrippa, s'en emparèrent comme d'un supplément destiné à la Julia; et c'était moins pour augmenter celle-ci que pour en faire des distributions à leur profit. Il s'ensuivit que l'eau Crabra fut abandonnée par ordre de l'empereur, et rendue aux Tusculans, qui, maintenant, sont peut-être étonnés de ce retour, ignorant à qui ils sont redevables d'une abondance à laquelle ils n'étaient plus habitués; et l'eau Julia, dont les détournements subreptices ont été repris, eut dès lors tout son volume, même en temps de grande sécheresse. La même année Agrippa restaura les aqueducs, presque en ruine, de l'Appia, de l'Anio, de la Marcia, et apporta un soin particulier à pourvoir la ville de bon nombre de fontaines.

10. Après son troisième consulat, sous celui de C. Sentius et de Q. Lucretius, Agrippa, 13 ans après avoir ramené à Rome l'eau Julia, y fit aussi parvenir l'eau Vierge, qu'il prit dans la terre de Lucullus. Ce fut le cinquième jour des ides de juin qu'elle coula pour la première fois dans la ville. On lui donna le nom de Vierge, parce qu'une jeune fille en montra quelques veines à des soldats qui cherchaient de l'eau, et qui, fouillant d'après ses indications, en trouvèrent une grande quantité. On voit dans un petit temple érigé

fonti apposita hanc originem pictura ostendit [32]. Concipitur ergo via Collatia ad milliarium VIII [33], palustribus locis; signino circumjecto, continendarum scaturiginum causa, adjuvatur, et cum pluribus aliis acquisitionibus venit per longitudinem passuum XIV millium CV : ex eo rivo subterraneo passuum XII millium DCCCLXV : supra terram per passus MCCXL : ex eo substructione rivorum locis compluribus passuum DXL : opere arcuato passuum DCC : acquisitionum ductus rivi subterranei efficiunt passus MCCCCV.

11. Quæ ratio moverit Augustum, pervidentissimum principem, producendi Alsietinam aquam, quæ vocatur Augusta, non satis perspicio, nullius gratiæ, immo etiam parum salubrem, et nusquam in usus populi fluentem; nisi forte quum opus Naumachiæ [34] aggrederetur, ne quid salubrioribus aquis detraheret, hanc proprio opere perduxit, et quod Naumachiæ cœperat superesse, hortis subjacentibus et privatorum usibus ad irrigandum concessit. Solet tamen ex ea in Transtiberina regione, quoties pontes reficiuntur, et a citeriore ripa aquæ cessant, ex necessitate in subsidium publicorum salientium dari. Concipitur ex lacu Alsietino [35], via Claudia, milliario XIV, diverticulo dextrorsus passuum VI millium D. Ductus ejus efficit longitudinem passuum XXII millium CLXXII; opere arcuato passuum CCCLVIII.

12. Idem Augustus in supplementum Marciæ, quoties siccitates egerent auxilio, aliam ejusdem bonitatis

près de la source, une peinture qui rappelle cette origine. La prise d'eau est vers le huitième milliaire de la route de Collatie, dans des lieux marécageux. Un bassin de briques revêtues de ciment reçoit les différentes sources de cette eau, qui, accrue encore par quelques affluents, parcourt un espace de 14,105 pas, comprenant un canal souterrain de 12,865 pas, plus 1,240 pas d'ouvrages au-dessus de terre, dont 540 en substructions sur plusieurs points, et 700 en arcades. Les affluents coulent dans des conduits souterrains, dont la longueur totale est de 1,405 pas.

11. Quel est le motif qui a déterminé Auguste, prince si prévoyant, à introduire à Rome l'eau Alsietina, qu'on nomme aussi Augusta? je l'ignore, car cette eau n'offre aucun agrément : elle est peu salubre, et le peuple n'en tire aucun profit. Peut-être a-t-il voulu éviter de conduire des eaux plus utiles dans la Naumachie, qu'il faisait construire alors, et à laquelle il destina exclusivement cette eau Alsietina ; il accorda même le trop-plein de la Naumachie pour l'irrigation des jardins situés plus bas, et pour différents usages des particuliers. Cependant, les quartiers au delà du Tibre sont forcés, pendant qu'on répare les ponts, ce qui arrête les eaux en deçà du fleuve, de recourir à l'eau Alsietina pour alimenter leurs fontaines publiques. Elle est dérivée du lac Alsietinus, près du quatorzième milliaire de la voie Claudienne, à 6,500 pas sur la droite. Son aqueduc a de longueur 22,172 pas, dont 358 en arcades.

12. Pour suppléer à l'eau Marcia dans les temps de sécheresse, Auguste amena dans l'aqueduc de celle-ci,

opere subterraneo perduxit usque ad Marciæ rivum, quæ ab inventore appellatur Augusta. Nascitur ultra fontem Marciæ, cujus ductus, donec Marciæ accedat, efficit passus DCCC.

13. Post hos C. Cæsar, qui Tiberio successit, quum parum et publicis usibus et privatis voluptatibus septem ductus aquarum sufficere viderentur, altero imperii sui anno, M. Aquillio Juliano, P. Nonio Asprenate consulibus, anno Urbis conditæ DCCLXXXIX, duos ductus inchoavit : quod opus Claudius magnificentissime consummavit[36], dedicavitque[37], Sulla et Titiano consulibus, anno post Urbem conditam DCCCIII, kalendis augustis. Alteri nomen, quæ ex fontibus Cærulo et Curtio perducebatur, Claudiæ datum : hæc bonitatis proxima est Marciæ. Altera, quoniam duæ Aniones in Urbem aquæ fuere cœperant, ut facilius appellationibus dinoscerentur, Anio Novus vocari cœpit ; alias omnes præcedit[38] : priori Anioni cognomentum Veteri adjectum.

14. Claudia concipitur via Sublacensi, ad milliarium XXXVIII[39], diverticulo sinistrorsus intra passus CCC : ex fontibus duobus amplissimis et speciosis, Cærulo (qui a similitudine appellatus est) et Curtio. Accipit et eum fontem, qui vocatur Albudinus, tantæ bonitatis, ut Marciæ quoque adjutorio, quoties opus est, ita sufficiat, ut adjectione sui nihil ex qualitate ejus mutet. Augustæ fons[40], quia Marciam sibi sufficere apparebat, in Claudiam derivatus est, manente nihilominus præ-

par un conduit souterrain, une autre eau non moins bonne, qui fut appelée Augusta, du nom de son auteur. Elle prend sa source au delà de celle de l'eau Marcia, à laquelle elle se joint par un canal de 800 pas.

13. Dans la suite, comme ces sept aqueducs ne paraissaient pas suffisants pour les besoins publics et les plaisirs des particuliers, C. César Caligula, qui succéda à Tibère, en commença deux autres la seconde année de son règne, sous le consulat de M. Aquillius Julianus et de P. Nonius Asprenas, 789 ans après la fondation de Rome. Les travaux furent achevés d'une manière très-somptueuse, et inaugurés par Claude pendant le consulat de Sylla et de Titianus, l'an de Rome 803, aux calendes d'août. On donna le nom de Claudia à celle de ces deux eaux qui est tirée des fontaines Cérulea et Curtia; elle est presque aussi bonne que l'eau Marcia. L'autre fut appelée Nouvel Anio, afin que l'on pût distinguer, par leurs dénominations, les deux eaux dérivées de l'Anio. Cette dernière est la plus abondante de toutes. Le nom de Vieil Anio fut donné à la plus ancienne des deux.

14. L'eau Claudia est prise vers le trente-huitième milliaire de la voie Sublacensis, à 300 pas sur la gauche. Elle est le produit de deux sources très-abondantes et très-belles que l'on nomme, l'une Cérulea, à cause de sa couleur bleuâtre, et l'autre Curtia. Elle reçoit aussi la source appelée Albudina, dont l'eau est tellement bonne, que, réunie à la Marcia, toutes les fois que celle-ci a besoin de supplément, elle ne lui fait rien perdre de sa qualité par son mélange. Comme la Marcia paraissait suffisamment pourvue, on amena dans l'aqueduc Claudia une dérivation de l'eau Augusta,

sidiario in Marciam ; ut ita demum Claudiam aquam adjuvaret Augusta, si eam ductus Marciæ non caperet. Claudiæ ductus habet longitudinem passuum xlvi millium ccccvi. Ex eo rivo subterraneo passuum xxxvi millium ccxxx : opere supra terram passuum x millium clxxvi; ex eo opere arcuato in superiori parte pluribus locis, passuum iii millium lxxvi ; et prope Urbem a vii milliario substructione rivorum per passus dcix, opere arcuato passuum vi millium ccccxci.

15. Anio Novus via Sublacensi, ad milliarium xlii[41] in suo rivo excipitur ex flumine ; quod, quum terras cultas circa se habeat soli pinguis, et inde ripas solutiores, etiam sine pluviarum injuria limosum et turbulentum fluit : ideoque a faucibus ductus interposita est piscina limaria[42], ubi inter amnem et specum consisteret et liquaretur aqua. Sic quoque, quoties imbres superveniunt, turbida pervenit in Urbem. Jungitur ei rivus Herculaneus, oriens eadem via, ad milliarium xxxviii e regione fontium Claudiæ trans flumen viamque, natura purissimus, sed mixtus gratiam splendoris sui amittit. Ductus Anionis Novi efficit passuum lviii millia dcc : ex eo rivo subterraneo passuum xlix millia ccc, opere supra terram passuum ix millia cccc; et ex eo substructionibus aut opere arcuato superiore parte pluribus locis passuum ii millia ccc, et propius Urbem a vii milliario substructione rivorum passuum dcix, opere arcuato passuum vi millia ccccxci. Hi sunt arcus altissimi, sublevati in quibusdam locis cix pedes.

dont le réservoir, cependant, resta ouvert du côté de la Marcia, de manière que, quand le canal de celle-ci ne pourrait la recevoir, elle coulât dans celui de la Claudia. La longueur de ce dernier est de 46,406 pas, dont 36,230 en conduits souterrains, et 10,176 en ouvrages au-dessus de terre, savoir 3,076 pas en arcades dans plusieurs endroits rapprochés de la source, et, plus près de la ville, en deçà du septième milliaire, 609 pas en substructions, plus 6,491 en arcades.

15. Vers le quarante-deuxième milliaire de la voie Sublacensis, le Nouvel Anio est dérivé de la rivière de ce nom, qui, traversant des terres cultivées et un sol gras, détrempe ses rives, et a, même hors des temps de pluie, des eaux limoneuses et troubles. C'est pourquoi on a établi à la tête de l'aqueduc une piscine épuratoire, où l'eau, en sortant de la rivière, se repose et se clarifie avant d'entrer dans son canal; encore arrive-t-elle trouble dans la ville après chaque pluie qui qui survient. A cette conduite on a réuni le ruisseau appelé Herculien, qui a son origine vers le trente-huitième milliaire de la même voie, vis-à-vis les sources de la Claudia, lesquelles sont au delà de la rivière et du chemin. Ce ruisseau est naturellement très-pur; mais il perd, par ce mélange, le mérite de sa limpidité. Le parcours du Nouvel Anio est de 58,700 pas, dont 49,300 en conduits souterrains, et 9,400 en ouvrages au-dessus de terre, savoir 2,300 pas en substructions ou en arcades sur plusieurs points de la partie supérieure, et, plus près de la ville, en deçà du septième milliaire, 609 pas en substructions, plus 6,491 en arcades. Ces arcades, qui sont les plus élevées, ont en certains endroits une hauteur de 109 pieds.

16. Tot aquarum tam multis necessariis molibus Pyramides [43], videlicet otiosas, compares, aut cetera inertia, sed fama celebrata opera Græcorum?

17. Non alienum mihi visum est, longitudines quoque rivorum cujusque ductus etiam per species operum complecti : nam quum maxima hujus officii pars in tutela eorum sit, scire præpositum oportet, quæ majora impendia exigant. Nostræ quidem sollicitudini non suffecit singula oculis subjecisse; formas [44] quoque ductuum facere curavimus [45], ex quibus apparet, ubi valles, quantæque, ubi flumina trajicerentur, ubi montium lateribus specus appliciti majorem assiduamque protegendi muniendique exigant curam [46] : hinc illa contingit utilitas, ut rem statim veluti in conspectu habere possimus, et deliberare tanquam assistentes.

18. Omnes aquæ diversa in Urbem libra proveniunt: inde fluunt quædam altioribus locis, et quædam erigi in eminentiora non possunt : nam et colles si sint, propter frequentiam incendiorum excreverunt rudere. Quinque autem aquarum altitudo in omnem partem Urbis attollitur : sed ex his aliæ majori, aliæ leviori pressura [47] coguntur. Altissimus est Anio Novus [48], proxima Claudia, tertium locum tenet Julia, quartum Tepula, dehinc Marcia, quæ capite etiam Claudiæ libram æquat. Sed veteres humiliore directura perduxerunt, sive nondum ad subtile explorata arte librandi, seu quia ex industria infra terram aquas mergebant, ne facile ab

## DES AQUEDUCS.

16. Comment comparer à ces constructions si nombreuses et si vastes, exigées par cette immense quantité d'eau, les Pyramides, évidemment inutiles, ou les ouvrages oiseux et trop vantés des Grecs ?

17. Il ne m'a point paru hors de propos d'indiquer la longueur de chacun des aqueducs, en observant celle des diverses espèces d'ouvrages qui leur appartiennent : car, mon administration ayant pour objet principal la conservation de ces canaux, il faut que celui à qui elle est confiée sache quelles sont les parties qui nécessitent les plus grandes dépenses. Nous n'avons pas borné nos soins à visiter nous-même tous les aqueducs ; nous en avons fait faire des dessins, où l'on voit les vallées avec leur profondeur, et les rivières que ces canaux traversent, ainsi que les montagnes aux flancs desquelles sont appliqués ceux-là même dont l'entretien et les réparations exigent la surveillance la plus active. A l'aide de ces dessins nous pouvons, pour ainsi dire, voir les objets eux-mêmes, et délibérer sur ce qu'il convient de faire, comme si nous étions sur les lieux.

18. Toutes les eaux arrivent dans Rome à des hauteurs différentes : il en résulte que quelques-unes alimentent des lieux élevés, et que d'autres ne peuvent atteindre certaines éminences, telles que les collines, que les décombres provenant de fréquents incendies ont encore exhaussées. Cinq de ces eaux ont un niveau assez élevé pour se répandre dans toutes les parties de la ville ; mais elles ne sont pas poussées par une égale force de pression. La plus haute est le Nouvel Anio, ensuite la Claudia, en troisième ordre la Julia, en quatrième la Tepula, et en dernier lieu la Marcia, dont la source est cependant aussi élevée que celle de la Claudia ; mais les anciens Romains lui ont laissé, en l'amenant, peu d'élévation, soit qu'ils ne connussent pas encore l'art de niveler avec précision, soit parce

hostibus interciperentur, quum frequentia adhuc contra Italicos bella gererentur. Jam tamen quibusdam locis, sicubi ductus vetustate dilapsus est, omisso circuitu subterraneo vallium, brevitatis causa, substructionibus arcuationibusque trajiciuntur. Sextum tenet libræ locum Anio Vetus, similiter suffecturus etiam altioribus locis Urbis, si, ubi vallium submissarumque regionum conditio exigit, substructionibus arcuationibusque erigeretur. Sequitur hujus libram Virgo, deinde Appia; quæ quum ex urbano agro perducerentur, non in tantum altitudinis erigi potuerunt. Omnibus humilior Alsietina est, quæ Transtiberinæ regioni, et maxime jacentibus locis servit.

19. Ex his sex, via Latina, intra VII milliarium contectis piscinis excipiuntur [49], ubi quasi respirante rivorum cursu, limum deponunt : modus quoque earum mensuris ibidem positis initur. Una autem earum Julia, Marcia, Tepula (quæ intercepta, sicut supra demonstravimus, rivo Juliæ accesserat, nunc a piscina ejusdem Juliæ modum accipit, ac proprio canali et nomine venit) hæ tres a piscinis in eosdem arcus recipiuntur : summus his est Juliæ, inferior Tepulæ, deinde Marciæ. Quæ ad libram collis Viminalis conjunctim infra terram euntes [50], ad Viminalem usque portam deveniunt; ibi rursus emergunt. Prius tamen pars Juliæ, ad Spem Veterem excepta, castellis Cælii montis diffunditur.

qu'ils enfouissaient les conduits, dans le dessein d'ôter à l'ennemi la possibilité de les couper, alors qu'ils avaient souvent des guerres à soutenir contre les peuples de l'Italie. Maintenant, comme on le voit déjà en plusieurs endroits, quand un conduit est ruiné par la vétusté, on abandonne le détour souterrain qu'exigeaient les vallées, et l'on fait passer les eaux sur des substructions et des arcades, pour en abréger le parcours. Le Vieil Anio est, par sa hauteur, au sixième rang ; et il parviendrait aussi à des endroits élevés de la ville, s'il était soutenu par des massifs et des arcades, que nécessiteraient les vallées et les régions basses qu'il aurait à traverser. Vient ensuite le niveau de l'eau Vierge, et après, celui de l'Appia. Prises dans les champs voisins de Rome, ces deux dernières ne pouvaient avoir autant de hauteur que les autres. Enfin, la moins élevée est l'Alsietina, qui se distribue dans la région au delà du Tibre, et même dans les parties les plus basses.

19. Près du septième milliaire de la voie Latine, six de ces eaux sont reçues dans des piscines couvertes, où, suspendant en quelque sorte leurs cours, elles déposent leur limon. Là leur volume est reconnu, au moyen de mesures qui y sont placées. Trois d'entre elles, la Julia, la Marcia et la Tepula (celle-ci qui avait été détournée, comme nous l'avons dit plus haut, pour être reçue dans l'aqueduc de l'eau Julia, sort maintenant de la piscine de cette dernière en quantité déterminée, et coule dans son propre canal, et sous son nom), ces trois eaux, dis-je, quittant leurs piscines respectives, vont prendre place sur les mêmes arcades. La Julia y occupe le canal supérieur ; au-dessous est celui de la Tepula, sous lequel, enfin, se trouve celui de la Marcia. Parvenues au niveau de la pente du Viminal, elles entrent sous terre l'une à côté de l'autre, et coulent ainsi jusque vers la porte Viminale, où elles reparais-

Marcia autem partem sui post hortos Pallantianos [51] in rivum, qui vocatur Herculaneus, dejicit [52], per Cælium. Ductus ipsius, montis usibus nihil ut inferior subministrans, finitur supra portam Capenam.

20. Anio Novus et Claudia a piscinis in altiores arcus recipiuntur, ita ut superior sit Anio. Finiuntur arcus earum post hortos Pallantianos, et inde in usum Urbis fistulis deducuntur: partem tamen sui Claudia prius in arcus, qui vocantur Neroniani, ad Spem Veterem transfert. Hi directi per Cælium montem, juxta templum divi Claudii terminantur. Modum, quem acceperunt, aut circa ipsum montem, aut in Palatium, Aventinumque, et regionem Transtiberinam dimittunt.

21. Anio Vetus, citra IV milliarium [53].... a Latina in Lavicanam inter arcus trajicit: et ipse piscinam habet; inde intra II milliarium partem dat se in specum, qui vocatur Octavianus, et pervenit in regionem viæ Novæ ad hortos Asinianos, unde per illum tractum distribuitur. Rectus vero ductus, secundum Spem Veterem veniens intra portam Esquilinam, in altos rivos per Urbem deducitur.

22. Nec Virgo, nec Appia, nec Alsietina conceptacula, id est piscinas, habent. Arcus Virginis initium habent sub hortis Lucilianis, finiuntur in campo Martio secundum frontem Septorum [54]. Rivus Appiæ sub Cælio monte et Aventino actus emergit, ut diximus, infra

sent; mais auparavant une partie de la Julia est dérivée dans la direction de la Vieille Espérance, et va se répandre dans les châteaux d'eau du mont Célius. La Marcia se jette en partie derrière les jardins de Pallante, dans le ruisseau appelé Herculien, et traverse le Célius. Son aqueduc, qui ne fournit rien à cette colline, parce que son niveau est trop bas, aboutit au-dessus de la porte Capène.

20. Le Nouvel Anio et la Claudia passent de leurs piscines sur de hautes arcades, où le Nouvel Anio occupe le conduit le plus élevé, et qui se terminent derrière les jardins de Pallante; de là les eaux sont conduites dans la ville par des tuyaux, sauf une partie de la Claudia, que les arcades appelées Néroniennes transportent à la Vieille Espérance. Ces arcades, passant par le mont Célius, vont se terminer près du temple de Claude. Tout le volume d'eau qu'elles conduisent se distribue sur le Célius, sur le Palatin, sur l'Aventin, et dans la région au delà du Tibre.

21. En deçà du quatrième milliaire, dans la direction de la voie Latine à la voie Lavicane, le Vieil Anio passe entre des arcades. Il a aussi une piscine épuratoire; et, vers le deuxième milliaire, une partie de ses eaux entre dans le canal appelé Octavien, qui aboutit au quartier de la voie Neuve, près des jardins Asiniens, d'où elle se distribue aux environs. Quant à l'aqueduc principal de l'Anio Vieux, il passe près de la Vieille Espérance, entre par la porte Esquiline, et répand ses eaux dans la ville par des canaux élevés.

22. L'eau Vierge, l'Appia et l'Alsietina n'ont pas de ces réservoirs ou piscines. Les arcades de l'eau Vierge commencent au-dessous des jardins de Lucilius et finissent au champ de Mars, en face des Septes. Le canal de l'Appia, dirigé sous le mont Célius et sous l'Aventin, reparaît, comme nous l'avons dit, au bas

clivum Publicii. Alsietinæ ductus post Naumachiam, cujus causa videtur esse factus, finitur.

23. Quoniam auctores cujusque aquæ, et ætates, præterea origines [55], et longitudines rivorum, et ordinem libræ persequutus sum; non alienum mihi videtur etiam singula subjicere, et ostendere, quanta sit copia, quæ publicis privatisque non solum usibus et auxiliis, verum etiam voluptatibus sufficit, et per quot castella, quibusque regionibus deducatur, quantum extra Urbem, quantum intra Urbem, et ex eo, quantum lacubus, quantum muneribus, quantum operibus publicis, quantum nomine Cæsaris, quantum privatis usibus erogetur. Sed rationis existimo, priusquam nomina quinariarum, centenariarumque, et ceterorum modulorum, per quos mensura constituta est, proferamus, et indicare, quæ sit eorum origo, quæ vires [56], et quid quæque appellatio significet; propositaque regula, ad quam ratio eorum et initium computatur, ostendere, qua ratione discrepantia invenerim, et quam emendandi viam sim sequutus.

24. Aquarum moduli, aut ad digitorum, aut ad unciarum mensuram instituti sunt. Digiti in Campania, et in plerisque Italiæ locis; uncia in.... observatur [57]. Est autem digitus, ut convenit, sextadecima pars pedis, uncia duodecima. Quemadmodum autem inter unciam et digitum diversitas, ita et ipsius digiti simplex observatio non est. Alius vocatur quadratus, alius rotundus. Quadratus tribus quartisdecimis suis

de la descente de Publicius. L'aqueduc de l'Alsietina se termine derrière la Naumachie, pour laquelle il semble avoir été construit.

23. Après avoir indiqué pour chacun des aqueducs, les noms de leurs auteurs, la date de leur construction, ensuite leurs origines et les diverses longueurs de leurs conduits, ainsi que la hauteur relative de leurs niveaux, j'ai pensé qu'il n'était point hors de propos de les reprendre tous séparément, de faire connaître l'énorme quantité d'eau qu'ils fournissent non-seulement aux usages et aux besoins du public et des particuliers, mais encore à leurs plaisirs; le nombre des châteaux d'eau, les régions que parcourent les conduits, l'eau qui se distribue tant hors de la ville qu'à l'intérieur, et de dire combien il en est accordé pour les réservoirs; pour les spectacles, pour les travaux publics, combien au nom de César, et combien pour l'usage des particuliers. Mais, avant de donner l'énumération des quinaires, des centenaires, et des autres modules qui constituent la mesure des eaux, il est rationnel, selon moi, d'indiquer leur origine, leur valeur et leur signification; et, après avoir donné la règle qui sert à déterminer leurs rapports et leur formation, je montrerai comment j'ai découvert des erreurs, et quel procédé j'ai suivi pour les rectifier.

24. Les modules ont d'abord été établis d'après les doigts ou d'après les onces. On compte par doigt dans la Campanie et dans presque toute l'Italie; l'once est en usage.... Le doigt est, comme on sait, la seizième partie du pied, l'once la douzième. Et, de même qu'il y a une différence entre l'once et le doigt, on trouve aussi dans le doigt deux formes diverses. On distingue le doigt carré et le doigt rond. Le carré est de trois quatorzièmes de ses parties plus grand que le rond; et celui-ci est de trois onzièmes des siennes

rotundo major. Rotundus, tribus undecimis suis quadrato minor est, scilicet quia anguli deteruntur [58].

25. Postea modulus, nec ab uncia, nec ab alterutro digitorum originem accipiens, inductus, ut quidam putant, ab Agrippa, ut alii, a plumbariis per Vitruvium architectum, in usum Urbis, exclusis prioribus, venit, appellatus quinario nomine. Qui autem Agrippam auctorem faciunt, dicunt, quod quinque antiqui moduli exiles, et velut puncta, quibus olim aqua, quum exigua esset, dividebatur, in unam fistulam coacti sunt. Qui Vitruvium et plumbarios, ab eo, quod plumbea lamina plana, quinque digitorum latitudinem habens [59], circumacta in rotundum, hunc fistulæ modulum efficiat. Sed hoc incertum est; quoniam, quum circumagitur, sicut interiore parte attrahitur, ita per illam, quæ foras spectat, extenditur. Maxime probabile est, quinariam dictam a diametro quinque quadrantum [60], quæ ratio in sequentibus quoque modulis, usque ad vicenariam durat; diametro per singulos adjectione singulorum quadrantum crescente: ut in senaria, quæ sex scilicet quadrantes in diametro habet; et septenaria, quæ septem; et deinceps simili incremento usque ad vicenariam.

26. Omnis autem modulus colligitur aut diametro, aut perimetro, aut areæ mensura; ex quibus et capacitas apparet. Differentiam unciæ, digiti quadrati, et digiti rotundi, et ipsius quinariæ, ut facilius dinoscamus, utendum est substantia quinariæ, qui modulus

plus petit que le carré, à cause du retranchement des parties angulaires.

25. Vint ensuite un module qui ne tire son origine ni de l'once, ni d'aucune des deux espèces de doigts, et qui fut mis en usage à Rome par Agrippa, selon l'opinion de quelques-uns, et selon d'autres, par les plombiers placés sous l'autorité de l'architecte Vitruve. Il fut adopté à l'exclusion des autres, et reçut le nom de quinaire. Ceux qui font Agrippa auteur de ce module, disent qu'on l'appela quinaire, parce qu'on réduisit en une seule mesure cinq petits modules anciens, appelés points, au moyen desquels on distribuait autrefois l'eau quand elle était en faible quantité. Ceux qui l'attribuent à Vitruve et aux plombiers, se fondent sur ce qu'une lame de plomb de cinq doigts de largeur, arrondie en forme de tube, fait un tuyau de cette mesure. Mais cette manière de l'apprécier est peu exacte : car, lorsqu'on courbe cette lame, la partie intérieure se resserre, et la partie extérieure s'étend. Ce qu'il y a de plus probable, c'est que le nom de quinaire vient du diamètre, qui est de cinq quarts de doigt, proportion qui s'applique également aux autres modules jusqu'au vicenaire, chacun d'eux prenant son accroissement de l'addition successive d'un quart de doigt au diamètre : ainsi le senaire a six quarts de doigt de diamètre, le septenaire sept, et ainsi de suite jusqu'au vicenaire.

26. Tout module s'évalue, soit par le diamètre, soit par le périmètre, soit par l'aire de l'entrée du tuyau ; c'est ce qui fait connaître sa capacité. Pour saisir plus facilement la différence que présentent l'once, le doigt carré, le doigt rond et le quinaire, nous prendrons pour base le quinaire lui-même, module le mieux

et certissimus, et maxime receptus est. Unciae ergo modulus habet diametri digitum unum et trientem digiti; capit quinariam, et plus quam quinariae octavam, hoc est sescunciam quinariae, et scripula tria, et bessem scripuli [61]. Digitus quadratus, in rotundum redactus, habet diametri digitum unum et digiti sescunciam, scripulum : capit quinariae dodrantem, semunciam, sicilicum. Digitus rotundus habet diametri digitum unum; capit quinariae septuncem, semunciam, sextulam.

27. Ceterum moduli, qui a quinaria oriuntur, duobus generibus incrementum accipiunt. Est unum, quum ipsa multiplicatur, id est eodem lumine plures quinariae includuntur : in quibus, secundum adjectionem quinariarum, amplitudo luminis crescit. Est autem fere nunc in usum : quum plures quinariae impetratae, ne in viis saepius convulneretur una fistula, excipiuntur in castellum [62], ex quo singuli suum modum recipiunt.

28. Alterum genus est, quoties non ad quinariarum necessitatem fistula incrementum capit, sed ad diametri sui mensuram ; secundum quod et nomen accipit, et capacitatem ampliat : ut, puta, quinaria, quum adjectus est ei ad diametrum quadrans, senarium facit ; nec jam in solidum capacitatem ampliat [63] : capit enim quinariam unam, et quincuncem, sicilicum ; et deinceps eadem ratione quadrantibus diametro adjectis, ut supra dictum est, crescunt septenaria, octonaria, usque ad vicenariam.

déterminé, et le plus généralement adopté. Ainsi, le module de l'once a de diamètre un doigt et un tiers de doigt : il contient un quinaire et plus d'un huitième de quinaire, c'est-à-dire un quinaire plus un huitième, trois scrupules deux tiers. Le doigt carré, réduit en rond, a de diamètre un doigt, un huitième de doigt et un scrupule : il contient les trois quarts d'un quinaire, plus une demi-once et un sicilique. Le doigt rond a un doigt de diamètre : il équivaut à sept onces et demie et un sixième d'once de quinaire.

27. Au reste, il y a pour les modules dérivés du quinaire deux modes d'accroissement. Le premier est la multiplication du quinaire lui-même, c'est-à-dire l'admission de plusieurs quinaires dans le même orifice, d'où il résulte que la grandeur de cet orifice est en raison du nombre des quinaires. Mais, par un usage généralement observé de nos jours, quand il a été fait concession de plusieurs quinaires, au lieu de les conduire tous dans un même tuyau, qui serait trop souvent percé le long des chemins, on les réunit dans un château d'eau, où l'on en fait la répartition.

28. L'autre mode d'accroissement n'est point basé sur le nombre des quinaires, mais sur la mesure du diamètre; de là vient le nom des modules, ainsi que l'augmentation de leur capacité. Par exemple, un quinaire au diamètre duquel on ajoute un quart de doigt, devient un senaire, dont, toutefois, la capacité n'augmente pas dans la proportion indiquée par ce mot, puisqu'il ne contient qu'un quinaire, cinq onces et un sicilique; et, au moyen de cette addition successive d'un quart de doigt aux diamètres, comme on l'a dit plus haut, on obtient les septenaires, les octonaires, jusqu'aux vicenaires.

29. Subsequitur illa ratio, quæ constat ex numero digitorum quadratorum, qui area, id est lumine cujusque moduli, continentur; a quibus et nomen fistulæ accipiunt : nam quæ habet areæ, id est luminis in rotundum coacti, digitos quadratos viginti quinque, vicenumquinum appellatur : similiter tricenaria, et deinceps per incrementum digitorum quadratorum, usque ad centenumvicenum.

30. In vicenaria fistula, quæ in confinio utriusque rationis posita est, utraque ratio pæne congruit. Nam habet secundum eam computationem, quæ in antecedentibus modulis servanda est, in diametro quadrantes viginti, quum diametri ejusdem digiti quinque sint : et, secundum eorum modulorum rationem, qui sequuntur ad eam, habet digitorum quadratorum exiguo minus viginti [64].

31. Ratio fistularum quinariarum, usque ad centenumvicenum, per omnes modulos ita se habet, ut ostendimus; et omni genere inita constat sibi : convenit et cum his modulis, qui in commentariis invictissimi et piissimi principis positi et confirmati sunt. Sive itaque ratio, sive auctoritas sequenda est, utroque commentariorum moduli prævalent. Sed aquarii quum manifestæ rationi pluribus consentiant, in quatuor modulis novaverunt, duodenaria, et vicenaria, et centenaria, et centenumvicenum.

32. Et duodenariæ quidem nec magnus error, nec usu frequens est : cujus diametro adjecerunt digiti

29. Vient ensuite la supputation qui a pour base le nombre des doigts carrés contenus dans l'aire, c'est-à-dire dans l'orifice de chaque module. C'est de là aussi que les tuyaux prennent leur dénomination : car celui dont l'aire, ou l'orifice arrondi, contient vingt-cinq doigts carrés, est appelé tuyau de vingt-cinq. On forme de même le trentenaire, et, par l'augmentation successive des doigts carrés, on s'élève jusqu'au tuyau de cent vingt.

30. Dans le tuyau vicenaire, les deux manières de compter, dont il est la limite, offrent presque le même résultat : car, d'après le calcul établi pour les premiers modules, son diamètre, étant de cinq doigts entiers, contient vingt quarts de doigt ; et, selon l'évaluation de la seconde série des modules, ce même tuyau donne un peu moins de vingt doigts carrés.

31. La proportion des tuyaux quinaires, jusqu'à celui de cent vingt, est établie pour tous les modules comme nous l'avons indiqué, et reste la même dans tous les cas : d'ailleurs, elle est conforme à celle des modules déterminés par les règlements de notre très-invincible et très-pieux empereur. Aussi, soit que l'on adhère à la raison, soit qu'on se soumette à l'autorité, les modules ainsi consacrés font loi. Cependant, les fontainiers, tout en observant le plus souvent la règle reconnue, ont modifié quatre modules, le duodénaire, le vicenaire, le centenaire, et celui de cent vingt.

32. L'erreur n'est pas grande sur le duodénaire, module qui est d'ailleurs peu en usage : ils ont ajouté

semunciam, sicilicum ; capacitati quinariæ quadrantem [65]. In reliquis autem tribus modulis plus deprehenditur. Vicenariam exiguiorem faciunt diametro digiti semisse; capacitate quinariis tribus et semuncia [66], quo modulo plerumque erogatur. Centenaria autem et centenumvicenum, quibus assidue accipiunt, non minuuntur, sed augentur. Diametro enim centenariæ adjiciunt digiti bessem, et semunciam ; capacitati quinarias x, semissem, semunciam, sicilicum. Centumvicenum diametro adjiciunt digitos tres, septuncem, semunciam ; capacitati quinarias LXV, dodrantem, sicilicum.

33. Ita, dum aut vicenariæ, qua subinde erogant, detrahunt, aut centenariæ, aut centenumvicenum adjiciunt, quibus semper accipiunt, intercipiuntur in centenaria quinariæ XXV dextans, sextula; in centenumvicenum quinariæ LXXXIV, uncia, sicilicus : quod quum ratione approbetur [67], re quoque ipsa manifestum est. Nam pro vicenaria, quam Cæsar pro quinariis sexdecim assignat, non plus erogant, quam tresdecim ; et ex centenaria, quam ampliaverunt, æque certum est, illos non erogare nisi ad arctiorem numerum : quia Cæsar, secundum suos Commentarios, quum ex quaque centenaria explevit quinarias LXXXI, semissem; item ex centenumvicenum quinarias XCVII et dodrantem (tanquam exhausto modulo) desinit distribuere.

34. In summa moduli sunt XXV [68] : omnes consentiunt

à son diamètre une demi-once et un sicilique de doigt, et ont ainsi augmenté d'un quart de quinaire sa capacité. Dans les trois autres modules, le changement est plus considérable : ils réduisent d'un demi-doigt le diamètre du vicenaire, ce qui ôte à sa capacité trois quinaires et une demi-once : c'est le module, ainsi réduit, qu'ils emploient le plus souvent dans les distributions d'eau. Quant au centenaire, et à celui de cent vingt, dont ils se servent toujours pour recevoir l'eau, ils ne les diminuent pas, mais ils les augmentent : ils ajoutent au diamètre du centenaire deux tiers de doigt et une demi-once, et donnent ainsi de trop à sa capacité 10 quinaires et demi, une demi-once et un sicilique. Enfin, ils ajoutent au diamètre du tuyau de cent vingt, trois doigts sept onces et demie, et à sa capacité, 65 quinaires, trois quarts et un sicilique.

33. Ainsi, d'un côté, en réduisant le vicenaire, avec lequel ils distribuent ordinairement, et, d'autre part, en en augmentant le centenaire et celui de cent vingt, modules avec lesquels ils reçoivent toujours, les fontainiers gagnent sur le centenaire 25 quinaires, dix onces un sixième, et sur celui de cent vingt, 84 quinaires, une once, un sicilique. Le calcul peut le prouver aussi bien que le fait, qui est évident : car pour le vicenaire, que César a fixé à seize quinaires, ils n'en donnent que treize; et, ce qui est également certain, après avoir augmenté le centenaire, ils le réduisent, pour les distributions, à la quantité la plus faible, s'autorisant de ce que César a, par ses règlements, arrêté la distribution à 81 quinaires et demi pour le centenaire, et à 97 quinaires, neuf onces pour le tuyau de cent vingt, comme si ces modules ne pouvaient fournir davantage.

34. En somme, il y a 25 modules. Tous sont

et rationi, et commentariis, exceptis his quatuor quos aquarii novaverunt. Omnia autem, quæ mensura continentur, certa et immobilia congruere sibi debent; ita enim universitati ratio constabit. Et quemadmodum (verbi gratia) sextarii ratio ad cyathos [69], modii vero et ad sextarios, et ad cyathos respondent; ita et quinariarum multiplicatio in amplioribus modulis servare consequentiæ suæ regulam debet: alioquin, quum in erogatorio modulo minus invenitur, in acceptorio plus, apparet non errorem esse, sed fraudem.

35. Meminerimus, omnem aquam, quoties ex altiore loco venit, et intra breve spatium in castellum cadit, non tantum respondere modulo suo, sed etiam exuberare; quoties vero ex humiliore, id est minore pressura, longius ducatur, segnitia ductus modum quoque deperdere: ideo secundum hanc rationem, aut onerandam esse erogationem, aut relevandam.

36. Sed et calicis positio habet momentum: in rectum et ad libram collocatus modum servat; ad cursum aquæ oppositus, et devexus, amplius rapit; ad latus prætereuntis aquæ conversus, et supinus, nec ad haustum pronus, segniter exiguum sumit. Est autem calix modulus æneus [70], qui rivo vel castello induitur, huic fistulæ applicantur: longitudo ejus habere debet digitos non minus xii; lumen, id est capacitatem, quanta imperata fuerit. Excogitatus videtur, quoniam

dans une juste proportion, et conformes aux règlements, à l'exception des quatre que les fontainiers ont changés. En général, les objets compris dans un même système de mesure doivent tous avoir entre eux des rapports fixes et immuables : il y a ainsi dans tout l'ensemble une harmonie constante. De même que, par exemple, la relation du setier et du cyathe se trouve encore entre le muid, le setier et le cyathe lui-même, ainsi la multiplication du quinaire doit conserver dans les modules plus grands une progression régulière; autrement, si l'on réduit la capacité des modules qui servent aux distributions, et que l'on augmente celle des modules par lesquels on reçoit l'eau, il est clair qu'il n'y a plus là une erreur, mais bien une fraude.

35. Il faut noter que, si l'eau vient d'un lieu élevé, et ne franchit que peu d'espace, elle fournit même plus que son module ; et que, au contraire, lorsqu'elle arrive d'un lieu plus élevé, par conséquent avec moins de charge, et de plus loin, le défaut de vitesse lui fait donner moins que son module : il convient donc d'agrandir ou de diminuer, en raison du déchet ou de l'excédant, les tuyaux de distribution.

36. La position du calice a aussi son importance. Placé de niveau, et formant angle droit avec le courant, il donne la quantité déterminée : s'il présente directement son ouverture au cours de l'eau, et qu'il soit incliné, il en prend trop; si, étant placé de côté, il revient en arrière et en se relevant, au lieu d'être incliné, il donnera peu, et avec lenteur. Le calice est un module d'airain, qui prend son ouverture dans le canal ou dans le château d'eau, et auquel s'adaptent les tuyaux de distribution. Sa longueur doit être de 12 doigts au moins, et son orifice, c'est-à-dire sa capacité, proportionné à la quantité d'eau qu'il doit fournir.

rigore æris difficiliore ad flexum, non timeri potest laxari [71], vel coarctari formulas modulorum.

37. Qui sunt omnes xxv subjecti, quamvis in usu xv tantum frequentes sint; directam ad rationem, de qua loquuti sumus; emendatis quatuor, quos aquarii novaverant: secundum quam et fistulæ omnes, quæ opus facient, dirigi debent; aut, si hæ fistulæ manebunt, ad quinarias, quas capient, computari.

38. Qui non sunt in usu moduli, in ipsis est annotatum, et [72].... Unciæ modulus habet diametri digitum unum, et trientem digiti; capit quinariam, et plus quam quinariæ octavam [73], hoc est sescunciam quinariæ, et scripula tria, et bessem scripuli. Digitus quadratus in longitudine, et latitudine æqualis est. Digitus quadratus in rotundum redactus, habet diametri digitum unum, et digiti sescunciam, scripulum; capit quinariæ dodrantem, semunciam, sicilicum [74]. Digitus rotundus habet diametri digitum unum; capit quinariæ septuncem, semunciam, sextulam [75].

39. Fistula quinaria diametri digitum unum, quadrantem; perimetri digitos tres [76], deuncem, scripula III; capit quinariam unam.

40. Fistula senaria diametri digitum unum, semissem · perimetri digitos quatuor, bessem, semunciam, scripulum; capit quinariam unam, quincuncem, sicilicum.

On a sans doute imaginé de le faire en bronze, parce que, grâce à la dureté de ce métal, qui ploie très-difficilement, on n'a pas à craindre que les tuyaux soient élargis ou resserrés.

37. Ces modules, au nombre de 25, dont 15 seulement sont d'un fréquent usage, vont être décrits ci-après, conformément au système d'évaluation que nous avons indiqué; et nous rectifierons les quatre modules altérés par les fontainiers. C'est ce même système qu'on devra suivre pour établir tous les tuyaux dont on aura besoin; ou bien, si on laisse subsister ceux qui ont été altérés, il faudra aussi les évaluer d'après le nombre réel des quinaires qu'ils fourniront.

38. Les modules qui ne sont pas en usage sont désignés ici même, et.... Le module de l'once a de diamètre un doigt et un tiers : il contient un quinaire et un peu plus d'un huitième, c'est-à-dire une once et demie de quinaire, trois scrupules deux tiers. Le doigt carré a sa longueur et sa largeur égales. Réduit en rond, il a de diamètre un doigt, une once et demie et un scrupule; il contient neuf onces et demie et un sicilique de quinaire. Le doigt rond a un doigt de diamètre, et fournit sept onces et demie et un soixante-douzième de quinaire.

39. Le tuyau quinaire a de diamètre un doigt et un quart, et son périmètre est de trois doigts, onze onces, 3 scrupules; il contient un quinaire.

40. Le senaire a un doigt et demi de diamètre, et de circonférence quatre doigts, huit onces et demie et un scrupule; il donne un quinaire, cinq onces et un sicilique.

41. Fistula septenaria diametri digitum unum, dodrantem; perimetri digitos v, semissem; capit quinariam unam, deuncem, semunciam. In usu non est.

42. Fistula octonaria diametri digitos duos; perimetri digitos sex, quadrantem, duellam; capit quinarias duas, semissem, semunciam, sicilicum.

43. Fistula denaria diametri digitos duos, et semissem; perimetri digitos septem, dextantem, sicilicum; capit quinarias quatuor.

44. Fistula duodenaria diametri digitos tres; perimetri digitos ix, quincuncem, scripula ii; capit quinarias v, dodrantem. In usu non est. Alia apud aquarios habebat diametri digitos tres, semunciam, sicilicum: capacitatis quinarias sex.

45. Fistula quinumdenum diametri digitos tres, dodrantem; perimetri digitos xi, dodrantem, duellam; capit quinarias ix.

46. Fistula vicenaria diametri digitos quinque, perimetri digitos xv, bessem, semunciam; capit quinarias xvi. Apud aquarios habebat diametri digitos quatuor, semissem; capacitatis quinarias xii, deuncem, semunciam.

47. Fistula vicenumquinum diametri digitos v, septuncem, semunciam, sextulam, scripulum [77]; perimetri digitos xvii, bessem, semunciam, sicilicum; capit quinarias xx, trientem, semunciam. In usu non est.

48. Fistula tricenaria [78] diametri digitos vi, sextan-

41. Le septenaire a un doigt trois quarts de diamètre, et son périmètre est de 5 doigts et demi; il contient un quinaire onze onces et demie. Il n'est pas en usage.

42. L'octonaire a deux doigts de diamètre; son périmètre est de six doigts, trois onces un tiers. Il donne deux quinaires et demi, une demi-once et un sicilique.

43. Le dénaire a de diamètre deux doigts et demi, et de périmètre sept doigts, dix onces et un sicilique; il contient quatre quinaires.

44. Le duodénaire a trois doigts de diamètre, et son périmètre est de 9 doigts, cinq onces, 2 scrupules; il contient cinq quinaires trois quarts. Il n'est pas en usage. Les fontainiers avaient porté son diamètre à trois doigts, une demi-once et un sicilique, et sa capacité à six quinaires.

45. Le quindénaire a de diamètre trois doigts trois quarts, et de circonférence 11 doigts, neuf onces un tiers; il donne 9 quinaires.

46. Le vicenaire a cinq doigts de diamètre, et son périmètre est de 15 doigts, huit onces et demie. Il contient 16 quinaires. Les fontainiers avaient réduit son diamètre à quatre doigts et demi, et sa capacité à 12 quinaires, onze onces et demie.

47. Le tuyau de vingt-cinq doigts carrés a de diamètre 5 doigts, sept onces, dix-sept scrupules, et son périmètre est de 17 doigts, huit onces trois quarts; il contient 20 quinaires, quatre onces et demie. Il n'est pas en usage.

48. Le tuyau de trente doigts a de diamètre 6 doigts,

tem, sextulam; perimetri digitos xix, quincuncem; capit quinarias xxiv, quincuncem, duellam.

49. Fistula tricenumquinum diametri digitos vi, bessem, scripula iii; perimetri digitos xx, deuncem, semunciam, sicilicum; capit quinarias xxviii, semissem, sicilicum. In usu non est.

50. Fistula quadragenaria diametri digitos vii, sescunciam, sextulam; perimetri digitos xxii, quincuncem; capit quinarias xxxii, septuncem, sextulam.

51. Fistula quadragenumquinum diametri digitos vii, semissem, semunciam, duellam; perimetri digitos xxiii, dodrantem, duellam; capit quinarias xxxvi, bessem. In usu non est.

52. Fistula quinquagenaria diametri digitos vii, deuncem, semunciam, sicilicum; perimetri digitos xxv, semunciam sicilicum; capit quinarias xl, dodrantem.

53. Fistula quinquagenumquinum diametri digitos viii, trientem, sicilicum, sextulam; perimetri digitos xxvi, quadrantem, semunciam; capit quinarias xliv, dodrantem, semunciam, duellam. In usu non est.

54. Fistula sexagenaria diametri digitos viii, bessem, semunciam, duellam, scripulum; perimetri digitos xxvii, quincuncem, semunciam : capit quinarias xlviii, dextantem, semunciam, sextulam.

55. Fistula sexagenumquinum diametri digitos ix, unciam, sextulam; perimetri xxviii, semissem, semunciam, sicilicum, sextulam; capit quinarias lii, deuncem, semunciam. In usu non est.

deux onces un sixième, et de périmètre, 19 doigts, cinq onces ; son produit est de 24 quinaires, cinq onces un tiers.

49. Le tuyau de trente-cinq doigts a de diamètre 6 doigts, huit onces, 3 scrupules, et de circonférence 20 doigts, onze onces trois quarts; il produit 28 quinaires, six onces un quart. Il n'est pas en usage.

50. Le tuyau de quarante doigts a de diamètre 7 doigts, une once, seize scrupules, et de circonférence 22 doigts, cinq onces; il donne 32 quinaires, sept onces un sixième.

51. Le tuyau de quarante-cinq doigts a de diamètre 7 doigts, six onces, vingt scrupules, et de circonférence 23 doigts, neuf onces un tiers. Il contient 36 quinaires deux tiers; il n'est pas en usage.

52. Le tuyau de cinquante doigts a de diamètre 7 doigts, onze onces trois quarts ; son périmètre est de 25 doigts et trois quarts d'once; il contient 40 quinaires, neuf onces.

53. Le tuyau de cinquante-cinq doigts a de diamètre 8 doigts, quatre onces, dix scrupules ; son périmètre est de 26 doigts, trois onces et demie. Il contient 44 quinaires, neuf onces, vingt scrupules; il n'est pas en usage.

54. Le tuyau de soixante doigts a de diamètre 8 doigts, huit onces, vingt et un scrupules, et de circonférence, 27 doigts, cinq onces et demie : il donne 48 quinaires, dix onces, seize scrupules.

55. Le tuyau de soixante-cinq doigts a de diamètre 9 doigts, une once et un sextule; son périmètre est de 28 doigts, six onces, vingt-deux scrupules; il contient 52 quinaires, onze onces et demie. Il n'est pas en usage.

56. Fistula septuagenaria diametri digitos ix, quincuncem, duellam; perimetri digitos xxix, bessem; capit quinarias lvii, semunciam.

57. Fistula septuagenumquinum diametri digitos ix, dodrantem, sicilicum; perimetri digitos xxx, bessem, duellam; capit quinarias lxi, unciam, duellam. In usu non est.

58. Fistula octogenaria diametri digitos x, semunciam, duellam, sicilicum; perimetri digitos xxxi, bessem, duellam; capit quinarias lxv, sextantem, sicilicum.

59. Fistula octogenumquinum diametri digitos x, trientem, semunciam, duellam; perimetri digitos xxxii, bessem, sextulam; capit quinarias lxix, quadrantem, sextulam. In usu non est.

60. Fistula nonagenaria diametri digitos x, bessem, duellam, scripula iii; perimetri digitos xxxiii, septuncem, duellam, sicilicum; capit quinarias lxxiii, trientem.

61. Fistula nonagenumquinum diametri digitos xi; perimetri digitos xxxiv, semissem, semunciam, sextulam; capit quinarias lxxvii, quincuncem. In usu non est.

62. Fistula centenaria diametri digitos xi, quadrantem, sicilicum, sextulam; perimetri digitos xxxv, quincuncem, sicilicum, sextulam; capit quinarias lxxxi, quincuncem, semunciam, duellam. Apud aquarios habebat diametri digitos xi, deuncem, semunciam, sicilicum, sextulam : capacitatis quinarias xcii, duellam, sicilicum.

## DES AQUEDUCS. 411

56. Le tuyau de soixante-dix doigts a de diamètre 9 doigts, cinq onces un tiers; son périmètre est de 29 doigts deux tiers. Il fournit 57 quinaires et une demi-once.

57. Le tuyau de soixante-quinze doigts a de diamètre 9 doigts, neuf onces et un sicilique, et de circonférence 30 doigts, huit onces un tiers; il contient 61 quinaires, une once et un tiers. Il n'est pas en usage.

58. Le tuyau de quatre-vingts doigts a de diamètre 10 doigts, une once, deux scrupules, et de circonférence 31 doigts, huit onces un tiers; il contient 65 quinaires, deux onces, un sicilique.

59. Le tuyau de quatre-vingt-cinq doigts a de diamètre 10 doigts, quatre onces, vingt scrupules, et de périmètre, 32 doigts, huit onces, un sextule; il contient 69 quinaires, trois onces, un sextule. Il n'est pas en usage.

60. Le tuyau de quatre-vingt-dix doigts a de diamètre 10 doigts, huit onces, onze scrupules, et de périmètre, 33 doigts, sept onces, quatorze scrupules; il fournit 73 quinaires un tiers.

61. Le tuyau de quatre-vingt-quinze doigts a 11 doigts de diamètre; son périmètre est de 34 doigts, six onces, seize scrupules; il contient 77 quinaires, cinq onces. Il n'est pas en usage.

62. Le tuyau centenaire a de diamètre 11 doigts, trois onces, dix scrupules, et de circonférence 35 doigts, cinq onces, dix scrupules; il prend 81 quinaires, cinq onces, vingt scrupules. Les fontainiers portaient son diamètre à 11 doigts, onze onces, vingt-deux scrupules, et sa capacité à 92 quinaires, quatorze scrupules.

63. Fistula centenumvicenum diametri digitos xii, trientem, duellam; perimetri digitos xxxviii, dextantem; capit quinarias xcvii, dodrantem, sicilicum, sextulam. Apud aquarios habebat diametri digitos xv, deuncem, semunciam, duellam : capacitatis quinarias clxiii, semissem, semunciam, sextulam : qui modus duarum centenariarum est.

64. Persequutus ea, quæ de modulis dici fuit necessarium, nunc ponam, quem modum quæque aqua, ut principum commentariis comprehensum est, usque ad nostram curam habere visa sit, quantumque erogaverit; deinde quem ipsi scrupulosa inquisitione, præeunte providentia optimi diligentissimique principis Nervæ, invenerimus. Fuere ergo in commentariis in universo quinariarum xii millia dcclv : in erogatione xiv millia xviii; plus in distributione, quam in accepto, computabantur quinariæ mcclxiii[79]. Hujus rei admiratio (quum præcipuum officii opus in exploranda fide aquarum, atque copia crederem) non mediocriter me convertit ad scrutandum, quemadmodum amplius erogaretur, quam in patrimonio, ut ita dicam, esset. Ante omnia itaque capita ductuum metiri aggressus sum; sed longe, id est circiter quinariis x millibus, ampliorem, quam in commentariis modum inveni, ut per singulas demonstrabo.

65. Appiæ in commentariis adscriptus est modus quinariarum dccclxi. Ad caput inveniri mensura non potuit, quoniam ex duobus rivis constat. Ad Gemellas

## DES AQUEDUCS.

63. Le tuyau de cent vingt doigts a de diamètre 12 doigts, quatre onces, huit scrupules, et de circonférence 38 doigts, dix onces; il fournit 97 quinaires, neuf onces, dix scrupules. Les fontainiers portaient son diamètre à 15 doigts, onze onces, vingt scrupules, et sa capacité à 163 quinaires, six onces, 16 scrupules, ce qui équivaut au produit de deux tuyaux centenaires.

64. Après avoir donné sur les modules tous les détails nécessaires, nous allons faire connaître la quantité d'eau que chacun des aqueducs a paru recevoir d'après les règlements des princes, et celle qu'il a distribuée jusqu'au moment de notre administration; puis la quantité que nous avons trouvée nous-mêmes, par de scrupuleuses recherches, sous la bienveillante autorité de Nerva, notre très-bon et très-consciencieux prince. Les règlements portaient en tout 12,755 quinaires, et il en était fourni 14,018 : la distribution offrait donc un excédant de 1,263 quinaires sur la quantité reçue dans les réservoirs. Étonné d'une pareille irrégularité (car il me semble que le principal devoir de ma charge est de m'enquérir du fidèle emploi, aussi bien que de la quantité des eaux), je m'empressai d'examiner comment il se faisait que nous fournissions plus d'eau qu'il n'y en avait dans tout notre patrimoine, pour ainsi parler. Ayant donc entrepris, avant tout, de mesurer les eaux à la tête des conduites, j'ai trouvé que le volume total excédait de beaucoup, c'est-à-dire de 10,000 quinaires environ, celui que portent les règlements : je le démontrerai en passant en revue les aqueducs l'un après l'autre.

65. L'eau Appia est inscrite dans les règlements pour 841 quinaires, quantité qui n'a pu être constatée à la tête de l'aqueduc, parce que cette eau est formée de deux ruisseaux différents; mais, vers le lieu appelé les

tamen, qui locus est intra Spem Veterem [80], ubi jungitur cum ramo Augustæ, inveni altitudinem aquæ pedes quinque, latitudinem pedis unius, dodrantis: fiunt areæ pedes octo, dodrans; centenariæ XXII, et quadragenaria; quæ efficiunt quinarias MDCCCXXV: amplius, quam in commentariis habent, quinariis DCCCCLXXXIV. Erogabat quinarias DCCIV; minus, quam in commentariis adscribitur, quinariis CXXXVII; et adhuc minus, quam ad Gemellas mensura respondet, quinariis MCXXI. Intercidit tamen aliquantum e ductus vitio, qui quum sit depressior, non facile manationes ostendit, quas esse ex eo apparet, quod in plerisque Urbis partibus præbita aqua observatur, id quod ex ea manat: sed et quasdam fistulas intra Urbem illicitas deprehendimus. Extra Urbem autem propter pressuram libræ, quæ fit infra terram ad caput pedibus L [81], nullam accepit injuriam.

66. Anioni Veteri adscriptus est modus in commentariis quinariarum MCCCCXLI. Ad caput inveni IV millia CCCXCVIII, præter eum modum, qui in proprium ductum Tiburtium derivatur; amplius, quam in commentariis est, quinariis II millibus DCCCCLVII. Erogabantur antequam ad piscinam veniret quinariæ CCLXII: modus in piscina, qui per mensuras positas initur, efficit quinariarum II millia CCCLXII: intercidebant ergo inter caput et piscinam quinariæ MDCCLXXIV. Erogabat post piscinam quinarias MCCCXLVIII: amplius, quam in commentariis conceptionis modum significari diximus,

DES AQUEDUCS. 415

Gemelles, en deçà de la Vieille-Espérance, où l'aqueduc reçoit un canal dérivé de l'Augusta, j'ai trouvé un volume d'eau de cinq pieds de hauteur, et d'un pied trois quarts de largeur : l'aire est de huit pieds trois quarts, et donne 2,240 doigts carrés, qui font 1,825 quinaires, c'est-à-dire 984 de plus que ne portent les règlements. Il fournissait 704 quinaires, c'est-à-dire 137 de moins que la quantité voulue par les règlements, et 1,121 de moins que ne donne la mesure prise aux Gemelles. Il est vrai qu'il se perd une certaine quantité d'eau par la faute du canal; et, comme il est profondément enterré, il est difficile d'y reconnaître les pertes; ce n'est qu'en évaluant la quantité qui se distribue dans les diverses parties de la ville, qu'on peut juger de celle qui s'échappe; mais aussi nous avons découvert dans l'intérieur de Rome des tuyaux non autorisés. Hors de la ville, l'Appia est à l'abri de tous abus, parce que son niveau est bas, et que son canal entre sous terre à partir de 50 pieds de la prise d'eau.

66. Les règlements attribuent à l'Anio Vieux une quantité de 1,441 quinaires. A la tête de l'aqueduc j'en ai trouvé 4,398, indépendamment de la quantité dérivée en faveur des Tiburtins, dans le canal qui leur appartient. C'est 2,957 quinaires de plus qu'il n'en est porté dans les règlements. Il se distribuait de cette eau, avant qu'elle arrivât dans la piscine épuratoire, 262 quinaires; la quantité reçue dans le bassin est évaluée, par les mesures qui y sont placées, à 2,362 quinaires; il y avait donc, entre la tête de l'aqueduc et le réservoir, une perte de 1,774 quinaires. A partir du réservoir, il se distribuait 1,348 quinaires, quantité qui surpassait de 169 celle que les règlements, avons-nous dit, déclaraient reçue dans les réservoirs, mais infé-

quinariis CLXIX : minus, quam recipi in ductum potest, ut jam posuimus, quinariis MXIV. Summa, quæ inter caput et piscinam, et post piscinam intercidebat, quinariarum II millium DCCLXXXVIII : quod errore mensuræ fieri suspicarer, nisi invenissem, ubi averterentur.

67. Marciæ in commentariis adscriptus est modus quinariarum II millium CLXII. Ad caput mensus inveni quinariarum IV millia DCXC : amplius, quam in commentariis est, quinariis II millibus DXXVIII. Erogabantur antequam ad piscinam perveniret quinariæ XCV ; et dabantur in adjutorium Tepulæ quinariæ XCII ; item Anioni quinariæ CLXIV : summa, quæ erogabatur ante piscinam, quinariæ CCCLI. Modus, qui in piscina mensuris positis initur, cum eo, qui circa piscinæ ductum eodem canali in arcus excipitur, efficit quinariarum II millia DCCCCXLIV. Summa, quæ aut erogatur ante piscinam, aut quæ in arcus recipitur, quinariarum III millium CCXCV ; amplius, quam in conceptis commentariorum positum est, quinariis MCXXXIII ; minus, quam mensuræ ad caput actæ efficiunt, quinariis MCCCXCV. Erogabat post piscinam quinarias MDCCCXL ; minus, quam in commentariis conceptionis significari diximus, quinariis CCXXVII ; minus, quam ex piscina in arcus recipiuntur, sunt quinariæ MCIV. Summa utraque, quæ intercidebat, aut inter caput et piscinam, aut post piscinam, quinariarum II millium CCCCXCIX; quas, sicut in ceteris, pluribus locis intercipi deprehendimus. Non

rieure de 1,014, comme nous l'avons déjà remarqué, à celle que peut recevoir l'aqueduc. Enfin, la perte totale entre la prise d'eau et le réservoir, et au-dessous du bassin, était de 2,788 quinaires. J'imputerais cette différence à une erreur de mesure, si je n'avais découvert les détournements frauduleux.

67. L'eau Marcia est évaluée dans les règlements à 2,162 quinaires. A la tête de l'aqueduc j'en ai trouvé 4,690, c'est-à-dire 2,538 de plus qu'il n'en est porté dans les registres. Avant l'arrivée des eaux dans la piscine épuratoire, il en était distribué 95 quinaires; on donnait, en outre, à la Tepula un supplément de 92 quinaires, et un de 164 à l'Anio : en somme, 351 quinaires étaient distribués au-dessus du réservoir. A la quantité d'eau reçue dans ce bassin, et réglée par les mesures qu'on y a placées, si l'on ajoute celle qui, passant à côté du bassin, se réunit à la première, dans un même canal, sur les arcades de l'aqueduc, on aura 2,944 quinaires. Enfin, l'eau distribuée au-dessus du réservoir, et celle qui arrive sur les arcades, forment un total de 3,295 quinaires; il y a donc, sur la quantité consignée dans les règlements, un excédant de 1,133 quinaires, et sur celle que j'ai constatée à la tête de l'aqueduc, un déficit de 1,395. Il se distribuait au-dessous du bassin 1,840 quinaires, c'est-à-dire 227 de moins qu'il n'en est porté dans les règlements, et 1,104 de moins qu'il n'en arrive du bassin sur les arcades. La somme de ce qui se perdait, soit entre la prise d'eau et le réservoir, soit au-dessous du réservoir, était de 2,499 quinaires, dont nous avons découvert l'usurpation en plusieurs endroits, comme dans les autres aqueducs. Il est évident que ce n'est pas l'eau qui manque, puisque, à la tête de l'aqueduc, outre la quantité que nous avons

enim eas cessare, manifestum est et ex hoc, quod ad caput præter eam mensuram, quam comprehendisse nos capacitate ductus posuimus, effunduntur amplius ccc quinariæ.

68. Tepulæ in commentariis adscriptus est modus quinariarum cccc. Hujus aquæ fontes nulli sunt : venis quibusdam constabat, quæ interceptæ sunt in Julia. Caput ergo ejus observandum est a piscina Juliæ ; ex ea enim primum accipit quinarias cxc; deinde statim ex Marcia quinarias xcii ; præterea ex Anione Novo ad hortos Epaphroditianos[82] quinarias clxiii. Fiunt omnes quinariæ ccccxlv ; amplius quam in commentariis quinariis xlv ; quæ in erogatione comparent.

69. Juliæ in commentariis adscriptus est modus quinariarum dcxlix. Ad caput mensura iniri non potuit, quoniam ex pluribus acquisitionibus constat; sed ad vi ab Urbe milliarium universa in piscinam recipitur, ubi modus ejus manifestis mensuris efficit quinarias mccvi : amplius quam in commentariis quinariis dlvii. Præterea accepit prope Urbem, post hortos Pallantianos, ex Claudia quinarias clxii. Est omne Juliæ in acceptis quinariæ mccclxviii : ex eo dat in Tepulam quinarias cxc ; erogat suo nomine dccciii. Fiunt, quas erogat, quinariæ dccccxciii : amplius quam in commentariis habet quinarias cccxliv ; minus quam in piscina habere posuimus, ccxiii ; quas ipsas apud eos, qui sine beneficiis principis usurpabant, deprehendimus.

70. Virgini in commentariis adscriptus est modus

constatée d'après sa capacité, il y a un trop-plein de 300 quinaires.

68. L'eau Tepula est inscrite dans les règlements pour 400 quinaires. Cette eau n'a pas de sources qui lui appartiennent; elle se forme de quelques veines détournées de l'eau Julia. C'est donc au réservoir de celle-ci qu'il faut prendre la tête de l'aqueduc Tepula : car il reçoit d'abord de ce bassin 190 quinaires; et, aussitôt après, 92 de l'eau Marcia; enfin 163 de l'Anio Neuf, vers les jardins d'Epaphroditus, ce qui fait en tout 4 5 quinaires, c'est-à-dire 45 de plus qu'il n'en est porté dans les règlements, quantité qui se retrouve dans la distribution.

69. L'eau Julia est portée dans les règlements pour 649 quinaires. Il a été impossible de la jauger à la tête de l'aqueduc, parce qu'elle est formée de plusieurs eaux recueillies successivement; mais, vers le sixième milliaire, toute cette eau est réunie dans un réservoir où l'on a constaté, par des mesures certaines, un volume de 1,206 quinaires, ce qui fait 557 de plus qu'il n'en est inscrit. Elle reçoit, en outre, près de la ville, derrière les jardins de Pallante, 162 quinaires de l'eau Claudia. La Julia reçoit donc en tout 1,368 quinaires, dont 190 se rendent dans la Tepula, et 803 sont distribués sous le nom de Julia. Cette distribution totale de 993 quinaires en présente 344 de plus qu'il n'en est porté sur les règlements, et 213 de moins que la quantité reconnue dans le réservoir, différence que nous avons retrouvée chez ceux qui ont fait des détournements sans l'autorisation du prince.

70. L'eau Vierge est inscrite pour une quantité un

quinariarum DCCLII minus [83]. Mensura ad caput inveniri non potuit, quoniam ex pluribus acquisitionibus constat, et leniore rivo intrat; prope Urbem tamen ad milliarium II [84] in agro, qui nunc est Cejonii Commodi [85], ubi velociorem sane cursum habet, mensuram egi, quæ efficit quinariarum II millia DIV : amplius quam in commentariis quinariis MDCCLII. Omnibus approbatio nostra expeditissima est. Erogat enim omnes, quas mensura deprehendimus, id est duo millia DIV.

71. Alsietinæ conceptionis modus nec in commentariis adscriptus est, nec in re præsenti certus inveniri potuit; quum ex lacu Alsietino, et deinde circa Careias ex Sabatino [86], quantum aquarii temperaverunt [87], habeat. Alsietina erogat quinarias CCCXCII.

72. **Claudia**, abundantior aliis, maxime injuriæ exposita est. In commentariis habet non plus quinariis II millibus DCCCLV; quum ad caput invenerim quinariarum IV millia DCVII : amplius quam in commentariis MDCCLII. Adeo autem nostra certior est mensura, ut ad VII ab Urbe milliarium, in piscina, ubi indubitatæ mensuræ sunt, inveniamus quinarias III millia CCCXII : plus quam in commentariis CCCCLVII ; quamvis et ex beneficiis ante piscinam eroget, et plurimum subtrahi deprehenderimus, ideoque minus inveniatur, quam revera esse debeat, quinariis MCCXCV. Et circa erogationem fraus apparet, quæ neque ad commentariorum fidem, neque ad eas, quas ad caput egimus mensuras, neque ad illas saltem ad piscinam, post tot

peu inférieure à 752 quinaires. On n'a pu en déterminer la mesure à la tête de l'aqueduc, parce qu'elle est formée de plusieurs eaux recueillies dans un canal où elle coule trop lentement; mais, près de la ville, vers le deuxième milliaire, dans une terre qui appartient maintenant à Cejonius Commodus, où cette eau a un cours plus rapide, je l'ai jaugée, et j'ai trouvé 2,504 quinaires, c'est-à-dire 1,752 de plus qu'il n'en est inscrit. Mon opération peut être facilement vérifiée par tout le monde, car la distribution, qui est de 2,504 quinaires, répond à la mesure que j'ai trouvée.

71. L'Alsietina reçoit un volume d'eau qui n'est point évalué dans les règlements, et dont jusqu'ici on n'a pu reconnaître la mesure, parce qu'elle dépend de la quantité que les fontainiers ont dérivée du lac Alsietinus, et ensuite du lac Sabatinus, dans les environs de Careias. L'Alsietina fournit aux distributions 392 quinaires.

72. L'eau Claudia, plus abondante que les autres, est fort exposée à la fraude. Les règlements ne lui attribuent pas plus de 2,855 quinaires, tandis que j'en ai trouvé à la tête de l'aqueduc 4,607, c'est-à-dire 1,752 de plus. Or l'évaluation que je donne est d'autant plus certaine, que, vers le sixième milliaire, dans un réservoir où sont placées des mesures incontestables, j'ai trouvé 3,312 quinaires, 457 de plus qu'il n'en est porté dans les règlements, indépendamment des concessions de faveur faites au-dessus du réservoir, et de nombreux détournements subreptices que nous avons découverts, et qui diminuent de 1,295 quinaires la quantité que l'on devrait trouver. La fraude est encore manifeste dans la distribution ; elle ne s'accorde, après tant d'infractions, ni avec les registres, qui font loi, ni avec les mesures que nous avons constatées à la tête de l'aqueduc, ni même avec celles du réservoir. En

injurias convenit. Solæ enim quinariæ MDCCL erogantur : minus quam commentariorum ratio dat, quinariis MCV; minus autem quam mensuræ ad caput factæ demonstraverunt, quinariis II millibus DCCCLVII; minus etiam, quam in piscina invenitur, quinariis MDLXII. Ideoque quum sincera in Urbem proprio rivo perveniret, in Urbe miscebatur cum Anione Novo, ut, confusione facta, et conceptio earum, et erogatio esset obscurior. Quod si qui forte me acquisitionum mensuris blandiri [88] putant, admonendi sunt, adeo Curtium, et Cærulum fontes, aquæ Claudiæ sufficere ad præstandas ductui suo quinarias, quas significavi, IV millia DCVII, ut præterea MDC effundantur. Nec eo infitias, quin eæ, quæ superfluunt, non sint proprie horum fontium : capiuntur enim ex Augusta, quæ inventa in Marciæ supplementum [89], dum illa non indiget, adjicitur fontibus Claudiæ, quamvis ne hujus quidem ductus omnem aquam recipiat.

73. Anio Novus in commentariis habere ponebatur quinarias III millia CCLXIII. Mensus ad caput reperi quinarias IV millia DCCXXXVIII; amplius quam in conceptis commentariorum est quinariis MCCCCLXXV : quarum acquisitionem non avide me amplecti [90], quo alio modo manifestius probem, quam quod in erogatione ipsorum commentariorum major pars earum continetur? Erogantur enim quinariarum IV millia CCXI; quum alioquin in eisdem commentariis inveniatur conceptio non amplius, quam III millium CCLXIII. Præterea inter-

effet, il ne se distribue que 1,750 quinaires, c'est-à-dire 1,505 de moins qu'il n'en est supputé dans les règlements, 2,857 de moins que la quantité mesurée par nous à la tête de l'aqueduc, et même 1,562 de moins que ce qui a été constaté dans le réservoir. Aussi, comme cette eau arrivait pure à Rome, dans son propre canal, on la réunissait, une fois entrée dans la ville, à celle de l'Anio Neuf, mélange qui devait avoir pour résultat de tromper, et sur la quantité d'eau reçue, et sur la quantité distribuée. S'il en est qui pensent que j'exagère le volume des eaux recueillies, je dois les avertir que les sources appelées Curtia et Cérula sont tellement suffisantes pour fournir à l'aqueduc de l'eau Claudia les 4,607 quinaires dont j'ai fait mention, qu'elles ont encore un trop-plein de 1,600. Il est possible, et je ne le nie point, que ce superflu n'appartienne pas à ces deux sources : il proviendrait alors de l'Augusta, qui, destinée primitivement à fournir, quand elle est assez abondante, un supplément à la Marcia, a été ajoutée à la Claudia, bien que le canal de celle-ci ne puisse même pas recevoir toute son eau.

73. L'Anio Neuf était inscrit dans les règlements pour 3,263 quinaires. L'ayant jaugé à la tête de l'aqueduc, j'en ai trouvé 4,738, c'est-à-dire 1,475 de plus que ne portent les règlements. Quand je signale ce surplus, quelle meilleure preuve donnerai-je de l'absence de passion en moi, que ces règlements eux-mêmes, sur lesquels figure, dans la distribution, la plus grande partie de ces derniers quinaires? En effet, on voit une distribution de 4,211 quinaires sur les mêmes règlements, qui en portent seulement 3,263 d'eau reçue dans le réservoir. D'ailleurs, j'ai découvert que l'on dérobait non-seulement les 527 quinaires formant la différence entre

cipi non tantum DXXVII, quæ inter mensuras nostras et erogationem intersunt, sed longe ampliorem modum deprehendi; ex quo apparet, etiam exuberare comprehensam a nobis mensuram. Cujus rei ratio est, quod vis aquæ rapacior, ut ex largo et celeri flumine excepta, velocitate ipsa ampliat modum.

74. Non dubito, aliquos annotaturos, quod longe major copia actis mensuris inventa sit, quam erat in commentariis principum : cujus rei causa est error eorum qui ab initio parum diligenter uniuscujusque fecere æstimationem. Ac ne metu æstatis, aut siccitatum in tantum a veritate eos recessisse credam, obstat quod, ipso actis mensuris 91 julio mense, hanc uniuscujusque copiam, quæ supra scripta est, tota deinceps æstate durantem exploravi. Quæcumque tamen est causa, quæ præcedit, illud utique detegitur, x millia quinariarum intercidisse : dum beneficia sua principes secundum modum commentariis adscriptum temperant.

75. Sequens diversitas est, quod alius modus concipitur ad capita, alius nec exiguo minor in piscinis, minimus deinde distributione continetur. Cujus rei causa est fraus aquariorum, quos aquas ex ductibus publicis in privatorum usum derivare deprehendimus. Sed et plerique possessorum, e quorum agris aqua circumducitur, subinde formas rivorum perforant; unde fit, ut ductus publici hominibus privatis vel ad hortorum usum itinera suspendant.

76. Ac de vitiis ejusmodi nec plura, nec meliora dici

la mesure que j'ai donnée et ce qui est distribué, mais même une quantité beaucoup plus grande, ce qui prouve que mon chiffre est encore au-dessous de la réalité. La raison en est que l'eau, qui coule avec force en s'échappant d'une rivière abondante et rapide, accroît son volume par sa vitesse.

74. Sans doute on remarquera que nos mesures présentent une quantité d'eau beaucoup plus grande que celle qui était portée dans les règlements. Cette différence a pour cause l'erreur de ceux qui, dans l'origine, ont fait avec peu d'exactitude l'évaluation de chacune des eaux. Je ne puis croire que ce soit par crainte des sécheresses de l'été qu'ils se sont à ce point éloignés de la vérité; car, ayant pris mes mesures précisément au mois de juillet, je me suis convaincu que chacune des eaux conservait pendant tout le reste de l'été la quantité que j'ai indiquée plus haut. Enfin, quelle que soit la cause première de l'erreur, ce qu'il y a de bien constaté, c'est qu'il y avait une perte de 10,000 quinaires, tandis que les princes réglaient leurs libéralités sur l'évaluation inscrite dans les registres.

75. Une autre cause de cette différence, c'est que la quantité d'eau qu'on trouve à la tête des aqueducs arrive fortement diminuée dans les réservoirs, et plus encore dans la distribution. Cela vient de la fraude des fontainiers, que nous avons surpris à détourner les eaux des canaux publics pour l'usage des particuliers. En outre, la plupart des possesseurs des terres qui avoisinent les aqueducs percent les parois des canaux, et il en résulte que les eaux destinées au public sont interceptées au profit des particuliers, même pour arroser des jardins.

76. Mais à l'égard de tous les désordres de ce genre,

possunt, quam a Cælio Rufo[92] dicta sunt in ea concione *cui titulus est de Aquis.* Quæ nunc nos omnia, simili licentia usurpata, utinam non per offensas probaremus[93] : irriguos agros, tabernas cœnacula etiam, corruptelas denique omnes perpetuis salientibus instructas invenimus. Nam, quod falsis titulis aliæ pro aliis aquæ erogabantur, etiam sunt leviora ceteris vitia. Inter ea tamen, quæ emendationem videbantur exigere, numerandum est, quod fere circa montem Cælium et Aventinum accidit; qui colles, priusquam Claudia perduceretur, utebantur Marcia et Julia; sed postquam Nero imperator Claudiam, opere arcuato altius exceptam, usque ad templum divi Claudii perduxit, ut inde distribueretur, priores non ampliatæ, sed omissæ sunt : nulla enim castella adjecit, sed iisdem usus est, quorum, quamvis mutata aqua, vetus appellatio mansit.

77. Satis jam de modo cujusque, et veluti nova quadam acquisitione aquarum, et fraudibus, et vitiis, quæ circa eas erant, dictum est : superest, ut erogationem, quam confectam, et, ut sic dicam, in massam invenimus, immo etiam falsis nominibus positam, per nomina aquarum, uti quæque se habet, et per regiones Urbis digeramus. Cujus comprehensionem scio non jejunam tantum, sed etiam perplexam videri posse : ponemus tamen quam brevissime, ne quid velut formulæ officii desit iis quibus sufficiet cognovisse summa, licebit transire leviora.

78. Ut ergo distributio quinariarum xiv millium x

on ne peut rien dire de plus ni de mieux que ce qui a été dit par Célius Rufus, dans son discours *sur les Eaux*. Que ne puis-je signaler, sans offenser personne, tous les abus qui se commettent encore aujourd'hui avec la même audace! J'ai trouvé des champs arrosés, les tavernes, les salles de festin, et même tous les lieux de débauche, en possession de fontaines jaillissantes. Quant aux eaux qui se distribuaient les unes pour les autres, sous de faux titres, ce sont des fraudes moins graves. Cependant, parmi les abus qui semblaient exiger répression, il faut noter celui qui avait lieu dans le voisinage des monts Célius et Aventin. Ces deux collines faisaient usage des eaux Marcia et Julia avant que la Claudia y fût amenée. Mais, après que l'empereur Néron eut fait conduire la Claudia, au moyen d'arcades fort élevées, jusqu'auprès du temple de Claude, pour de là être distribuée, les premières eaux, loin d'être augmentées, disparurent. Attendu qu'il ne fit point construire de nouveaux châteaux d'eau pour la Claudia, et qu'il se servit des anciens, ceux-ci conservèrent leurs noms, quoiqu'ils ne reçussent plus les mêmes eaux.

77. J'en ai dit assez sur le volume des eaux, sur l'augmentation nouvelle qu'elles ont reçue, et sur les fraudes et les abus dont elles étaient l'objet. Reste maintenant la distribution, que j'ai trouvée, pour ainsi dire, réunie en masse, et même établie sous de faux noms; je vais l'exposer par ordre, en indiquant les noms des eaux, la quantité qu'elles fournissent chacune, et les quartiers qu'elles desservent. Je sais que cette énumération peut paraître aride, et même fatigante, mais nous la donnerons aussi courte que possible, seulement de manière à ne priver d'aucune espèce de documents relatifs à ma charge, ceux qui voudront connaître les choses principales, sans s'occuper des détails.

78. Il se fait une distribution de 14,018 quinaires....

et VIII, ita et 94...., quia omnes, quæ ex quibusdam aquis in adjutorium aliarum dantur, et bis in speciem erogationis cadunt, semel in computationem veniunt. Ex his dividuntur extra Urbem quinariarum IV millia LXIII : ex quibus nomine Cæsaris quinariæ MDCCXVIII, privatis quinariarum II millia CCCXLV. Reliquæ intra Urbem IX mille DCCCCLV distribuebantur in castella CCXLVII : quibus erogabantur sub nomine Cæsaris quinariæ MDCCVII semis 95 ; privatis quinariarum III millia DCCCXLVII; usibus publicis quinariarum IV millia CCCCI : ex eo castris 96 X et IX, quinariæ CCLXXIX ; operibus publicis XCV, quinariarum II millia CCCCI ; muneribus XXXIX ; quinariæ CCCLXXXVI ; lacubus DXCI, quinariæ MCCCXXXV. Sed et hæc ipsa dispensatio per nomina aquarum, et regiones Urbis partienda est.

79. Ex quinariis ergo XIV millibus X et VIII, quam summam erogationibus omnium aquarum seposuimus, dantur nomine Appiæ extra Urbem quinariæ tantummodo V, quoniam humilior oritur ; et a metitoribus reliquæ quinariæ DCXCIX intra Urbem dividebantur per regiones II, VIII, IX, XI, XII, XIII, XIV, in castella XX : ex quibus nomine Cæsaris quinariæ CLI; privatis quinariæ CXCIV ; publicis quinariæ CCCLIV : ex eo castris I, quinariæ III ; operibus publicis XIV, quinariæ CXXIII ; muneri I, quinariæ II ; lacubus XCII, quinariæ CCXXVI.

80. Anionis Veteris erogabantur extra Urbem nomine Cæsaris quinariæ CIV ; privatis quinariæ CCCCIV : reliquæ quinariæ MCII semis intra Urbem dividebantur per re-

Tous ceux qui, fournis par certains aqueducs en supplément d'autres eaux, semblent être compris deux fois dans la distribution, n'entrent qu'une fois dans l'évaluation totale. De toute cette quantité il se distribue hors de la ville 4,063 quinaires, dont 1,718 au nom de César, et 2,345 en faveur des particuliers. Les 9,955 autres quinaires étaient distribués dans l'intérieur de la ville entre 247 châteaux d'eau. Il en était pris 1,707 quinaires et demi au nom de César, 3,847 pour les particuliers; pour les usages publics, 4,401, dont 279 pour 19 camps; 2,401 pour 95 ateliers publics, 386 pour 39 lieux de spectacle, et 1,335 pour 591 bassins. Je vais établir maintenant la répartition des quinaires fournis par chacun des aqueducs aux différentes régions de la ville.

79. De ces 14,018 quinaires, qui font, ainsi que nous l'avons établi, la somme de toutes les distributions, l'eau nommée Appia en donnait seulement 5 hors de la ville, parce que le niveau de sa source est peu élevé; le reste de cette eau, porté à 699 quinaires, était distribué à l'intérieur de la ville, par les mesureurs, dans les régions II, VIII, IX, XI, XIII et XIV, au moyen de 20 châteaux d'eau. De cette quantité, 151 quinaires étaient pris au nom de César, 194 pour les particuliers, et pour les usages publics 354, dont 3 quinaires pour un camp, 123 pour 14 établissements publics, 2 pour un lieu de spectacle, et 226 pour 92 bassins.

80. De l'Anio Vieux il était distribué hors de la ville, au nom de César 104 quinaires; pour les particuliers, 404; le reste, qui était de 1,102 quinaires et demi, se partageait dans la ville entre les régions I, III,

giones I, III, IV, V, VI, VII, VIII, IX, XII, XIV, in castella XXXV : ex quibus nomine Cæsaris quinariæ LX; usibus privatis quinariæ CCCCXC; publicis quinariæ DLII; ex eo castris I, quinariæ L; operibus publicis XIX; quinariæ CXCVI, muneribus IX, quinariæ LXXXVIII ; lacubus XCIV, quinariæ CCXVIII.

81. Marciæ erogabantur extra Urbem nomine Cæsaris quinariæ CCLXIX ; privatis DLXVIII : reliquæ quinariæ MXCVIII, intra Urbem dividebantur per regiones I, III, IV, V, VI, VII, VIII, IX, X, XIV, in castella LI : ex quibus nomine Cæsaris quinariæ CXVI; privatis quinariæ DXLIII ; usibus publicis quinariæ CCCCXXXIX ; castris IV, quinariæ XLI; operibus publicis XV, quinariæ XLI; muneribus XII, quinariæ CIV; lacubus CXIII, quinariæ CCLIII.

82. Tepulæ erogabantur extra Urbem nomine Cæsaris quinariæ LVIII ; privatis LVI; reliquæ quinariæ CCCXXXI, intra Urbem dividebantur per regionem IV, V, VI, VII, in castris castella XIV : ex quibus nomine Cæsaris quinariæ XXXIV ; privatis quinariæ CCXLVII; usibus publicis quinariæ L : ex eo castris I, quinariæ XII; operibus publicis III, quinariæ VII; lacubus XIII, quinariæ XXXI.

83. Juliæ fluebant extra Urbem nomine Cæsaris quinariæ LXXXV; privatis quinariæ CXXI : reliquæ quinariæ DXCVII, intra Urbem dividebantur per regiones II, III, V, VI, VIII, X, XII, in castella XVII : ex quibus nomine Cæsaris quinariæ XVIII ; privatis CXCVI; usibus

IV, V, VI, VII, VIII, IX, XII, XIV, par 35 châteaux d'eau. Il en était pris 60 quinaires au nom de César, 490 pour les usages des particuliers, et pour les usages publics 552, dont 50 pour un camp, 196 pour 19 établissements publics, 88 pour 9 spectacles, et 218 pour 94 bassins.

81. L'eau Marcia fournissait hors de la ville, au nom de César, 269 quinaires, et pour les particuliers 568. Le reste, s'élevant à 1,098 quinaires, se partageait dans l'intérieur de la ville, entre les régions I, III, IV, V, VI, VII, VIII, IX, X, XIV, au moyen de 51 châteaux d'eau. Il en était pris au nom de César 116 quinaires; pour les particuliers, 543; pour les usages publics, 439, dont 41 pour 4 camps, 41 pour 15 ateliers publics, 104 pour 12 lieux de spectacle, et 253 pour 113 bassins.

82. De l'eau Tepula il se distribuait hors de la ville, au nom de César, 58 quinaires, et 56 pour les particuliers; le reste, évalué à 331 quinaires, était partagé dans la ville entre les régions IV, V, VI, VII, par 14 châteaux d'eau. On en prenait au nom de César 34 quinaires; pour les particuliers, 247; pour les usages publics, 50, dont 12 pour un camp, 7 pour 3 ateliers publics, et 31 pour 13 bassins.

83. L'eau Julia fournissait hors de la ville 85 quinaires au nom de César, et 121 pour les particuliers; le reste, qui est de 597 quinaires, se distribuait dans la ville entre les régions II, III, V, VI, VIII, X, XII, par 17 châteaux d'eau. De cette quantité, 18 quinaires étaient pris au nom de César; 196 pour les particuliers,

publicis quinariæ CCCLXXXIII : ex eo castris III , quinariæ LXIX ; operibus publicis X , quinariæ CLXXXII ; muneribus III , quinariæ LXVII ; lacubus XXVIII , quinariæ LXV.

84. Virginis nomine exibant extra Urbem quinariæ CC : reliquæ quinariæ II mille CCCIV , intra Urbem dividebantur per regiones VII, IX, XIV, in castella XVIII : ex quibus nomine Cæsaris quinariæ DXLIX ; privatis quinariæ CCCXXXVIII ; usibus publicis MCCCCXVII : ex eo muneribus II , quinariæ XXVI ; lacubus XXV, quinariæ LXI ; operibus publicis XVI , quinariæ MCCCXXX ; in quibus per se euripo 97 cui ipsa nomen dedit, quinariæ CCCCLX.

85. Alsietinæ quinariæ CCCCXCII : hæc tota extra Urbem consumitur ; nomine Cæsaris quinariæ CCLIV ; privatis quinariæ CXXXVIII.

86. Claudia et Anio Novus extra Urbem proprio quæque rivo erogabantur, intra Urbem confundebantur. Et Claudia quidem extra Urbem dabat nomine Cæsaris quinarias CCXVII , privatis quinarias CCCCXXXIX. Anio Novus nomine Cæsaris DCCXXXI ; privatis CCCCXIV : reliquæ utriusque quinariæ III mille DCCCXXIV intra Urbem dividebantur per regiones Urbis XIV, in castella XCII : ex quibus nomine Cæsaris quinariæ DCCLXXIX : privatis quinariæ MDCCCXXXIX ; usibus publicis quinariæ MCCVI : ex eo castris IX , quinariæ CIV ; operibus publicis XVIII , quinariæ DXXII ; muneribus XII, quinariæ XCIX ; lacubus CCXXVI, quinariæ CCCCLXXXI.

et 383 pour le public, dont 69 pour 3 camps, 182 pour 10 ateliers publics, 67 pour lieux de spectacle, et 65 pour 28 bassins.

84. Sous le nom d'eau Vierge, il était fourni hors de la ville 200 quinaires; le reste, évalué à 2,304 quinaires, était partagé dans la ville entre les régions VII, IX, XIV, au moyen de 18 châteaux d'eau. Il en était distribué 549 quinaires au nom de César, 338 pour les particuliers, et 1,417 pour le public, dont 26 pour 2 lieux de spectacle, 61 pour 25 bassins; et pour 16 ateliers publics, 1,330, y compris 460 quinaires que cette eau verse dans l'euripe, auquel elle a donné son nom.

85. L'Alsietina fournit 392 quinaires, quantité qui se consomme toute hors de la ville, savoir : 254 quinaires au nom de César, et 138 distribués aux particuliers.

86. La Claudia et l'Anio Neuf donnaient d'abord une partie de leur eau hors de la ville, chacune par son canal particulier; puis elles se réunissaient dans la ville. La Claudia fournissait hors de Rome 217 quinaires au nom de César, et 439 pour les particuliers; l'Anio Neuf, 731 au nom de César, et 414 pour les particuliers. Le reste de ces deux eaux, évalué à 3,824 quinaires, se distribuait dans l'intérieur de la ville entre les 14 régions, au moyen de 92 châteaux d'eau. Il en était pris au nom de César 779 quinaires; pour les particuliers, 1,839; pour le public, 1,206, dont 104 pour 9 camps, 522 pour 18 ateliers publics, 99 pour 12 lieux de spectacle, et 481 pour 226 bassins.

87. Hæc copia aquarum ad Nervam imperatorem [98] usque computata, ad hunc modum describebatur. Nunc providentia diligentissimi principis, quidquid aut fraudibus aquariorum intercipiebatur, aut inertia pervertebatur, quasi nova inventione fontium accrevit, ac prope publicata ubertas est: tum et sedula deinde partitione distributa, ut regionibus, quibus singulæ serviebant aquæ, plures darentur; tanquam Cælio, et Aventino, in quos sola Claudia per arcus Neronianos ducebatur. Quo fiebat, ut, quoties refectio aliqua intervenisset, celeberrimi colles sitirent; quibus nunc plures aquæ, et imprimis Marcia reddita amplo opere a Cælio in Aventinum usque perducitur [99]. Atque etiam omni parte Urbis lacus tam novi, quam veteres, plerique binos salientes diversarum aquarum acceperunt, ut, si casus alterutram impedisset, altera sufficiente, non destitueretur usus.

88. Sentit hanc curam imperatoris piissimi Nervæ principis sui regina et domina orbis in dies, quæ terrarum dea consistit, cui par nihil, et nihil secundum [100]: et magis sentiet salubritas ejusdem æternæ Urbis, aucto castellorum, operum, munerum, et lacuum numero. Nec minus ad privatos commodum ex incremento beneficiorum ejus diffunditur: illi quoque, qui timidi illicitam aquam ducebant, securi nunc ex beneficiis fruuntur. Ne pereuntes quidem aquæ otiosæ sunt: alia jam munditiarum facies [101], purior spiritus; et causæ gravioris cœli, quibus apud veteres Urbis infamis aer

87. Telles ont été, jusqu'à l'empereur Nerva, l'évaluation et la distribution des eaux. Grâce à la prévoyance et au zèle consciencieux du prince, toutes les eaux qui étaient détournées par la fraude des fontainiers, ou perdues par négligence, sont aujourd'hui comme de nouvelles sources qui sont venues s'ajouter aux autres, et rendre l'abondance presque générale. Maintenant, au moyen d'une juste répartition, les régions qui étaient desservies par un seul aqueduc, reçoivent de l'eau de plusieurs, témoin les monts Célius et Aventin, où l'on n'avait conduit que de l'eau Claudia par les arcs Néroniens. Il s'ensuivait que, toutes les fois que l'aqueduc était en réparation, l'eau manquait sur ces deux collines très peuplées, qui maintenant en reçoivent de plusieurs sources, surtout de la Marcia, qu'un grand ouvrage amène du Célius à l'Aventin. Même amélioration dans toutes les parties de la ville, où la plupart des réservoirs, tant anciens que nouveaux, reçoivent deux cours d'eau de sources différentes, afin que si, par accident, l'un des deux est arrêté, l'autre puisse y suppléer.

88. Ce soin des eaux de la part de l'empereur Nerva, le plus dévoué des princes, produit de jour en jour son effet dans Rome, cette reine et maîtresse du monde, la déesse des nations, que rien n'égale, et dont rien n'approche. On reconnaîtra encore mieux la salubrité de la ville éternelle par l'augmentation du nombre des châteaux d'eau, des travaux publics, des spectacles, des bassins; et les particuliers ne profiteront pas moins de ces nouveaux bienfaits : il en est même qui, n'ayant usé qu'avec crainte de leurs détournements illicites, en jouiront maintenant avec sécurité par la faveur du prince. Les eaux même qui débordent des bassins sont utilisées : tout a pris l'aspect de la propreté; on respire un air plus pur : car les causes d'insalubrité qui lui

fuit, sunt remotæ. Non præterit me, deberi operi novæ erogationis ordinationem; sed hæc cum incremento adjunxerimus, intelligi oportet, non esse ea ponenda, nisi consummata fuerint.

89. Quid, quod nec hoc diligentiæ principis, quam exactissimam civibus suis præstat, sufficit, parum præsidiis, ac voluptatibus nostris contulisse sese credentis, quod tantam copiam adjiciat, nisi eam ipsam sincerioremque faciat? Operæ pretium est ire per singula, per quæ ille occurrendo vitiis quorumdam, universis adjecit utilitatem. Etenim quando civitas nostra, quum vel exigui imbres supervenerant, non turbulentas limosasque aquas habuit? Nec quia hoc universis ab origine naturæ est, aut quia istud incommodum sentire debeant, quæ capiuntur ex fontibus, imprimis Marcia et Claudia, ac reliquæ, quarum splendor a capite integer, nihil aut minimum pluvia inquinatur, si putei exstructi objecti sint [102].

90. Duæ Aniones minus permanent limpidæ, nam sumuntur ex flumine, ac sæpe etiam sereno turbantur; quoniam Anio, quamvis purissimo defluens lacu [103], mobilibus tamen cedentibus ripis, aufert aliquid, quo turbetur, priusquam deveniat in rivos: quod incommodum non solum hibernis, ac vernis, sed æstivis imbribus sentit, quo tempore [104] gratior aquarum sinceritas exigitur. Alter quidem ex his, id est Anio Vetus,

avaient fait donner anciennement une si triste renommée, ont disparu. Je n'ignore pas que je devrais joindre à cet ouvrage le règlement de la nouvelle distribution ; mais, comme j'ai subordonné ce règlement à l'augmentation que recevront les eaux, on comprendra que je ne puis le faire connaître qu'après le complet achèvement de mon travail.

89. Que dirai-je si l'empereur, mû par un zèle dont il donne tant de preuves à ses concitoyens, a pensé qu'il n'avait pas assez fait pour nos besoins et nos plaisirs, en amenant à Rome une si grande quantité d'eau, et s'il veut encore rendre cette eau plus pure et plus agréable ? Il n'est pas sans intérêt de passer en revue tous les travaux par lesquels ce prince, en remédiant aux défectuosités de quelques-unes des eaux, a augmenté l'utilité de toutes. Ainsi, notre ville n'a-t-elle pas eu de tout temps, après les moindres pluies, des eaux troubles et bourbeuses ? Cependant toutes n'ont pas cet inconvénient dès leur point de départ; et celles qu'on prend à leurs sources ne devraient pas s'en ressentir, notamment la Marcia, la Claudia, ainsi que d'autres, dont la limpidité, parfaite à l'origine, ne peut nullement être altérée par l'effet de la pluie, si l'on établit des soupiraux sur leurs conduites.

90. Les deux cours d'eau dérivés de l'Anio conservent moins que les autres leur pureté ; souvent même la rivière d'où ils viennent se trouble en temps serein : car, bien qu'elle sorte d'un lac très clair, elle coule ensuite entre des rives de terre légère, dont les éboulements fournissent à ses eaux de quoi se troubler avant d'entrer dans les aqueducs. C'est une chose fâcheuse qui se reproduit non-seulement après les pluies de l'hiver et du printemps, mais même après celles de l'été, dans la saison où l'agrément et même la nécessité d'avoir de

quum plerisque libra sit inferior, incommodum intra se tenet.

91. Novus autem Anio vitiabat ceteras : nam quum editissimus veniat, et in primis abundans, defectioni aliarum succurrit. Imperitia vero aquariorum, deducentium in alienos eum specus frequentius, quam explemento opus erat, etiam sufficientes aquas inquinabat, maxime Claudiam, quæ per multa millia passuum proprio ducta rivo, Romæ demum cum Anione permixta, in hoc tempus perdebat proprietatem. Adeoque obvenientibus non succurrebatur, ut pleræque arcesserentur per imprudentiam, non uti dignum erat aquas partientium : Marciam ipsam, splendore et rigore gratissimam, balneis, ac fullonibus, et relatu quoque fœdis ministeriis deprehendimus servientem.

92. Omnes ergo discerni placuit, tum singulas ita ordinari, ut imprimis Marcia potui tota serviret, et deinceps reliquæ secundum suam quæque qualitatem aptis usibus assignarentur, sicut Anio Vetus pluribus ex causis, quo inferior [105] excipitur minus salubris, in hortorum rigationem, atque in ipsius Urbis sordidiora exiret ministeria.

93. Nec satis fuit principi nostro ceterarum restituisse copiam, et gratiam; Anionis quoque Novi vitia excludi posse vidit. Omisso enim flumine, repeti ex lacu, qui est super villam Neronianam Sublacensem,

l'eau limpide se font le plus sentir. L'un des deux aqueducs, le Vieil Anio, ayant son niveau plus bas que la plupart des autres, garde pour lui seul l'inconvénient que je signale.

91. L'Anio Neuf, au contraire, gâtait les autres eaux, attendu qu'il a un niveau fort élevé, et que sa grande abondance supplée à l'insuffisance de plusieurs; mais, par la faute des fontainiers, qui conduisaient cette eau dans les autres aqueducs plus souvent qu'il ne fallait, elle altérait celles même qui étaient assez copieuses, particulièrement la Claudia, laquelle, après avoir coulé pendant plusieurs milles dans son propre canal, était mêlée à l'Anio dans l'intérieur de Rome, et, dès lors, perdait tout son mérite. On songeait peu à remédier aux inconvénients de ces eaux supplémentaires; car, ceux qui les amenaient si maladroitement, étaient encore chargés de la distribution, tâche dont ils s'acquittaient aussi mal : nous avons même découvert que l'eau Marcia, la plus agréable par sa limpidité et sa fraîcheur, servait aux bains, aux foulons, et aux plus vils usages.

92. L'empereur jugea donc utile de séparer toutes les eaux, et de les classer de telle sorte que, d'abord, la Marcia fût entièrement réservée à la boisson, et qu'ensuite les autres fussent assignées, chacune selon sa qualité, aux usages auxquels elles seraient propres; ainsi, pour plusieurs raisons, l'Anio Vieux, dont le niveau est moins élevé, et l'eau moins pure, fut destiné à l'arrosement des jardins, et aux plus sales usages de la ville.

93. Mais ce n'était point assez pour notre prince d'avoir rendu aux autres eaux leur abondance et leur qualité; il lui sembla qu'on pouvait encore remédier aux défauts de l'Anio Neuf. A cet effet, supprimant la prise d'eau établie dans la rivière, il la reporta au lac

ubi limpidissima est, jussit. Nam quum oriatur Anio supra Trebam Augustam [106], seu quia per saxosos montes decurrit, paucis circa ipsum oppidum objacentibus cultis, seu quia lacus altitudine, in quo excipitur, velut defæcatur, imminentium quoque nemorum opacitate inumbratus, frigidissimus simul ac splendidissimus eo pervenit. Hæc tam felix proprietas aquæ, omnibus dotibus æquatura Marciam, copia vero superatura, veniet in locum deformis illius ac turbidæ; novum auctorem, imperatorem Cæsarem Nervam Trajanum Augustum, præscribente titulo [107].

94. Sequitur ut indicemus, quod jus ducendæ, tuendæque sit aquæ; quorum alterum ad cohibendos intra modum impetrati beneficii privatos; alterum ad ipsorum ductuum pertinet tutelam: in quibus dum altius repeto leges de singulis perlatas, quædam apud veteres oliter observata inveni. Apud antiquos omnis aqua in usus publicos erogabatur; et cautum ita fuit: NE. QUIS. PRIVATUS. ALIAM. DUCAT. QUAM. QUÆ. EX. LACU. HUMUM. ACCEDIT. (hæc enim sunt verba legis), id est quæ ex lacu abundavit: eam nos caducam vocamus. Et hæc ipsa non in alium usum, quam in balnearum, aut fullonicarum dabatur; eratque vectigalis [108] statuta merces, quæ in publico impenderetur: aliquid et in domos principum civitatis dabatur [109], concedentibus reliquis.

95. Ad quem autem magistratum jus dandæ vendendæve aquæ pertinuerit, in iis ipsis legibus variatur.

situé au-dessus de la maison de campagne de Néron, à Sublaqueum, où l'eau est très-claire. L'Anio prend sa source au-dessus de Treba Augusta, et, soit parce qu'il descend de montagnes pierreuses, ne rencontrant, même autour de cette ville, que peu de terres cultivées ; soit qu'il décharge son limon dans ce lac profond, où il se jette, ombragé par les forêts élevées et épaisses qu'il traverse, il arrive en cet endroit avec des eaux très-fraîches et très-limpides. Telle est l'heureuse acquisition d'une eau qui aura toutes les qualités de la Marcia, avec une plus grande abondance, et qui remplacera l'eau sale et bourbeuse dont nous avons parlé. Une inscription désigne comme auteur de cette amélioration, César Nerva Trajan Auguste.

94. Je vais maintenant faire connaître les lois concernant la conduite et l'administration des eaux : les unes ont pour but de retenir les particuliers dans la juste mesure des concessions qu'ils ont obtenues ; les autres regardent la conservation des aqueducs. En faisant des recherches sur les anciennes lois relatives à chacun de ces deux objets, j'ai trouvé que nos ancêtres avaient sur certains points une jurisprudence différente de la nôtre. Autrefois on ne distribuait de l'eau que pour les usages publics ; et il y avait une défense ainsi conçue : « Que « personne ne détourne d'autre eau que celle qui sort « du réservoir, et tombe à terre » (tels sont les termes de la loi), c'est-à-dire le trop-plein du réservoir, l'eau que nous appelons perdue : encore cette eau n'était-elle accordée que pour les bains et les foulons ; et la concession était frappée d'un impôt qu'on versait dans le trésor public. Si l'on en donnait aux maisons des premiers de la ville, c'était du consentement des autres citoyens.

95. A quel magistrat appartenait le droit de donner ou de vendre l'eau ? c'est un point sur lequel les lois

Interdum enim ab ædilibus, interdum a censoribus permissum [110] invenio; sed apparet, quoties in republica censores erant, ab illis potissimum petitum; quum ii non erant, ædilium eam potestatem fuisse. Ex quo manifestum est, quanto potior cura majoribus communium utilitatum, quam privatarum voluptatum fuerit, quum etiam ea aqua, quam privati ducebant, ad usum publicum pertineret.

96. Tutelam autem singularum aquarum locari [111] solitam invenio; positamque redemptoribus necessitatem, certum numerum circa ductus extra Urbem, certum in Urbe servorum opificum habendi; et quidem ita, ut nomina quoque eorum, quos habituri essent in ministerio per quasque regiones, in tabulas publicas deferrent; eorumque operum probandorum curam fuisse penes censores aliquando, et ædiles; interdum etiam quæstoribus eam provinciam obvenisse, ut apparet ex senatusconsulto quod factum est C. Licinio et Q. Fabio consulibus [112].

97. Quantopere autem curæ fuerit, ne quis violare ductus, aquamve non concessam derivare auderet, quum ex multis apparere potest, tum ex hoc, quod Circus Maximus, ne diebus quidem ludorum Circensium, nisi ædilium, aut censorum permissu, irrigabatur: quod durasse etiam postquam res ad curatores transiit sub Augusto, apud Atteium Capitonem [113] legimus. Agri vero, qui aqua publica contra legem essent irrigati, publicabantur. Mancipiorum etiam, si cum

elles-mêmes varient : car je trouve ce droit conféré, tantôt aux édiles, tantôt aux censeurs ; cependant il paraît que, toutes les fois que la République a eu des censeurs, c'était préférablement à eux qu'on adressait les demandes, et qu'à leur défaut le pouvoir revenait aux édiles. Ce que nous avons dit prouve combien nos ancêtres avaient à cœur l'intérêt général, plutôt que les jouissances privées, puisque l'eau concédée aux particuliers constituait encore un revenu au profit de l'État.

96. Quant à l'entretien de chacun des aqueducs, je trouve qu'il était ordinairement affermé ; que l'on imposait aux entrepreneurs l'obligation d'avoir un nombre déterminé d'esclaves artisans attachés aux aqueducs hors de la ville, un nombre également déterminé dans l'intérieur de Rome, et de faire inscrire sur les registres publics les noms de ceux qu'ils devaient employer à cet objet dans chaque région ; que la réception de leur ouvrage appartenait, tantôt aux censeurs, tantôt aux édiles, et que cette charge échut même quelquefois aux questeurs, comme l'indique le sénatus-consulte rendu sous le consulat de C. Licinius et de Q. Fabius.

97. Le soin qu'on mettait à empêcher les dégradations des aqueducs, ou les détournements illicites, nous est prouvé par des documents nombreux, et par cette circonstance que l'on n'arrosait pas le grand Cirque sans la permission des édiles ou des censeurs, même les jours où l'on célébrait les jeux ; et Ateius Capiton nous apprend que cet état de choses durait encore après la création des intendants, au temps d'Auguste. Les propriétés que l'on avait arrosées, au mépris de la loi, avec l'eau destinée au public, étaient confisquées ; et, si des esclaves avaient été employés à commettre cette infrac-

eo, qui adversus legem, fecissent, multa dicebatur. In iisdem legibus adjectum est ita : NE. QUIS. AQUAM. OLE-TATO. DOLO. MALO. UBI. PUBLICE. SALIET. SI. QUIS. OLETARIT. SESTERTIORUM. X. MILLIA. MULTA. ESTO. Oletato, videtur esse olidam facito. Cujus rei causa ædiles curules jubebantur per vicos singulos [114] ex iis qui in unoquoque vico habitarent, prædiave haberent, binos præficere, quorum arbitratu aqua in publico saliret.

98. Primus M. Agrippa post ædilitatem, quam gessit consularis, operum suorum et munerum [115] velut perpetuus curator fuit; qui jam copia permittente, descripsit, quid aquarum publicis operibus, quid lacubus, quid privatis daretur. Habuit et familiam propriam, aquarum quæ tueretur ductus, atque castella, et lacus. Hanc Augustus hereditate ab eo sibi relictam, publicavit.

99. Post eum Q. Ælio Tuberone, Paullo Fabio Maximo consulibus in re, quæ usque in id tempus, quasi potestate acta, certe jure eguit, senatusconsulta facta sunt, ac lex promulgata. Augustus quoque edicto complexus est, quo jure uterentur, qui ex commentariis Agrippæ aquas haberent, tota re in sua beneficia translata. Modulos etiam, de quibus dictum est, constituit; et rei continendæ exercendæque curatorem fecit Messalam Corvinum [116]; cui adjutores dati Postumius Sulpicius Prætorius et L. Cominius Pedarius. Insignia eis, quasi magistratibus concessa, deque eorum

tion, ils étaient confisqués également. Les lois de ce temps portent : « Que personne ne salisse à dessein « l'eau qui jaillit des fontaines publiques; celui qui l'aura « salie payera une amende de 10,000 sesterces. » Par le mot *oletato,* il faut entendre *infecter.* Afin de prévenir tout délit de ce genre, les édiles curules étaient chargés de nommer dans chaque quartier deux citoyens, habitants ou propriétaires, comme préposés à la surveillance des fontaines.

98. M. Agrippa, après l'édilité qu'il exerça étant consulaire, fut le premier chargé de l'intendance perpétuelle des eaux, qui étaient, pour ainsi dire, son propre ouvrage, et qu'on devait à sa générosité. Les eaux étant alors assez abondantes, il détermina par des règlements la quantité qui serait accordée, soit aux travaux publics, soit aux réservoirs, soit aux particuliers. Il établit même à ses frais un corps d'esclaves chargés de l'entretien des aqueducs, des châteaux d'eau et des réservoirs. Auguste, à qui ces esclaves échurent en héritage, les donna à l'État.

99. Après Agrippa, sous le consulat de Q. Élius Tubéron et de Paullus Fabius Maximus, l'administration des eaux ayant été jusqu'alors abandonnée à l'arbitraire, sans législation arrêtée, des sénatus-consultes furent rendus, et une loi promulguée sur cette matière. Auguste détermina même, par un édit, les droits de ceux auxquels les règlements d'Agrippa avaient accordé de l'eau, et fit dépendre de sa bienveillance toutes les concessions. Il établit aussi les modules dont nous avons parlé ; et, afin de donner de la stabilité et de la vie à cette administration, il nomma intendant des eaux Messala Corvinus, à qui l'on donna pour adjoint Postumius Sulpicius Prétorius et L. Cominius Pedarius. Des marques de dignité attachées aux fonctions de ces nou-

officio senatusconsultum factum, quod infra scriptum est:

100. QUOD. Q. ÆLIUS. TUBERO. PAULLUS. FABIUS. MAXIMUS. COSS. V. F[117]. DE. IIS. QUI. CURATORES. AQUARUM. PUBLICARUM. EX. CONSENSU. SENATUS. A. CÆSARE. AUGUSTO. NOMINATI. ESSENT. ORDINANDIS. D. E. R. Q. F. P. D. E. R. I. C[118]. PLACERE. HUIC. ORDINI. EOS. QUI. AQUIS. PUBLICIS. PRÆESSENT. CUM. EJUS. REI. CAUSA. EXTRA. URBEM. ESSENT. LICTORES. BINOS. ET. SERVOS. PUBLICOS. TERNOS. ARCHITECTOS. SINGULOS. ET. SCRIBAS. ET. LIBRARIOS. ACCENSOS[119]. PRÆCONESQUE. TOTIDEM. HABERE. QUOT. HABENT. II. PER. QUOS. FRUMENTUM. PLEBEI. DATUR. QUUM. AUTEM. IN. URBE. EJUSDEM. REI. CAUSA. ALIQUID. AGERENT. CETERIS. APPARITORIBUS. IISDEM. PRÆTER. QUAM. LICTORIBUS. UTI. UTIQUE. QUIBUS. APPARITORIBUS. EX. HOC. S. C. CURATORIBUS. AQUARUM. UTI. LICERET. EOS. DIEBUS. X. PROXIMIS. QUIBUS. S. C. FACTUM. ESSET. AD. ÆRARIUM. DEFERRENT. QUIQUE. ITA. DELATI. ESSENT. IIS. PRÆTORES. ÆRARII. MERCEDES. CIBARIA. QUANTA. PRÆFECTI. FRUMENTO. DANDO. DARE. DEFERREQUE. SOLENT. ANNUA. DARENT. ET. ADTRIBUERENT. IISQUE. EAS. PECUNIAS. SINE. FRAUDE. SUAS. FACERE. LICERET. UTIQUE. TABULAS. CHARTAS. CETERAQUE. QUÆ. EJUS. CURATIONIS. CAUSA. OPUS. ESSENT. IIS. CURATORIBUS. PRÆBERI. Q. ÆLIUS. PAULLUS. FABIUS. COSS. AMBO. ALTERVE. SI. IIS. VIDEBITUR. ADHIBITIS. PRÆTORIBUS. QUI. ÆRARIO. PRÆSINT. EA. PRÆBENDA. LOCENT.

101. Itemque, quum viarum curatores frumentique parte quarta anni publico fungebantur ministerio, ut curatores aquarum judiciis vacent privatis, publicisque[120]. Apparitores, et ministeria, quamvis perseveret

veaux magistrats furent l'objet d'un sénatus-consulte, dont voici la teneur :

100. « Les consuls Q. Élius Tubéron et Paullus Fa-
« bius Maximus ayant fait une proposition sur la mise
« en fonctions de ceux qui, de l'avis du sénat, seraient
« nommés, par César Auguste, intendants des eaux
« publiques, et ayant demandé ce qu'il plaisait au sénat
« d'ordonner à ce sujet, il a été arrêté ce qui suit :
« Les intendants des eaux publiques auront, quand
« leurs fonctions les appelleront hors de la ville, chacun
« deux licteurs, trois esclaves publics, un architecte,
« un secrétaire, un copiste, et autant d'huissiers et de
« crieurs qu'il en est donné à ceux qui distribuent le blé
« au peuple. Lorsqu'ils exerceront leur charge dans l'in-
« térieur de la ville, ils auront le même cortége, à
« l'exception des licteurs. En tout cas, les appariteurs
« accordés aux intendants des eaux, en vertu du pré-
« sent sénatus-consulte, seront, dans les dix jours qui
« suivront sa promulgation, déclarés par ceux-ci au
« trésor. Une fois déclarés dans la forme prescrite, ces
« appariteurs recevront annuellement des chefs du tré-
« sor le salaire et les rations que donnent et délivrent
« les administrateurs des subsistances, et ils pourront
« toucher ce traitement comme leur étant dû légale-
« ment. Il sera fourni aux intendants des eaux toutes
« les tablettes, le papier et les autres objets nécessaires
« à leurs fonctions; et les consuls Q. Élius et Paullus
« Fabius, soit ensemble, soit l'un des deux seulement,
« s'ils le préfèrent, feront, par le ministère des chefs
« du trésor, affermer ces fournitures. »

101. Il fut arrêté aussi que, comme les intendants des chemins et ceux des subsistances exerçaient leurs fonctions le quart de l'année, les intendants des eaux ne jugeraient pendant ce temps aucune affaire, ni particulière, ni publique. Les appariteurs et autres em-

adhuc ærarium in eos erogare, tamen esse curatorum videntur desiisse inertia, ac segnitia non agentium officium. Egressis autem Urbem duntaxat agendæ rei causa, senatus præsto esse lictores jusserat : nobis, circumeuntibus rivos, fides nostra, et auctoritas a principe data pro lictoribus erit.

102. Quum perduxerimus rem ad initium curatorum, non est alienum subjungere, qui post Messalam huic officio ad nos usque præfuerint. Messalæ successit, Silio et Planco consulibus, Atteius Capito; Capitoni, C. Asinio Pollione, C. Antistio Vetere consulibus, Tarius Rufus; Tario, Servio Cornelio Cethego, L. Visellio Varrone consulibus, M. Cocceius Nerva, divi Nervæ avus, scientia etiam juris illustris; huic successit, Fabio Persico, L. Vitellio consulibus, C. Octavius Lænas; Lænati, Aquillio Juliano, et Nonio Asprenate consulibus, M. Porcius Cato; huic successit postea, Servio Asinio Celere.... Quinctiliano consulibus [121], A. Didius Gallus; Gallo, Q. Veranio et Pompeio Longo consulibus, Cn. Domitius Afer; Afro, Nerone Claudio Cæsare IV et Cosso Cossi filio consulibus, L. Piso; Pisoni, Verginio Rufo et Memmio Regulo consulibus, Petronius Turpilianus; Turpiliano, Crasso Frugi et Lecanio Basso consulibus, P. Marius; Mario, L. Telesino et Suetonio Paullino consulibus, Fonteius Agrippa; Agrippæ, Silio et Galerio Trachalo consulibus, Albius Crispus; Crispo, Vespasiano III et Cocceio Nerva

ployés, bien que le trésor continue de les solder, paraissent avoir cessé leur service par la négligence des intendants, qui eux-mêmes ne s'acquittaient pas de leur devoir. Le sénat avait ordonné qu'il y eût des licteurs à la disposition de ces magistrats, quand leurs fonctions les appelaient hors de la ville. Pour nous, lorsque nous parcourrons les aqueducs, notre équité et l'autorité que nous avons reçue du prince nous tiendront lieu de licteurs.

102. Puisque nous avons fait remonter notre ouvrage à la création des intendants des eaux, il n'est pas hors de propos de nommer ici ceux qui, depuis Messala jusqu'à nous, ont été investis de cette charge. A Messala succéda Atteius Capiton, sous le consulat de Silius et de Plancus; à Capiton, Tarius Rufus, sous le consulat de C. Asinius Pollion et de C. Antistius Vetus; à Tarius, sous le consulat de Servius Cornelius Cethegus et de L. Visellius Varron, succéda M. Cocceius Nerva, aïeul du divin Nerva, et illustre jurisconsulte; à Cocceius succéda C. Octavius Lénas, sous le consulat de Fabius Persicus et de L. Vitellius; à Lénas, M. Porcius Caton, sous le consulat d'Aquillius Julianus et de Nonius Asprénas; à Caton succéda ensuite A. Didius Gallus, sous le consulat de Servilius Asinius Céler et de..., Quinctilianus; à Gallus succéda Cn. Domitius Afer, sous le consulat de Q. Veranius et de Pompeius Longus ; à Afer, L. Pison, sous le quatrième consulat de Néron Claudius César, et le premier de Cossus, fils de Cossus; à Pison succéda Petronius Turpilianus, sous le consulat de Verginius Rufus et de Memmius Regulus; à Turpilianus, P. Marius, sous le consulat de Crassus Frugi et de Lecanius Bassus; à Marius, Fonteius Agrippa, sous le consulat de L. Telesinus et de Suetonius Paullinus; à Agrippa, Albius Crispus, sous le consulat de Silius et de Galerius Trachalus; à Crispus, Pompeius Silvanus, sous le

consulibus, Pompeius Silvanus ; Silvano, Valerio Messalino consulibus, T. Ampius Flavianus ; Flaviano, Vespasiano v, Tito iii consulibus, Acilius Aviola; post quem, imperatore Nerva iii, et Verginio Rufo iii consulibus, ad nos cura translata est.

103. Nunc quæ observare curator aquarum debeat, et leges, senatusque consulta ad instruendum eum pertinentia, subjungam. Circa jus ducendæ aquæ in privatis hæc observanda sunt, ne quis sine litteris Cæsaris, id est, ne quis aquam publicam non impetratam, et ne quis amplius, quam impetravit, ducat. Ita enim efficiemus, ut modus, quem acquiri diximus [122], possit ad novos salientes, et ad nova principis beneficia pertinere. In utroque autem magna cura multiplici opponenda fraudi est. Sollicite subinde ductus extra Urbem circumeundi ad recognoscenda beneficia : idem in castellis, et salientibus publicis faciendum ; ut sine intermissione diebus noctibusque aqua fluat, quod senatus quoque consulto curator facere jubetur, cujus hæc quoque verba sunt :

104. QUOD. Q. ÆLIUS. TUBERO. PAULLUS. FABIUS. MAXIMUS. COSS. V. F. DE. NUMERO. PUBLICORUM. SALIENTIUM. QUI. IN. URBE. ESSENT. INTRAQUE. ÆDIFICIA. URBI. CONJUNCTA. QUOS. M. AGRIPPA. FECISSET. Q. F. P. D. E. R. I. C. NEQUE. AUGERI. PLACERE. NEC. MINUI. NUMERUM. PUBLICORUM. SALIENTIUM. QUOS. NUNC. ESSE. RETULERE. II. QUIBUS. NEGOTIUM.

troisième consulat de Vespasien, et le premier de Cocceius Nerva; à Silvanus succéda T. Ampius Flavianus, sous le consulat de Valerius Messalinus; à Flavianus, Acilius Aviola, sous le cinquième consulat de Vespasien, et le troisième de Titus; après Aviola, sous le troisième consulat de l'empereur Nerva et le troisième de Verginius Rufus, cette charge nous a été confiée.

103. Je vais maintenant faire connaître les obligations de l'intendant des eaux, ainsi que les lois et les sénatus-consultes qui doivent lui servir de règle. En ce qui regarde le droit de conduite chez les particuliers, il faut veiller à ce que personne ne détourne l'eau publique sans un édit de César, c'est-à-dire sans une autorisation expresse, et à ce que nul n'en détourne plus qu'il n'en a obtenu. De là il résultera que la quantité d'eau que nous avons recouvrée, comme nous l'avons dit, pourra donner lieu à l'établissement de nouvelles fontaines, et à de nouveaux bienfaits de la part du prince. Pour atteindre ce double but, il faut opposer une active surveillance aux fraudes multipliées qui se commettent. Il est nécessaire d'inspecter de temps en temps, et avec soin, les canaux hors de la ville, pour reconnaître les concessions, et d'exercer la même surveillance sur les châteaux d'eau et les fontaines publiques, afin que l'eau coule sans interruption jour et nuit; c'est un devoir imposé à l'intendant par un décret conçu en ces termes :

104. « Les consuls Q. Élius Tubéron et Paullus Fa-
« bius Maximus ayant fait un rapport sur le nombre
« des fontaines publiques établies par Agrippa, soit dans
« l'intérieur de Rome, soit dans les édifices contigus à
« la ville, et ayant demandé au sénat ce qu'il lui plaisait
« d'ordonner à cet égard, le sénat arrête qu'il n'y a lieu
« ni d'augmenter, ni de diminuer le nombre des fontaines

A. SENATU. EST. IMPERATUM. UT INSPICERENT. AQUAS. PUBLICAS. INIRENTQUE. NUMERUM. SALIENTIUM. PUBLICORUM. ITEMQUE. PLACERE. CURATORES. AQUARUM. QUOS. S. C. CÆSAR. AUGUSTUS. EX. SENATUS. AUCTORITATE. NOMINAVIT. DARE. OPERAM. UTI. SALIENTES. PUBLICI. QUAM. ADSIDUISSIME. INTERDIU. ET. NOCTU. AQUAM. IN. USUM. POPULI. FUNDERENT.

In hoc senatusconsulto crediderim annotandum, quod senatus tam augeri, quam minui salientium publicorum numerum vetuerit. Id factum existimo, quia modus aquarum, quæ his temporibus in Urbem veniebant, antequam Claudia et Anio Novus perducerentur, majorem erogationem capere non videbatur.

105. Qui aquam in usus privatos deducere volet, impetrare eam debebit, et a principe epistolam ad curatorem afferre. Curator deinde beneficio Cæsaris præstare maturitatem, et procuratorem ejusdem officii libertum Cæsaris [123] protinus scribere. Procuratorem autem primus Tib. Claudius videtur admovisse, postquam Anionem Novum et Claudiam induxit. Quid contineat epistola, villici fieri quoque notum debet, ne quando negligentiam, aut fraudem suam ignorantiæ colore defendant. Procurator calicem ejus moduli, qui fuerit impetratus, adhibitis libratoribus [124], signari cogitet, et diligenter intendat mensurarum, quas supra diximus, modum, et earum notitiam habeat; ne sit in arbitrio libratorum interdum majoris luminis, interdum minoris, pro gratia personarum, calicem probare. Sed neque statim ab hoc liberum subjiciendi qualemcumque plum-

« publiques constaté par ceux qui ont reçu du sénat
« l'ordre d'inspecter les eaux, et de compter les fon-
« taines ; que les intendants nommés par César, sous
« l'autorité du sénat, veilleront à ce que les fontaines
« publiques coulent nuit et jour, sans interruption, pour
« l'usage du peuple. » Ce qu'il faut remarquer dans ce
sénatus-consulte, c'est la défense faite par le sénat d'augmenter ou de diminuer le nombre des fontaines publiques. Elle a eu pour motif, ce me semble, que la
quantité d'eau qui arrivait à Rome, alors qu'on n'y
avait point encore amené la Claudia ni le Nouvel
Anio, ne paraissait pas comporter une plus grande
distribution.

105. Celui qui voudra détourner de l'eau pour son
usage particulier, devra en obtenir la permission, et
justifier d'un édit du prince devant l'intendant. Alors
celui-ci fera promptement réaliser la concession, et
chargera tout d'abord de ce soin l'intendant adjoint,
affranchi de César. Ce fut, à ce qu'il paraît, Tib. Claudius qui employa le premier un adjoint, lorsqu'il eut
amené le Nouvel Anio et l'eau Claudia. Il faut encore
faire connaître aux fermiers les termes de l'autorisation,
afin qu'ils ne puissent jamais couvrir leur négligence ou
leurs fraudes d'un prétexte d'ignorance. L'intendant
adjoint ne doit pas oublier, en employant les niveleurs,
d'étalonner le calice du module qui aura été obtenu ; de
tenir à la fidèle observation des mesures dont nous avons
parlé, et d'en prendre bonne note, afin de ne pas laisser
au caprice de ces agents la faculté d'admettre un calice
d'une ouverture tantôt plus grande, tantôt plus petite,
selon qu'ils voudront, ou non, favoriser les personnes. On
ne doit pas, non plus, après cette formalité, permettre
d'adapter immédiatement au calice un tuyau de plomb

beam fistulam permittatur arbitrium : verum ejusdem luminis, quo calix signatus est, per pedes quinquaginta, sicut senatusconsulto, quod subjectum est, cavetur.

106. QUOD. Q. ÆLIUS. TUBERO. PAULLUS. FABIUS. MAXIMUS. COSS. V. F. QUOSDAM. PRIVATOS. EX. RIVIS. PUBLICIS. AQUAM. DUCERE. Q. D. E. R. F. P. D. E. R. I. C. NE. CUI. PRIVATO. AQUAM. DUCERE. EX. RIVIS. PUBLICIS. LICERET. UTIQUE. OMNES. II. QUIBUS. AQUÆ. DUCENDÆ. JUS. ESSET. DATUM. EX. CASTELLIS. DUCERENT. ANIMADVERTERENTQUE. CURATORES. AQUARUM. QUIBUS. LOCIS. INTRA. EXTRA. URBEM. APTE. CASTELLA. PRIVATI. FACERE. POSSENT. EX. QUIBUS. AQUAM. DUCERENT. QUAM. EX. CASTELLO. COMMUNEM. ACCEPISSENT [125]. A. CURATORIBUS. AQUARUM. NE. CUI. EORUM. QUIBUS. AQUA. DARETUR. PUBLICA. JUS. ESSET. INTRA. QUINQUAGINTA. PEDES. EJUS. CASTELLI. EX. QUO. AQUAM. DUCERENT. LAXIOREM. FISTULAM. SUBJICERE. QUAM. QUINARIAM. In hoc senatusconsulto dignum annotatione est, quod aquam nonnisi ex castello duci permittit, ne aut rivi, aut fistulæ publicæ frequenter lacerentur.

107. Jus impetratæ aquæ neque heredem, neque emptorem, neque ullum novum dominum prædiorum sequitur. Balineis, quæ publice lavarent, privilegium antiquitus concedebatur, ut semel data aqua perpetuo maneret; sic ex veteribus senatusconsultis cognoscimus, ex quibus unum subjeci : nunc omnis aquæ [126] cum possessore instauratur beneficium.

108. QUOD. Q. ÆLIUS. TUBERO. PAULLUS. FABIUS. MAXI-

quelconque ; il faut que le calibre de ce tuyau soit le même que celui du calice approuvé, jusqu'à la longueur de cinquante pieds, conformément aux dispositions du sénatus-consulte ci-après :

106. « Les consuls Q. Élius Tubéron et Paullus Fa-
« bius Maximus ayant exposé que certains particuliers
« établissaient des prises d'eau dans les canaux publics,
« et ayant demandé ce qu'il plaisait au sénat d'ordon-
« ner à cet égard, il a été arrêté ce qui suit : Il ne
« sera permis à aucun particulier de détourner l'eau des
« canaux publics ; tous ceux qui auront obtenu des con-
« cessions prendront l'eau dans les châteaux d'eau.
« Les intendants examineront dans quel lieu, soit au
« dedans, soit au dehors de la ville, les particuliers
« pourront eux-mêmes placer des châteaux d'où ils
« devront conduire l'eau qui leur aura été donnée en
« commun, des châteaux publics, par ces mêmes inten-
« dants ; nul concessionnaire n'aura le droit d'adapter
« à moins de cinquante pieds du château où il prendra
« l'eau, aucun tuyau plus large que le quinaire. » Ce qu'il faut remarquer dans ce sénatus-consulte, c'est qu'il défend de prendre l'eau ailleurs que dans les châteaux, afin de préserver les canaux et les tuyaux publics de fréquentes dégradations.

107. Une concession d'eau n'établit aucun droit en faveur de l'héritier, de l'acheteur, en un mot, du nouveau propriétaire. Les bains, en tant qu'établissements publics, avaient depuis longtemps le privilége de conserver à perpétuité l'eau qui leur avait une fois été accordée. C'est ce que nous apprennent les sénatus-consultes, dont l'un est transcrit ci-après. Aujourd'hui la concession d'une eau quelconque doit être renouvelée pour le nouveau possesseur.

108. « Les consuls Q. Élius Tubéron et Paullus Fa-

MUS. COSS. V. F. CONSTITUI. OPORTERE. QUO. JURE. INTRA.
EXTRAQUE. URBEM. DUCERENT. AQUAS. II. QUIBUS. ADTRI-
BUTÆ. ESSENT. Q. D. E. R. F. P. D. E. R. I. C. UTI. IIS.
USQUE. MANERET. ADTRIBUTIO. AQUARUM. EXCEPTIS. QUÆ. IN.
USUM. BALINEORUM. ESSENT. DATÆ. AUT. AUGUSTI. NOMINE.
QUOAD. IIDEM. DOMINI POSSIDERENT. ID. SOLUM. IN QUO. AC-
CEPISSENT. AQUAM.

109. Quum vacare aliquæ cœperunt aquæ, annuntiatur, et in commentarios redigitur, qui respiciuntur, ut petitoribus ex vacuis dari possint. Has aquas statim intercidere solebant, ut medio tempore venderent aut possessoribus prædiorum, aut aliis etiam. Humanius visum est principi nostro, ne prædia subito destituerentur, triginta dierum spatium indulgeri, intra quod ii, ad quos res pertineret [127].... De aqua in prædia sociorum data, nihil constitutum invenio : perinde tamen observatur, ac jure cautum, ut, dum quis ex iis, qui communiter impetraverunt, superesset, totus modus prædiis assignatus flueret ; et tunc demum renovaretur beneficium, quum desiisset quisque ex iis, quibus datum erat, possidere. Impetratam aquam alio, quam in ea prædia, in quæ data erat, aut ex alio castello, quam ex quo epistola principis continebit, duci, palam est non oportere ; sed et mandatis prohibetur.

110. Impetrantur autem et eæ aquæ, quæ caducæ vocantur, id est quæ aut ex castellis effluunt, aut ex manationibus fistularum : quod beneficium a principibus

« bius Maximus ayant fait connaître la nécessité de dé-
« terminer les droits de ceux qui, soit au dedans de
« Rome, soit au dehors, ont obtenu des concessions, le
« sénat, invité à délibérer sur cet objet, a arrêté que
« les propriétés de ceux qui auraient obtenu de l'eau ne
« conserveraient ce privilége que tant qu'elles auraient
« les mêmes maîtres ; et qu'il ne serait fait exception
« que pour les bains, et pour les concessions faites au
« nom d'Auguste. »

109. Quand une concession devient vacante, il en est aussitôt donné avis, et elle est consignée sur les registres, que l'on consulte pour n'accorder de l'eau à ceux qui en sollicitent, que sur la quantité disponible. On avait coutume, quand le droit cessait, de retirer tout d'abord l'eau concédée, afin de la vendre sans retard, soit au nouveau propriétaire, soit à d'autres. Notre prince a montré plus de bienveillance : ne voulant pas que les propriétés fussent tout à coup privées d'eau, il a accordé un délai de trente jours, pendant lequel ceux qui seraient intéressés à la chose.... Je ne trouve pas de loi qui regarde les eaux concédées en faveur de propriétés communes à plusieurs maîtres. Cependant, en vertu d'un usage qui semble avoir force de loi, tant qu'il existe un des particuliers qui ont obtenu l'eau en commun, il reçoit toute la quantité assignée à leurs propriétés ; et l'on ne renouvelle le privilége que lorsqu'il ne reste plus aucun de ceux qui l'avaient reçu. L'eau concédée ne doit évidemment être conduite que dans les propriétés auxquelles elle a été destinée ; et on ne peut la prendre que dans le château d'eau désigné par le prince ; au reste, les lois sont formelles à cet égard.

110. On obtient aussi la jouissance des eaux appelées tombantes, c'est-à-dire provenant du trop-plein des châteaux d'eau, ou s'échappant par les défauts des

parcissime tribui solitum ; sed fraudibus aquariorum obnoxium est, quibus prohibendis quanta cura debeatur, ex capite mandatorum manifestum erit, quod subjeci :

111. CADUCAM. NEMINEM. VOLO. DUCERE. NISI. QUI. MEO. BENEFICIO. AUT. PRIORUM. PRINCIPUM. HABENT. NAM. NECESSE. EST. EX. CASTELLIS. ALIQUAM. PARTEM. AQUÆ. EFFLUERE. QUUM. HOC PERTINEAT. NON SOLUM. AD. URBIS. NOSTRÆ. SALUBRITATEM. SED. ETIAM. AD. UTILITATEM. CLOACARUM. ABLUENDARUM [128].

112. Explicitis, quæ ad ordinationem aquarum privati usus pertinebant, non ab re est, quædem ex iis, quibus circumscribi saluberrimas constitutiones in ipso actu deprehendimus, exempli causa attingere. Amplio res quosdam calices, quam impetrati erant, positos in plerisque castellis inveni, et ex iis aliquos ne signatos quidem. Quoties autem signatus calix excedit legitimam mensuram, ambitio procuratoris, qui eum signavit, detegitur : quum vero ne signatus quidem est, manifesta culpa omnium, maxime accipientis, deprehenditur, deinde villici. In quibusdam, quum calices legitimæ mensuræ signati essent, statim amplioris moduli fistulæ subjectæ fuerunt : unde acciderat, ut aqua non per legitimum spatium coercita, sed per breves angustias expressa, facile laxiorem in proximo fistulam impleret [129]. Ideoque illud adhuc, quoties signatur calix, diligentiæ adjiciendum est, ut fistulæ quoque proximæ per spatium, quod senatusconsulto comprehensum diximus,

tuyaux. Cette faveur n'est accordée par le prince qu'avec la plus grande réserve ; et cependant elle est pour les fontainiers un sujet de fraudes qu'il est très-important de réprimer, comme on le voit par l'extrait suivant des ordonnances :

111. « Je fais défense à tout citoyen de s'emparer de
« l'eau tombante, à moins qu'il n'y ait été autorisé par
« moi, ou par les princes mes prédécesseurs : car il est
« nécessaire qu'une partie de l'eau déborde des réser-
« voirs, tant pour maintenir la salubrité dans notre
« ville, que pour servir à nettoyer les cloaques. »

112. Après les détails que j'ai donnés sur l'administration des eaux, en ce qui concerne les usages privés, il n'est pas inutile de signaler, comme exemples, quelques-uns des moyens que nous avons vu mettre en œuvre pour éluder les règlements les plus sages. J'ai trouvé dans la plupart des châteaux d'eau des calices d'un diamètre plus grand que la mesure accordée, quelques-uns même qui n'étaient point marqués. Or, tout calice marqué qui excède la mesure légitime, atteste les vues intéressées de l'agent qui l'a étalonné; et, quand le calice n'est pas même marqué, il y a fraude manifeste de la part de tous, en premier lieu de celui qui reçoit trop d'eau, et ensuite de la part du fermier. Dans certains châteaux d'eau, à des calices qui portaient la marque d'une mesure légitime, on avait immédiatement adapté des tuyaux d'un diamètre plus grand : d'où il résultait que l'eau, n'étant pas resserrée dans la longueur voulue, mais seulement pressée dans un court espace, remplissait facilement le tuyau plus large qui touchait au calice. Il faut donc, toutes les fois que l'on étalonne un calice, pousser la précaution jusqu'à marquer aussi les tuyaux, dans la longueur prescrite par le sénatus-consulte que nous avons cité : car, s'il en est

signentur. Ita demum enim villicus, quum scierit, non aliter, quam signatas collocari debere, omni carebit excusatione.

113. Circa collocandos quoque calices observari oportet, ut ad lineam ordinentur; nec alterius inferior calix, alterius superior ponatur. Inferior plus trahit [130]; superior, quia cursus aquæ ab inferiore rapitur, minus ducit. In quorumdam fistulis ne calices quidem positi fuere : hæ fistulæ solutæ vocantur ; et, ut aquario libuit, laxantur, vel coarctantur.

114. Adhuc illa aquariorum intolerabilis fraus est : translata in novum possessorem aqua, foramen novum castello imponunt; vetus relinquunt, quo venalem extrahunt aquam. In primis ergo hoc quoque emendandum curatori crediderim : non enim solum ad ipsarum aquarum custodiam, sed etiam ad castelli tutelam pertinet, quod subinde, et sine causa foratum vitiatur.

115. Etiam ille aquariorum tollendus est reditus, quem vocant puncta. Longa ac diversa sunt spatia, per quæ fistulæ tota meant Urbe, latentes sub silice. Has comperi per eum, qui appellabatur a punctis [131], passim convulneratas omnibus in transitu negotiatoribus præbuisse, peculiaribus fistulis, aquam : quo efficiebatur, ut exiguus modus ad usus publicos perveniret. Quantum ex hoc modo aquæ servatum sit, æstimo ex eo quod aliquantum plumbi sublati ejusmodi ramis redactum est.

ainsi, le régisseur, sachant qu'il ne peut adapter au calice que des tuyaux marqués, ne pourra alléguer aucun prétexte.

113. Quand on place des calices dans un château d'eau, on doit avoir soin de les mettre au même niveau; il ne faut pas que l'un soit plus bas, et l'autre plus haut : le premier prendrait plus d'eau, et le second en aurait moins, parce que l'eau s'échappe toujours avec plus de force par l'ouverture inférieure. Les tuyaux de certains particuliers avaient même été posés sans calices : ces tuyaux sont appelés libres, et ils sont élargis ou resserrés, selon le bon plaisir du fontainier.

114. Voici encore, chez les fontainiers, une fraude qui est intolérable. Une concession est-elle transmise à un nouveau propriétaire ? ils pratiquent une nouvelle ouverture dans le château d'eau, et laissent subsister l'ancienne, d'où ils tirent de l'eau qu'ils vendent à leur profit. C'est pour l'intendant un des premiers abus à réprimer : car sa charge embrasse non-seulement la surveillance des eaux mêmes, mais encore la conservation des châteaux d'eau, qui sont endommagés par des percements fréquents et arbitraires.

115. Il faut aussi ôter aux fontainiers les profits qu'ils appellent *points*. Sur une grande étendue, et dans plusieurs directions, la ville de Rome est parcourue par des tuyaux cachés sous le pavé. Je me suis aperçu que ces tuyaux avaient été percés çà et là par un agent appelé *a punctis*, et que dans leur parcours ils fournissaient de l'eau, par des tuyaux particuliers, à tous ceux qui voulaient en acheter. Ce trafic était cause qu'il ne restait plus qu'un faible volume d'eau pour les usages publics. En mettant fin à cet abus, on en a recouvré une quantité que je pourrais évaluer d'après celle du plomb qui provient de l'enlèvement des tuyaux de cette espèce.

116. Superest tutela ductuum, de qua prius quam dicere incipiam, pauca de familia, quæ hujus rei causa parata est, explicanda sunt. Familiæ sunt duæ, altera publica, altera Cæsaris. Publica est antiquior; quam ab Agrippa relictam Augusto, et ab eo publicatam diximus: habet homines circiter CCXL. Cæsaris familiæ numerus est CCCCLX, quam Claudius, quum aquas in Urbem perduceret, constituit.

117. Utraque autem familia in aliquot ministeriorum species deducitur: villicos, castellarios, circitores [132], silicarios, tectores [133], aliosque opifices. Ex his aliquos extra Urbem esse oportet ad ea quæ non sunt magnæ molitionis, maturum tamen auxilium videntur exigere. Omnes in Urbe, circa castellorum et munerum stationes, opera quæque urgebunt; in primis ad subitos casus, ut ex quampluribus regionibus, in quam necessitas incubuerit, converti possit præsidium aquarum abundantius. Tam amplum numerum utriusque familiæ, solitum ambitione aut negligentia præpositorum in privata opera diduci, revocare ad aliquam disciplinam, et publica ministeria ita instituimus, ut pridie, quid esset actura, dictaremus, et quid quoque die egisset, actis comprehenderetur.

118. Commoda publicæ familiæ ex ærario dantur; quod impendium exoneratur vectigalium reditu ad jus aquarum pertinentium [134]. Ea constant ex [135]...., quæ sunt circa ductus, aut castella, aut munera, aut lacus; quem reditum prope sestertiorum CCL millium, alie-

## DES AQUEDUCS.

**116.** Il me reste à parler de la conservation des aqueducs ; mais, auparavant, je dirai quelques mots des corporations qui ont été créées pour cet objet. Il y en a deux : l'une appartenant au public, l'autre à César. Celle du public est la plus ancienne. Léguée par Agrippa à l'empereur Auguste, elle fut, comme nous l'avons dit, cédée par celui-ci au public : elle compte 240 hommes environ. Celle de César, qui est de 440 hommes, fut organisée par Claude, lorsqu'il amena des eaux à Rome.

**117.** Chacune de ces corporations comprend différentes sortes d'agents : des régisseurs, des gardiens de châteaux d'eau, des inspecteurs, des paveurs, des faiseurs d'enduits, et d'autres ouvriers. Quelques-uns doivent résider hors de la ville, pour les travaux qui, sans être considérables, exigent, du moins, une prompte exécution. Tous ceux qui sont dans la ville, et qui ont leurs postes près des châteaux d'eau ou des lieux de spectacle, donneront leurs soins à tous les ouvrages, surtout dans les circonstances imprévues, afin que l'on puisse, en cas de nécessité, faire passer une grande quantité d'eau de plusieurs régions dans une seule. Les nombreux agents de ces deux corporations étaient habituellement occupés à des travaux particuliers, soit par la cupidité, soit par la négligence des administrateurs. Pour les assujettir à une certaine discipline, et à un service public, nous prescrivons la veille ce qui doit être fait le lendemain, et il est tenu un registre des travaux de chaque jour.

**118.** La corporation qui appartient au public reçoit ses émoluments du trésor, et cette dépense trouve sa compensation dans le revenu provenant du droit de concession. Ce droit est payé par les propriétés situées à proximité des aqueducs, des châteaux d'eau, des lieux de spectacle et des bassins ; et le revenu, qui

natum, ac vagum, proximis vero temporibus in Domitiani loculos [136] conversum, justitia divi Nervæ populo restituit, nostra sedulitas ad certam regulam redegit, ut constaret, quæ essent ad hoc vectigal pertinentia loca. Cæsaris familia ex fisco [137] accipit commoda; unde et omne plumbum, et omnes impensæ ad ductus, et castella, et lacus pertinentes, erogantur.

119. Quoniam quæ videbantur ad familiam pertinere exposuimus, ad tutelam ductuum, sicut promiseramus, divertemus : rem enixiore cura dignam [138], quum magnitudinis Romani imperii [139] id præcipuum sit indicium. Multa atque ampla opera subinde nascuntur, quibus ante succurri debet, quam magno auxilio egere incipiant : plerumque tamen prudenti temperamento sustinenda; quia non semper opus aut facere, aut ampliare, quærentibus credendum est. Ideoque non solum scientia peritorum, sed et proprio usu curator instructus esse debet, nec suæ tantum stationis architectis uti, sed plurium advocare non minus fidem, quam subtilitatem, ut æstimet, quæ repræsentanda, quæ differenda sint; et rursus, quæ per redemptores effici debeant, quæ per domesticos artifices.

120. Nascuntur opera ex his causis : nam aut vetustate corrumpuntur; aut impotentia possessorum; aut vi tempestatum; aut culpa male facti operis, quod sæpius accidit in recentibus.

121. Fere aut vetustate, aut vi tempestatum partes

s'élève à près de 250,000 sesterces, souvent aliéné, et variable, versé naguère dans les coffres de Domitien, puis rendu au trésor public, grâce à l'équité du divin Nerva, fut enfin soumis, par nos soins, à des règles fixes, qui ne laissent plus de doute sur les lieux qu'on doit assujettir à l'impôt. La corporation appartenant à César reçoit sa solde du fisc, qui fournit aussi le plomb et tous les objets de dépense concernant les aqueducs, les châteaux d'eau et les bassins.

119. Maintenant que nous avons expliqué ce qui regarde ces corporations, nous allons, ainsi que nous l'avons annoncé, parler de la conservation des aqueducs, objet qui méritait plus de surveillance et de soins, puisque ces édifices sont la principale marque de la grandeur romaine. Ils sont sujets à de nombreuses et à de grandes réparations, auxquelles on doit se hâter de pourvoir avant qu'elles donnent lieu à des ouvrages si considérables ; et il faut le plus souvent, y apporter une sage économie, sans trop se fier à ceux qui demandent à exécuter les travaux ou à les augmenter. C'est pourquoi l'administrateur des eaux doit s'appuyer non-seulement sur la science des hommes spéciaux, mais encore sur sa propre expérience ; et, au lieu de se contenter des architectes qui dépendent directement de lui, il faut qu'il ait recours à la probité et au talent de plusieurs autres, afin de pouvoir se prononcer sur les ouvrages qu'il convient d'exécuter ou de différer, et distinguer ceux qui doivent être faits par entreprise, de ceux qu'il veut confier à ses propres ouvriers.

120. Ces réparations sont occasionnées, ou par les ravages de la vétusté, ou par la cupidité des propriétaires, ou par la violence des tempêtes, ou par la mauvaise exécution de l'ouvrage, défaut trop souvent remarqué dans nos récentes constructions.

121. C'est ordinairement de la vétusté ou des tem-

ductuum laborant, quæ arcuationibus sustinentur, aut montium lateribus applicatæ sunt; et ex arcuationibus eæ, quæ per flumen trajiciuntur: ideoque hæc opera sollicita festinatione explicanda sunt. Minus injuriæ subjacent subterranea, nec gelicidiis, nec caloribus exposita. Vitia autem ejusmodi sunt, ut aut non interpellato cursu subveniatur eis, aut emendari nisi averso non possint, sicut ea, quæ in ipso alveo fieri necesse est.

122. Hæc duplici ex causa nascuntur, aut limo concrescente, qui interdum in crustam durescit, iterque aquæ coarctatur, aut tectoria corrumpuntur, unde fiunt manationes, quibus necesse est latera rivorum et substructiones vitiari. Pilæ quoque ipsæ topho exstructæ sub tam magno onere labuntur. Refici quæ circa alveos sunt rivorum æstate non debent, ne intermittatur usus tempore, quo præcipue desideratur; sed vere, vel autumno, et maxima cum festinatione, ut scilicet ante præparatis omnibus, quam paucissimis diebus rivi cessent. Neminem fugit, per singulos ductus hoc esse faciendum, ne, si plures pariter avertantur, desit aqua civitati.

123. Ea, quæ non interpellato aquæ cursu effici debent, maxime structura constant, quam et suis temporibus, et fidelem fieri oportet. Idoneum structuræ tempus est a kalendis aprilibus in kalendas novem-

pêtes qu'ont le plus à souffrir les parties d'aqueducs soutenues par des arcades, ou appliquées aux flancs des montagnes; et les arcades les plus endommagées sont celles qui traversent les rivières : ce sont des ouvrages qui demandent, dans leurs réparations, beaucoup de soin et de célérité. Il y a moins à craindre pour les conduits souterrains, qui ne sont exposés ni à la gelée, ni aux chaleurs. Parmi les dégradations qui y surviennent, il en est auxquelles on peut remédier sans changer le cours de l'eau, et d'autres qui exigent qu'on le détourne : c'est, par exemple, lorsqu'il faut travailler dans l'intérieur même du canal.

122. Deux choses nécessitent des réparations dans les canaux : ou le limon s'y amasse, se durcit, et forme une croûte qui resserre le passage de l'eau; ou bien les enduits se détruisent, et il en résulte des fuites d'eau qui dégradent inévitablement les parois des conduits, et leurs substructions. Les piliers d'arcades eux-mêmes, ceux qui sont construits en tuf, s'écroulent sous leur énorme fardeau. Il faut éviter de réparer en été les canaux mêmes des aqueducs, afin de ne pas ôter l'eau dans la saison où l'on en a le plus grand besoin. C'est au printemps ou en automne que ces travaux seront faits, et avec la plus grande célérité, toutes choses étant disposées à l'avance pour que l'eau ne soit arrêtée que pendant le moins de jours possible. Tout le monde comprend que les aqueducs ne doivent être livrés que l'un après l'autre pour ces sortes de réparations : si plusieurs canaux étaient simultanément mis à sec, l'eau manquerait dans la ville.

123. Les travaux qu'on peut exécuter sans interrompre le cours de l'eau sont principalement les constructions en maçonnerie, qui doivent se faire dans une saison convenable, et de manière à être solides. Le temps le plus favorable à ces constructions commence

bres [140], ita ut optimum sit intermittere eam partem aestatis, quae nimiis caloribus incandescit : quia temperamento coeli opus est, ut ex humore commode structura combibat, et in unitate corroboretur. Non minus autem sol acrior, quam gelatio, praecipit materiam : nec ullum opus diligentiorem poscit curam, quam quod aquae obstaturum est. Fides itaque ejus per singula, secundum legem notam omnibus, sed a paucis observatam, exigenda est.

124. Illud nulli dubium esse crediderim, proximos ductus, id est qui a vii milliario lapide quadrato consistunt, maxime custodiendos : quoniam et amplissimi operis sunt, et plures aquas singuli sustinent, quos si necesse fuerit interrumpere, major pars aquarum Urbem destituet. Remedia tamen sunt et his difficultatibus : opus inchoatum excitatur ad libram deficientis; alveus vero plumbatis canalibus [141] per spatium interrupti ductus, rursus continuatur. Porro quoniam fere omnes specus per privatorum agros directi erant, et difficilis videbatur futurae impensae praeparatio, ni alicujus constitutione succurreretur, simul ne accessu ad reficiendos rivos redemptores a possessoribus prohiberentur, senatusconsultum factum est, quod subjeci :

125. QUOD. Q. ÆLIUS. TUBERO. PAULLUS. FABIUS. MAXIMUS. COSS. V. F. DE. RIVIS. SPECUBUS. FORNICIBUSQUE. JULIÆ. MARCIÆ. APPIÆ. TEPULÆ. ANIONIS. REFICIENDIS. Q. D.

aux calendes d'avril, et finit à celles de novembre ; mais il est utile de les suspendre pendant les grandes chaleurs de l'été, la maçonnerie ayant besoin d'une température modérée, pour absorber assez d'humidité, se lier, et faire corps. Un soleil trop ardent n'est pas moins nuisible au travail que la gelée ; et aucun ouvrage ne réclame une exécution plus parfaite que ceux qui doivent résister à l'eau. Il faut donc exiger pour chacun de ces ouvrages la fidèle observation de la règle, que tous les ouvriers connaissent, et que peu d'entre eux respectent.

124. Il n'est personne, à mon avis, qui ne comprenne que les parties des aqueducs les plus rapprochées de Rome, c'est-à-dire en deçà du septième milliaire, et construites en pierre de taille, doivent être gardées avec le plus de soin. Ce sont, en effet, des ouvrages immenses, supportant chacun plusieurs canaux, qu'il serait impossible d'interrompre sans priver la ville de la plus grande partie de ses eaux. On peut cependant encore triompher des difficultés de ce genre : l'ouvrage en reconstruction doit être élevé au niveau du cours d'eau interrompu, de manière à recevoir des canaux garnis de plomb, qui suppléent au canal démoli dans toute la longueur du vide qu'il laisse, et permettent à l'eau de couler comme auparavant. Mais, attendu que presque tous les aqueducs traversaient des propriétés particulières, et qu'il semblait difficile d'y préparer les matériaux pour les réparations à faire, à moins qu'il n'intervînt quelque mesure d'autorité qui mît les entrepreneurs des travaux à l'abri de toute opposition de la part des propriétaires, on rendit le sénatus-consulte ci-après :

125. « Les consuls Q. Élius Tubéron et Paullus Fa-
« bius Maximus ayant fait un rapport sur la nécessité de
« réparer les canaux, les voûtes et les arcades des eaux

E. R. F. P. D. E. R. I. C. UTI. CUM. II. RIVI. FORNICES.
QUOS. AUGUSTUS. CÆSAR. SE. REFECTURUM. IMPENSA. SUA.
POLLICITUS. SENATUI. EST. REFICERENTUR. EX. AGRIS. PRI-
VATORUM TERRAM. LIMUM. LAPIDEM. TESTAM. ARENAM. LIGNA.
CETERAQUE. QUIBUS. AD. EAM. REM. OPUS. ESSET. UNDE.
QUÆQUE. EORUM. PROXIME. SINE. INJURIA. PRIVATORUM. TOLLI.
SUMI. PORTARI. POSSINT. VIRI. BONI. ARBITRATU. ÆSTIMATA.
DARENTUR. TOLLERENTUR. SUMERENTUR. EXPORTARENTUR. ET.
AD. EAS. RES. OMNES. EXPORTANDAS. EARUMQUE. RERUM. RE-
FICIENDARUM. CAUSA. QUOTIENS. OPUS ESSET. PER. AGROS.
PRIVATORUM. SINE. INJURIA. EORUM. ITINERA. ACTUS [142]. PA-
TERENT. DARENTUR.

126. Plerumque autem vitia oriuntur ex impotentia possessorum, qui pluribus modis rivos violant. Primum enim spatia, quæ circa ductus aquarum ex senatus-consulto vacare debent, aut ædificiis, aut arboribus occupant. Arbores magis nocent, quarum radicibus et concamerationes, et latera solvuntur : deinde vicinales vias, agrestesque [143] per ipsas formas dirigunt; novissime aditus ad tutelam præcludunt : quæ omnia senatus-consulto, quod subjeci, provisa sunt :

127. QUOD. Q. ÆLIUS. TUBERO. PAULLUS. FABIUS. MAXI-
MUS. COSS. V. F. AQUARUM. QUÆ. IN. URBEM. VENIRENT.
ITINERA. OCCUPARI. MONUMENTIS [144]. ET. ÆDIFICIIS. ET. AR-
BORIBUS. CONSERI. Q. F. P. D. E. R. I. C. AD. REFICIENDOS.
RIVOS. SPECUSQUE. PER. QUÆ. ET. OPERA. PUBLICA. CORRUM-
PUNTUR [145]. PLACERE. CIRCA. FONTES. ET. FORNICES. ET.

« Julia, Marcia, Appia, Tepula et Anio, et demandé
« au sénat ce qu'il lui plaisait d'ordonner sur cette af-
« faire, il a été arrêté que, lorsque ces canaux et ces
« arcades, qu'Auguste César a promis au sénat d'entre-
« tenir à ses frais, seraient en réparation, la terre, la
« glaise, la pierre, la brique, le sable, le bois, et tous
« autres matériaux nécessaires à ce travail, lesquels, se
« trouvant à proximité, dans les propriétés des parti-
« culiers, pouvaient en être extraits et enlevés, moyen-
« nant une indemnité fixée par un arbitre équitable,
« seraient fournis par ces propriétés, en seraient extraits,
« pris et enlevés; que, pour le travail des réparations,
« les particuliers laisseraient pratiquer, toutes les fois
« qu'il serait nécessaire, et moyennant indemnité, des
« sentiers et des chemins sur les propriétés. »

126. Quant aux dégradations, elles viennent, le plus souvent, de la cupidité des propriétaires, qui portent toute espèce de préjudice aux aqueducs. D'abord ils occupent, par des édifices ou par des arbres, les espaces qui, aux termes des sénatus-consultes, doivent rester libres le long des canaux. Le plus grand dommage est causé par les arbres, dont les racines percent même les voûtes et les parois des conduits; puis viennent les chemins, que les propriétaires pratiquent aux limites ou dans l'intérieur de leurs domaines, en passant même sur les aqueducs; enfin, l'accès est enlevé à la surveillance. Tous ces désordres sont l'objet du sénatus-consulte que je transcris ici :

127. « Les consuls Q. Élius Tubéron et Paullus Fa-
« bius Maximus ayant exposé que les chemins réservés
« le long des aqueducs qui se rendent dans la ville,
« sont occupés par des monuments, des édifices et des
« arbres, et ces consuls ayant demandé au sénat ce
« qu'il lui plaisait d'ordonner à ce sujet, il a été arrêté
« que, pour les réparations des canaux et de leurs

MUROS. UTRAQUE. EX. PARTE. VACUOS. QUINOS. DENOS. PE- DES. PATERE. ET. CIRCA. RIVOS. QUI. SUB. TERRA. ESSENT. ET. SPECUS. INTRA. URBEM. ET. EXTRA. URBEM. SI. CONTINEN- TIA. ÆDIFICIA [146]. UTRAQUE. EX. PARTE. QUINOS. PEDES. VA- CUOS. RELINQUI. ITA. UT. NEQUE. MONUMENTUM. IN. HIS. LO- CIS. NEQUE. ÆDIFICIUM. POST. HOC. TEMPUS. PONERE. NEQUE. CONSERERE. ARBORES. LICERET. SI. QUÆ. NUNC. ESSENT. AR- BORES. INTRA. ID. SPATIUM. EXCIDERENTUR. PRÆTERQUAM. SI. QUÆ. VILLÆ. CONTINENTES. ET. INCLUSÆ. ÆDIFICIIS. ESSENT. SI. QUIS. ADVERSUS. EA. COMMISERIT. IN. SINGULAS. RES. POENA. II-S. DENA. MILLIA [147]. ESSENT. EX. QUIBUS. PARS. DIMIDIA. PRÆMIUM. ACCUSATORI. DARETUR. CUJUS. OPERA. MAXIME CONVICTUS. ESSET. QUI. ADVERSUS. HOC. S. C. COM- MISISSET. PARS AUTEM. DIMIDIA. IN. ÆRARIUM. REDIGERETUR. DEQUE. EA. RE. JUDICARENT. COGNOSCERENTQUE. CURATORES AQUARUM.

128. Posset hoc senatusconsultum æquissimum vi- deri, etiamsi ex rei tantum publicæ utilitate ea spatia vindicarentur; multo magis, quum majores nostri, admirabili æquitate, ne ea quidem eripuere privatis, quæ ad modum publicum pertinebant. Sed quum aquas perducerent, si difficilior possessor in parte vendenda fuerat, pro toto agro pecuniam intulerunt, et post de- terminata necessaria loca, rursus eum agrum vendide- runt; ut in suis finibus proprium jus tam res publica, quam privata haberent. Plerique tamen non contenti occupasse fines, ipsis ductibus manus attulere per.... latera passim [148], tam ii, qui jus aquarum impetratum

« voûtes, dont les dégradations mettent en souffrance
« les travaux publics, il sera laissé quinze pieds libres
« de chaque côté des fontaines, des arcades et des murs
« de substructions, et cinq pieds libres de chaque côté
« des conduits souterrains et des canaux qui, soit dans
« la ville, soit au dehors, sont contigus à des édi-
« fices, de sorte qu'on n'aura plus à l'avenir le droit
« de placer en dedans de ces limites ni monuments,
« ni maisons, ni arbres ; que tous les arbres qui se
« trouvent actuellement dans l'espace réservé seront ar-
« rachés, à moins qu'ils ne touchent à quelque habita-
« tion et ne soient enfermés dans des édifices. Qui-
« conque sera en contravention à ce décret payera, pour
« chaque délit, une amende de dix mille sesterces, dont
« la moitié sera donnée comme récompense à l'accu-
« sateur qui aura le mieux prouvé les faits ; l'autre
« moitié sera versée au trésor. Les intendants des eaux
« connaîtront des affaires de cette espèce, et les ju-
« geront. »

128. Ce sénatus-consulte, qui déjà paraît très-
sage au seul point de vue de l'intérêt public, en
réservant ces espaces libres, le paraîtra plus encore, si
l'on considère que nos ancêtres, dans un admirable esprit d'équité, ne voulurent point faire tort aux particuliers de cette quantité de terrain attribuée par la
loi au domaine public. Loin de là, quand ils établissaient des conduites d'eau, si le propriétaire avait trop
de répugnance à ne vendre qu'une partie de son champ,
ils l'achetaient tout entier, et le revendaient, après en
avoir pris ce qui leur était nécessaire pour régler, quant
aux limites, les droits de la république et ceux des
particuliers. Cependant la plupart des propriétaires,
non contents de faire des anticipations de terrain, portèrent la main sur les aqueducs, dont ils percèrent çà et

habent, quam ii, qui quantulacumque beneficii occasione ad expugnandos nunc abutuntur. Quid porro fieret, si non universa ista diligentissima lege prohiberentur, pœnaque non mediocris contumacibus intentaretur? Quæ subscripsi verba legis:

129. T. QUINCTIUS. CRISPINUS. COS [149]. POPULUM. JURE. ROGAVIT. POPULUSQUE. JURE. SCIVIT [150]. IN. FORO. PRO. ROSTRIS. ÆDIS. DIVI. JULII [151]. P. K. JULIAS [152]. TRIBUI. SERGIÆ. PRINCIPIUM. FUIT. PRO. TRIBU. SEX. L. F. VARRO. QUICUNQUE. POST. HANC. LEGEM. ROGATAM. RIVOS. SPECUS. FORNICES. FISTULAS. TUBULOS. CASTELLA. LACUS. AQUARUM. PUBLICARUM. QUÆ. AD. URBEM. DUCUNTUR. SCIENS. DOLO. MALO. FORAVERIT. RUPERIT. FORANDA. RUMPENDAVE. CURAVERIT. PEJORAVE. FECERIT. QUOMINUS. EÆ. AQUÆ. EARUMVE. QUA. IN. URBEM. ROMAM. IRE. CADERE. FLUERE. PERVENIRE. DUCI. POSSINT. QUOVE. MINUS. IN. URBE. ROMA. ET. IN. IIS. ÆDIFICIIS. QUÆ. URBI. CONTINENTIA. SUNT. ERUNT. IN. HIS. HORTIS. PRÆDIIS. LOCIS. QUORUM. HORTORUM. PRÆDIORUM. LOCORUM. DOMINIS. POSSESSORISBUVE. AQUA. DATA. VEL. ADTRIBUTA. EST. VEL. ERIT. SALIAT. DISTRIBUATUR. DIVIDATUR. IN. CASTELLA. LACUS. IMMITTATUR. IS. POPULO. ROMANO. C. MILLIA [153]. DARE. DAMNAS. ESTO. ET. QUI. CLAM [154]. QUID. EORUM. ITA. FECERIT. ID. OMNE. SARCIRE. REFICERE. RESTITUERE. ÆDIFICARE. PONERE. ET. CELERE. DEMOLIRE. DAMNAS. ESTO. SINE. DOLO. MALO. ATQUE. OMNIA. ITA. UT. QUICUNQUE. CURATOR. AQUARUM. EST. ERIT. AUT. SI. CURATOR. AQUARUM. NEMO. ERIT. TUM. IS. PRÆTOR. QUI. INTER.

là les parois; et ce délit fut commis tant par ceux qui avaient obtenu des concessions, que par d'autres, qui, encore aujourd'hui, profitent des moindres tolérances pour s'emparer de l'eau. Quelles seraient les conséquences de pareils abus, s'ils n'eussent été réprimés par les dispositions énergiques d'une loi générale, qui menace de peines sévères les contrevenants? Je transcris ici le texte même de cette loi:

129. « Le consul T. Quinctius Crispinus a légale-
« ment convoqué le peuple, et le peuple a légalement
« délibéré, en assemblée dans le Forum, devant la tri-
« bune aux harangues, près du temple du divin Jules
« César, la veille des calendes de juillet. A la tribu Sergia
« échut le droit de voter la première; et, au nom de
« celle-ci, Sextus Varron, fils de Lucius, vota le pre-
« mier. Quiconque, après la promulgation de la pré-
« sente loi, aura méchamment et, de propos délibéré,
« percé ou fait percer, rompu ou fait rompre les canaux,
« conduits souterrains, voûtes, tuyaux, tubes, châ-
« teaux d'eau, et bassins des eaux publiques qui sont
« amenées à Rome, ou aura empêché ces eaux, en tout
« ou en partie, de suivre leur cours, de se répandre,
« de couler, de parvenir, d'être conduites dans la ville,
« ou bien de jaillir, de se distribuer, et de se rendre
« dans les châteaux d'eau et bassins, soit à l'intérieur de
« Rome, ou dans les édifices qui sont ou seront contigus
« à la ville, soit dans les jardins ou dans les propriétés
« dont les maîtres ou les possesseurs auront obtenu ou
« obtiendront une concession, sera condamné à une
« amende de cent mille sesterces au profit du peuple ro-
« main. Quant à celui qui aura commis un de ces délits
« furtivement, mais sans intention criminelle, il devra
« réparer, refaire, reconstruire, replacer toutes choses
« en leur premier état, et démolir sur-le-champ, et
« sans fraude, ce qu'il aura construit. A cette fin, celui

CIVES. ET. PEREGRINOS. JUS. DICIT. MULTA. PIGNORIBUS. CO-
GITO. COERCETO. EIQUE. CURATORI. AUT. SI. CURATOR. NON.
ERIT. TUM. EI. PRÆTORI. EO. NOMINE. COGENDI. COERCENDI.
MULTÆ. DICENDÆ. SIVE. PIGNORIS. CAPIENDI. JUS. POTESTAS-
QUE. ESTO. SI. QUID. EORUM. SERVUS. FECERIT. DOMINUS.
EJUS. H-S. CENTUM. MILLIA. POPULO. DET. SI. QUIS. CIRCA.
RIVOS. SPECUS. FORNICES. FISTULAS. TUBULOS. CASTELLA.
LACUS. AQUARUM. PUBLICARUM. QUÆ. AD. URBEM. ROMAM.
DUCUNTUR. ET. DUCENTUR. TERMINATUS[155]. STETERIT. NE.
QUIS. IN. EO. LOCO. POST. HANC. LEGEM. ROGATAM. QUID.
OPPONITO[156]. MOLITO. OBSEPITO. FIGITO. STATUITO. PONITO.
COLLOCATO. ARATO. SERITO. NEVE. IN. EUM. LOCUM. QUID.
IMMITTITO. PRÆTERQUAM. EORUM. FACIENDORUM. REPONENDO-
RUM. CAUSA. PRÆTERQUAM. QUOD. HAC. LEGE. LICEBIT. OPOR-
TEBIT. QUI. ADVERSUS. EA. QUID. FECERIT. ET. ADVERSUS.
EUM. SIREMPS. LEX. JUS. CAUSAQUE. OMNIUM. RERUM. OMNI-
BUSQUE. ESTO. UTIQUE. UTI. ESSET. ESSEQUE. OPORTERET.
SI. IS. ADVERSUS. HANC. LEGEM. RIVUM. SPECUM. RUPISSET.
FORASSETVE. QUOMINUS. IN. EO. LOCO. PASCERE. HERBAM.
FENUM. SECARE.[157].... CURATORES. AQUARUM. QUI. NUNC.
SUNT. QUIQUE. ERUNT. CIRCA. FONTES. ET. FORNICES. ET.
MUROS. ET. RIVOS. ET. SPECUS. TERMINATUS. ARBORES. VI-
TES. VEPRES. SENTES. RIPÆ. MACERIA. SALICTA. ARUNDINETA.
TOLLANTUR. EXCIDANTUR. EFFODIANTUR. EXCODICENTUR.
UTIQUE. RECTE. FACTUM. ESSE. VOLET. EOQUE. NOMINE. IIS.
PIGNORIS. CAPTIO. MULTÆ. DICTIO. COERCITIOQUE. ESTO.
IDQUE. IIS. SINE. FRAUDE. SUA. FACERE. LICEAT. JUS. POTES-
TASQUE. ESTO. QUOMINUS. VITES. ARBORES. QUÆ. VILLIS.

« personnelle, droit et pouvoir dont ils useront avec
« équité. Quant aux vignes et aux arbres qui sont ren-
« fermés dans l'enceinte des maisons de campagne et des
« édifices, ou dans des murs de clôture, et quant aux murs
« mêmes que les intendants des eaux, après examen de
« l'affaire, auront permis de ne pas faire disparaître,
« et sur lesquels on aura inscrit ou gravé les noms des
« intendants qui auront accordé cette permission, la
« présente loi n'empêche nullement qu'ils subsistent.
« Elle ne déroge en rien, non plus, à toutes les per-
« missions accordées par les intendants, de prendre ou
« de puiser de l'eau aux sources, canaux, conduits, soit
« souterrains, soit placés sur des arcades, pourvu que
« l'on n'emploie ni roue, ni calice, ni machine ; et qu'il
« n'y soit pratiqué aucun puits, ni aucun percement nou-
« veau. »

130. Les contempteurs d'une loi aussi utile me-
ritent, il faut l'avouer, les peines qu'elle inflige ; mais,
comme ils ont été longtemps abusés par la négligence
des intendants, on a dû les ramener à la règle par des
voies de douceur : aussi avons-nous fait tous nos efforts
pour empêcher que les délinquants fussent connus.
Ceux même qui, après avoir été avertis, ont eu recours
à la bonté du prince, peuvent nous regarder comme
l'auteur du bienfait qu'ils ont obtenu. Mais, si je forme
un vœu pour l'avenir, c'est qu'il ne devienne point nécessaire d'appliquer la loi : car, dussé-je causer des
mécontentements, la conscience de mon devoir me la
ferait exécuter.

# NOTES

## SUR LES AQUEDUCS DE LA VILLE DE ROME.

**1.** — *Administratum per principes civitatis nostræ viros.* Ce passage a fait croire à plusieurs commentateurs que Frontin était né à Rome ; mais Virgile, qui était d'un village voisin de Mantoue, ne pouvait-il pas, à une certaine époque de sa vie, dire également de Rome, comme de sa patrie adoptive, *civitas nostra?* — *Voyez* la Notice, page 5.

**2.** — *Et adjutorum decrevit usum.* Il y a ici une altération évidente du texte. M. Dederich lit : « Quoties imperitia præcessit ejus, *ad cujus crebro decurritur* usum. » Cette autre leçon : « Et *ad illorum decurrit* usum, » que le critique allemand indique, mais sans l'adopter, serait peut-être préférable.

**3.** — *Forma.* Ce mot est, en cet endroit, synonyme de *formula*, de *norma*.

**4.** — *Succedentium.* L'édition de Joconde porte, et M. Rondelet a maintenu *antecedentium*, leçon qui est contradictoire à tout le passage.

**5.** — *A quoto milliario cœpisset.* Le mille romain contenait mille pas de cinq pieds, ce qui équivalait à 1479 mètres 26 centimètres. A partir du milliaire d'or, colonne qui fut dressée, par ordre d'Auguste, au milieu du Forum (ou, selon l'opinion de Poleni, à partir de chacune des portes de la ville), chaque mille était marqué, sur les principales routes, par une pierre ou borne milliaire numérotée.

**6.** — *Quantum substructione, quantum opere arcuato.* On entend par *substructions* des ouvrages en massif de maçonnerie, établis, soit au-dessous du rez-de-chaussée, comme les fondations des murs, soit au-dessus de terre, mais sans arcades, pour soutenir à un certain niveau quelque autre construction, un canal, par exemple. — *Opus arcuatum* est un ouvrage en arcades destiné, dans le cas dont il s'agit, à supporter un, deux, et jus-

« qui est ou sera intendant des eaux, ou, à son défaut,
« le préteur chargé de juger les différends entre les ci-
« toyens et les étrangers, devra recourir à une amende
« pécuniaire, ou à des gages, ou à la contrainte per-
« sonnelle ; et même l'intendant, ou ce préteur, aura,
« en son propre nom, le droit et le pouvoir d'exercer
« toute contrainte, et de prononcer les peines pécu-
« niaires, la tradition des gages, ou la contrainte per-
« sonnelle. Si quelqu'un de ces dommages est causé
« par un esclave, c'est le maître qui payera au trésor
« public les cent mille sesterces. Si le terrain qui doit
« rester libre est délimité autour des canaux, conduits,
« souterrains, voûtes, tuyaux, tubes, châteaux d'eau
« et bassins des eaux publiques qui sont ou seront ame-
« nées à Rome, nul ne pourra, après la promulgation
« de la présente loi, rien opposer, ni construire, ni
« enclore, ni fixer, ni établir, ni poser, ni placer, ni
« labourer, ni semer dans ce lieu, ni même y rien ame-
« ner, si ce n'est pour les constructions ou les rétablis-
« sements autorisés ou exigés par cette même loi. Celui
« qui enfreindra cette disposition sera soumis à la même
« peine, et le droit et les fins de poursuite seront en
« toutes ces choses, et pour tous, ce qu'ils seraient et
« ce qu'ils devraient être, si le contrevenant eût rompu
« ou percé un canal, ou même une voûte. Pour que
« rien n'empêche d'y faire paître des troupeaux, et d'y
« faucher le foin, il sera pourvu, par les soins des
« intendants des eaux, maintenant et à l'avenir, à ce
« que, près des sources, arcades, murs, canaux et con-
« duits souterrains, situés dans cette délimitation, les
« arbres, vignes, buissons, épines, murs de clôture,
« plantations de saules et de roseaux, soient enlevés,
« coupés, arrachés, déracinés, conformément aux or-
« dres de ces mêmes intendants, qui devront exiger des
« gages, ou prononcer une amende et la contrainte

ÆDIFICIIS. MACERIISVE. INCLUSÆ. SUNT. MACERIÆ. QUAS. CU-
RATORES. AQUARUM. CAUSA. COGNITA. NE. DEMOLIRENTUR.
DOMINIS. PERMISERUNT. QUIBUS. INSCRIPTA. INSCULPTAQUE.
ESSENT. IPSORUM. QUI. PERMISISSENT. CURATORUM. NOMINA.
MANEANT. HAC. LEGE. NIHILUM. ROGATOR. QUOMINUS. EX.
IIS. FONTIBUS. RIVIS. SPECUBUS. FORNICIBUS. AQUAM. SU-
MERE. HAURIRE. IIS. QUIBUSCUMQUE. CURATORES. AQUARUM.
PERMISERINT. PRÆTERQUAM. ROTA. CALICE. MACHINA. LICEAT.
DUM. NEQUE. PUTEUS. NEQUE. FORAMEN. NOVUM. FIAT.
EJUS. HAC. LEGE. NIHILUM. ROGATOR.

130. Utilissimæ legis comtemptores non negaverim dignos pœna, quæ intenditur. Sed negligentia longi temporis deceptos leniter revocari oportuit. Itaque sedulo laboravimus, ut (quantum in nobis fuit) etiam ignorarentur, qui erraverant. Iis vero, qui admoniti ad indulgentiam imperatoris decurrerunt, possumus videri causa impetrati beneficii fuisse. In reliquo vero opto, ne exsecutio legis necessaria sit, quum officii fidem etiam per offensas tueri præstet.

qu'à trois conduits, lorsqu'il se présente des vallées à franchir, et qu'il est nécessaire de maintenir un niveau ou une pente réglée. Plusieurs aqueducs romains avaient deux et même trois rangs d'arcades, quand les accidents de terrain l'exigeaient. Tel est encore, en France, celui qu'on appelle vulgairement le Pont du Gard.

Portés soit par des substructions, soit par des arcades, les aqueducs étaient simples, doubles ou triples, selon qu'ils consistaient en un, deux ou trois conduits. On voit encore près de Rome les restes d'un triple aqueduc qui amenait, sur une certaine étendue (*Voyez* § 19), les eaux Julia, Tepula et Marcia. Piranesi en a donné le dessin (*Le Antichità romane*, t. 1, lav. XI, *fig.* 1, *et ibidem*, tav. XXXVIII, *fig.* 1), que M. Rondelet a reproduit dans l'atlas qui accompagne sa traduction.

7. — *Altitudinem.* Cette hauteur n'est point celle des arcades, comme l'a pensé Keuchen; c'est le niveau de chacune des eaux à l'endroit où elle arrive dans la ville, avant d'être distribuée dans les châteaux d'eau.

8. — *Modulorumque rationem.* En architecture, on entend par module (*modulus,* petite mesure) une mesure arbitraire qu'on prend pour établir les rapports de proportion entre les parties d'un ouvrage. C'est ordinairement la moitié du diamètre de la colonne; et l'on fixe le nombre des modules qui doivent être contenus dans la colonne, dans son dé, dans son entablement, etc., et dans tout l'ensemble de l'édifice.

En ce qui regarde la conduite et la distribution de l'eau, on a adopté le nom de *module* pour désigner la *mesure* des tuyaux. Comme on le verra plus loin, il y a une échelle de modules qui a eu pour base, soit le doigt, soit l'once, soit le quinaire (*Voyez* §§ 24 et 25). On a confondu quelquefois d'une manière absolue le module avec le tuyau, et c'est à tort, car le premier est la mesure de l'orifice du second; si on les identifie quelquefois dans le langage de la pratique, il faut au fond maintenir la distinction. C'est au moyen du calice (*Voyez* § 36) que la mesure est déterminée.

On se sert encore du même mot, par analogie, pour l'indication du diamètre des médailles et des monnaies.

9. — *Publicis operibus.* Poleni pense que les ouvrages ou travaux publics comprenaient, outre les théâtres, les palais, etc.,

les bains, et les ateliers de foulons, qui exigeaient sans cesse une grande quantité d'eau.

10. — *Muneribus.* Les spectacles, ou jeux, dont parle Frontin étaient principalement les *naumachies*, nom qui devint commun à ces batailles navales et aux lacs creusés exprès sur lesquels on les donnait.

11. — *Lacubus.* Le manuscrit du Mont-Cassin porte *lacibus* toutes les fois que ce mot se représente au même cas, et l'édition de Wesel (1841) adopte cette terminaison ; cependant les plus savants latinistes ne reconnaissent que l'autre forme.

Ces bassins étaient des réservoirs destinés à une foule d'usages : on y prenait de l'eau pour les divers ateliers ou fabriques, pour abreuver les chevaux et le bétail, éteindre les incendies, etc. On les avait prodigieusement multipliés au temps des empereurs : il y a des savants qui en portent le nombre à plus de neuf cents. Au dire de Pline le Naturaliste (liv. xxxvi, ch. 24), Agrippa en établit à lui seul sept cents pendant son édilité ; en outre, cent six fontaines jaillissantes, cent trente châteaux d'eau, la plupart magnifiquement ornés, et surmontés de trois cents statues de marbre ou d'airain, et de quatre cents colonnes de marbre.

12. — *Nomine Cæsaris.* L'eau accordée à ce titre était mise à la disposition de l'empereur, et réservée à certains usages et à des lieux désignés par le prince. *Nomine Cæsaris* équivaut donc à *Cæsari*.

13. — *Ab urbe condita per annos* ccccxxxxi. D'après ce passage et les chapitres suivants de Frontin, il n'y aurait point eu d'aqueducs à Rome jusqu'à l'an 441 ; et suivant Pline (liv. xxxi, ch. 24), l'eau Marcia aurait été amenée par le roi Ancus Marcius. Poleni pense qu'il faut s'en rapporter à notre auteur, et Raphaël Fabretti (*Dissertationes de aquis et aquæductibus veteris Romæ*, c. ccxxxvii) explique, ou du moins cherche à prouver l'erreur de Pline.

14. — *Fontium memoria cum sanctitate adhuc exstat, et colitur.* Le culte des eaux est attesté par plusieurs auteurs. Hésiode compte près de quarante fleuves ou cours d'eau divinisés. Pline dit (liv. xxxi, ch. 2) que leur nom a grossi la liste des dieux ; enfin Tacite (*Annales*, liv. xiv, ch. 22) rend compte en ces termes d'une profanation de Néron : « Un désir d'une recherche outrée valut à Néron péril et déshonneur ; il alla nager dans la fontaine Marcia, dont les eaux sont conduites à Rome ; on pensa qu'en y

plongeant son corps, il avait profané cette eau sacrée et la sainteté du lieu : aussi une maladie grave s'ensuivit, et confirma le courroux des dieux. » (Trad. de C.-L.-F. PANCKOUCKE.)

15. — *Sicut C. Ammaranius Apollinaris.* Il est d'autant plus facile de constater ici une altération de texte, que cet *Apollinaris* n'est connu de personne. Au lieu de ce mot, M. Dederich lit *sicut Camœnarum et Apollinis et Juturnæ.* Il faudrait, d'après cette leçon, traduire ainsi la phrase : « Car on croit que ces sources ont, comme celles des Muses, d'Apollon, et de Juturne, la vertu de rendre la santé aux malades. »

16. — *Viam Appiam.... usque ad urbem Capuam muniendam curavit.* L'expression *munire viam* n'a pas toujours eu le même sens. Ainsi que le fait observer M. Naudet (*Mémoires de l'Académie des sciences morales et politiques*, t. IV, p. 829 et suiv.), au temps d'Appius Cécus on ne pouvait entendre par là que la *construction*, et non le *pavé* des routes, puisque Tite-Live rapporte (liv. XLI, ch. 27) que l'an de Rome 579, pour la première fois, les censeurs firent paver de grandes pierres les rues de la ville : c'est donc seulement après cette époque que l'on a pu employer indifféremment *munire* pour *sternere viam.* Cependant on trouve dans le recueil de Gruter une antique inscription ainsi conçue :

<pre>
        APPIVS. CLAVDIVS.
          C. F. CAECVS.
     VIAM. APPIAM. STRAVIT.
           ET. AQVAM.
      IN. VRBEM. ADDVXIT.
</pre>

Alors, en admettant l'authenticité de cette inscription, nous serions autorisés à croire que *sternere* signifierait *empierrer, caillouter,* aussi bien que *paver* les routes.

17. — *Abdicavit se censura.* Tite-Live (liv. IX, ch. 29) fait connaître la cause de cette abdication.

18. — *Hortorum Torquatianorum et....* L'édition de Wésel ajoute *Plautianorum.*

19. — *Salinæ.* Au sud-ouest de Rome, sur la rive gauche du Tibre. *Voyez* le plan de Piranesi (*Le Antichità romane*, t. I, tav. 38), où l'on peut suivre le parcours de tous les aqueducs, depuis leur entrée dans la ville, jusqu'aux lieux où ils aboutissaient. Nous y renvoyons une fois pour toutes, notamment en ce qui regarde les chapitres V-XV.

**20.** — *Ex manubiis de Pyrrho captis.* « Sous le nom de *manubia*, il faut comprendre non-seulement l'argent, mais tout ce que les questeurs retiraient de la vente des esclaves et de toute espèce de butin, même de l'aliénation des terres conquises dans cette guerre. » (Niebuhr, trad. de M. de Golbéry, t. vi, p. 326.)

**21.** — *De consummando ejus aquæ opere....* Il y a ici une lacune que M. Dederich remplit par ces mots : *Frequentibus autem Romanorum bellis prætermisso, demum post nonum annum rursus Minutius Prætor rem retulit*, restitution que les vestiges des manuscrits ne justifient pas complétement.

**22.** — *Extra portam....* Corradin ajoute *Reatinam*, et M. Dederich *Baranam*.

**23.** — *Prætor inter cives et peregrinos.* Ce préteur était, pour cette raison, appelé *peregrinus*, ce qui le distinguait du *prætor urbanus*.

**24.** — *In urbem perduceret.* Au lieu des mots qui suivent dans le texte, jusqu'à *eam aquam* inclusivement, l'édition de Wesel porte : *Qui lapide quadrato ampliores ductus excitavit, perque illos aquam, quam acquisiverat reipublicæ commodo, trium millium opera fabrorum duxit, etc.*

**25.** — *Sestertium* iv *et octogies.* Huit millions quatre cent mille sesterces valaient, jusqu'au temps d'Auguste, 1,711,850 fr. M. Dederich lit *sest. millies octingenties*.

**26.** — *Ad milliarium* xxxviii *sinistrorsus.* Poleni écrit xxxvi prétendant que, du trente-sixième milliaire de la voie Valérienne, où l'eau Marcia était prise, l'aqueduc aurait fait un trop grand détour pour aller jusque vers le trente-huitième de la voie Sublacensis. Cette raison ne nous a pas paru suffisante pour nous éloigner des manuscrits (du Mont-Cassin et d'Urbin) et des anciennes éditions, qui portent *ad milliarium trigesimum octavum*.

**27.** — *Intra passuum* cc.... Après ces mots, M. Dederich restitue ainsi le texte : « Intra *spatium* passuum cc *fontium infinita multitudine sub fornicibus petræis scatenti, stat immobilis stagni modo*, colore perviridi. »

**28.** — *Anno post Urbem conditam* dccxix. Les fastes placent en l'an de Rome 721 le consulat d'Auguste et de L. Volcatius, au lieu de l'attribuer à l'année 719, que nous trouvons dans Frontin. Cette différence de deux années se reproduit à chacune des époques données par notre auteur postérieurement à l'an 500 de la fondation de Rome.

29. — *Diverticulo.* A l'exemple de M. Dederich, j'ai intercalé ce mot dans le texte, où le sens le réclamait.

30. — *Tepulæ rivum intercepit.* Agrippa fit servir l'aqueduc de la Tepula à la conduite de l'eau Julia, depuis l'endroit où celle-ci, dont la source était la plus éloignée des deux, le rencontrait dans son parcours. Alors les deux canaux furent placés l'un sur l'autre, et portés par les mêmes massifs de maçonnerie et les mêmes arcades, probablement jusque dans la ville. On voit encore sur les anciens remparts, sur les portes, sur les arcs de triomphe, et dans la campagne de Rome, plusieurs restes de deux, et même de trois canaux ainsi superposés.

31. — *Exclusa ergo est Crabra.* J'ai rétabli le mot *est*, d'après Joconde et le manuscrit du Vatican, qui porte *vero* au lieu de *ergo*. M. Dederich lit *exclusi ergo Crabram, et.... reddidi.* L'eau Crabra, avant d'être amenée à Rome, alimentait la citadelle de Tusculum. On a découvert en 1817 la galerie antique qui conduisait cette source à la ville. *Voyez* NIEBUHR, trad. de M. DE GOLBÉRY, t. III, p. 338.

32. — *Hanc originem pictura ostendit.* Pline (liv. XXXI, ch. 25) donne une autre origine au nom de cette eau : « Juxta est Herculaneus rivus, quem refugiens Virginis nomen obtinuit. » Ce récit est plus poétique assurément, mais moins vraisemblable que celui de Frontin, qui est circonstancié, et s'appuie sur le témoignage du monument et du tableau qu'on trouvait encore de son temps près de la source. Cassiodore (*Ep.* VII, 6) dit que l'eau Vierge est ainsi appelée, parce qu'elle est *parfaitement pure;* mais cette opinion peut paraître conjecturale, de la part d'un auteur du VI$^e$ siècle.

Encore aujourd'hui l'*acqua Vergine* est la meilleure eau de Rome. Elle se répand par la belle fontaine de Trevi, commencée sous le pontificat de Clément XII, par l'architecte Nicolas Salvi, et achevée sous Benoît XIV.

33. — *Concipitur ergo via Collatia ad milliarium* VIII. Pline (*ubi supra*) dit : « Idem (Agrippa) et Virginem adduxit ab octavi lapidis diverticulo duobus millibus passuum Præstina via. » Fabretti et Poleni ont prouvé, par leurs travaux topographiques, que Pline et Frontin étaient d'accord, attendu que la source est entre les deux routes, à la distance fixée par ces deux auteurs.

34. — *Opus Naumachiæ.* La naumachie d'Auguste était dans la quatorzième région de Rome. C'était simplement un lac ou étang creusé dans le sol, et sans autre amphithéâtre que la terre

résultant de la fouille, *navale prœlium circa Tiberim cavato solo* (Suetonius, *in Augusto*, c. XLIII). Plus tard il y eut des naumachies entourées de gradins, comme les cirques.

**35.** — *Ex lacu Alsietino.* C'est aujourd'hui le lac *Martignano*.

**36.** — *Quod opus Claudius magnificentissime consummavit.* Suétone (*Vie de Claude*, ch. xx) fait mention de ces grands travaux ; et Pline (liv. xxxvi, ch. 24) s'exprime ainsi : « Tous les aqueducs des époques antérieures le cèdent à celui que commença Caligula, et que termina Claude. Les eaux des sources Curtia, Cærulea et Anio Novus, ont été amenées à Rome d'une distance de quarante milles, et élevées au niveau des sept collines. On alloua pour cet ouvrage cinquante-cinq millions cinq cent mille sesterces. Si l'on considère attentivement quelle quantité d'eau il a fourni au public pour les bains, les réservoirs, les maisons, les canaux, les jardins, les faubourgs, les maisons de campagne ; si l'on songe aux arcades construites pour les amener de si loin, ainsi qu'aux montagnes percées, et aux vallées comblées, on avouera que le monde entier n'offre point de merveilles plus étonnantes. » (Trad. de M. Ajasson de Grandsagne.)

**37.** — *Dedicavitque.* Ceux qui faisaient les frais d'un édifice public avaient le droit d'en perpétuer le souvenir, au moyen d'une inscription indiquant leur nom, la nature et le but de leur entreprise. On lit encore sur l'arc de triomphe dont on a fait la *Porte-Majeure*, cette inscription, qui rappelle l'ouvrage de Claude, relativement à l'eau Vierge et au Nouvel Anio :

TI. CLAVDIVS. DRVSI. F. CAISAR. AVGVSTVS. GERMANICVS.
PONTIF. MAXIM.
TRIBVNICIA. POTESTATE. XII. COS. V. IMPERATOR. XXVII.
PATER. PATRIÆ.
AQVAM. CLAVDIAM. EX. FONTIBVS. QVI VOCABANTVR.
CÆRVLEVS. ET. CVRTIVS.
A. MILLIARIO. XXXXV.
ITEM. ANIENEM. NOVAM. A. MILLIARIO. LXII.
SVA. IMPENSA. IN. VRBEM. PERDVCENDAS. CVRAVIT.

**38.** — *Alias omnes præcedit.* Le sens que j'ai donné à ces mots s'appuie sur ce passage du § 91 : « Quum editissimus veniat (Anio Novus) et in primis abundans. » L'Italien Orsini traduit *ed ha la precedenza su tutte le altre acque.* M. Dederich lit *alias omnes perdit.*

**39.** — *Claudia concipitur.... ad milliarium* xxxviii. Pline (*ubi* *supra*) met cette source à quarante milles de Rome, et l'inscription citée plus haut (note 37) la porte à quarante-cinq milles. Peut-être y a-t-il erreur de la part de Frontin ou de ses copistes, ou plutôt de la part des ouvriers chargés de graver l'inscription sur la pierre. Peut-être aussi, et cela paraît encore plus probable, les auteurs de l'inscription ont-ils calculé la distance sur le parcours de l'aqueduc dans toutes ses sinuosités, tandis que Frontin n'a considéré que le nombre des milles marqués sur la voie Sublacensis. On sait que les Romains faisaient décrire à leurs aqueducs beaucoup d'angles en zigzag, soit pour gagner le niveau nécessaire dans les accidents de terrain, soit pour modérer l'impétuosité du cours de l'eau, à laquelle ils donnaient habituellement un pour cent de pente.

40. — *Augustæ fons*. Cette eau Augusta est celle dont il est question dans le § 12. Elle perdait son nom une fois qu'elle était réunie à l'eau Marcia. Il ne faut pas la confondre avec l'Alsietina, qu'on appelait aussi Augusta, eau très-abondante, mais de mauvaise qualité. *Voyez* § 11.

41. — *Anio Novus.... ad milliarium* XLII. L'inscription porte LXII, ce qui fait une différence de vingt milles. Nous l'expliquerons comme celle qui a été signalée dans la note 39. Les ouvriers qui ont gravé l'inscription ont pu, au moyen d'une simple transposition de lettres, faire du nombre XLII celui de LXII ; ou bien cette inscription rappelle le nombre des milles parcourus par le canal, et Frontin celui des milles de la route.

42. — *Piscina limaria*. Fabretti a donné le dessin de ces piscines ou bassins épuratoires (*Dissert.*, p. 126), et Poleni l'a reproduit. M. Rondelet l'a également donné dans son atlas.

43. — *Tot aquarum tam multis necessariis molibus pyramides*. Dans cette comparaison des pyramides d'Égypte et des monuments de la Grèce avec les aqueducs de Rome, Frontin donne l'avantage à ces derniers édifices, sous le point de vue de la grandeur, comme de l'utilité de l'ouvrage. Denys d'Halicarnasse (liv. III), Pline (liv. XXXVI, ch. 24), Cassiodore (*Epist.*, liv. VII, lett. 6), et plusieurs autres, s'accordent à regarder les aqueducs comme les monuments qui attestaient le mieux la magnificence des Romains. Le poëte Rutilius ne les a pas oubliés dans son *Itinéraire*:

> Quid loquar aerio pendentes fornice rivos,
> Qua vix imbriferas tolleret Iris aquas?

> Hos potius dicas crevisse in sidera montes.
> Tale giganteum Græcia laudat opus.
> Intercepta tuis conduntur flumina muris;
> Consumunt totos celsa lavacra lacus.
> Nec minus et propriis celebrantur roscida venis,
> Totaque nativo mœnia fonte sonant.
> Frigidus æstivas hinc temperat halitus auras ;
> Innocuamque levat purior unda sitim.
>
> (Lib. I. v. 97.)

La longueur totale des aqueducs était de plus de 420 kilomètres. Ils fournissaient, d'après le relevé fait par Frontin, 14,018 quinaires d'eau, équivalant, selon le calcul de M. de Prony, à 785,000 mètres cubes, ou à 40,900 pouces de fontainier, c'est-à-dire une quantité d'eau plus que triple de celle que fournit à Paris le canal de l'Ourq, valeur moyenne. Ajoutons à cela plus de 10,000 quinaires que Frontin recouvra sur les détournements frauduleux, et le produit de cinq aqueducs qui furent encore construits après Frontin. Procope en a effectivement compté quatorze. Aujourd'hui il ne reste de ces immenses ouvrages que trois aqueducs, qui ont été successivement restaurés par les papes, et qui portent les noms d'*Acqua Vergine*, d'*Acqua Felice* et d'*Acqua Paola*. La première donne 65,782 mètres cubes d'eau en vingt-quatre heures, et alimente la fontaine de Trevi (note 32); l'*Acqua Felice*, provenant des anciennes eaux Claudia et Marcia, et d'autres, donne 20,537 mètres cubes d'eau en vingt-quatre heures, et se distribue en plus de vingt-cinq fontaines, parmi lesquelles on remarque celle de Moïse; l'*Acqua Paola*, formée d'eaux recueillies près de Bassano, d'Arcolo, et dans le lac Bracciano, donne en vingt-quatre heures 94,181 mètres cubes d'eau, et alimente les fontaines de la place Saint-Pierre, celles du palais pontifical, etc. Les autres aqueducs sont en ruine.

**44.** — *Formas.* Ce mot est pris ici dans le sens de *imagines*. Fabretti (§ 219) le traduit par *ichnographiam*; c'est le plan horizontal et géométral.

**45.** — *Facere curavimus.* Un latiniste regrette de ne pas lire *faciendas* au lieu *facere*; mais on trouve dans d'autres auteurs des exemples de cette construction : « Quanquam (Domitianus) bibliothecas incendio absumptas impensissime reparare curasset. » Suetonius, *in Domit.*, c. xx.)

**46.** — *Protegendi muniendique exigant curam.* L'édition de Poleni porte *perterendi, ne muniendi ii exigant curam*. J'ai adopté la leçon de M. Dederich, autorisée par le manuscrit de la Bibliothèque nationale.

**47.** — *Pressura.* Cette pression n'est autre chose que la force résultant de la pente donnée au canal.

**48.** — *Altissimus est Anio Novus.* Piranesi a fait des nivellements d'après lesquels il a évalué en palmes romains la hauteur de chacune des eaux à son arrivée dans Rome, hauteur qu'il a calculée en prenant pour point de départ le sol du quai du Tibre, près de l'embouchure de la cloaque Maxime, et en s'élevant jusqu'au fond de chacun des canaux. En voici le tableau, que j'emprunte à M. Rondelet, avec la conversion des palmes en mètres :

|  | HAUTEUR EN | |
| --- | --- | --- |
|  | palmes romains. | mètres. |
| Nouvel Anio.................... | 213,125 | 47,52 |
| Claudia........................ | 212,708 | 47,42 |
| Julia.......................... | 178,125 | 39,71 |
| Tepula........................ | 171,465 | 38,23 |
| Marcia........................ | 168,125 | 37,48 |
| Vieil Anio..................... | 112,917 | 25,17 |
| Virgo......................... | 47,792 | 10,43 |
| Appia......................... | 37,542 | 8,37 |
| Alsiétina, hauteur approximative...... | " " | 5,00 |

Je dois faire observer que M. Rondelet, dans son calcul de conversion, attribue au palme romain une valeur de 222 millim. 96, tandis que M. de Prony, dans l'*Annuaire du Bureau des longitudes* (année 1840 et autres), ne lui donne que 212 millim. 05.

**49.** — *Ex his sex.... contextis piscinis excipiuntur.* Les six eaux qui se rendaient dans ces piscines étaient le Vieil Anio, la Marcia, la Tepula, la Julia, la Claudia et le Nouvel Anio.

**50.** — *Conjunctim infra terram euntes.* Leçon de M. Dederich, remplissant une lacune du texte de Poleni.

**51.** — *Post hortos Pallantianos.* Ces jardins étaient situés entre

490    DES AQUEDUCS.

les voies Collatine et Prénestine, au sud-est de la ville. *Voyez* le plan de Piranesi.

**52.** — *Marcia.... in rivum qui vocatur Herculaneus, dejecit.* Piranesi a donné (*Antiq. rom.*, t. 1, tav. 38, *fig.* 2) le profil du conduit et du réservoir par lesquels une partie de l'eau Marcia passait dans le canal dit Herculien. M. Rondelet l'a copié.

**53.** — *Citra* iv *milliarium.* Il y a dans le texte une lacune qui a été diversement remplie par les commentateurs. Corradin de Allio lit, d'après les indications du manuscrit du Mont-Cassin : « Anio Vetus *circa* iv milliarium *intrat in viam, qui* a Latina in Lavicanam inter arcus trajecit. » La leçon de M. Dederich est : « Anio Vetus *circa* iv milliarium *infra Novi, qua a via* Latina in Lavicanam itur, etc. »

**54.** — *Secundum frontem Septorum.* Les septes étaient de vastes portiques destinés à servir d'abri au peuple pendant les comices. Ils étaient situés dans la région dite de la *voie large.* On distinguait les *septa Julia* et les *septa Agrippiana.* — *Voyez* à cet égard l'ouvrage de M. Dézobry, *Rome au siècle d'Auguste*, t. 1er, *Description de Rome*, nos 46 et 177.

**55.** — *Origines.* L'édition de Poleni porte *ordines.* J'ai préféré la leçon de l'édition de Wesel.

**56.** — *Vires.* La valeur relative des modules, sous le rapport de leur capacité.

**57.** — *Uncia in.... observatur.* M. Dederich a rempli ainsi cette lacune : « *Unciæ in popularibus rationibus adhuc* observantur. »

**58.** — *Quia anguli deteruntur.* Pour l'intelligence de ce passage, relatif aux deux sortes de doigts, il faut observer que le doigt rond était un cercle inscrit dans le doigt carré, ou un cercle ayant pour diamètre le doigt linéaire. Par parties angulaires, nous entendons les surfaces comprises entre les contours du carré et du cercle. Ainsi, dans cette figure, dont j'emprunte la disposition à Poleni,

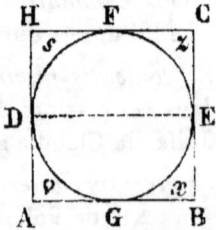

AB représente le doigt linéaire, ABCH le doigt carré, EFDG le

doigt rond, et $s, v, x, z,$ les parties angulaires, que Frontin regarde, à tort, comme formant exactement les trois quatorzièmes du doigt carré, et les trois onzièmes du doigt rond. Ces valeurs ne sont qu'approchées : Frontin les a calculées en adoptant $3\frac{1}{7}$ comme le rapport de la circonference au diamètre. Dans cette hypothèse, si l'on prend le doigt carré pour unité, le doigt rond est égal au quart de $3\frac{1}{7}$, ou à $\frac{11}{14}$. La différence de ces deux surfaces, c'est-à-dire l'ensemble des parties angulaires, est donc 1 moins $\frac{11}{14}$, ou $\frac{3}{14}$. Ce résultat est évidemment les $\frac{3}{14}$ du doigt carré, et les $\frac{3}{11}$ du doigt rond. En réalité, les rapports de ces trois surfaces sont incommensurables; mais l'approximation donnée par Frontin peut suffire en architecture.

**59.** — *Plumbea lamina plana, quinque digitorum latitudinem habens, etc.* Vitruve pensait que l'on devait désigner les tuyaux par des mots tirés du nombre de doigts qu'avait en largeur la feuille de plomb avant d'être courbée : « Ex latitudine autem lamnarum quot digitos habuerint, antequam in rotundationem flectantur, magnitudinum ita nomina concipiunt fistulæ. Namque quæ lamna fuerit digitorum quinquaginta, cum fistula perficietur ex ea lamna, vocabitur quinquagenaria, similiterque reliquæ. » (lib. VIII, c. 7.) Cette opinion, que Frontin ne partage point, comme on le voit quelques lignes plus bas, était aussi celle de Pline : « Denaria fistula appellatur, cujus laminæ latitudo, antequam curvetur, digitorum decem est; dimidioque ejus quinaria. » (Lib. XXXI, c. 31.)

**60.** — *Quinque quadrantum.* Comme il s'agit ici du doigt, *quadrans* signifie un quart de doigt. Avant d'aller plus loin, il est à propos d'indiquer la valeur des nombres fractionnaires qui vont se représenter souvent dans le texte.

Les Romains donnaient le nom d'*as* à une unité quelconque, à un entier reconnu divisible, tel que la livre, le pied, le jugerum, une certaine monnaie, le setier (*sextarius*), et le quinaire. L'as se divise en douze *onces*, et l'once en vingt-quatre *scrupules*. Les divers multiples de l'once, ainsi que ses diverses fractions, avaient des noms particuliers, qui s'appliquaient aussi à toute espèce d'objets divisibles. Voici le tableau de cette nomenclature, avec les valeurs décimales correspondantes de l'as et de ses parties :

| NOMS des sous-divisions de l'AS ou UNITÉ. | VALEURS DES SOUS-DIVISIONS DE L'AS | | |
|---|---|---|---|
| | en onces ou 12$^{mes}$ d'as. | en scrupules ou 288$^{mes}$ d'as. | en fractions décimales de l'as. |
| As ou unité............ | 12 | 288 | 1,00000 |
| Deunx................ | 11 | 264 | 0,91667 |
| Dextans.............. | 10 | 240 | 0,83333 |
| Dodrans.............. | 9 | 216 | 0,75000 |
| Bes.................. | 8 | 192 | 0,66667 |
| Septunx.............. | 7 | 168 | 0,58333 |
| Semis................ | 6 | 144 | 0,50000 |
| Quincunx............. | 5 | 120 | 0,41667 |
| Triens............... | 4 | 96 | 0,33333 |
| Quadrans............. | 3 | 72 | 0,25000 |
| Sextans.............. | 2 | 48 | 0,16667 |
| Sescuncia............ | $1\frac{1}{2}$ | 36 | 0,12500 |
| Uncia................ | 1 | 24 | 0,08333 |
| Semuncia............. | $\frac{1}{2}$ | 12 | 0,04167 |
| Duella............... | $\frac{1}{3}$ | 8 | 0,02778 |
| Sicilicus............ | $\frac{1}{4}$ | 6 | 0,02083 |
| Sextula.............. | $\frac{1}{6}$ | 4 | 0,01389 |
| Scripulum............ | $\frac{1}{24}$ | 1 | 0,00347 |

**61.** — *Et bessem scripuli*. **M.** Rondelet a ainsi vérifié ce calcul : « On démontre en géométrie que la superficie d'un cercle est égale au carré de son rayon multiplié par $3\frac{1}{7}$ ; d'où il résulte que, pour avoir le diamètre d'un cercle de même superficie qu'un carré, il faut prendre le double de la racine de cette superficie divisée par $3\frac{1}{7}$, ce qui donne pour le diamètre du tuyau rond 1 doigt $\frac{37}{288}$, ou 37 scrupules, savoir :

Pour une once..... 24
Pour la demie..... 12
Pour un scrupule.... 1

En tout.... 37, comme le trouve Frontin.

Les capacités étant entre elles comme les carrés des diamètres des tuyaux, celle du module d'une once sera à celle du quinaire comme le carré de 1 doigt $\frac{1}{3}$ est au carré de 1 doigt $\frac{1}{4}$, comme le carré de 16 est au carré de 15, et enfin comme 256 est à 225, dont la différence, qui est 31, est plus grande que le huitième de 225, qui représente le tuyau quinaire qui se divisait en 288 scrupules, ce qui donne la proportion 225 : 256 :: 288 : $327\frac{17}{25}$; et, prenant 288 pour unité, on aura, pour la capacité du tuyau d'une once, un quinaire $39\frac{17}{25}$, qui ne diffère presque pas de $39\frac{2}{3}$.

L'once vaut. . . . . . . 24 scrupules ;
La demie. . . . . . . . 12
Plus. . . . . . . . . . . $3\frac{2}{3}$

En tout. . . . $39\frac{2}{3}$.

**62.** — *Excipiuntur in castellum.* Il s'agit sans doute ici des châteaux où les particuliers concessionnaires prenaient l'eau, *privata castella*, qu'il ne faut pas confondre avec les châteaux d'où se distribuaient les eaux destinées au public, *castella publica*. Frontin en fait la distinction au § 3.

**63.** — *Nec jam in solidum capacitatem ampliat.* Ce n'est point un nombre entier, *solidus numerus*, qui vient faire la différence entre la capacité du quinaire et celle du senaire, puisque ce module n'excède le premier que de $5\frac{1}{4}$ onces; il en est de même des autres modules.

**64.** — *Digitorum quadratorum exiguo minus viginti.* En effet, si l'on multiplie 25, carré de 5, par $\frac{11}{14}$, on a $19\frac{9}{14}$ doigts.

**65.** — *Capacitati quinariæ quadrantem.* « Le diamètre du duodénaire devait être de 3 doigts, et sa capacité de 5 quinaires $\frac{76}{100}$ (art. XLIV). Les fontainiers lui donnaient 18 scrupules, ou $\frac{1}{16}$ de doigt de plus ; et comme les capacités des tuyaux sont entre elles comme les carrés de leur diamètre, celle de ces deux modules devait être comme le carré de 3 est au carré de $3\frac{1}{16}$, à peu de chose près, comme 24 est à 25.

La capacité du duodénaire étant 5,76 quinaires, on a la proportion 24 : 25 :: 5,76 : 6, c'est-à-dire que le module des fontainiers fournissait $\frac{24}{100}$ de quinaire de trop, ou un peu moins d'un quart. » (RONDELET.)

**66.** — *Capacitate quinariis tribus et semuncia.* « Le diamètre du vicenaire devait être de 5 doigts, et son produit de 16 quinaires. Les fontainiers ne lui donnant que $4\frac{1}{2}$ doigts, les produits de ces deux modules devaient être comme le carré de 5 est au carré de $4\frac{1}{2}$, comme 25 est à $20\frac{1}{4}$, comme 100 est à 81 ; ce qui donne la proportion $100 : 81 :: 16 : 12\frac{96}{100}$, ou 12 quinaires $276\frac{1}{2}$ scrupules ; ce qui donne une différence de 3 quinaires $11\frac{1}{2}$ scrupules, c'est-à-dire $\frac{1}{2}$ scrupule de moins que Frontin. » (Rondelet.)

**67.** — *Quod quum ratione approbetur.* M. de Prony a vérifié de cette manière le calcul de Frontin : « Q et Q' étant, respectivement, le nombre légal, et le nombre augmenté par les fontainiers, des quinaires contenus dans un des modules avec lesquels on leur livre l'eau ; $q$ et $q'$ les nombres respectifs, légaux et diminués par eux, des quinaires contenus dans le module avec lequel ils débitent ; le résultat de la double fraude, ou le nombre $n$ de quinaires qu'ils gagnent en changeant Q et $q$ en Q' et $q'$, a pour valeur $n = Q' - \frac{q'}{q}Q$. Si $q$ est le vicenaire, on a (*Voyez* le tableau, note 76) $\frac{q'}{q} = \frac{12,96}{16} = 0,81$ ; et si, avec cette valeur, on emploie successivement celles qui conviennent aux modules de 100 et 120, savoir, $Q = 81,49$ ; $Q' = 92,05$ ; et $Q = 97,78$ ; $Q' = 163,56$ ; on aura $n = 26,04$ et $n = 84,36$, nombres sensiblement équivalents à ceux de Frontinus. »

**68.** — *In summa moduli sunt* xxv. Ces 25 modules étaient, comme on l'a vu (§§ 27 et 28), partagés en deux séries. L'une avait pour point de départ le *quinaire*, et prenait son accroissement par l'addition d'un quart de doigt au diamètre, jusqu'au *vicenaire* inclusivement. L'autre série commençait au module de *vingt-cinq*, qui était ainsi appelé parce que son orifice était de 25 doigts carrés, et finissait à celui de 120, représentant de la même manière 120 doigts carrés.

**69.** — *Sextarii ratio ad cyathos.* Le cyathe était le $\frac{1}{12}$ du setier, et le setier le $\frac{1}{16}$ du muid, unité des mesures romaines pour les choses sèches, et équivalant à 8 litres 63 centilitres.

**70.** — *Est autem calix modulus œneus.* Par les calices se trouvent réalisées, dans la pratique, les proportions ou quantités relatives appelées *modules*, dans la distribution des eaux. C'est par les calices que les tuyaux de concession prennent leur origine dans les châteaux d'eau. *Voyez*, plus bas, §§ 105, 106, 112 et 113.

**71.** — *Non timeri potest laxari.* Au lieu de *timeri*, qui offre en cet endroit, il est vrai, une construction d'une latinité un peu suspecte, M. Dederich lit *temere* ; et, terminant ce chapitre par *coartari*, il commence le suivant par *formulas modulorum*, *qui sunt*, etc.

**72.** — *In ipsis est annotatum, et....* Lacune dans le texte. Les mots *unciæ modulus habet* sont une restitution proposée par Poleni, qui cependant ne l'a pas admise dans son texte. M. Dederich, après les mots *adnotatum, et...*, supprime tout le reste du paragraphe.

**73.** — *Plus quam quinariæ octavam*. Le huitième du quinaire est de 36 scrupules. Or, une once et demie plus $3\frac{2}{3}$ scrupules, font un total de $39\frac{2}{3}$ scrupules.

**74.** — *Dodrantem, semunciam, sicilicum*. C'est-à-dire 234 scrupules; le calcul en donne $234\frac{1}{7}$.

**75.** — *Capit quinariæ septuncem, semunciam, sextulam*. Cette quantité équivaut à 184 scrupules de quinaire; le calcul en donne $184\frac{1}{3}$.

Le total donné par Frontin s'obtient ainsi :

    7 onces réduites en scrupules font. . . 168
    La $\frac{1}{2}$ once. . . . . . . . . . . . . . . 12
    Le sextule. . . . . . . . . . . . . . . . 4
                      En tout. . . . . 184

**76.** — *Perimetri digitos tres, etc.* Tous les calculs de Frontin, jusqu'au § 63, ont été vérifiés par M. Rondelet, qui les a trouvés presque tous exacts : les erreurs ne portent que sur des quantités très-faibles, souvent même inappréciables dans la pratique.

Pour mettre sous les yeux tout le système des modules cités par Frontin, et en faire saisir promptement les rapports, j'ai cru devoir reproduire à la page 496 le tableau composé par M. de Prony (*Mémoires de l'Acad. des sciences*, t. 11, p. 451, année 1817). On y remarquera qu'il a substitué, comme il l'annonce lui-même (*ibid.*, p. 450), aux parties de l'unité désignées par les mots *deunx*, *dextans*, *dodrans*, etc., les mots équivalents d'*onces* et de *scrupules*. L'exactitude de ces substitutions peut être vérifiée par le tableau des sous-divisions de *l'as* que nous avons donné plus haut (note 60). Dans le but de faciliter les rapprochements, M. de Prony a placé dans les trois dernières colonnes à droite du tableau, les nombres fractionnaires décimaux équivalents des nombres fractionnaires duodécimaux de Frontin. Au moyen de cette disposition, on a, sur chaque ligne horizontale, deux expressions des dimensions et de l'aire de l'orifice de chaque module.

# DES AQUEDUCS.

## TABLEAU DU SYSTÈME DES MESURES ROMAINES
### APPLICABLES A LA DISTRIBUTION DES EAUX.

**Nota.** — L'expression *surface en quinaire* désigne le nombre de fois que l'aire d'un orifice contient l'aire d'un cercle dont le diamètre $= \frac{5}{4}$ de doigt. Les lettres initiales *n. u.* indiquent les modules qui n'étaient pas en usage au temps de Frontinus.

| CLASSEMENT et noms DES MODULES. | DIMENSIONS DES ORIFICES en nombres fractionnaires duodécimaux, d'après les sous-divisions romaines de l'as. | | | | | | DIMENSIONS des orifices en nombres fractionnaires décimaux. | | |
|---|---|---|---|---|---|---|---|---|---|
| | DIAMÈTRE | | CIRCONFÉRENCE | | SURFACE en quinaires | | DIAMÈTRE | CIRCONFÉRENCE | SURFACE en quinaires |
| | Doigts. | Scrupules ou 24ᵉˢ de doigt. | Doigts. | Scrupules ou 24ᵉˢ de doigt. | Onces ou 12ᵉˢ de quinaire. | Scrupules ou 24ᵉˢ d'once. | Doigts et parties décimales. | Doigts et parties décimales. | Quinaires et parties décimales. |
| **1ʳᵉ DIVISION.** Uncia................... | 1 | 4 | 4 | 2 | 1 | 15 9/5 | 1,33333 | 4,18878 | 1,13773 |
| Digitus quadratus in rotundum redactus............. | 1 | 1 | 3 | 6 | 0 | 9 18/16 | 1,12847 | 3,54519 | 0,81250 |
| Digitus rotundus............. | 1 | 0 | 3 | 1 | 0 | 7 16 | 1,00000 | 3,14159 | 0,64000 |
| **2ᵉ DIVISION.** Fistula quinaria.............. | 1 | 3 | 3 | 11 | 1 | 0 | 1,25000 | 3,92708 | 1,00000 |
| Fistula senaria............... | 1 | 6 | 4 | 8 | 1 5 | 6 | 1,50000 | 4,71381 | 1,43750 |
| septenaria, n. u............. | 1 | 9 | 5 | 6 | 1 11 | 12 | 1,75000 | 5,50000 | 1,95833 |
| octonaria................. | 2 | 0 | 6 | 3 | 2 6 | 18 | 2,00000 | 6,27778 | 2,56250 |
| denaria.................. | 2 | 6 | 7 | 10 | 4 0 | 0 | 2,50000 | 7,85417 | 4,00000 |
| duodenaria, n. u........... | 3 | 0 | 9 | 5 | 5 9 | 0 | 3,00000 | 9,48611 | 5,75000 |
| apud aquarios............. | 3 | 0 18 | 9 | 7 11 | 6 0 | 0 | 3,06250 | 9,62113 | 6,00000 |
| quinum denum........... | 3 | 9 | 11 | 9 8 | 9 0 | 0 | 3,75000 | 11,77778 | 9,00000 |
| vicenaria............... | 5 | 0 | 15 | 8 12 | 16 0 | 0 | 5,00000 | 15,70833 | 16,00000 |
| apud aquarios........... | 4 | 6 | 14 | 1 15 | 12 11 | 12 | 4,50000 | 14,13717 | 12,95833 |
| **3ᵉ DIVISION.** Aire de l'orifice, 25 d. q. fistula vicenum quinum...... | 5 | 7 17 | 17 | 8 18 | 20 4 | 12 | 5,64236 | 17,72917 | 20,37500 |
| 30 doigts q., fistula tricenaria. | 6 | 2 4 | 19 | 5 0 | 24 5 | 8 | 6,18056 | 19,41667 | 24,44444 |
| 35 n. u. tricenum quinum.... | 6 | 8 3 | 20 | 11 18 | 28 6 | 6 | 6,67708 | 20,97917 | 28,52083 |
| 40 .... quadragenaria....... | 7 | 1 16 | 22 | 5 0 | 32 7 | 4 | 7,13889 | 22,41667 | 32,59722 |
| 45 n. u. quadragenum quinum | 7 | 6 20 | 23 | 9 8 | 36 8 | 0 | 7,56944 | 23,77778 | 36,66667 |
| 50 .... a quinquagenaria..... | 7 | 11 18 | 25 | 0 18 | 40 9 | 0 | 7,97917 | 25,06250 | 40,75000 |
| 55 n. u. quinquagenum quin.. | 8 | 4 10 | 26 | 3 12 | 44 9 | 20 | 8,36806 | 26,29167 | 44,81944 |
| 60 .... sexagenaria.......... | 8 | 8 21 | 27 | 5 12 | 48 10 | 16 | 8,73958 | 27,45833 | 48,88889 |
| 65 n. u. sexagenum quinum.. | 9 | 1 4 | 28 | 6 22 | 52 11 | 12 | 9,84722 | 28,57639 | 52,95833 |
| 70 .... septuagenaria........ | 9 | 5 8 | 29 | 8 0 | 57 0 | 12 | 9,44444 | 29,66667 | 57,04167 |
| 75 n. u. septuagenum quinum. | 9 | 9 6 | 30 | 8 8 | 61 1 | 8 | 9,77083 | 30,69445 | 61,11111 |
| 80 .... octogenaria......... | 10 | 1 2 | 31 | 8 8 | 65 2 | 6 | 10,09028 | 31,69445 | 65,18750 |
| 85 n. u. octogenum quinum.. | 10 | 4 20 | 32 | 8 4 | 69 3 | 4 | 10,40278 | 32,68056 | 69,26389 |
| 90 .... nonagenaria........ | 10 | 8 11 | 33 | 7 14 | 73 4 | 0 | 10,70486 | 33,63194 | 73,33333 |
| 95 n. u. nonagenum quinum.. | 11 | 0 0 | 34 | 6 16 | 77 5 | 0 | 11,00000 | 34,55556 | 77,41667 |
| 100 .... centenaria........... | 11 | 3 10 | 35 | 5 10 | 81 5 | 20 | 11,28472 | 35,45439 | 81,48611 |
| 113 .... apud aquarios....... | 11 | 11 22 | 37 | 8 3 | 92 0 | 14 | 11,99306 | 37,67744 | 92,04861 |
| 120 .... centenum vicenum... | 12 | 4 8 | 38 | 10 0 | 97 9 | 10 | 12,36111 | 38,83333 | 97,78472 |
| 200 7/10 .... apud aquarios.... | 15 | 11 20 | 50 | 2 2 | 163 6 | 16 | 15,98611 | 50,22180 | 163,55556 |

# NOTES. 497

**77.** — *Semunciam, sextulam, scripulum.* Jusqu'ici chaque mot latin exprimant une fraction a été traduit littéralement. A partir de ce paragraphe, j'en ai réduit un grand nombre à des expressions plus simples et plus claires, que l'on peut comparer et vérifier, comme il a été dit dans la note précédente, au moyen du tableau des mesures romaines donné plus haut (*Voyez* la note 60). Ainsi, au lieu de traduire les trois mots ci-dessus par *une demi-once, un sixième* et *un scrupule*, j'écris *dix-sept scrupules*; en effet,

La demi-once valant . . . . . . . 12 scrupules,
Le sixième d'once. . . . . . . . 4
Le scrupule. . . . . . . . . . . 1

On a en tout. . . . . . . 17 scrupules.

**78.** — *Fistula tricenaria.* Comme dans le paragraphe précédent, il s'agit ici de doigts carrés; et il en est de même encore dans les paragraphes suivants, jusqu'au 63ᵉ inclusivement.

**79.** — *Plus in distributione, quam in accepto computabantur quinariæ* MCCLXIII. Voici le tableau synoptique de la quantité d'eau reçue et distribuée au moyen de chacun des aqueducs, d'après Frontin, qui en donne le détail dans les paragraphes suivants, 65-73.

| DÉSIGNATION des AQUEDUCS. | NOMBRE DES QUINAIRES | | |
|---|---|---|---|
| | REÇUS dans les aqueducs et reconnus par les règlements. | CONSTATÉS dans la distribution. | ENTRANT dans les aqueducs d'après le jaugeage de Frontin. |
| Appia . . . . . . . . . . . . . . . | 841 | 704 | 1,825 |
| Vieil Anio . . . . . . . . . . . | 1,441 | 1,610 | 4,398 |
| Marcia . . . . . . . . . . . . . | 2,162 | 1,935 | 4,690 |
| Tepula . . . . . . . . . . . . . | 400 | 445 | 445 |
| Julia . . . . . . . . . . . . . . | 649 | 803 | 1,206 |
| Vierge . . . . . . . . . . . . . | 752 | 2,504 | 2,504 |
| Alsiétina . . . . . . . . . . . | 392 | 392 | » |
| Claudia . . . . . . . . . . . . | 2,855 | 1,588 | 4,607 |
| Anio neuf . . . . . . . . . . . | 3,263 | 4,048 | 4,738 |
| En tout . . . . . . | 12,755 | 14,029 | 24,413 |

Frontin

Je dois faire observer que les 392 quinaires qui figurent dans les deux premières colonnes ne devraient rigoureusement être portés que dans la seconde, si l'on s'en tenait aux termes du § 71, où il est dit *Alsietinœ conceptionis modus nec in commentariis adscriptus est*; mais si l'on additionnait les quinaires inscrits dans les registres pour les huit autres aqueducs, on trouverait 12,363, nombre inférieur de 392 à celui que Frontin donne lui-même ici, *fuere ergo in commentariis in universo quinariarum* XII *millia* DCCLV. Or, ces 392 sont reconnus par l'auteur dans la distribution (*Alsietina erogat quinarias* CCCLXXXXII) : il est donc probable que ce nombre était également reconnu, sinon dans les registres du prince, du moins par les fontainiers et les intendants, comme faisant partie du volume d'eau reçu dans les aqueducs.

Il faut aussi remarquer que le total de 14,018 quinaires donné par Frontin à l'eau distribuée, est inférieur de onze unités à celui que nous avons fait d'après les nombres partiels assignés par l'auteur aux neuf aqueducs; mais il a pu se glisser une erreur dans les calculs de Frontin, ou plutôt sous la main des copistes.

80. — *Intra Spem Veterem.* Le temple de la Vieille-Espérance était au sud-est de Rome. *Voyez* le plan de Piranesi.

81. — *Infra terram ad caput pedibus* L. Ceci est assez d'accord avec ce qui est dit au § 5, sur les conduits souterrains de l'Appia.

82. — *Ad hortos Epaphroditianos.* On ne trouve dans les anciens auteurs aucune mention de ces jardins.

83. — *Modus quinariarum* DCCLII *minus.* Cela ne peut s'entendre que d'une fraction entre 751 et 752 quinaires ; autrement le nombre total de 12,755 éprouverait un changement.

84. — *Ad milliarium* II. Les éditions antérieures à celle de Wesel portaient *ad mill.* VII, ce qui semble d'autant plus étrange, à côté des mots *prope urbem*, que l'eau Vierge n'était prise qu'à huit milles de Rome.

85. — *In agro, qui nunc est Cejonii Commodi.* Le nom de Cejonius Commodus était très-distingué à Rome, comme on le voit dans Spartien (*Ælius Verus*) et dans Capitolin (*Verus imperator*). On trouve dans les Fastes, l'an 106 de l'ère chrétienne, un consul du nom de Cejonius Commodus Verus : c'est l'année de la mort de Frontin.

86. — *Deinde circa Careias ex Sabatino.* La ville ou bourgade de Carcies était située au nord-ouest de Rome, à la quinzième

borne milliaire de la voie Claudienne, sur la rive gauche de l'Aro, petit fleuve qui sort du lac Sabatinus, aujourd'hui *Lago di Bracciano*. — *Voyez* Cluvier, *Italia antiq.*, et la table de Peutinger.

87. — *Temperaverunt*. Ce mot ne signifie point ici *mêler*, mais *régler, déterminer*, selon le besoin ou la volonté, la quantité d'eau qu'on veut prendre.

88. — *Mensuris blandiri*. Cette expression semble trahir un sentiment dont Frontin se défend, le plaisir de trouver en défaut ses prédécesseurs, et d'insister sur leur négligence. On dirait de même *vitiis blandiri*, d'un peintre qui se plairait à exagérer les imperfections d'une figure, pour la caricaturer.

89. — *In Marciæ supplementum*. Cf. le § 12.

90. — *Quarum acquisitionem non avide me amplecti*. Nouvelle protestation contre l'intention qu'on pourrait prêter à l'auteur. Cf. la note 88.

91. — *Obstat quod, ipso actis mensuris*. L'édition de Deux-Ponts portait *obstant.... quod ipsis.... mensuris*. J'ai suivi la leçon de M. Dederich.

92. — *A Cœlio Rufo*. Poleni pense qu'il s'agit ici du célèbre auteur Célius Rufus, ami de Cicéron, et dont parlent Suétone (*de Claris rhetoribus*) et Quintilien (*Instit. orat.*, liv. II, ch. 1). Ce qui confirme le savant commentateur dans son opinion, c'est que Célius Rufus, ayant été successivement questeur, tribun du peuple, édile curule, et préteur de la ville, a dû se trouver, plus que tout autre, dans le cas de prononcer un discours sur les eaux et les aqueducs. Il y a d'ailleurs, dans le recueil de la correspondance de Cicéron (*Lett. fam.*, liv. VIII, lett. 6), une lettre de Célius où l'on trouve ce passage : « Dici non potest quomodo hic omnia jaceant. Nisi ego cum tabernariis et aquariis pugnarem, veternus civitatem occupasset. »

93. — *Utinam non per offensas probaremus*. Cf. la dernière phrase du Mémoire de Frontin (§ 130) : *In reliquo vero opto, ne executio legis necessaria sit*, etc.

94. — *Ita et....* Lacune dans le texte. Les manuscrits n'offrent rien d'assez positif pour autoriser une restitution.

95. — *Semis*. Ce demi-quinaire est négligé par Frontin dans le total de 9,955 qu'il a donné plus haut, ou bien une autre moitié de quinaire a été omise dans l'une des quantités suivantes. La même chose se représente dans les paragraphes subséquents.

**96.** — *Castris.* Il serait difficile de préciser le sens de ce mot. On peut cependant entendre ici par *camps*, des casernes ou des corps-de-garde occupés par un certain nombre de soldats. Quelquefois c'était une sorte de guérite destinée à un seul homme, cavalier ou fantassin. On trouve dans Publius Victor (XIV<sup>e</sup> *région de Rome*) *castra equitum singulorum duo*.

**97.** — *Euripo.* Les Romains, tels que les Lucullus, les Hortensius, qui n'épargnaient rien pour le luxe de leurs jardins d'agrément, y faisaient venir, souvent à frais énormes, au moyen d'aqueducs, des filets d'eau vive auxquels ils aimaient à donner des noms fastueux de fleuves : c'étaient des *Nils*, des *Euripes*, etc. Cicéron (*de Legibus*, lib. II, c. 1) a blâmé ces prétentions des riches : « Ductus vero aquarum quos isti Nilos et Euripos vocant, quis non, quum hæc videat, irriserit. »

Le nom d'*Euripe* fut consacré par l'usage pour désigner des canaux d'eau courante, et même des bassins ou des fossés d'eau stagnante, tels que celui dont César entoura le grand Cirque, pour empêcher les animaux destinés aux combats de tenter une évasion. Le passage suivant de Pline (liv. VIII, ch. 7) est assez clair : « Pompeii quoque altero consulatu, dedicatione templi Veneris Victricis, pugnavere in circo viginti, aut, ut quidam tradunt, decem et septem (*elephanti*). Universi eruptionem tentavere, non sine vexatione populi circumdati claustris ferreis. Qua de causa Cæsar dictator, postea simile spectaculum editurus, Euripis arenam circumdedit : quos Nero princeps sustulit, equiti loca addens. »

Le même auteur rapporte que M. Scaurus fit voir à Rome, lors des jeux qu'il donna à l'occasion de son édilité, cinq crocodiles et un hippopotame, dans un bassin creusé pour cette circonstance, *temporario Euripo*. Lampride, en parlant des prodigalités et des débauches d'Héliogabale, dit (ch. XXIII) : « Fertur in Euripis vino plenis navales circenses exhibuisse. »

L'Euripe dont parle ici Frontin appartenait probablement à un service public, puisqu'il recevait 460 quinaires.

**98.** — *Ad Nervam imperatorem.* Ces mots désignent, non M. Cocceius Nerva, mais son successeur Nerva Trajan, sous le règne duquel Frontin réorganisa l'administration des eaux.

**99.** — *Marcia reddita amplo opere a Cœlio in Aventinum usque perducitur.* Cf. §§ 19 et 76.

**100.** — *Cui par nihil, et nihil secundum.* Pour avoir une nouvelle occasion de louer Trajan, l'auteur fait de Rome un pompeux éloge, que Juste-Lipse a rapproché de ces deux vers de Martial :

> Terrarum dea, gentiumque Roma,
> Cui par est nihil, et nihil secundum.
> ( *Epigr.* lib. II, ep. 8.)

**101.** — *Alia jam munditiarum facies.* — *Voyez* plus bas, § 111, note 128.

**102.** — *Si putei exstructi objecti sint.* J'ai traduit *putei* d'après la note suivante de Barbaro, commentateur de Vitruve : « Æstuaria, quibus respirare posset perfluens aqua, et vis spiritus relaxaretur, ne conclusus aer cursum aquæ moraretur. » Cf. VITRUVE, liv. VIII, ch. 7, et les notes de Perrault.

**103.** — *Purissimo defluens lacu.* L'Anio, qui prenait sa source près de Treba Augusta, dans le pays des Èques, traversait trois petits lacs appelés *Simbruina stagna*, au-dessus de *Sublaqueum*, aujourd'hui *Subiaco*.— *Voyez* Pline, liv. III, ch. 12 ; et CLUVIER, *Italia antiqua*.

**104.** — *Quo tempore, etc.* Les éditions antérieures à celle de Wesel portent : « Quo tempore exit gratior aquarum sinceritas, et exigitur, » ce qui est beaucoup moins clair.

**105.** — *Inferior.* Je lis comme M. Dederich ; les autres éditions donnent *interior*, leçon que Poleni a peine à expliquer.

**106.** — *Supra Trebam Augustam.* — *Voyez* la note 103.

**107.** — *Præscribente titulo.* L'itinéraire d'Antonin fait mention d'une *aqua Trajana*.

**108.** — *Vectigalis.* — *Voyez* la note 134.

**109.** — *In domos principum civitatis dabatur.* Cette faveur était sans doute accordée aux premiers de la ville comme une récompense de services, ou pour tout autre motif, qui n'infirmait en rien les droits absolus du peuple.

**110.** — *A censoribus permissum.* Cicéron (*de Legibus*, lib. III, c. 3) établit ainsi les droits des censeurs : « Censores populi ævitates, soboles, familias, pecuniasque censento ; urbis templa, vias, aquas, ærarium. vectigalia tuento ; populique partes in tribus distribuunto, etc. » Les premiers censeurs, considérés comme magistrats spéciaux, furent créés l'an de Rome 311. Tibère les supprima. Les édiles, qui avaient été institués l'an 160 de Rome, subsistèrent jusqu'à Constantin.

**111.** — *Tutelam autem aquarum singularum locari.* Il y avait une adjudication particulière pour chacun des aqueducs ; et cela était juste, à cause de la grande disproportion de leurs parcours, et de la différence de leur construction.

**112.** — *C. Licinio et Q. Fabio consulibus.* D'après les Fastes, ce serait l'an 638 de Rome ; M. Dederich lit *C. Licinio Cæsulla et Q. Fabio censoribus.*

**113.** — *Apud Atteium Capitonem.* C'est sans doute cet Atteius Capiton qui fut intendant des eaux l'an 13 de notre ère, sous le consulat de C. Julius Nepos et de Munatius Plancus.

**114.** — *Per vicos singulos.* Par le mot *vicus,* nous entendons ici un *quartier,* une partie de *région.* C'est un massif de maisons borné par les rues, les places, etc., tel que l'indique Tacite (*Ann.,* liv. xv, ch. 43) par ces mots relatifs à la reconstruction de Rome, après l'incendie qui eut lieu sous Néron : « Erecta, non, ut post Gallica incendia, nulla distinctione, nec passim, sed dimensis VICORUM ordinibus, et latis viarum spatiis. » Parmi les significations de ce mot données par Pompéius Festus, on peut s'arrêter à celle-ci (liv. xix) : « Id genus ædificiorum definitur, quæ continentia sunt his oppidis, quæ itineribus regionibusque distributa inter se distant, nominibusque dissimilibus discriminis causa sunt dispartita. »

Enfin Publius Victor nous apprend que la première région (*Porta Capena*) comptait neuf quartiers (*vici*) ; la seconde (*Cælimontium*) sept, etc. C'est donc à tort que l'on a souvent traduit par le mot *quartier, regio* et *vicus,* indifféremment. Cf. *Économie politique des Romains,* par M. Dureau de la Malle, t. 1$^{er}$, p. 388.

**115.** — *Munerum.* Ce mot ne peut signifier ici *les spectacles,* comme dans le § 3 *et passim.* On ne voit nulle part qu'Agrippa ait été intendant des spectacles, tandis que Pline (liv. xxxvi, ch. 24) et Frontin lui-même (§ 9, 10, 98, 104) nous apprennent qu'il fit don à l'État des frais occasionnés par les travaux d'utilité et d'embellissement qu'il avait entrepris et achevés pendant son édilité et son consulat. *Munerum* paraît trop bien lié à *operum suorum.* — *Voyez* la note 11.

Il est possible, mais moins probable, que le mot *munera* ait rapport aux concessions d'eau faites par Agrippa aux particuliers. Poleni et Orsini ont soupçonné ce sens, et l'ont indiqué, tout en se prononçant pour celui de *spectacles.*

**116.** — *Curatorem fecit Messalam Corvinum.* Messala est véritablement le premier *intendant* ou *curateur* des eaux : les fonctions qui avaient été conférées précédemment à Agrippa ne portaient

pas un caractère officiel. Il avait été chargé, ou plutôt il s'était
chargé lui-même de veiller à la conservation de ses propres
œuvres, et à la marche régulière de l'administration à laquelle il
avait donné naissance.

117. — V. F. Abréviation de la formule *verba fecerunt*.

118. — D. E. R. Q. F. P. D. E. R. I. C. Abréviation de la
formule *De ea re quid fieri placeret, de ea re ita censuerunt*
(*patres conscripti*).

119. — *Accensos*. Les fonctionnaires ainsi appelés étaient des
huissiers ou appariteurs, qui accompagnaient le consul et d'autres
magistrats d'un ordre élevé, et convoquaient le peuple aux as-
semblées : de là leur fut donné le nom d'*accensi* (*ab acciendo*,
i. e. *vocando*). *Voyez* Varron, *de Lingua latina*, lib. v.

On désignait aussi par le mot *accensi* les soldats surnuméraires
destinés à remplacer ceux qui étaient morts, ou ceux qu'on ren-
voyait du service (*ab accensendo*, i. e. *quia ad censum adjicie-
bantur*). *Voyez* Festus, liv. i.

120. — *Itemque, quum viarum curatores.... publicisque*. Plusieurs commentateurs ont pensé que toute cette phrase appartenait au sénatus-consulte qui remplit le paragraphe précédent.
Cette formule *itemque* se retrouve au § 104.

121. — *Servio Asinio Celere.... Quinctiliano consulibus*. M. Dederich remplit cette lacune avec le mot *Nonio*, qu'il place avant
*Quinctiliano*, auquel il le fait rapporter. Les fastes ne font aucune mention de ce consulat : on peut en conclure que Servius
Asinius Céler et Quinctilianus étaient des consuls subrogés
(*suffecti*).

122. — *Modus quem acquiri diximus*. Frontin parle ici des
dix mille quinaires qu'il a recouvrés. *Voyez* § 64.

123. — *Procuratorem ejusdem officii libertum Cæsaris*. Cet intendant adjoint, ou *procurateur*, fut sans doute institué pour
suppléer l'intendant, ou le seconder dans l'exercice de sa charge,
qui était devenue plus importante et plus pénible, depuis que
Claude avait amené à Rome le Nouvel Anio et la Claudia.

124. — *Adhibitis libratoribus*. Dans la mise à exécution des
décisions de l'autorité, en matière de concessions, les niveleurs
étaient chargés, en outre des opérations de nivellement, de mesurer et d'étalonner l'orifice, ou calibre, des calices, ainsi que les
tuyaux qui devaient y être immédiatement adaptés (*Voyez* §§ 112

et 113). Il pouvait être fait des concessions de toute espèce de modules en usage, et chaque module était réalisé par un *calice*. Cf. la note 70.

**125.** — *Communem accepissent.* Cf. le § 27, où il est dit. « Quum plures quinariæ impetratæ, ne in viis sæpius convulneretur una fistula, excipiantur in castellum, ex quo singuli suum modum recipiunt. »

**126.** — *Nunc omnis aquæ, etc.* Ce passage ne laisse aucun doute sur la nécessité où l'on était de renouveler la concession, même pour les bains qui changeaient de propriétaires. La cause de cette formalité était l'accroissement du nombre de ces établissements.

**127.** — *Ii, ad quos res pertineret....* Cette lacune jette peu d'obscurité sur le sens. Poleni pense qu'on pourrait y suppléer ainsi : « Ii, ad quos res pertineret *consulere interim possint rebus suis.* » M. Dederich fait la restitution : « Ii, ad quos res pertineret, *dispertirent* (id est, *ii, ad quos ea cura, id munus, aquæ dispertiendæ pertineret, eam dispertirent*). »

**128.** — *Ad utilitatem cloacarum abluendarum.* L'établissement des cloaques, canaux souterrains qui étaient les réceptacles de toutes les immondices de Rome, remonte au temps des rois. La cloaque Maxime, ouvrage d'une grandeur extraordinaire, fut commencée par Tarquin l'Ancien, et achevée par Tarquin le Superbe. Tant qu'elles ne furent nettoyées que par les eaux pluviales, elles se trouvèrent souvent encombrées, et il en résultait une horrible infection dans les rues de la ville : de là l'*infamis aer* dont parle Frontin (§ 88). Mais lorsque Agrippa y eut fait déverser le trop-plein des sept aqueducs qui existaient de son temps; qu'on eut construit de nouveaux conduits du même genre, et établi de ce côté un service régulier de salubrité, on admira, ainsi que les aqueducs, les *splendidas Romæ civitatis cloacas* (Cassiodore), *operum omnium dictu maximum* (PLINE, liv. XXXVI, ch. 15). *Voyez*, sur la cloaque Maxime, l'article de M. Dézobry, *Rome au siècle d'Auguste*, t. III, p. 108.

**129.** — *Facile laxiorem in proximo fistulam impleret.* L'hydraulique donne sur ce sujet les résultats suivants : Les ajutages adaptés aux orifices d'écoulement peuvent, suivant leur forme, diminuer ou augmenter la dépense, ou ne pas la modifier. S'il arrive que la veine passe dans l'ajutage sans le toucher, il n'en résulte aucune influence sur la dépense; si elle adhère à l'ajutage, celui-ci étant cylindrique, et de même diamètre que l'orifice, la dépense est augmentée dans le rapport de 100 à 133 ; enfin, en donnant à l'ajutage un diamètre un peu plus grand, on peut augmenter la dépense dans le rapport de 100 à 150.

**130.** — *Inferior plus trahit.* La quantité d'eau dépensée par un orifice percé à la paroi d'un réservoir, dépend évidemment de la vitesse d'écoulement. On estimerait avec une approximation satisfaisante cette dépense pour un temps donné, en calculant le volume d'un cylindre qui aurait pour section droite la section contractée de la veine fluide, ou les $\frac{62}{100}$ de l'aire de l'orifice, et pour longueur, l'espace que parcourrait, pendant le temps donné, un corps animé de la vitesse dont il s'agit. Or, $v$ étant cette vitesse, $g$ celle que les corps reçoivent, par chaque seconde, de l'action de la pesanteur, $h$ la distance verticale du centre de gravité de l'orifice au niveau du liquide, on déduit de considérations sur les forces vives, et des lois sur la chute des corps, $v = \sqrt{2gh}$. Ainsi, les vitesses d'écoulement, et par suite les dépenses, sont proportionnelles aux racines carrées des profondeurs des orifices. Cette conséquence théorique est, du reste, confirmée par la pratique.

**131.** — *A punctis.* Les *points* étaient d'abord de petits modules, *moduli exiles*, qui servaient à la distribution de l'eau, du temps où elle était peu copieuse à Rome (*supra*, § 25). Ce nom est resté à tous les petits tuyaux que l'on adaptait, légitimement ou non, aux maîtresses conduites ; et l'ouvrier qui pratiquait ces percements était appelé *a punctis*, pointeur.

**132.** — *Villicos, castellarios, circitores,* etc. Les dénominations des diverses catégories d'ouvriers sont souvent remplacées dans Frontin par le nom générique d'*aquarii*. *Circitores* désigne ceux qui visitaient à chaque instant les aqueducs, et signalaient les fuites d'eau, ainsi que toutes les dégradations qui survenaient. On donnait le même nom, dans les camps, à des officiers de confiance chargés de visiter les postes, de surveiller les sentinelles, et de rapporter ce qu'ils trouvaient de contraire au service. *Voyez* VÉGÈCE, liv. III, ch. 8 : ce sont aujourd'hui les officiers de ronde.

**133.** — *Tectores.* L'intérieur du canal d'un aqueduc était revêtu d'un enduit ou ciment impénétrable, appelé *opus tectorium*.

**134.** — *Quod impendium exoneratur vectigalium reditu ad jus aquarum pertinentium.* Étant renfermé dans des limites qui ne nous permettent pas de commentaires sur les taxes et impôts dont les prises d'eau étaient frappées, nous renvoyons le lecteur à l'ouvrage de M. Dureau de la Malle, sur l'*Économie politique des Romains*, t. II, p. 475 et suiv.

**135.** — *Ea constant ex....* M. Dederich a rempli cette lacune par *hortis ædificiisve*, restitution assez clairement indiquée par le manuscrit du Mont-Cassin.

**136.** — *In Domitiani loculos.* Domitien s'appropriait, comme on voit, une bonne partie du revenu des eaux, et n'accordait pas sans peine, et sans se faire prier, les concessions qui relevaient du droit de l'empereur. Voici la demande qui lui fut adressée par Martial :

> Est mihi, sitque precor longum te præside, Cæsar,
> Rus minimum : parvi sunt et in urbe lares.
> Sed de valle brevi, quas det sitientibus hortis,
> Curva laboratas antlia tollit aquas.
> Sicca domus queritur nullo se rore foveri,
> Quum mihi vicino Martia fonte sonet.
> Quam dederis nostris, Auguste, penatibus undam,
> Castalis hæc nobis, aut Jovis imber erit.
> (*Epigr.* lib. IX, ep. 19.)

**137.** — *Ex fisco.* — *Fiscus* était le trésor du prince, et *ærarium* le trésor de l'État. Il en était ainsi du temps de Frontin, car on trouve, parmi les louanges que Pline le Jeune (*Panég.*, ch. XXXVI) donne à Trajan, les paroles suivantes, qui font parfaitement sentir cette distinction : « At fortasse non eadem severitate fiscum, qua ærarium cohibes : immo tanto majore, quanto plus tibi licet de tuo, quam de publico credis. »

**138.** — *Rem enixiore cura dignam.* Comparatif qui fait allusion à l'administration relâchée des prédécesseurs de Frontin.

**139.** — *Magnitudinis Romani imperii.* — *Voyez* la note 43.

**140.** — *A kalendis aprilibus in kalendas novembres.* Ces dates correspondent aux seize derniers jours de mars et d'octobre.

**141.** — *Plumbatis canalibus.* C'étaient des canaux de bois garnis de plomb, et non des tuyaux de plomb (*fistulæ plumbeæ*).

**142.** — *Itinera, actus.* — *Itinera* signifie des chemins ou sentiers quelconques, et par *actus* on entend spécialement des chemins pour les bêtes de somme et les voitures : « Actus jus est agendi vel jumentum, vel vehiculum. » (JUSTINIANUS, *Instit.*, lib. II, tit. 3); « Actus est ubi et armenta trajicere, et vehiculum ducere liceat. » (MODEST., lib. XII); « Actus via duplex est, qua occurrentia sibi invicem vehicula commeare possunt. » (ADR. JUNIUS, *in Nomencl.*)

**143.** — *Vicinales vias, agrestesque.* Les chemins appelés *vicinales* sont ceux que tracent les particuliers sur les limites de leurs propriétés, et qui servent également aux propriétaires voisins; les *viæ agrestes* étaient des chemins pratiqués dans l'intérieur des propriétés, soit pour l'agrément, soit pour l'exploitation. Telle est, du moins, l'explication qu'en a donnée Poléni, après avoir consulté tout ce qui a été écrit sur cette matière.

**144.** — *Monumentis.* On entend ici par *monuments*, les tombeaux, colonnes, pyramides, obélisques, etc., consacrés à la mémoire des personnes ou des événements.

**145.** — *Per quæ et opera publica corrumpuntur.* M. Dederich lit *et quæ per ea opera rei publicæ corrumpantur.*

**146.** — *Si continentia ædificia.* Sous-entendu *essent.* M. Dederich lit *intra contin. ædif.* Il est probable que Frontin entend par *ædificia*, l'ensemble des constructions appartenant à une propriété, y compris les murs d'enceinte, ce qui paraît suffisamment indiqué quelques lignes plus bas : *Arbores, etc.... inclusæ ædificiis.*

**147.** — *H.-S. dena millia.* Au temps d'Auguste, le sesterce valait un peu plus de vingt de nos centimes : dix mille sesterces font 2,037 fr. 92 c.

**148.** — *Per.... latera passim.* M. Dederich remplit ainsi cette lacune : *Per fistularum vulneratarum latera.*

**149.** — *T. Quinctius Crispinus cos.* Les commentateurs pensent qu'il s'agit ici de celui qui fut consul avec Néron Claudius Drusus, l'an 745 de Rome.

**150.** — *Populum jure rogavit, populusque jure scivit.* Formule depuis longtemps en usage chez les Romains : *Cedo illa legitima :* COSS. POPULUM. JURE. ROGAVERUNT; *hoc enim a majoribus accepimus jus rogandi,* POPULUSQUE. JURE. SCIVIT. (CICÉRON, *Philippique* Ire, ch. 24.)

**151.** — *Pro rostris ædis divi Julii.* Il y avait deux tribunes aux harangues, l'ancienne et la nouvelle (les *rostres anciens* et les *nouveaux*). Celle-ci était placée devant le temple de J. César, à l'endroit où l'on avait célébré les funérailles du dictateur. Suétone nous apprend qu'Auguste fut loué successivement, après sa mort, à chacune de ces deux tribunes (*Oct. Aug.*, ch. c).

**152.** — *P. K. julias.* Les éditions antérieures à celle de Wesel portent *A. D. P* ... julias. Je lis, selon la conjecture de Poleni, adoptée par M. Dederich, *pridie kalendas julias*, leçon que les manuscrits indiquaient assez clairement par les lettres *P. R.*, dont la dernière aura été changée par les copistes.

**153.** — c *millia.* Il n'est pas rare de trouver, comme en cet endroit, l'omission de *sestertiorum*.

**154.** — *Clam.* A la dérobée, pour se procurer de l'eau, mais non pour le plaisir de faire du mal.

**155.** — *Terminatus.* Ce mot désigne en général un lieu, un espace renfermé dans des limites. Il s'agit sans doute, en cet endroit, de l'espace de quinze pieds, ou de cinq pieds, qui, aux termes du sénatus-consulte (*Voyez* § 127), devait rester libre de chaque côté des aqueducs, et appartenir à l'État. Partout où cet espace était délimité, c'est-à-dire marqué par des bornes fixes, il était défendu aux particuliers d'y rien déposer qui pût faire obstacle à la circulation, ou gêner les ouvriers au moment de la réparation des canaux. La suite de ce passage indique même que toutes précautions étaient prises pour que l'on eût la faculté de faire paître les troupeaux, ou de récolter du foin dans ces sortes d'enclos de l'État, faculté ou droit qui, selon toute apparence, était vendue à l'enchère, et constituait un nouveau revenu pour le trésor.

**156.** — Opponito, molito, *etc.* Dans l'édition de Poleni, tous ces verbes sont à l'indicatif, *opponit, molit, etc.* J'ai adopté la leçon de M. Dederich comme offrant un latin plus correct, et parce que la forme impérative est presque toujours usitée dans les lois anciennes.

**157.** — Fenum secare.... curatores. Lacune à laquelle M. Dederich supplée ainsi : *Fenum secare sentes prohibeant, per curatores, etc.*

# TABLE ALPHABÉTIQUE

### DES NOMS PROPRES

## CITÉS DANS LES ŒUVRES DE FRONTIN.

## A

Abydos, p. 43, 173.
Achaie, 131.
Acilius Aviola, 451.
Acilius Glabrion, 131.
Adathante, 153.
Ægos-Potamos, 105.
Afranius, 53, 73, 103, 161, 163, 195.
Africains, 109, 113, 143.
Afrique, 35, 39, 69, 89, 109, 117, 121, 163, 173, 215.
Agathocle, 91.
Agesilas, 41, 75, 79, 83, 87, 169, 233.
Agrigente, 205, 213, 229.
Agrigentins, 231.
Agrippa *Voy.* Furius Agrippa.
Albains, 171.
Albanie, 119.
Albius Crispus, 449.
Albudina, 383.
Alcétas, 299.
Alcibiade, 165, 167, 173, 203, 217, 225, 227, 233, 235.
Alexandre, 35, 37, 45, 55, 69, 87, 125, 141, 145, 187, 189, 211, 219, 275, 277, 291, 307.
Alexandrie, 27.
Alexandrins, 27.
Allucius, 189.
Alsietina, 371, 381, 389, 391, 393, 421, 433.
Alsietinus, 381, 421.
Alyatte, 243.
Amaranius Apollinaris, 371.
Ambiorix, 249.
Ambracie, 177.
Amilcar, 135, 245.
Amilcar Rhodinus, 35.
Amphipolis, 61, 247.
Ampius Flavianus (T.), 451.
Anaxibius, 43, 165.
Anio (Ancien), 371, 373, 375, 379, 383, 389, 391, 415, 417, 429, 437, 439, 441.
Anio (Nouveau), 371, 375,
383, 385, 387, 391, 419, 423, 433, 439, 453, 471.
Annibal, 29, 31, 37, 39, 59, 63, 67, 69, 73, 107, 117, 121, 143, 147, 149, 151, 169, 173, 183, 203, 209, 211, 215, 223, 229, 239, 241, 243, 247, 253, 277, 289, 297, 303, 309.
Antigone, 169, 211, 261.
Antiochus, 73, 131, 193, 205, 227, 297.
Antipater, 47, 189.
Antistius Vetus, 449.
Antium, 201.
Antoine (M.), 67, 121, 163, 195, 239, 241, 269.
Apennin, 69.
Apollonius, 209.
Appia, 371, 373, 375, 379, 389, 391, 413, 415, 429, 471.
Appienne (Voie), 371.
Appius Claudius Crassus, 371, 375.
Aquæ Sextiæ, 131.
Aquillius, 269, 383, 449.
Arabes, 145.
Arabriga, 289.
Arbelles, 125.
Arcadie, 205.
Arcadiens, 85, 203.
Archelaüs, 59, 89, 123, 181.
Archidamus, 85.
Ardys, 147.
Arioviste, 81, 105, 287.
Aristide, 277.
Aristippe, 205.
Aristonicus, 289.
Arménie, 103, 107, 159, 263, 265.
Arméniens, 45, 47, 183.
Arminius, 183.
Arpi, 223.
Artaxerxès, 115, 275.
Arusiennes (Les plaines), 261.
Arybas, 147.
Asculum, 125, 251.
Asdrubal, 29, 31, 37, 39, 55, 59, 97, 115, 117, 139,
163, 247, 249, 277, 285, 297, 299, 311.
Asie, 187, 249, 289.
Asiniens (Jardins), 391.
Ategua, 239.
Athéas, 137.
Athènes, 31, 39, 53, 233, 235, 297, 311.
Athéniens, 31, 39, 47, 49, 53, 61, 85, 93, 99, 101, 105, 109, 111, 133, 135, 163, 165, 167, 173, 191, 193, 203, 205, 211, 217, 225, 231, 233, 235, 241, 259, 275, 277, 297, 299, 301, 311.
Atilius, 181.
Atilius Calatinus, 57, 285.
Atilius Regulus, 267, 277.
Atrébates, 197.
Attale, 193.
Atteius Capiton, 443, 449.
Augusta, 371, 383, 415, 423.
Auguste, 127, 189, 373, 377, 381, 443, 445, 447, 457, 463, 471.
Aurelius, 267, 375. *Voyez* Cotta.
Autophradate, 43, 175.
Aventin, 391, 427, 435.

## B

Babylone, 209, 219.
Baléares, 121.
Bantius, 243, 245.
Barca, 233.
Bénévent, 261.
Béotie, 163, 181.
Boïens, 37, 65, 67.
Brasidas, 61.
Bretagne, 197.
Brindes, 51.
Bruttiens, 125.
Brutus, 239, 273.
Byzance, 49.
Byzantius, 39, 49, 233.

## C

Cadurcum, 219.
Calamarque, 133.

# TABLE ALPHABÉTIQUE

Calatinus. *Voyez* Atilius Calatinus.
Caligula, 383.
Callidrome, 131.
Calpurnius Flamma, 57, 285.
Calvinus. *Voyez* Domitius Calvinus.
Camertes Ombriens, 35.
Camille, 135, 167, 237, 241, 279, 281, 309.
Camillus. *Voyez* Furius Camillus.
Campanie, 75, 393.
Campaniens, 303, 305.
Cannes, 107, 117, 151, 243, 271, 283, 285, 309.
Canusium, 285.
Capène (Porte), 371, 391.
Capitole, 237, 241, 375, 377.
Capitolinus. *Voyez* Quinctius Capitolinus.
Capoue, 211, 237, 253, 371.
Cappadoce, 27, 59, 105, 175, 205.
Cardie, 307.
Careias, 421.
Carie, 75, 203.
Carpetans, 173.
Carthage, 31, 83, 109, 143.
Carthagène, 223.
Carthaginois, 35, 39, 47, 67, 71, 73, 75, 87, 91, 97, 99, 109, 113, 115, 121, 127, 129, 135, 143, 153, 167, 183, 185, 187, 195, 197, 203, 209, 217, 229, 233, 237, 241, 245, 273, 297, 301, 309.
Casilinum, 239, 241, 289.
Cassius, 161, 173, 297.
Castor, 83, 85.
Castus, 133, 159.
Catane, 187, 217.
Cathena, 159.
Caton, 25, 35, 131, 177, 201, 229, 263, 267, 275, 289, 305, 307, 449.
Cattes, 127.
Catulus. *Voyez* Lutatius Catulus.
Cécilius (Q.), 375.
Cécus, 371.
Céditius, 57, 285.
Cejonius Commodus, 421.
Célius Rufus, 427.
Célius, 295, 391, 427, 435.
Celtibériens, 137, 141.
Cérès, 311.
Cerula, 423.
Cerulea, 383.
César, 27, 37, 51, 53, 73, 77, 81, 89, 101, 103, 105, 107, 123, 127, 147, 161, 163, 169, 177, 181, 195, 197, 219, 239, 249, 251, 279, 281, 287, 293, 305, 369, 393, 401, 429, 431, 433, 451, 453, 463, 465, 475.
Chabrias, 49, 93.
Chalcidiens, 233.

Chalcis, 233.
Champ de Mars, 391.
Charès, 191, 231.
Charmade, 207.
Chéronée, 101.
Chersonèse, 49, 165.
Chio, 49, 145.
Chypre, 311.
Cicéron, 249.
Cimbres, 35, 51, 109, 177.
Cimina (forêt) 35.
Cimon, 203, 3...
Cincius, 303.
Cinéas, 275.
Cirque, 443.
Civilis, 279.
Claude, 383, 391, 427, 463.
Claudia, 371, 381, 383, 385, 387, 391, 419, 421, 423, 427, 433, 435, 437, 439, 453.
Claudius (Ap.), 47, 263, 267, 271.
Claudius (Tib.), 453.
Claudius (P.), 195.
Cléandridas, 119.
Clearque, 213, 263.
Cléomène, 109.
Cléonyme, 217.
Clisthène, 221.
Clodius, 61.
Clusium, 69.
Cocceius Nerva (M.), 449, 451.
Coclès. *Voyez* Horatius Coclès.
Collatia (Voie), 373, 381.
Cominius Pedarius, 445.
Commius, 197.
Cononée, 209.
Corbulon. *Voyez* Domitius Corbulon.
Corcyréens, 93.
Corinthe, 151, 235, 279.
Coriolan, 69.
Cornelius. *Voyez* Cossus, Rufinus.
Cornelius (L.), 225.
Cornelius Nasica, 263.
Cossus, 57, 181, 285, 449.
Cotta, 249, 263, 267.
Crabra, 379.
Crassus (Frugi), 449.
Crassus (P.), 135, 159, 289, 309.
Crassus. *Voyez* Fonteius, Licinius, Otacilius.
Crassus Longinus (L.), 377.
Cratère, 219.
Crésus, 51, 135, 221.
Crise, 221.
Crispinus. *Voyez* Quinctius Crispinus.
Crotone, 217.
Crotoniates, 217.
Curion, 163, 271.
Curius (M.), 71, 105, 279, 373.
Curius Dentatus (M.), 373.
Cursor. *Voyez* Papirius Cursor.

Curtia, 383, 423.
Cyanée (Détroit de), 47.
Cyrrhus, 27.
Cyrus, 87, 139, 209, 221, 275.
Cyzique, 225, 237, 291.

## D

Daces, 79, 129.
Dardaniens, 271.
Darius, 63.
Datames, 175.
Décélie, 41.
Decius, 57, 71, 285, 287.
Decius Mus, 371.
Delminium, 215.
Delphes, 85.
Denys, 73, 75, 211.
Diane, 203.
Didius, 71, 185, 449.
Diodore, 247.
Domitien, 29, 41, 279, 465.
Domitius Afer (C.), 449.
Domitius Calvinus, 201, 203.
Domitius Corbulon, 183, 263, 265, 273, 293.
Duilius, 53, 127, 203.
Dyrrachium, 177, 249, 271.

## E

Egypte, 27.
Egyptiens, 27, 119, 139.
Elée, 289.
Eleusis, 311.
Elius, 287, 445, 447.
Elius Tubéron, 451, 455, 469, 471.
Emilienne (Voie), 163.
Emilius Paullus. *Voyez* Paul Emile.
Emilius Rufus, 267.
Enipée, 127.
Epaminondas, 83, 87, 91, 111, 151, 205, 235, 237, 275, 277.
Epaphroditus, 419.
Ephèse, 211, 227.
Ephialte, 111.
Epicyde, 207.
Epidaure, 187.
Epidauriens, 187.
Epire, 135, 141, 171, 195, 215, 261, 263, 275, 281.
Epirotes, 41, 125, 207.
Eques, 179, 201.
Erythrée, 145.
Erythréens, 145.
Eseruia, 59.
Espagne, 25, 33, 35, 39, 49, 53, 55, 59, 97, 113, 115, 119, 143, 155, 157, 183, 187, 189, 191, 195, 201, 219, 239, 253, 265, 277, 285, 289, 305, 309.
Espagnols, 113, 135, 155, 157, 185.
Espérance (Vieille), 371, 391, 415.

# DES NOMS PROPRES.        511

Esquiline (Porte), 391.
Étolie, 147.
Étoliens, 43, 131, 147, 169, 177, 207.
Étrurie, 33, 37.
Étrusques, 35, 69, 81, 137, 169, 175.
Eumène, 87, 307.
Euphrate, 27, 219, 211.
Europe, 171.
Eurymédon, 311.

## F

Fabricius Persicus, 449.
Fabius (M.), 81, 149, 169, 175.
Fabius (Q.), 291, 443.
Fabius Céson, 33.
Fabius Cunctator, 223.
Fabius Maximus, 33, 39, 63, 69, 71, 83, 89, 101, 137, 211, 223, 271, 307, 445, 447, 451, 455, 469, 471.
Fabius Rullus, 129, 269.
Fabricius, 275, 281.
Faléries, 279.
Falisques, 135, 141, 179, 281.
Fenestella, 375.
Fidénates, 137, 181.
Fidènes, 137.
Fimbria. *Voyez* Flavius Fimbria.
Firmum, 265.
Flaccus, 257.
Fluminius, 151.
Flamma. *Voyez* Calpurnius Flamma.
Flavius Fimbria, 249.
Fonteius Agrippa, 449.
Fonteius Crassus, 55, 285.
Forum Gallorum, 163.
Forum, 475.
Fourches Caudines, 57.
Fulvius, 69, 141, 147, 267, 271.
Fulvius Flaccus, 303, 373, 377.
Fulvius Nobilior, 65, 81.
Furius, 33, 55, 179.
Furius Agrippa, 179, 377, 379, 395, 445, 451, 463.
Furius Camillus, 179.

## G

Gabiens, 209.
Gabiès, 27, 209.
Galba (Ser. Sulpicius), 375.
Galerius Trachalus, 449.
Gallus (Sulpicius), 91.
Gannicus, 133, 159.
Gastron, 119.
Gaules, 29, 105, 197, 219, 249, 279.
Gaulois, 35, 69, 71, 87, 101, 121, 123, 131, 133, 147, 159, 167, 193, 241, 245, 247, 251, 283.

Gélon, 87.
Gémelles, 373, 415.
Germains, 29, 41, 81, 105, 147, 159, 169, 183, 191, 287, 295.
Germanicus, 191.
Germanie, 295.
Gisgon, 39.
Glabrion. *Voyez* Acilius Glabrion.
Glaucia, 281.
Gracchus (Sempronius), 89, 137, 139, 305, 307.
Gracchus (Tiberius), 143, 145, 213, 301.
Grèce, 43, 215.
Grécinus. *Voyez* Octavius Grécinus.
Grecs, 111, 113, 115, 119, 171, 205, 275, 387.

## H

Halys, 51.
Hannon, 63, 113, 245, 247.
Hellespont, 43, 165, 171.
Henna, 301.
Héraclée, 231.
Herculien, 385, 391.
Hermocrate, 185, 309.
Herniques, 179.
Himère, 229.
Himéréens, 229.
Himilcon, 25, 229.
Hippias, 109.
Hirtius, 239, 241.
Hirtuleius, 53, 97, 115, 173, 289.
Homère, 125.
Horatius Cuclès, 195.
Hydaspe, 45.

## I

Iapydes, 153.
Ibères, 109.
Ilerda, 163, 195.
Ilergètes, 305.
Illyrie, 147.
Illyriens, 113, 141, 147, 215.
Indus, 45.
Intibili, 113.
Iphicrate, 43, 61, 63, 65, 99, 165, 193, 235, 301.
Isaure, 219.
Italie, 39, 47, 51, 89, 173, 183, 203, 273, 279, 303, 309, 389, 393.
Italiens, 121, 123.

## J

Juba, 163.
Jugurtha, 73, 103, 133, 223, 257.
Juifs, 105.
Julia, 371, 377, 379, 387, 389, 391, 419, 427, 431, 471.
Junius, 151, 263.
Jupiter, 93.

## L

Laberius, 57, 285.
Labienus, 147, 161, 177.
Lacédémone, 41, 53, 75, 79, 83, 85, 87, 169, 205, 235, 287, 299.
Lacédémoniens, 31, 39, 41, 43, 47, 61, 83, 87, 91, 99, 101, 109, 111, 117, 119, 125, 151, 165, 167, 189, 205, 213, 233, 235, 241, 259, 263, 275, 287, 297.
Lacétans, 229.
Langres, 279.
Latine (Voie), 377, 389, 391.
Latins, 83, 179, 303.
Lauron, 153.
Lavicane, 391.
Lecanius Bassus, 449.
Lélia, 287.
Lélius, 25, 33, 121, 157, 287, 375.
Lénas. *Voyez* Popillius Lénas.
Lentulus, 283, 375.
Léonidas, 287.
Lepidus, 375.
Leptine, 143.
Leucadie, 211.
Leutychidas, 83.
Lévinus (Valerius), 133, 295.
Liburniens, 165.
Licinius (P.), 153.
Licinius Crassus, 33, 61, 133, 443.
Ligurie, 203.
Liguriens, 35, 63, 121, 223, 225, 249, 273.
Lilybée, 233.
Lipara, 267.
Litana (Forêt), 65.
Livius, 209, 297.
Livius Salinator, 29, 37, 117.
Locres, 303.
Longus (Pompeius), 449.
Longus (Sempronius), 149.
Lucanie, 41, 65, 217.
Lucaniens, 119, 125.
Lucérie, 267.
Lucilius, 391.
Lucius, 475.
Lucretius (Q.), 379.
Lucullus, 103, 107, 153, 175, 231, 237, 239, 371, 377, 379.
Luna, 201.
Lusitanie, 85.
Lusitaniens, 195, 213.
Lutatius Catulus, 51.
Lydie, 75, 305.
Lydiens, 243.
Lysandre, 53, 105, 259.
Lysimaque, 55, 211.

## M

Macédoine, 37, 43, 113, 125, 145, 169, 189, 211, 273.

## TABLE ALPHABÉTIQUE

Macédoniens, 47, 123, 125, 175, 207, 293.
Magnésie, 221.
Magon, 149, 217, 303.
Maharbal, 143.
Mandron, 211.
Manlius, 75, 81, 169, 175, 269, 271.
Mantinée, 235.
Marathon, 311.
Marcellus, 107, 117, 131, 133, 207, 243, 271, 283, 303, 309.
Marcia, 371, 375, 379, 381, 383, 385, 387, 389, 391, 417, 419, 423, 427, 431, 435, 437, 439, 441, 471.
Marcius, 167, 185, 375.
Marcius Rex, 375.
Marius, 35, 85, 109, 131, 133, 177, 183, 223, 225, 259, 273, 293, 449.
Marseillais, 67.
Masinissa, 121, 215, 277.
Maures, 121.
Mèdes, 89.
Mégare, 259.
Mégariens, 311.
Mélanthe, 163, 165.
Memmius, 257.
Memnon, 145, 147, 167.
Messala Corvinus, 445, 449.
Messénie, 203.
Messéniens, 101.
Messine, 47, 267.
Metellus (Cécilius), 67.
Metellus (Q.), 73, 115, 139, 219, 257, 261, 265, 273, 309.
Metellus Pius, 33, 97, 193.
Milan, 77.
Milésiens, 243.
Milet, 227.
Milon, 207.
Miltiade, 311.
Mindare, 165.
Minerve, 105, 297.
Minucius, 57, 149.
Minucius Rufus, 129.
Mithridate, 29, 59, 89, 103, 107, 153, 155, 159, 181, 237, 249, 291.
Molosses, 147.
Mulucha, 223.
Mummius, 279.
Munatius, 239.
Munda, 381.
Munychie, 53.
Mutilus, 59.
Mutine, 67, 239, 241.
Myrina, 289.
Myronide, 133, 299.

### N

Nasica. *Voyez* Cornelius Scipion.
Naumachie, 381, 393.
Nautius, *Voyez* Spurius Nautius.
Neptune, 223.
Néron, 29, 37, 59, 117, 183, 377, 427, 441, 449.
Néroniens, 435.
Néroniennes, 391.
Nerva Auguste, 367, 413, 435, 449, 451, 465.
Neuve (Voie), 391.
Névius, 303.
Nicéens, 189.
Nicostrate, 43.
Nole, 243, 245.
Nonius Asprenas, 383, 449.
Numance, 179, 257, 303.
Numantins, 251, 291.
Numides, 57, 59, 121, 151, 153, 163, 215, 299.
Numidie, 133.
Numistron, 107.

### O

Océan, 197.
Octavien, 391.
Octavius (C.), 285.
Octavius Grécinus, 153.
Octavius Lénas (C.), 449.
Ombrie, 31.
Ombriens, 69.
Orchomène, 83.
Oreste, 37.
Otacilius, 245, 263.

### P

Pachès, 299.
Pacorus, 27, 29.
Palatin, 391.
Palerme, 247.
Pallante, 391, 419.
Pammènès, 113.
Pamphilie, 311.
Pannoniens, 103.
Pansa, 163.
Papirius Cursor, 129, 207, 269, 373.
Parthes, 27, 29, 107, 121, 161, 195, 273.
Paul Émile, 37, 41, 125, 247.
Paullus (L.), 283, 293.
Pélignus. *Voyez* Salvius Pelignus.
Pélopidas, 49, 221, 303.
Péloponnèse, 41, 55, 151, 227.
Perdiccas, 299.
Périclès, 39, 53, 55, 85, 93, 225, 227.
Perpenna, 159.
Perse, 87, 115, 139, 173, 209, 221.
Persée, 125, 179.
Perses, 43, 87, 111, 113, 115, 119, 175, 223, 275, 287, 293, 311.
Peticus (C. Sulpicius), 131.
Petilie, 289.
Petillius, 273.
Petreius, 73, 103.

Petronius Turpilianus, 449.
Peuple Romain (vallée du), 377.
Phalaris, 219.
Pharnabaze, 173.
Pharnace, 107.
Pharnastane, 161.
Pharnée, 27.
Pharsale, 127, 177.
Philippe, 39, 43, 47, 101, 113, 181, 195, 209, 221, 227, 259, 275, 287, 307.
Phocée, 233.
Phocéens, 233.
Phormion, 233.
Phrygie, 41.
Picentins, 89.
Pinarius, 301.
Pirée, 89.
Pisidie, 43.
Pisidiens, 43.
Pisistrate, 311.
Pison (Cn.), 217.
Pison (L.), 265, 449.
Plancus, 449.
Plautius (C.), 371.
Plautius Hypséus, 377.
Pluton, 85.
Pollion (Asinius), 449.
Pollux, 83, 85.
Pompée, 29, 45, 51, 77, 97, 103, 105, 119, 127, 155, 157, 177, 187, 239, 249, 251, 281, 305.
Pompeius Silvanus, 449, 451.
Pomptinius, 133.
Pomptinum, 167.
Pont, 103.
Pontius Cominius, 237.
Popillius Lénas, 251.
Poplonie, 37.
Porcius (M.), 257.
Porsena, 195.
Porus, 45.
Postumius, 69, 83, 99, 283.
Postumius Sulpicius Prétorius, 445.
Préneste, 183, 371.
Prénestine (Voie), 373.
Prinasse, 221.
Priscus. *Voyez* Servilius, Tarquitius.
Prusias, 297.
Ptolémée, 207, 299.
Publicius, 373, 393.
Pyramides, 387.
Pyrrhus, 105, 125, 133, 135, 171, 215, 217, 257, 261, 263, 281, 373.
Pythias, 307.

### Q

Quinctilianus, 449.
Quinctius (L.), 159.
Quinctius Capitolinus (T.), 175, 179, 191, 201.
Quinctius Crispinus, 309, 175.

## DES NOMS PROPRES. 513

### R

Regulus, 117, 267, 449.
Rhegium, 47, 211, 269.
Rhodes, 145, 167.
Rhodiens, 49, 67, 227.
Rhyndacus, 249.
Romains, 27, 29, 45, 63, 65, 67, 69, 71, 75, 77, 79, 81, 103, 109, 111, 117, 119, 121, 123, 125, 129, 131, 133, 135, 137, 141, 143, 147, 149, 151, 153, 155, 161, 167, 169, 171, 175, 177, 179, 185, 187, 189, 195, 197, 203, 207, 209, 211, 217, 225, 231, 233, 237, 241, 243, 245, 247, 249, 251, 253, 261, 281, 289, 291, 295, 301, 303, 305, 309, 371, 387, 433, 435, 437.
Rome, 35, 69, 71, 73, 195, 253, 269, 367, 369, 371, 373, 375, 377, 379, 381, 383, 387, 389, 395, 415, 423, 439, 443, 451, 453, 457, 461, 463, 469, 475, 477.
Romulus, 137.
Rufinus (Cornelius), 217.
Rufus (Verginius), 449, 451.
Rufus. *Voyez* Emilius, Marcius, Minucius.
Rullus. *Voyez* Fabius Rullus.
Rutilius, 261, 273.

### S

Sabatinus, 421.
Sabins, 71, 177, 179, 279.
Sabinus. *Voyez* Titurius Sabinus.
Sabura, 163.
Sagontins, 229.
Salamine, 111.
Salapie, 309.
Salinator, 273.
Salines, 373.
Sallentins, 125.
Salvius Pelignus, 179.
Samnites, 57, 69, 71, 81, 101, 125, 129, 181, 285, 371.
Samnium, 65, 267.
Samos, 49, 207.
Sana, 209.
Sardaigne, 225, 229.
Sardes, 221.
Scaurus, 261, 279.
Scipion (Cn.), 113, 129, 167, 185, 229, 277, 295.
Scipion (P. Corn.), 33, 39, 73, 89, 97, 115, 121, 153, 167, 173, 179, 185, 189, 215, 223, 257, 293, 299, 305, 309.
Scipion Émilien, 277, 303.
Scipion Nasica, 261.
Scordisques, 129, 231.

Scorylon, 79.
Scultenna, 239, 241.
Scythes, 63, 139, 137, 181.
Scythie, 137.
Ségobriga, 235.
Ségobrigiens, 231.
Ségovie, 291.
Sémiramis, 221.
Sempronius. *Voyez* Gracchus, Longus, Tuditanus.
Sentinum, 69.
Sentius (C.), 379.
Septes, 391.
Sergia, 475.
Sertorius, 49, 53, 77, 85, 91, 97, 119, 155, 157, 173, 191, 193, 195, 295.
Servilius Asinius Céler, 449.
Servilius Cépion, 377.
Servilius, 219, 281, 375.
Servilius Priscus, 179.
Servius Cornelius Cethegus, 449.
Servius Tullius, 177.
Sextus, 209.
Sibyllins, 375.
Sicile, 25, 47, 67, 73, 99, 139, 173, 213, 217, 233, 245, 265, 267, 271, 301.
Siciliens, 301.
Sicyone, 205, 207, 221, 227.
Silius, 449.
Siris, 265.
Sosistrate, 207.
Spartacus, 61, 69, 159.
Sparte, 31, 109, 235.
Spartiates, 31, 33, 105, 111, 275.
Spurius Carvilius, 373.
Spurius Nautius, 129.
Statilius, 307.
Statorius, 25.
Sublaquenm, 441.
Sublacensis (Voie), 375, 383, 385.
Sudinès, 87.
Suenda, 205.
Suessétans, 229.
Suetonius Paullinus, 449.
Sutriens, 137.
Sylla, 59, 75, 85, 89, 123, 171, 181, 183, 265, 383.
Syphax, 25, 33, 153, 173.
Syracusains, 143, 185, 217.
Syracuse, 47, 53, 73, 75, 87, 91, 185, 207, 217.
Syrie, 85, 161, 193.

### T

Tarente, 207, 209, 249.
Tarentins, 41, 125, 135, 207, 209.
Tarius Rufus, 449.
Tarpéienne (Roche), 237.
Tarquin, 27, 177, 179.
Tarquin le Superbe, 27, 207.
Tarquinieus, 135.
Tarquitius Priscus, 155.
Taurus, 27.

Tégéates, 205.
Telesinus (L.), 449.
Tepula, 371, 377, 387, 389, 417, 419, 431, 471.
Teutons, 35, 109, 131, 133, 177, 183, 293.
Théagène, 259.
Thébains, 41, 49, 79, 83, 87, 111, 151, 169, 205, 207, 221, 237, 277, 299, 301, 303.
Thèbes, 41, 83, 113.
Thémistocle, 31, 33, 39, 111, 171.
Thermopyles, 43, 111, 131, 275.
Thermus, 73.
Thessalie, 49.
Thessaliens, 303.
Thrace, 61, 65.
Thraces, 47, 187, 193, 213, 243, 247, 289.
Thrasybule, 227, 243.
Thrasymène, 151, 169, 303.
Tibère, 383.
Tibère Néron, 103.
Tiberius. *Voyez* Gracchus.
Tibre, 167, 237, 371, 381, 389, 391.
Tibur, 373.
Tiburtins, 373, 415.
Tigrane, 103, 107.
Tigranocerte, 103, 107, 183.
Timarque, 207.
Timothée, 93, 167.
Tisamène, 37.
Tissapherne, 75.
Tite-Live, 157, 161.
Titianus, 383.
Titius, 265.
Titurius Sabinus, 249, 251.
Titus, 451.
Tomyris, 139.
Torquatiens (Jardins), 371.
Torquatus, 215.
Trachinie, 111.
Trajan, 441.
Treba Augusta, 441.
Trebia, 149.
Trente, 161.
Trézène, 39, 217.
Triballiens, 137.
Trigémine (Porte), 371, 373.
Tryphon, 193.
Tuditanus, 285.
Tullus Hostilius, 171.
Tusculans, 379.
Tusculum, 377, 379.

### U

Ubiens, 191.

### V

Vaccéens, 305.
Valeria, 267.
Valérienne (Voie), 375.
Valerius, 187, 265, 267.
Valerius Maximus, 371.

## TABLE DES NOMS PROPRES.

Valerius Messalinus, 451.
Varinius, 61.
Varron, 257, 283.
Varron (Sextus), 475.
Varron (Visellius), 449.
Varus, 243.
Véiens, 137, 171.
Véies, 237.
Vélius, 249.
Venox, 371.
Ventidius, 27, 29, 107, 161.
Veranius (Q.), 449.
Vespasien, 105, 293, 451.

Vésuve, 61.
Vierge, 371, 379, 389, 391, 419, 433.
Viminal, 389.
Viminale (Porte), 389.
Virginius, 101.
Viriathe, 139, 195, 231, 233, 291.
Vitellius (L.), 449.
Vitruve, 395.
Volcatius (L.), 377.
Volsques, 101, 135, 179, 191, 201, 309.

Vulturne, 107, 241.

### X

Xantippe, 109, 117.
Xanthus, 163.
Xénophon, 45, 47, 275, 291.
Xerxès, 39, 111, 113, 171, 275.

### Z

Zeugma, 27, 29.
Zopyre, 209.

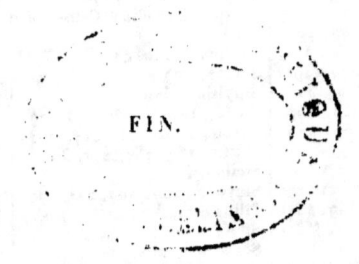

FIN.

# TABLE

## DES MATIÈRES DE S. J. FRONTIN.

|   | Pages |
|---|---|
| NOTICE SUR FRONTIN ET SUR SES ÉCRITS. | 5 |

**LES STRATAGÈMES.**

Préface sur les trois premiers livres... 19

**LIVRE PREMIER.**

| | |
|---|---|
| Cacher ses desseins. | 25 |
| Épier les desseins de l'ennemi. | 33 |
| Adopter une manière de faire la guerre. | 37 |
| Faire passer son armée à travers des lieux occupés par l'ennemi... | 41 |
| S'échapper des lieux désavantageux. | 49 |
| Des embuscades dressées dans les marches. | 65 |
| Comment on paraît avoir ce dont on manque, et comment on y supplée. | 67 |
| Mettre la division chez les ennemis. | 69 |
| Apaiser les séditions dans l'armée. | 75 |
| Comment on refuse le combat aux soldats, quand ils le demandent intempestivement. | 77 |
| Comment l'armée doit être excitée au combat. | 81 |
| Rassurer les soldats, quand ils sont intimidés par de mauvais présages. | 89 |

**LIVRE DEUXIÈME.**

| | |
|---|---|
| Préface. | 95 |
| Choisir le moment pour combattre. | 97 |
| Choisir le lieu pour le combat. | 105 |
| De l'ordre de bataille. | 113 |
| Déconcerter les dispositions de l'armée ennemie. | 129 |
| Des embûches. | 137 |
| Laisser fuir l'ennemi, de peur que, se voyant enfermé, il ne rétablisse le combat par désespoir. | 167 |
| Cacher les événements fâcheux. | 171 |
| Rétablir le combat par un acte de fermeté. | 177 |
| De ce qu'il convient de faire après le combat. Si l'on a été heureux, il faut terminer la guerre. | 183 |
| Si l'on a essuyé des revers, il faut y remédier. | 185 |
| Maintenir dans le devoir ceux dont la fidélité est douteuse. | 187 |
| Ce qu'il faut faire pour la défense du camp, lorsqu'on n'a pas assez de confiance en ses forces. | 191 |
| De la retraite. | 195 |

## TABLE DES MATIÈRES.

**Livre troisième.**

| | Pages |
|---|---|
| Préface | 199 |
| Des attaques soudaines | 201 |
| Tromper les assiégés | *ib.* |
| Avoir des intelligences dans la place | 207 |
| Des moyens de réduire l'ennemi par famine | 211 |
| Comment on fait croire que l'on continuera le siége | 213 |
| Ruiner les garnisons ennemies | 215 |
| Détourner les rivières, et corrompre les eaux | 219 |
| Jeter l'épouvante parmi les assiégés | 221 |
| Attaquer du côté où l'on n'est pas attendu | 223 |
| Piéges dans lesquels on attire les assiégés | 229 |
| Des retraites simulées | 233 |
| Donner et recevoir des nouvelles | 237 |
| Faire entrer des renforts et des vivres dans la place | 239 |
| Comment on paraît avoir en abondance les choses dont on manque | 241 |
| Comment on prévient les trahisons et les désertions | 243 |
| Des sorties | 247 |
| De la résolution des assiégés | 253 |

**Livre quatrième.**

| | |
|---|---|
| Préface | 255 |
| De la discipline | 257 |
| Effets de la discipline | 273 |
| De la tempérance et du désintéressement | 275 |
| De la justice | 279 |
| De la fermeté de courage | 281 |
| De la bonté et de la douceur | 291 |
| Instructions diverses sur la guerre | 293 |

**Notes.**

| | |
|---|---|
| Préface | 312 |
| Livre premier | 313 |
| Livre deuxième | 325 |
| Livre troisième | 340 |
| Livre quatrième | 351 |

**Des aqueducs de la ville de Rome** ..... 365
**Notes** ..... 480
**Table alphabétique des noms propres** ..... 509

## SECONDE SÉRIE DE LA BIBLIOTHÈQUE LATINE-FRANÇAISE.

Chaque volume, contenant un seul ou plusieurs Auteurs, se vend séparément.

Les volumes, de 25 à 30 feuilles in-8°, sont en tout semblables à ceux de la Première Série de la *Bibliothèque Latine-Française.*

Le prix de chaque volume est de 7 francs, *franc de port* pour Paris et la Province.

*Les Auteurs désignés par un* ★ *sont traduits en français* POUR LA PREMIÈRE FOIS.

Auteurs publiés :

| | Nombre de vol. |
|---|---|
| **Aulu-Gelle**, 3 vol., trad. de MM. E. DE CHAUMONT, Félix FLAMBART, prof. au lycée d'Angoulême, et E. BUISSON.................................................... | 3 |
| **Aurelius Victor**, trad. de M. N.-A. DUBOIS, prof........................... | 1 |
| **Ausone**, 2 vol., trad. de M. E.-F. CORPET.................................... | 2 |
| **Avienus**★ (R. Festus), Cl. **Rutilius Numatianus**, etc., trad. de MM. Eug. DESPOIS et Ed. SAVIOT, anciens élèves de l'École normale................. | 1 |
| **Capitolinus** (Julius), trad. de M. VALTON, prof. au lycée Charlemagne...... | 1 |
| **Censorinus**★, trad. de M. MANGEART, ancien prof. de philosophie; — **Julius Obsequens, Lucilius Ampelius**★, trad. de M. VERGER, de la Bibliothèque nationale. | 1 |
| **Columelle**, 3 vol., *Écon. rur.*, trad. de M. Louis DU BOIS, auteur de plusieurs ouvrages d'agriculture, de littérature et d'histoire.................................... | 3 |
| **Eutrope, Messala Corvinus**★, **Sextus Rufus**, trad. de M. N.-A. DUBOIS. prof. | 1 |
| **Festus**★ (Sextus Pompeius), 2 vol., trad. de M. SAVAGNER, ancien élève de l'École des chartes, prof. d'hist. en l'Université................................... | 2 |
| **Frontin**, 1 vol., trad. de M. BAILLY, principal du collège de Vesoul......... | 1 |
| **Jornandès**, trad. de M. SAVAGNER.............................................. | 1 |
| **Lampridius**, trad. de M. LAASS D'AGUEN ; — **Flavius Vopiscus**, trad. de MM. TAILLEFERT, censeur des études au lycée de Mâcon, et Jules CHENU............ | 1 |
| **Lucilius**★ (C.), trad. de M. E.-F. CORPET ; — **Lucilius Junior, Saleius Bassus, Cornelius Severus, Avianus**★, **Dionysius Caton**, trad. de M. Jules CHENU. | 1 |
| **Macrobe**, 3 vol., trad. de MM. UBICINI MARTELLI, HENRI DESCAMPS, LAASS D'AGUEN, N.-A. DUBOIS........................................................ | 3 |
| **Mela** (P.), **Vibius Sequester**★, **Éthicus Ister**★, **P. Victor**★, trad. de M. Louis BAUDET, prof............................................................ | 1 |
| **Palladius**, *Écon. rur.*, trad. de M. CABARET-DUPATY, prof. émérite en l'Université... | 1 |
| **Poetæ Minores** : Arborius★, Calpurnius, Eucheria★, Gratius Faliscus, Lupercus Servastus★, Nemesianus, Pentadius★, Sabinus★, Valerius Cato★, Vestritius Spurinna★ et le *Pervigilium Veneris*, trad. de M. CABARET-DUPATY................. | 1 |
| **Priscianus**★, trad. de M. CORPET ; — **Serenus Sammonicus**★, **Macer**★, **Marcellus**★, trad. de M. BAUDET.................................... | 1 |
| **Solin**★, 1 vol., trad. de M. A. AGNANT, ancien élève de l'École normale....... | 1 |
| **Sulpice Sévère**, tome 1er, trad. de M. HERBERT, prof. au lycée de Poitiers.... | 1 |
| **Spartianus, Vulcatius Gallicanus, Trebellius Pollion**, trad. de M. Fl. LEGAY, prof. au lycée Rollin......................................................... | 1 |
| **Varron**, *Écon. rur.*, trad. de M. ROUSSELOT, prof............................. | 1 |
| **Vitruve**, 2 vol., trad. de M. Ch.-L. MAUFRAS, prof. au collège Rollin....... | 2 |

### Sous presse :

**SULPICE SÉVÈRE**, trad. de M. HERBERT, prof. au lycée de Poitiers. — **Paulin de Périgueux**★, **Fortunat**★, trad. pour la première fois en français par M. E.-F. CORPET. — Tome 2 et dernier.

**VARRON**, *De la Langue latine*★, 2 vol., trad. de M. CATTANT, prof. au lycée de Metz. **Monuments gravés de la langue latine**. — **ENNIUS**, trad. de M. Val. PARISOT, prof. à la Faculté des lettres de Grenoble. = 1 vol.

Typographie Panckoucke, rue des Poitevins, 8 et 14.

www.ingramcontent.com/pod-product-compliance
Lightning Source LLC
Chambersburg PA
CBHW051128230426
43670CB00007B/722